AVERRÓIS:

A ARTE DE GOVERNAR

COLEÇÃO PERSPECTIVAS
dirigida por J. Guinsburg

Supervisão editorial: J. Guinsburg
Preparação de texto: Marcio Honorio de Godoy
Revisão: Marcia Abreu
Capa e projeto gráfico: Sergio Kon
Produção: Ricardo W. Neves, Sergio Kon, Luiz Henrique Soares e
Raquel Fernandes Abranches

Rosalie Helena de Souza Pereira

Averróis

A ARTE DE GOVERNAR

◆ ◆

UMA LEITURA ARISTOTELIZANTE
DA *REPÚBLICA*

PERSPECTIVA

CIP-Brasil. Catalogação-na-Fonte
Sindicato Nacional dos Editores de Livros, RJ

P489a

Pereira, Rosalie Helena de Souza
Averróis: a arte de governar: (uma leitura aristotelizante da República) / Rosalie Helena de Souza Pereira. – São Paulo : Perspectiva, 2012.
(Perspectivas)

Inclui bibliografia
ISBN 978-85-273-0927-1

1. Averróis, 1126-1198. 2. Platão, 427-347 a. C.. A República. 3. Filosofia árabe. 4. Filosofia islâmica. 5. Filosofia medieval. 6. Direito islamico. I. Título. II. Série.

11-4599. CDD: 181
CDU: 1

22.07.11 29.07.11 028310

EDITORA PERSPECTIVA S.A.
Av. Brigadeiro Luís Antônio, 3025
01401-000 São Paulo SP Brasil
Telefax: (11) 3885-8388
www.editoraperspectiva.com.br
2012

Sumário

Tabelas de Transliteração 11
Apresentação 13

PARTE I
AVERRÓIS: O HOMEM E A OBRA

1. **O Homem e a Época** 19

Genealogia Ilustre: Os Banū Rušd 19
Os Conquistadores Almôadas e a Nova Doutrina 21
Na Corte Almôada 25
Mártir da Filosofia? 26

2. **O Pensador Versátil** 31

O Filósofo 31
Dois Modelos de Apropriação da Filosofia Grega 33
Os *Comentários* à Obra de Aristóteles 34
Fortuna da Obra no Ocidente Latino 39
O Jurista 42
A Lei Revelada (*Šarī^{c}a*) e o Direito Islâmico (*Fiqh*) 42
A Metodologia Jurídica Revisitada 46

A Defesa da Filosofia 49
O Teólogo 56
Os Teólogos Escolásticos 56
A Ética Islâmica 58
A Polêmica Contra os Teólogos 61
O Médico 64
Colliget, um Manual dos Princípios da Medicina 65
Metodologia do *Colliget* 67
À Sombra de Aristóteles 70

PARTE II
A ARTE DE GOVERNAR

1. **Ética e Política na *Falsafa*** 79

O Conceito de *Siyāsa* (Política) 79
A Filosofia Política na *Falsafa* 82
Platão, Aristóteles e a *Falsafa* 85
República 85
Ética Nicomaqueia 87
Política 88
Al-Fārābī e a Arte Real 94

2. **A Voz Política de Averróis** 97

O *Comentário sobre a República* 97
Por que Comentar a *República*? 102
A Leitura Peculiar da *República* 106
Um Tratado Polêmico 110
Críticas à Sociedade 110
Os Regimes Políticos 111
Críticas ao Poder Governante 116

3. **A Leitura Aristotelizante da *República*** 121

Defesa dos Argumentos Demonstrativos Contra os Dialéticos 121
Distinção Entre as Ciências Práticas e as Ciências Teoréticas 123
Analogia da Ciência Política com a Medicina 127
A Ética, a Parte Teórica da Ciência Política 133
Excursus
Sobre Mitos, Fábulas, Mentiras e Artifícios 137

4. **A Virtude do Governante** 143

Sobre Virtudes, Artes e Partes da Alma 143
Averróis, Leitor de Al-Fārābī? 143
Aristóteles, o Primeiro Mestre 145
Al-Fārābī, o Segundo Mestre 148
Averróis, o Comentador 150
Excursus
Questões de Vocabulário I: Desejo e Apetite 155
Questões de Vocabulário II: Desejo (*Šawq*) Equivalente a *Órexis* em Al-Fārābī 164
Sobre a Virtude Essencial ao Governante 165
Aristóteles: Sabedoria Prática, Deliberação e Escolha Deliberada 165
Al-Fārābī e a Sabedoria Prática 176
Averróis e a Sabedoria Prática 181

5. **Sobre as Qualidades Essenciais ao Governante** 187

As Qualidades Essenciais ao Governante no Islã 187
A Tradição Religiosa Islâmica 189
O Direito Islâmico (*Fiqh*): Al-Māwardī 191
A Abordagem Filosófica 196
O Filósofo-rei de Platão 196
O Soberano Ideal de Al-Fārābī 199

O Governante no *Comentário sobre a República* 203
As Qualidades Essenciais ao Governante 203
Sobre a Observância das Leis Promulgadas 208
Excursus
Questões Conceituais I: *Philosophus secundum primam intentionem* 212
Questões Conceituais II: As Quatro Condições para Tornar-se Sábio 214

Epílogo 219

Anexo
Averróis. *Comentário Médio sobre a Ética Nicomaqueia*. Livro VI. 225
(Tradução de Anna Lia A. de Almeida Prado e Rosalie Helena de Souza Pereira)

Notas 245
Referências Bibliográficas 305
Índice 333

Tabela de Transliteração (árabe)

'	ء	ḍ	ض
ā	ا	ṭ	ط
b	ب	ẓ	ظ
t	ت	ᶜ	ع
ṯ	ث	ġ	غ
j	ج	f	ف
ḥ	ح	q	ق
ḫ	خ	k	ك
d	د	l	ل
ḏ	ذ	m	م
r	ر	n	ن
z	ز	h	ه
s	س	ū	و
š	ش	ī	ي
ṣ	ص	à	ى

Semivogais: w, y
Vogais breves: a, u, i.

Nossa transliteração representa as palavras conforme sua escrita em árabe e não procura abarcar os fenômenos fonéticos ocorridos na sua pronúncia.

O plural de algumas palavras árabes foi representado com um *–s* final, seguindo a regra do português, a fim de facilitar a leitura e a compreensão, como ocorre em *ḥadīṯs*.

As referências bibliográficas foram grafadas conforme os padrões utilizados em sua publicação, os quais não coincidem necessariamente com os aqui adotados.

Tabela de Transliteração (grego)

α	a	π	p
β	b	ρ	r
γ	g	ῥ (inicial)	rh
δ	d	σ	s
ε	e	ς (final)	s
ζ	z	τ	t
η	e	υ	y
θ	th	φ	ph
ι	i	χ	kh
κ	k	ψ	ps
λ	l	ω	o
μ	m	ὅ	hó
ν	n	ό	ó
ξ	x	ὸ	ò
ο	o	ῖ	î

Não é feita a distinção entre vogais longas e breves: ε / η, ο / ω.

O υ é transliterado pelo *y* quando está em posição vocálica; quando for semivogal, segundo elemento de ditongo ou segue um "o" longo fechado proveniente de alongamento compensatório ou de contração (os chamados falsos ditongos), o υ é transliterado pelo *u*.

Nos grupos γγ, γκ e γχ, o γ é transliterado pelo *n*.

O espírito brando não é grafado.

O espírito rude é transliterado pelo *h* nas vogais ou ditongos iniciais de palavra e no *ῥ* inicial (*rh*).

O acento grave (`), o acento agudo (´) e o circunflexo (^) são colocados de acordo com as regras tradicionais, mantendo a colocação dos acentos agudo e circunflexo sobre o segundo elemento do ditongo.

O ι (iota) subscrito não é considerado

Obs.: Com exceção da não distinção entre as vogais longas e breves e da não transliteração do iota subscrito, as normas para a transliteração dos termos gregos foram concebidas pela professora Anna Lia A. de Almeida Prado e publicadas em *Classica* – Revista Brasileira de Estudos Clássicos, v. 19, n. 2, 2006.

Apresentação

Este livro é fruto de minha tese de doutorado defendida no IFCH-Unicamp. Como é sabido, uma tese de doutorado exige certas características que validem cientificamente o seu conteúdo, características que, se por um lado são positivas, por outro, tendem a aborrecer o leitor não especializado, mas interessado em temas de grande atualidade, neste caso a cultura árabe.

Ao transformar a tese em livro, considerei a possibilidade de torná-la, digamos, mais palatável para o gosto do grande público; renunciei, porém, a esse projeto porque, diante da profusão de publicações sobre o Islã que surgiram após o 11 de setembro, de caráter comercial e midiático, parece-me essencial que sejam divulgados trabalhos cuja primazia conferida ao conhecimento científico impede a propagação de informações errôneas, afirmações confusas e especulações mitificantes. Assim, modifiquei o trabalho original sem, contudo, perder de vista o foco visado; apenas alterei a ordem da exposição, acrescentei informações ao que, a meu ver, ficara incompleto, suprimi o desnecessário e corrigi deslizes na redação.

O título do livro *A Arte de Governar* e o subtítulo *Uma Leitura Aristotelizante da República* concentram o itinerário percorrido. Após a primeira parte, em que são apresentadas as premissas que contextualizam historicamente o pensamento político de Averróis, desenvolve-se, na segunda, a argumentação principal, cujo eixo temático são as artes práticas e as virtudes. Assim, a primeira parte é dedicada à exposição da biobibliografia de Averróis, mas apenas em relação à sua obra de comentador dos textos de Aristóteles, pois, embora Averróis parta de uma obra platônica para redigir um tratado político, suas posições teóricas permanecem sedimentadas na doutrina aristotélica.

Averróis foi um pensador fecundo cuja extensa obra se debruça sobre diversas ciências. Como o propósito de minha pesquisa foi investigar o seu pensamento político, não considerei seus tratados sobre astronomia, matemática, física, entre outras ciências, mas, para completar o retrato do pensador versátil, na primeira parte, apresento a sua obra médica, dada a sua relevância no Ocidente latino. Para discernir o seu pensamento político, além do *Comentário sobre a República*, objeto da minha pesquisa, foi também preciso considerar os seus trabalhos jurídicos e teológicos. Assim, na primeira parte, analiso argumentos que neles se desenvolvem, sobretudo no célebre *Tratado Decisivo* e no *Livro do Desvelamento dos Métodos de Demonstração*.

A segunda parte tem início com um capítulo sobre a ética e a política na filosofia de expressão árabe. Os filósofos muçulmanos dispunham de traduções árabes de três obras gregas que forjaram suas ideias políticas: a *República* e as *Leis*, de Platão, e a *Ética Nicomaqueia*, de Aristóteles. Al-Fārābī, fundador da filosofia política em terras do Islã, era conhecido pela alcunha de "Segundo Mestre", isto é, o primeiro depois de Aristóteles. Deixou trabalhos significativos que serviram de parâmetro a seus pósteros. O próprio Averróis, na exposição sobre a *República*, parte de uma citação do opúsculo de Al-Fārābī *Obtenção da Felicidade* para desenvolver seus argumentos referentes às virtudes.

Averróis tem como principal propósito recuperar a "verdadeira" filosofia, que ele considera ser a aristotélica. Essa proposta aparece subjacente em sua exposição sobre a *República*. Esse texto de Averróis é, porém, muito conciso. Para esclarecer passagens de difícil compreensão, foi, portanto, necessário interpretá-las à luz das doutrinas aristotélicas. Além disso, as numerosas remissões a Aristóteles que faço ao longo do meu trabalho servem também para fazer justiça à alcunha de "O Comentador", diga-se, de Aristóteles, que Averróis recebeu na Idade Média latina. De fato, sua exposição sobre a *República* remete-se à *Ética Nicomaqueia* para fundamentar sua argumentação sobre a política, pois, como ele mesmo afirma, a ética é a parte teórica da política. No início do tratado, Averróis destaca que, para compor um tratado sobre a parte prática da política, só recorreu à *República* porque não teve acesso à *Política*, de Aristóteles. Com efeito, a *Política* parece não ter sido traduzida para o árabe, embora esta seja uma questão controversa, que foi abordada oportunamente.

A leitura peculiar que Averróis faz da *República* implica quatro principais diretrizes: 1. Averróis fundamenta seu comentário com argumentos demonstrativos e, com isso, desconsidera os argumentos reconhecidos como "dialéticos" na obra de Platão; 2. segue o percurso aristotélico da classificação das ciências, em que são discernidas as ciências práticas, sendo a ética a parte teórica da ciência política; 3. articula o tratado a partir de uma citação retirada literalmente da obra de Al-Fārābī *Obtenção da Felicidade*; e 4. tece considerações sobre certas características islâmicas para melhor adequar sua exposição ao espírito do Islã.

No *Comentário sobre a República*, Averróis apresenta críticas à sua sociedade e ao poder governante. Com razão, o arabista Miguel Cruz Hernández observou que é neste tratado que mais se discerne o pensamento político de Averróis. Na segunda parte, no segundo capítulo, exponho as passagens de maior relevância para distinguir as ideias políticas do Comentador; no terceiro, apresento a metodologia de Averróis que fundamenta a ciência política. O quarto capítulo é um longo estudo sobre as virtudes, em que se destaca o cerne da teoria de Averróis, a saber: na *República*, Platão teoriza a necessidade de o filósofo tornar-se rei; Averróis, no entanto, segue Aristóteles, seu mentor, e transforma o filósofo-rei platônico no *phrónimos* aristotélico. De fato, na *Ética Nicomaqueia*, Aristóteles afirma que somente o governante dotado de sabedoria prática (*phrónesis*) faz um bom governo; o exemplo dado é Péricles, que nada tinha de filósofo, mas sabia bem deliberar e bem escolher. Com propriedade, Oliver Leaman observou que Averróis "aristoteliza" a *República*.

Contudo, esse procedimento de "harmonizar" as doutrinas platônicas com as aristotélicas era comum em ambiente filosófico árabe-islâmico. Já Al-Fārābī escrevera uma obra com o sugestivo título *Harmonia entre as Opiniões dos Dois Sábios, o divino Platão e Aristóteles*. O objetivo de Averróis, porém, não parece ser "harmonizar" os ensinamentos dos dois filósofos, mas sim fundamentar, com base na doutrina aristotélica, a sua própria teoria sobre a política e as virtudes, ainda que tenha como fio condutor a *República*, pois, como ele próprio reitera, só usa esse procedimento porque a *Política* "não lhe chegara às mãos".

O quinto capítulo é dedicado à exposição das qualidades essenciais ao governante, seja nas tradições islâmicas religiosa e jurídica, seja na filosófica. Averróis recebe tanto o legado de sua civilização, em que essas qualidades já tinham sido propostas e sistematizadas pelo jurista Al-Māwardī, como também a herança filosófica grega: assim como nas perspectivas religiosa e jurídica são exigidas qualidades essenciais à investidura do califa, na perspectiva filosófica são exigidas as qualidades que Platão enumerou na *República*. Já Al-Fārābī formulara sua lista ao fazer uma releitura das qualidades exigidas ao filósofo-rei platônico. Averróis retoma o tema e o desenvolve em sua exposição sobre a *República*. Com o Comentador, porém, sobressai a ideia da *phrónesis* (sabedoria prática) como virtude essencial ao governante. Com isso, Averróis permanece fiel a seu projeto de vida, isto é, recuperar as noções verdadeiramente aristotélicas.

Por último, em Anexo, é publicada a tradução inédita do capítulo VI do *Comentário sobre a Ética Nicomaqueia*, de Averróis. Essa tradução foi feita em parceria com a Profa. Anna Lia A. de Almeida Prado.

Desde que não somos nascidos de uma borbulha numa ilha isolada, como no romance-filosófico de Ibn Ṭufayl, mas somos "animais políticos", destinados a viver em sociedade, como estabeleceu Aristóteles, meu trabalho beneficiou-se das trocas com colegas, professores e amigos. Desses intercâmbios, meus agradecimentos vão aos professores:

Francisco Benjamin de Souza Netto, meu orientador de tese de doutorado, pelo carinho com que acolheu a pesquisa acadêmica original que resultou neste livro; Nachman Falbel, cuja contribuição, sempre valiosa e solícita, foi imprescindível para elucidar os vários problemas no confronto da versão hebraica com a latina; Marilena Chaui, Aida Hanania Ramezá, Luis Alberto De Boni e João Quartim de Moraes, que participaram desse périplo filosófico; Rafael Ramón Guerrero e Josep Puig Montada, catedráticos na Universidad Complutense de Madrid, que, generosos, elucidaram as dúvidas sobre a correspondência entre os termos árabes e gregos; Carlos Arthur Ribeiro do Nascimento, pela disposição na revisão final da tradução do intrincado texto latino de Averróis; Gregorio Piaia, professor da Università di Padova, que me presenteou com a versão latina de Elia del Medigo do *Comentário sobre a República*; e, finalmente, a meus queridos amigos Claudio William Veloso, pelas vivificantes discussões que muito ajudaram a esclarecer os problemas filosóficos; Fernando Rey Puente, pela paciência com que leu os originais e pelas infindáveis conversas e sugestões; Tadeu Mazzola Verza, pelas trocas de ideias e de livros. Não poderia deixar de mencionar Maria Cecília Jorgewich Skaf, pela revisão da transliteração dos termos árabes, Claudio Cesar Santoro, pela inestimável revisão final do livro e a Editora Perspectiva, pela confiança.

Este livro é dedicado a Anna Lia A. de Almeida Prado, professora e amiga, que, com muita dedicação e incentivo, tanto me ensinou. Sem o seu precioso conhecimento de latim e de grego, este trabalho teria ficado incompleto.

Estátua de Averróis, em Córdova, Espanha.
Acervo da autora, 1996.

Vista da cidade de Córdova com o rio Guadalquivir.
Acervo da autora, 1996.

Detalhe da janela da Mesquita de Córdova, Espanha.
Acervo da autora, 1996.

Parte I

AVERRÓIS: O HOMEM E A OBRA

Um homem se confunde, gradualmente, com a forma de seu destino; um homem é, afinal, suas circunstâncias.

(J. L. Borges, *A Escrita do Deus.*)

1. O Homem e a Época

Genealogia Ilustre: Os Banū Rušd

Abū al-Walīd Muḥammad ibn Rušd, o Averróis dos latinos, foi filósofo, médico, cádi e jurisconsulto. Nascido em Córdova em 1126, Averróis pertencia a uma família de notáveis juristas; seu pai, Abū al--Qasim Aḥmad, e, principalmente, seu avô e homônimo, Abū al-Walīd Muḥammad ibn Rušd, ocuparam importantes cargos na magistratura. São poucas as notícias biográficas de sua juventude, mas sabe-se que, antes de se dedicar à filosofia, Averróis recebeu uma sólida educação nas ciências do Direito (*Fiqh*), da Tradição islâmica (*Ḥadīṯ*) e da medicina, educação que lhe possibilitou assumir cargos de prestígio ao longo de sua vida.

Os Banū Rušd, linhagem a que Averróis pertencia, não se destacaram apenas por sua atuação na jurisprudência islâmica e na prática legal, mas também por sua participação ativa na vida política de Al-Andalus. A família é conhecida desde o tataravô de Averróis, cuja *nasba*[1] Aḥmad b. Aḥmad b. Muḥammad b. Aḥmad b. ᶜAbd Allāh b. Rušd indica que eram muçulmanos há várias gerações. Sabe-se que este antepassado de Averróis vivia ainda em 1089[2], testemunhando, portanto, a ascensão ao poder da dinastia dos almorávidas (*al-murābiṭūn*[3]) depois da derrocada dos reinos de Taifas, esses pequenos Estados independentes em que o território de Al-Andalus fora dividido após a fragmentação e a queda do califado de Córdova em 1031.

Sob a dinastia omíada ocidental, a unidade de Al-Andalus fora quebrada com o surgimento de uma miríade de Estados governados pelos reis de Taifas (*mulūk al-ṭawā'if*[4]), processo indicativo do esmaecimento de um ideal islâmico, que consistia numa comunidade de crentes vivendo unida sob a liderança do califa.

Durante o período dos reis de Taifas[5], estabeleceu-se uma oligarquia despótica, que não acreditou na hipótese de uma possível restauração califal, passando cada família oligárquica a governar o seu reino em proveito próprio. Como afirma Miguel Cruz Hernández, o "estabelecimento *legal* dos reis de Taifas foi possível porque o monarca reinante *de fato* era como um delegado *de iure* de um califa inexistente"[6].

Em 1085, tropas cristãs lideradas por Afonso VI de Leão e Castela tomaram a cidade de Toledo, que não ofereceu quase nenhuma resistência. Al-Andalus perdeu seu centro geográfico, tornando os reinos de Taifas vulneráveis aos ataques dos cristãos. Em 1086, Afonso cercou Saragoça, e os muçulmanos procuraram apoio militar dos berberes do norte da África, os almorávidas.

Quando chegaram em Al-Andalus, os almorávidas apresentaram-se também como uma força que poderia contrapor-se à investida cristã. Mas, tão importante quanto a recuperação e a defesa das fronteiras, proporcionadas pela chegada desses conquistadores, foi a real possibilidade da realização de uma suposta utopia califal, a saber, que o califa fosse representado pelo emir almorávida e que os reis de Taifas se convertessem em seus delegados. Sem dúvida, a chegada dos almorávidas foi bem-vinda, pois com ela ressurgiriam o espírito de coesão social e uma nova esperança no restabelecimento da unidade territorial sob o Islã, razão da adesão dos Banū Rušd, primeiro o avô e depois o pai de Averróis, a essa dinastia que, em Al-Andalus, permaneceu no poder de 1086 a 1147.

Segundo um costume disseminado no deserto saariano oriental, os homens cobriam-se de véus porque achavam "indecente mostrar a boca e diziam que nenhum deles reconheceria um companheiro se o visse sem o véu"[7]. O uso do véu (*liṯām*), porém, não se aplicava às mulheres, em virtude da tradição matriarcal berbere. O avô e homônimo de Averróis, o cádi e jurisconsulto Abū al-Walīd Muḥammad b. Rušd (m. 1126), chamado Al-Jidd (o avô) para distingui-lo do neto, chamado Al-Ḥafīd, tornou-se célebre pelas inúmeras *fatwàs*[8] que exerciam autoridade e que chegaram à posteridade, prova da importante função jurídica que desempenhou em seu tempo, ainda sob a dinastia dos almorávidas. Uma delas responde à contestação popular do uso do véu pelos homens, justificando tratar-se de "um signo de distinção desses defensores da fé (isto é, os almorávidas) que assim o foram desde que surgiram"[9]. Essa determinação por um instrumento legal do Direito islâmico, a *fatwà*, manifesta o franco apoio que o avô de Averróis, como prestigiado jurista e cádi *mālikita*[10] de seu tempo, concedeu à dinastia que então se instalava em terras andaluzas. Em 1117, Abū al-Walīd b. Rušd al-Jidd (o avô) recebeu do sultão a incumbência de "cádi da comunidade" (*qāḍī al-jamāᶜa*) de Córdova, função que lhe outorgava o poder de nomear e destituir juízes. Foi também encarregado de dirigir a oração na grande mesquita e de avalizar o sermão do ofício da sexta-feira, que sempre exprimia a doutrina oficial almorávida. Esse eminente cádi também fazia parte do órgão comunitário de consulta (*šūrà*). Sua participação nos afazeres políticos levou-o a Marrakech, no Marrocos, a nova capital erigida pelos almorávidas, onde defendeu a expulsão em massa dos cristãos moçárabes da Península e recomendou a construção de uma muralha a fim de fortalecer a defesa da cidade contra uma revolta mais grave que então despontava, a dos almôadas (*al-muwaḥḥidūn*[11]). Abū al-Walīd b. Rušd morreu em 8 de dezembro de 1126, cerca de um mês depois do nascimento de seu neto Averróis[12].

Tal qual seu avô, o pai de Averróis, Abū al-Qāsim Aḥmad, também seguiu carreira na magistratura, foi cádi de Córdova, embora não conste que tenha recebido as honras outorgadas a seu pai e a seu filho.

Os Conquistadores Almôadas e a Nova Doutrina

Averróis viveu numa época conturbada por revoltas internas e por guerras dos muçulmanos contra os cristãos. No ano em que nasceu, Al-Andalus era parte do império dos almorávidas, cujo poder, porém, já dava sinais de declínio. Na África saariana, surgia então um movimento que pretendia promover reformas, liderado pelos almôadas, também berberes, que em 1147 destronaram os almorávidas e inauguraram um novo reino.

No *Comentário sobre a República*, Averróis elogia os almôadas por terem instaurado um poder fundado na Lei e critica o governo anterior, dos almorávidas, que, aviltado a uma oligarquia timocrática e hedonista, permitiu o estabelecimento de uma tirania de chefes de guerra locais em Al-Andalus[13]. A troca da dinastia reinante dos almorávidas pela dos almôadas não foi apenas uma mera substituição de uma dinastia por outra, mas uma revolução com base na reforma jurídico-ideológica ditada pelo fundador do movimento dos *muwaḥḥidūn*, Ibn Tūmart.

Originário de uma tribo berbere do Anti-Atlas, no sul do Marrocos, Ibn Tūmart ficou conhecido pela alcunha *Al-Mahdī* – cujo significado se aproxima de "guia salvador"[14] – por ter idealizado uma reforma nos planos teológico e jurídico e iniciado o movimento que derrotou o poder reinante dos almorávidas. Segundo Dominique Urvoy, "o almoadismo é a fusão de uma teologia que se apoia na análise do problema da inferência que admite o Ser Absoluto e de uma filosofia prática, que muito naturalmente toma a forma do Direito islâmico e que está inteiramente ancorada na noção de transcendência divina. Daí a divisão entre o domínio da fé, claramente racional, e o da prática, que segue um método quase integralmente positivo"[15].

Trata-se, portanto, de uma doutrina que segue escrupulosamente as disposições legais[16], ancoradas no *Corão* e na Tradição (*Ḥadīṯ*).

Pouco se sabe dos detalhes biográficos da vida de Ibn Tūmart. Segundo as crônicas de autores árabes, ele teria sido discípulo do cádi Ibn Hamdīn, de Córdova[17], líder da oposição às doutrinas de Muḥammad Abū Ḥāmid al-Ġazālī (m. 1111), o mais célebre teólogo do Islã sunita. Descontente com a política dos almorávidas na Península, Ibn Tūmart teria partido para o Oriente em busca de conhecimentos em 1106, ano em que foram proscritas, em Al-Andalus, as obras de Al-Ġazālī. Ibn Tūmart esteve no Egito, na Síria e no Iraque, onde recebeu uma formação na teologia das escolas *muᶜtazilita*[18] e *ašᶜarita*[19] e nas ciências jurídicas (*uṣūl al-Fiqh*, as fontes-fundamento do Direito)[20]. Como não se sabe quem foram seus mestres, torna-se difícil estruturar a sua doutrina, que está na base do movimento de reforma que fundou. Os analistas muçulmanos esforçaram-se por vincular essa doutrina a movimentos já existentes, como o *muᶜtazilismo*, o *ašᶜarismo*, o xiismo – sobretudo o ismaelismo – e a *falsafa*[21]. Mas, como afirma Urvoy, "é mais esclarecedor buscar o sentido desse pensamento na primeira formação de seu autor, até mesmo antes de sua passagem por Córdova e pelo Oriente"[22].

Nascido entre 1077 e 1088, Ibn Tūmart cresceu numa região islamizada pelo movimento separatista dos *ḫārijitas*, cuja doutrina pode ser reconhecida em seu pensamento, embora ele mantenha uma fidelidade ao Islã sunita em razão da ação dos alauítas (xiitas) no Maġrib (África setentrional). O povo berbere do deserto saariano mantinha certas crenças em forças mágicas, combatidas pelos mais intelectualizados seguidores dos *ḫārijitas*, cuja doutrina se opunha a qualquer distinção dos atributos divinos e, contrária aos procedimentos mágicos, afirmava a absoluta soberania dos decretos divinos[23].

Convencido da necessidade de uma reforma urgente no Maġrib, Ibn Tūmart, em seu retorno à terra natal, passa a ser visto como um provocador em virtude de suas excessivas críticas aos costumes vigentes. Em 1118, Ibn Tūmart já tem um círculo de discípulos, entre os quais ᶜAbd al-Mu'min, que conduziu, a partir de 1141, a conquista do Maġrib e, a partir de 1150, dominou a Península Ibérica, à exceção de Granada e de Valência.

Conforme o relato do polígrafo Ibn Ḫaldūn (1332-1406), Ibn Tūmart morreu em 1128, mas é mais provável que sua morte tenha ocorrido em 1130 em Tinmel, logo depois da incursão a Marrakech[24], quando possivelmente ᶜAbd al-Mu'min assumiu a liderança do movimento. A morte de Ibn Tūmart parece ter provocado um vazio político marcado pela ausência do "guia infalível". Receoso de que o movimento se desagregasse, o círculo de seguidores mais próximos decidiu, supostamente por alguns anos, esconder da população a morte do líder. Outras fontes afirmam que sua morte ocorreu bem mais tarde e que Ibn Tūmart só não mais se fez visível para o público por causa de seu estado de saúde. Durante dois ou três anos, outros lideraram o movimento em seu nome, a fim de evitar problemas com a sucessão. Por fim, foi decidido que ^{c}Abd al-Mu'min seria o sucessor. Sob sua liderança, as conquistas foram retomadas com sucesso em 1141[25].

Os almôadas mantiveram-se no poder durante pouco mais de um século. Em 1212, perderam Al-Andalus para uma coalizão de reis cristãos, permanecendo ainda no poder no norte da África até 1269, quando então desapareceram da cena política[26].

O regente almorávida ^{c}Alī ibn Yūsuf, cujo longo reinado se estendeu de 1106 a 1142, prestigiou os juristas e incentivou o estudo da doutrina legal *mālikita*. Al-Marrākušī (m.c. 1270), historiador dos almôadas, descreve o ambiente cultural durante esse reinado:

> Ninguém tinha acesso ao Príncipe dos Muçulmanos (*Amīr al-Muslimīn*) ou era favorecido por ele, à exceção dos que conheciam a ciência das deduções legais (*furū^{c}*[27]) de acordo com a escola *mālikita*. Naquele tempo, os livros desta escola podiam ser facilmente comprados e a prática seguia as regras neles contidas. Todos os outros livros eram cada vez mais descartados, a tal ponto que o estudo do Livro de Deus e das Tradições do Profeta – a paz esteja com ele – fora esquecido, e nenhum dos célebres homens daquela época se dedicava de coração a estes [textos]. Naquela época, foi-se tão longe a ponto de condenar como infiel (*kāfir*) qualquer um que se entretivesse com as ciências da teologia (*^{c}ulūm al-kalām*); os juristas ao redor do Príncipe dos Crentes (*Amīr al-Mu'minīn*) foram determinados em apregoar a infâmia da teologia e o ódio dos antigos muçulmanos contra essas ciências, além de [obrigarem a] evitar qualquer um que tivesse sido contaminado por elas; proclamaram que elas, na religião, eram uma inovação herética (*bid^{c}a*), que amiúde conduzia à perturbação das crenças dos devotos, e assim por diante. Por conseguinte, o ódio pela teologia e pelos teólogos consolidou-se na mente do Príncipe, passando ele continuamente a dar ordens nessa esfera, insistindo no abandono de todo estudo sobre teologia e ameaçando todos os que possuíssem qualquer literatura sobre ela. Quando as obras de Abū Ḥāmid al-Ġazālī – que Deus tenha misericórdia dele – chegaram ao Maġrib, o Príncipe dos Muçulmanos ordenou que fossem queimadas e promulgou severas ameaças de execução e de confisco de propriedade contra qualquer um que estivesse de posse delas; e essas ordens foram rigorosamente reforçadas[28].

Foi nesse ambiente que Ibn Tūmart sofreu, em Fez, as perseguições dos juristas quando começou a expor a teologia *aš^{c}arita* que aprendera no Oriente, pois, no Maġrib, alegava-se que ela poderia corromper as massas.

É surpreendente que, nesse período, os filósofos não tenham tido a mesma sorte dos teólogos. George F. Hourani aventa a hipótese de que a filosofia, ainda que sob suspeita, não era temida pelos juristas em razão de seu isolamento e da dedicação recebida por grupos exclusivos e limitados em número, ao contrário da teologia *aš^carita*, que era apregoada às massas[29].

Durante a dinastia dos almorávidas floresceu Ibn Bājjah (Avempace) (c. 1085/1090-1139), o primeiro filósofo andaluz que se dedicou às obras de Platão e de Aristóteles. É esclarecedor o título de sua obra-prima, *Kitāb Tadbīr al-Mutawaḥḥid* (Livro sobre o Regime do Solitário[30]); nela, os filósofos são chamados de "ervas daninhas" (*nawābit*), como a grama que cresce entre a colheita, e considerados estrangeiros entre sua própria gente. Avempace fez de *O Regime do Solitário* uma apologia do homem solitário ao ensinar que o sábio deve viver isolado e consagrar-se à sabedoria, à virtude e à contemplação da verdade: "Com respeito aos homens felizes, se é possível que existam, eles só são felizes isolando-se e, por conseguinte, o regime correto será somente o do [homem] isolado, que se trate de um único ou de alguns, enquanto a comunidade ou a cidade não se unir a suas doutrinas"[31].

Mas, como afirma o especialista Joaquín Lomba Fuentes[32], "a solidão que Ibn Bājjah defende não é a do eremita, mas a de quem, consciente de sua vocação radical, vive entre os demais, embora não esteja entregue ao entorno alienante que lhe possa arrebatar a própria liberdade interior. Esse solitário deve buscar apenas a companhia dos que são como ele, se é que, em tais comunidades, eles existem"[33].

Ibn Ṭufayl (Abubacer) (c. 1100-1185), filósofo de Al-Andalus e contemporâneo de Averróis, também compôs um louvor ao sábio solitário. Seu tratado, *Risāla Ḥayy ibn Yaqẓān*[34], escrito durante a dinastia dos almôadas, retoma a figura do sábio que, nascido de uma borbulha numa ilha deserta e isolada do resto do mundo, escolhe exilar-se depois de travar contato com os homens. Foi Ibn Ṭufayl, também médico do monarca, quem introduziu Averróis à corte do soberano almôada Abū Ya^cqūb Yūsuf.

Esse, no entanto, já é um novo período na história de Al-Andalus, pois, com o ingresso dos almôadas na cena política, a teologia *aš^carita* e os livros de Al-Ġazālī ressurgiram nos círculos intelectuais da Península. O sucessor de Ibn Tūmart e conquistador das províncias andaluzas, ^cAbd al-Mu'min, permitiu, durante seu longo reinado de mais de três décadas (1130-1163), a propagação dessa teologia e do literalismo, de acordo com a doutrina do *Mahdī*. Embora pessoalmente se opusesse à lei positiva dos *mālikitas*, isto é, dos que defendiam a lei fundamentada nos fatos (*furū^c*), ^cAbd al-Mu'min conservou-os em sua administração civil. Foi, porém, um monarca que se cercou de intelectuais, tanto os versados nas ciências tradicionais remanescentes do movimento almôada original (chamados "estudantes", *ṭalabat al-muwaḥḥidīn*) quanto os sábios urbanos dedicados às várias ciências (*ṭalabat al-ḥadar*)[35]. No entanto, embora na corte se mantivesse um clima de abertura intelectual, esse foi também um período de conversões forçadas dos cristãos e dos judeus.

Abū Yaᶜqūb Yūsuf b. ᶜAbd al-Mu'mīn, filho e sucessor de ᶜAbd al-Mu'min, preservou a tradição paterna de cercar-se de pensadores e letrados. Abū Yaᶜqūb Yūsuf reinou entre 1163 e 1184[36], e, tal qual seu pai, opôs-se aos *furūᶜ*, rejeitando assim a interpretação dos juristas; afirmava, segundo Al-Marrākušī, que "a única autoridade a ser aceita é a da Escritura e a da espada"[37]. Segundo o historiador, esse monarca, conhecedor do *Corão* e das Tradições (*Ḥadīṯ*), compôs um livro sobre o *jihād*[38].

Foi nessa atmosfera cultural vicejante na corte de Marrakech que Ibn Ṭufayl apresentou Averróis ao soberano, desejoso de conhecer melhor as doutrinas de Aristóteles.

Na Corte Almôada

Segundo alguns biógrafos, Averróis foi introduzido na corte almôada em 1153, quando, ainda jovem, fez parte de uma delegação de cordoveses que se dirigiu a Marrakech, encarregada de apresentar ao soberano um projeto de reforma da educação. Al-Marrākušī narra o episódio decisivo do ingresso de Averróis na corte, mas omite a data. Teria sido por volta de 1168-1169 seu encontro com o regente almôada Abū Yaᶜqūb Yūsuf, homem culto que, apaixonado pelos estudos, impulsionou o conhecimento filosófico. Nessa época, Averróis já havia escrito um manual de medicina, *Kulliyāt fī al-Ṭibb* (Generalidades da Medicina), mais tarde conhecido nas universidades europeias como *Colliget*, possivelmente uma deturpação do título árabe[39].

Não há dúvida de que Abū Yaᶜqūb Yūsuf se interessava muito pela filosofia, de que era versado nessa ciência e de que foi o promotor do grande projeto que Averróis empreendeu ao comentar as obras de Aristóteles. Contudo, do relato do próprio Averróis a um de seus discípulos sobre o seu encontro com o soberano, narrado por Al-Marrākušī, conclui-se que havia uma hostilidade pública em relação à filosofia, por causa da extrema discrição do soberano e da inquietação de Averróis ao inicialmente responder a suas perguntas. De fato, depois de ter sido apresentado ao monarca por Ibn Ṭufayl, Averróis foi indagado se os céus, na opinião dos filósofos, são eternos ou criados. Tomado de confusão e de medo, Averróis desculpou-se e negou o interesse por filosofia. Abū Yaᶜqūb Yūsuf, no entanto, voltou-se para Ibn Ṭufayl e começou a falar sobre a questão. Passou a discorrer sobre o que disseram Platão, Aristóteles e todos os outros filósofos que ensinaram esse tema. Referiu-se também às objeções levantadas pelos pensadores muçulmanos contra as doutrinas filosóficas. Averróis surpreendeu-se com o conhecimento e com a potente memória do soberano e, sentindo-se mais à vontade, passou então a dialogar. Por fim, reconhecida a sua competência, foi "presenteado com dinheiro, com um magnífico traje cerimonial de honra e com um corcel"[40]. Al-Marrākušī relata que, dias depois, Ibn Ṭufayl informou Averróis de que o Príncipe dos Crentes se queixara da obscuridade dos textos de Aristóteles e de suas traduções e dissera que, para que o conteúdo desses livros fosse apreendido, alguém teria de se dedicar a compendiá-los e a expor os seus objetivos após tê-los bem compreendido. Por causa da idade avançada e dos afazeres com o governo, Ibn Ṭufayl não pôde empreender tal tarefa, o que levou Averróis a aceitá-la e a começar, assim, a elaborar os comentários (*talḫīṣ*) dos tratados de Aristóteles[41].

Recebida a incumbência, o jovem cádi e filósofo iniciou sua produção de comentários à obra de Aristóteles, dedicando-se, na década seguinte, ao estudo e à composição de seus comentários médios. Averróis passou a ser conhecido e respeitado por sua habilidade; simultaneamente, teve início sua brilhante carreira de juiz. Em 1169, Averróis foi designado juiz em Sevilha; em 1171, juiz em Córdova; em 1178, retornou à sede do poder almôada em Marrakech; em 1179, foi nomeado grão-cádi de Sevilha, e, em 1182, grão-cádi de Córdova, a mais importante magistratura de Al-Andalus. Ainda em 1182, Averróis tornou-se o médico oficial da corte. Esses dados biográficos revelam que Averróis ocupou postos de prestígio na comunidade andaluza, não em razão de sua produção filosófica, mas sobretudo de sua condição de cádi e jurisconsulto, pois, para os muçulmanos da época, a filosofia representava uma ocupação secundária e de pouco prestígio, ao contrário da posição diferenciada que ocupou entre os medievais latinos[42].

Mártir da Filosofia?

Averróis nasceu numa família de ilustres juristas muçulmanos, o que parece ser suficiente para negar a sua suposta origem judia, atribuída a boatos que se propagaram na tradição medieval e renascentista em virtude de seu desterro, em 1195-1196, para Lucena, cidade ao sul de Córdova e célebre por ter sido habitada, durante o Medievo, por judeus e por ter abrigado uma importante escola talmúdica. Desse fato também se originou a lenda, totalmente infundada, de que Averróis havia se refugiado na casa de Maimônides – Ibn Maymūn (1135-1204) como era conhecido entre os árabes. Na época do desterro de Averróis, o pensador judeu vivia há anos no Cairo[43]. Além disso, grande parte da população judia já tinha emigrado e a escola talmúdica fora fechada em razão da política de conversão forçada dos dirigentes.

O exílio imposto a Averróis é objeto de muitas crônicas relatadas por Ernest Renan no século XIX[44]. De acordo com Dominique Urvoy, as causas desse desterro não se resumem às intrigas palacianas segundo as quais o partido religioso venceu o partido filosófico, como afirmara Renan[45]. De fato, diante do avanço dos portugueses em 1190 e da eclosão de rebeliões no Maġrib central, o sultão almôada Abū Yūsuf Yaᶜqūb Al-Manṣūr (m. 1199) viu-se forçado a retomar os procedimentos adotados pelos almorávidas e a sacrificar diversos juristas ilustres, entre os quais Averróis e Muḥammad b. Ibrāhīm al-Mahrī, chamado Al-Usūlī, os mais célebres, embora seguissem orientações bem diversas. Os dois eram especialistas em metodologia jurídica, sendo que o segundo foi uma autoridade nas ciências das Tradições (*Ḥadīṯ*) e do *Kalām*, disciplinas que contêm interpretações que eram alvo constante da crítica de Averróis. Embora originário de família sevilhana, Al-Mahrī é do Maġrib central, onde então germinava uma latente rebelião contra os almôadas. Averróis é originário de Córdova. Não há, portanto, nenhuma semelhança entre eles que justifique a punição conjunta imposta pelo sultão. Urvoy afirma que ambos foram vítimas de um gesto político para conciliar as massas, já que uma nova tendência surgia, a saber, estender a todos o ideário do almoadismo, antes restrito às elites, vinculando-o aos movimentos já existentes[46]. Por conseguinte, os mais reticentes a aceitar tal compromisso teriam sido destituídos de seus cargos e marginalizados.

A política dos almôadas favoreceu o exercício do poder que os *ᶜulamā'*[47] e os *fuqahā'*[48] – os sábios teólogos e os juristas – exerciam sobre as massas. É possível que o exílio a que Averróis foi condenado tenha sido um expediente para acalmar esses grupos que exerciam influência sobre o povo[49]. Nesse contexto, a filosofia não tinha como desenvolver-se, exceto em algumas mentes esclarecidas.

Não deixa de ser um duplo insulto a condenação ao exílio em Lucena, pois não só relega Averróis a uma categoria inferior para os muçulmanos, a dos judeus convertidos, mas também o torna vítima da perseguição da população local, que o trata por *mutafalsif*, que significa algo como filósofo menor, filosofante, e por *mutazindiq*, termo que alude a um "herético medíocre"[50].

Ibn Jubayr, cronista de viagens, compôs alguns epigramas contra Averróis. Um deles joga com o nome Ibn Rušd, que significa "filho da reta via", e alude a uma contraposição entre o filósofo e seu célebre avô jurista: "Não permaneceste na reta via, ó filho da reta via (*ibn rušd*), quando para tão alto nos céus teus esforços tendiam. Foste traidor da religião; não foi assim que agiu teu avô"[51]. Outro epigrama tira partido de palavras semelhantes, *tawālīf* (obra) e *tawālif* (coisa perniciosa): "Agora Ibn Rušd não tem certeza se sua obra (*tawālīf*) é coisa perniciosa (*tawālif*).

Ó tu que te iludiste, vê se encontras hoje um só que queira ser teu amigo"[52]. Outro, ainda, recorre à palavra *manṭiq* que, para os filósofos, significa "lógica", mas para o vulgo, "palavra": "O destino fulminou todos os falsificadores que mesclam a filosofia à religião e louvam a heresia. Eles estudaram a lógica (*manṭiq*); mas diz-se com razão: o infortúnio está confiado à palavra (*manṭiq*)"[53].

Esse mesmo Ibn Jubayr compôs um canto em honra de Averróis, após sua morte, atitude que parece sugerir que seus anteriores versos satíricos tenham sido então encomendados pelos inimigos do filósofo.

Segundo o historiador Al-Anṣārī (m. 1303)[54], o incidente que mais constrangeu Averróis e do qual mais se lamentava teria ocorrido na mesquita de Córdova, quando ele e seu filho foram expulsos de lá pela plebe. Seus discípulos o abandonaram, não se invocava mais sua autoridade. Conta-se também que um certo sábio, vindo do Oriente, tentara em vão encontrar-se com ele, por causa da severa reclusão a que fora condenado no exílio[55].

Averróis foi também acusado de plágio. O historiador Al-Anṣārī relata em *Al-Ḏayl wa-al-Takmila* (O Suplemento e o Complemento) o seguinte:

> De punho e letra do fidedigno historiador Abū al-ᶜAbbās ibn Hārūn, copiei o que segue:
>
> Informou-me Muḥammad b. Abū al-Ḥusayn b. Zarqūn que o cádi Ibn Rušd (Averróis) lhe havia pedido emprestado um livro composto por um jurisconsulto de Ḫurāsān, que expunha detalhadamente as diferenças entre as diversas escolas jurídicas e as causas que originaram tais diferenças. O livro – continua Ibn Zarqūn – nunca foi-me devolvido. E mais, Ibn Rušd apropriou-se dele, acrescentou algumas passagens copiadas dos imãs Abū ᶜUmar ibn ᶜAbd al-Barr e Abū Muḥammad ibn Haẓm e atribuiu a autoria delas a si próprio. Trata-se – acrescenta – da obra *Bidāyat al-Mujtahid wa-Nihāyat al-Muqtaṣid.*
>
> Abū al-ᶜAbbās ibn Hārūn acrescenta o seguinte comentário: "Sabe-se que o homem – Ibn Rušd –, embora seja reconhecido como muito versado em outros campos do saber, nunca se destacou como jurista"[56].

O acusador do suposto plágio, Ibn Zarqūn, exerceu alguns cargos em localidades menores e teve um certo prestígio como jurista. Seus trabalhos, porém, não sobressaíram, reduzindo-se a meras compilações de obras de juristas anteriores. Como afirma Maḥmūd ᶜAlī Makkī, catedrático da Universidade do Cairo, "o silêncio mantido sobre o autor e o título da obra que ele (Ibn Zarqūn) diz ter emprestado a Ibn Rušd faz duvidar de seu relato"[57].

É certo que Averróis transcreve passagens de Ibn ᶜAbd al-Barr e de Ibn Ḥazm em sua obra jurídica, *Bidāyat al-Mujtahid wa-Nihāyat al-Muqtaṣid* (Início para

Quem se Esforça [a Fazer um Julgamento Pessoal], Fim para Quem se Contenta [com o Ensinamento Recebido]). Mas, como esse tratado tem o propósito de discutir as várias posições das escolas jurídicas islâmicas, Ibn Ḥazm é citado como máximo expoente da escola *ẓāhirita*, e Ibn ᶜAbd al-Barr tem reconhecida a sua autoridade quando é citado algum *ḥadīṯ* do Profeta. Como afirma Maḥmūd ᶜAlī Makkī, "em nenhum momento Ibn Rušd incorpora passagens desses dois autores andaluzes com a intenção de alterar a fisionomia de uma obra plagiada, pois elas figuram sempre como parte integrante do tecido de seu livro, e não como interpolação forçada e oportunista"[58].

Desse modo, a acusação de plágio não procede e insere-se no contexto das rivalidades propagadas pelos jurisconsultos tradicionalistas, rápidos em levantar suspeitas na opinião pública e em acusar Averróis em razão de seus estudos filosóficos.

Averróis morreu em Marrakech na noite de 9 a 10 de dezembro de 1198. Fora banido de sua cidade natal por motivos nunca esclarecidos – alguns atribuem seu infortúnio a intrigas palacianas. Morreu num quase exílio, pois, embora o soberano o tenha reabilitado ante a corte, Averróis permaneceu em estado de reclusão e jamais reviu sua terra natal.

Numa passagem das *Iluminações da Meca*[59], Ibn ᶜArabī testemunha o funeral de Averróis, cujos restos mortais foram trasladados para Córdova. Sobre um animal de carga, de um lado foi posto o ataúde, de outro, como contrapeso, os livros que Averróis compôs. Essa descrição, carregada de simbolismo, ilustra a grandeza da obra deste que se propôs a "restaurar" a filosofia de Aristóteles.

Os originais árabes de sua obra foram quase todos destruídos. O destino, porém, encarregou-se de preservar grande parte dela nas versões hebraicas e latinas. Condenados pelo Islã, seus comentários traduzidos para o latim desempenharam uma enorme influência no Ocidente cristão, que ora os aceitou, ora os combateu.

2. O Pensador Versátil

O Filósofo

Durante mais da metade de sua vida, Averróis dedicou-se a comentar as obras de Aristóteles. Sua admiração pelo mestre grego revela-se na enfática declaração: "esse homem foi a regra da natureza, um modelo que a natureza engendrou para tornar visível o limite da perfeição humana neste mundo (*in materiis*)"[1]. Hoje, com o andamento de novas pesquisas, grandes passos foram dados e já se reconhece a importância de sua obra filosófica, cuja originalidade não pode permanecer confinada às margens da filosofia. Constata-se que, apesar de ter se dedicado a comentar as obras de Aristóteles, Averróis tira suas próprias conclusões de passagens que o Estagirita deixara nas sombras.

Por que essa dedicação quase obsessiva à restauração do "verdadeiro" pensamento de Aristóteles? Por que alguém com formação no Direito e nas tradições islâmicas, membro de uma família de juízes dignos de autoridade nos círculos do poder, iria consagrar-se a comentar a quase totalidade das obras de Aristóteles? Encarregou-se disso essa "complexa máquina da casualidade", como diria o escritor Jorge Luis Borges, ao promover as circunstâncias favoráveis para o florescimento de uma obra magistral.

Em sua *História do Maġrib*, Al-Marrākušī narra o que o próprio Averróis teria relatado a um de seus discípulos, quando fora introduzido por Ibn Ṭufayl à corte do sultão Abū Yaᶜqūb Yūsuf b. ᶜAbd al-Mu'mīn. Averróis relembra a conversa que os três tiveram sobre o que haviam afirmado Aristóteles, Platão e outros filósofos acerca da questão da eternidade ou geração do céu e acerca da oposição que os muçulmanos faziam a seus argumentos. Passados alguns dias, Ibn Ṭufayl chamou Averróis e disse:

> "Ouvi, hoje, o Príncipe dos Crentes [Abū Yaᶜqūb] queixar-se da dificuldade do estilo de Aristóteles, ou de seus tradutores, e assinalar a obscuridade de suas intenções. 'Se houvesse alguém' – disse o sultão – 'que, depois de ter compreendido perfeitamente suas intenções, comentasse seus livros e expusesse o seu sentido tornando-as acessíveis, poderíamos consagrar-nos ao estudo de seu conteúdo'. Se tens capacidade suficiente para empreender um trabalho desse porte, [disse-me Ibn Ṭufayl,] deves empreendê-lo".
>
> Vês, pois – disse Ibn Rušd –, o que me levou a escrever meus comentários sobre diversos livros do filósofo Aristóteles[2].

O projeto filosófico[3] a que Averróis se dedicou foi, assim, o de comentar a totalidade das obras de Aristóteles.

* * *

Em 1852, Ernest Renan abriu o caminho para uma primeira sistematização científica da obra do pensador andaluz. Na primeira metade do século XX, foi seguido por Maurice Bouyges e pelo padre Miguel Alonso. Na década de 1970, Georges C. Anawati, ᶜAbdurrahmān Badawi e Salvador Gómez Nogales completaram aquele intento. Na atualidade, vários estudiosos aperfeiçoaram o inventário das obras de Averróis a partir de manuscritos encontrados em coleções de bibliotecas[4].

Segundo seus biógrafos e historiadores, a obra de Averróis abrange 125 títulos, mas cinco deles são atribuídos a seu avô; dois, a seu filho; três, a outros autores; 21 títulos são repetidos e 11 não existem. Das 83 obras autênticas, restam 62, das quais, porém, apenas 54 estão completas[5].

Recentemente, um dos maiores conhecedores da obra de Averróis, o catalão Josep Puig Montada, informou que o manuscrito n. 884 da Biblioteca do Escorial (folios 82v; 83r), no catálogo de Derenbourg, lista 76 obras de Averróis, confirmadas pelos autores de repertórios biobibliográficos, Ibn Abī Uṣaybiᶜa (m. 1270) e Al-Anṣārī (m. 1303). O primeiro acrescenta outros títulos que, se levados em conta, aumentam o legado de Averróis para 108 obras. Essa lista, no entanto, não está completa e, além disso, atribui a Averróis obras de seu avô, enquanto a de Al-Anṣārī é mais exata e coincide com a do catálogo do Escorial. Documento antigo e fidedigno, a lista do Escorial parece ter sido feita por um neto de Averróis, Abū al-ᶜAbbās Yaḥia[6].

Ainda que não se possa estabelecer o número exato dos títulos compostos por Averróis, sua obra permanece imensa, estimada em 10 mil páginas, segundo o relato do historiador Ibn al-Abbār[7] (1199-1260), que acrescenta que o autor cordovês só deixou de estudar nas noites de seu casamento e da morte de seu pai.

Dois Modelos de Apropriação da Filosofia Grega

A propósito da recepção da filosofia grega pelo mundo islâmico, é interessante considerar os dois modelos de apropriação do material exógeno por uma cultura, nomeados por Rémi Brague de "inclusão" e de "digestão"[8]. No modelo denominado "inclusão", o processo de apropriação conserva o material estrangeiro e o mantém em sua alteridade, cercado, porém, pelo próprio "processo de apropriação cuja presença em si faz ressaltar sua alteridade". Esse modelo difere do outro, de "digestão", uma vez que este configura a ocorrência de "uma apropriação em que o objeto é de tal forma assimilado que perde a sua independência"[9] e suprime "a diferença entre o sujeito que se apropria e o objeto apropriado"[10]. Configura-se, assim, como um processo "natural", enquanto o processo de "inclusão" é mais "artificial". Como exemplos de recepção de um texto escrito, que, segundo Rémi Brague, correspondem a esses dois processos, de um lado vemos o comentário que reproduz o texto, lema a lema, explorando-o, mas mantendo a sua alteridade (inclusão); de outro, a paráfrase que integra, numa reescrita, o texto original, absorvendo-o e dele se tornando inseparável (digestão)[11]. Na recepção das obras de Aristóteles pelos antigos comentadores gregos, há os que, como Temístio (séc. IV d.C.), compunham tanto comentários como paráfrases e os que, como Simplício (séc. VI d.C.), comentador neoplatônico, procuravam apenas tecer comentários à obra aristotélica.

Entre os filósofos que floresceram no mundo islâmico, Al-Fārābī (872-950) foi um dos primeiros e recebeu o epíteto de "O Segundo Mestre"[12], isto é, depois de Aristóteles. Notabilizou-se por seus conhecimentos de lógica, metafísica e filosofia política, mas é sobretudo nesta última que seu pensamento sobressai, não tendo rivais.

Al-Fārābī compôs muitos comentários, como o *Šarḥ Kitāb al-Muġālaṭa li-Arisṭūṭālīs* (Comentário sobre a Sofística, de Aristóteles), o *Šarḥ Kitāb al-Qiyās li-Arisṭūṭālīs* (Comentário sobre o Livro dos Segundos Analíticos, de Aristóteles), o *Šarḥ Kitāb fī al-ᶜIbāra li-Arisṭūṭālīs* (Comentário sobre o Livro da Interpretação, de Aristóteles), o *Šarḥ Kitāb al-Maqūlāt li-Arisṭūṭālīs* (Comentário sobre o Livro das Categorias, de Aristóteles), o *Šarḥ Risālat al-Nafs li-Arisṭūṭālīs* (Comentário sobre o Tratado Da Alma, de Aristóteles), além de tantos outros às obras de Platão, de Porfírio (*Isagogé*), de Ptolomeu (*Almagesto*) e de Euclides[13]. Dentre os comentários de Al-Fārābī, há textos mais curtos, que, embora mantenham o mesmo título de *Šarḥ* (Comentário), têm o conteúdo adaptado de alguns tratados do *Órganon*[14]. Na obra de Al-Fārābī há tanto o método de "inclusão" quanto o método de "digestão". Seus tratados de filosofia política representam bem o método de "digestão": sobressaem *Mabādi' ārā' ahl al-madīnat al-fāḍila* (Princípios acerca das Opiniões dos Habitantes da Cidade Virtuosa), *Fuṣūl muntazaᶜa* (Aforismos Políticos), *Kitāb al-siyāsat al-madaniyya* (Livro da Política) e *Taḥṣīl al-saᶜāda* (Obtenção da Felicidade).

No século XI, destaca-se Avicena (Ibn Sīnā) – filósofo e médico persa que viveu entre 980 e 1037 – pelo método de "digestão", quando, em sua vasta enciclopédia *Kitāb al-Šifā' (Livro da Cura)*, reelabora o sistema das ciências de Aristóteles. Ao caracterizar o sistema aviceniano como método de "digestão"[15], Rémi Brague alerta para o fato de não ser necessário levar em conta, de um lado, "a dose elevada de neoplatonismo que seguia o aristotelismo como uma sombra"[16] e, de outro, o gênio de Avicena que deu à sua própria obra um caráter "profundamente original". O que importa na caracterização de apropriação por "digestão" da obra de Avicena é ser ele o expoente máximo do método de assimilação da filosofia grega. Na elaboração de um sistema a partir de um aristotelismo revisto, Avicena, como ele próprio afirmou, "aperfeiçoou o que (Aristóteles e seus sucessores, árabes inclusive) pretenderam dizer, mas não conseguiram realizar, nunca atingindo nisto o seu objetivo"[17]. Como lembra Dimitri Gutas, "a História confirmou a alegação (de Avicena), já que, no Oriente islâmico, depois dele o aristotelismo tornou-se o avicenismo"[18].

Na obra de Averróis, observa-se o uso dos métodos tanto de "inclusão" quanto de "digestão" nas modalidades que compôs: constatam-se o método de "digestão" nos epítomes ou "comentários menores" (*jawāmiᶜ*) e nos "comentários médios" (*talḫīṣāt*), e o método da "inclusão" nos "comentários maiores" (*tafsīrāt*).

Os *Comentários* à Obra de Aristóteles

Conhecidas na escolástica latina por "comentários" ao *corpus aristotelicum*, as exposições de Averróis costumam ser divididas em grande, médio e pequeno comentário, o que não significa que sejam comentários de maior ou menor extensão[19]. Na tradição filosófica árabe, são usados os termos *šarḥ* ou *tafsīr* para o "grande" comentário, *talḫīṣ* para o "médio" ou paráfrase e *jawāmiᶜ* para os "pequenos", que, de fato, estão mais próximos de sumas, epítomes ou compêndios, pois sua finalidade é ater-se às partes consideradas mais importantes. Sem dúvida, "comentário" pode ser a tradução dos termos árabes *talḫīṣ* e *tafsīr*, porém, de modo algum, poderia ser a de *jāmiᶜ* (sing. de *jawāmiᶜ*), que se refere a "suma", a "compêndio" ou a "epítome" e diz respeito a uma introdução à filosofia, embora encontremos *jāmiᶜ* muitas vezes traduzido por "comentário menor"[20].

O termo *tafsīr* (pl. *tafsīrāt*, *tafāsīr*) não oferece problemas, já que é "um termo genérico que se aplica à explicação de um outro texto"[21]. Significa exegese, hermenêutica, e tem a marca exegética própria dos comentários ao *Corão*. Os comentários "grandes" têm essa mesma forma exegética, pois Averróis, antes de dar a sua explicação, cita o trecho de Aristóteles a ser explicado.

Šarḥ designa usualmente um comentário cuja dimensão pode variar, embora seja sempre mais amplo do que um compêndio. *Šarḥ* pode significar um comentário que segue o sentido do texto comentado (*šarḥ ᶜalà al-maᶜnà*) ou pode ser um comentário literal (*šarḥ ᶜalà al-lafẓ*). Além de *tafsīr*, costuma-se identificar o "grande comentário" também como *šarḥ ᶜalà al-lafẓ*, uma vez que contém citações de Aristóteles seguidas de explicações. O *šarḥ ᶜalà al-maᶜnà* é identificado com o comentário médio quando não há separação entre a citação e a explicação, pois constitui uma explicação direta do sentido do texto[22]. Averróis compôs cinco "grandes" comentários – *tafsīrāt* ou *šurūḥ ᶜalà al-lafẓ* – às seguintes obras de Aristóteles: *Física*, *Sobre a Alma*, *Sobre o Céu*, *Metafísica* e *Analíticos Posteriores*[23].

O termo *talḫīṣ* (pl. *talḫīṣāt*, *talāḫiṣ*) é mais problemático, já que era, em geral, usado para designar uma paráfrase. Segundo Maroun Aouad, *talḫīṣ* e *laḫḫaṣa* não são termos que por si próprios significam um tipo de comentário, pois "na língua árabe clássica, eles se remetem à ideia de determinação de um sentido (definição, distinção entre esse sentido e o que não é, análise dos elementos constitutivos) e, em Averróis, significam essa operação do pensamento que não é própria de um determinado gênero literário e que se poderia verter por 'exposição'"[24].

Esses dois termos só significam "comentário médio" quando acompanhados de *maᶜnà*, como indica o título árabe do *Comentário Médio sobre a Retórica* (*talḫīṣ maᶜānī*).

Talḫīṣ, porém, nem sempre constitui propriamente uma paráfrase. Ocorre às vezes no título de sumas (*jawāmiᶜ*), tal como aparece no comentário "pequeno" de *Parva Naturalia*, que, sem dúvida, não é um comentário "médio", e na exposição sobre a *República*, obra que, como veremos, está fundamentada na doutrina aristotélica, ainda que Averróis use muitas passagens do texto platônico para desenvolver os seus argumentos. Nas versões hebraicas, *talḫīṣ* é traduzido por *be'ūr*, e nas latinas, por *tractatus* ou por *commentum*, como aparece nas traduções diretas do árabe realizadas no início do século XIII[25]. No título da versão hebraica do *Comentário sobre a República* aparece o termo *be'ūr*, razão por que muitos autores consideram essa obra uma paráfrase. A versão latina de Elia del Medigo, o Cretense (c. 1458-c. 1493), feita a partir da versão hebraica, consigna o título *Expositio Commentatoris Averrois in librum politicorum Platonis*. Isso porque, quando foram traduzidos do hebraico para o latim, durante o Renascimento, os escritos de Averróis que melhor expõem e explicam o texto com palavras mais compreensíveis que o original receberam nos títulos tanto a expressão *expositio media* quanto o termo *paraphrasis* para traduzirem o hebraico *be'ūr emtsā'ī* (exposição média)[26].

Na cronologia, na estrutura e na sistemática das obras de Averróis, Cruz Hernández observou que os *jawāmi*ᶜ – sumas ou compêndios tradicionalmente designados pelos latinos como "pequenos comentários" – foram escritos quando o filósofo contava entre 30 e 44 anos e se alternavam com os *talḫīṣāt*, as exposições parafrásticas designadas pelos latinos como "comentários médios". Os comentários literais, conhecidos por "comentários grandes" (*tafsīrāt*), surgem tardiamente e se alternam com duas importantes exceções: os *talḫīṣāt* dedicados a Galeno e à *República*[27].

Para concluir, os *jawāmi*ᶜ atuam como sumários de um determinado texto e muitas vezes incluem discussões relacionadas a matérias teológicas e jurídicas. Os comentários médios (*talḫīṣāt*) já se aproximam mais dos textos estudados, porque contêm algumas citações acompanhadas de paráfrases, ao passo que os grandes comentários (*tafsīrāt*) são bem mais longos. Embora muito frequentemente contenham digressões que discutem questões relacionadas, estes são os que citam literalmente e *in extenso* os textos aristotélicos.

Como exemplo das três "leituras" (ou redações) das exposições de Averróis sobre a obra de Aristóteles, podemos citar a *Metafísica*, uma das poucas obras comentadas e conservadas nas três modalidades, embora falte o original árabe da paráfrase ou comentário "médio" (*talḫīṣ*). O *Compêndio* ou *Epítome* da *Metafísica* pouco cita o texto de Aristóteles, porquanto a sua estrutura é independente e trata apenas de alguns problemas metafísicos. A paráfrase segue de perto o texto aristotélico sem, contudo, citá-lo *in extenso*, o que torna difícil saber qual é a versão árabe da *Metafísica* que Averróis tinha diante de si. O *Tafsīr mā ba*ᶜ*d al-ṭabī*ᶜ*a* (Grande Comentário sobre a Metafísica) expõe o texto completo do Estagirita, sendo de suma importância para o estabelecimento crítico do original grego[28].

Na lista das obras de Averróis do manuscrito do Escorial, os termos que mais aparecem para indicar o gênero literário são *talḫīṣ* e *šarḥ*. Mas, na mesma lista, há também obras cujos títulos indicam outros gêneros de redação, como *masā'il* (questões), *maqāla* (opúsculo), *ta*ᶜ*līq* (anotação, glosa) e *muḫtaṣar* (compêndio). Apenas duas obras aparecem indicadas por *jawāmi*ᶜ: uma suma de filosofia (sobre *Física* e *Metafísica*) e a exposição sobre a *República*. A maior parte dos "opúsculos" diz respeito aos *Analíticos Anteriores*, e a maior parte das "questões" concerne aos *Analíticos Posteriores*, que parece foram agrupadas num tratado autônomo pelo próprio Averróis[29].

Na tradição árabe, no *corpus* das obras de Averróis que se referem aos escritos de Aristóteles, há cinco gêneros de redação: epítome, paráfrase ou comentário médio, grande comentário, opúsculo e questões. A tradição latina, porém, conservou apenas três: epítomes (ou comentários menores), comentários médios e comentários grandes, tal como foram apresentadas as obras de Averróis pela edição renascentista *Aristotelis Opera cum Averrois Commentariis* (Venetiis, apud

Iunctas, 1562-1574). Prevalece ainda hoje essa classificação latina, retomada por Renan e também proposta no plano de Harry A. Wolfson para a publicação dos comentários de Averróis na *Mediaeval Academy of America*.

Não sem razão, Elamrani-Jamal questiona se "o grande jurista e sábio (*faqīh* e *ḥakīm*), intimamente ligado ao governo de uma dinastia em pleno progresso, teria se reconhecido no perfil intelectual de 'O Comentador'"[30]. Cabe observar que Averróis não teve a intenção de sistematizar três tipos de comentários, como indicam as fontes mais antigas[31].

Das obras dedicadas aos textos aristotélicos, são conhecidos cinco "grandes comentários", dezesseis paráfrases ou "comentários médios" e as epítomes ou compêndios ("comentários menores"). Em matéria filosófica há ainda os trabalhos sobre a *Isagogé*, de Porfírio, a *República*, de Platão, o *Sobre o Intelecto*, de Alexandre de Afrodísia, um comentário sobre uma obra de Al-Fārābī acerca do silogismo, além de várias *Questões* ainda não estabelecidas. É preciso destacar que Averróis compôs ainda comentários sobre diversas obras de Galeno e escritos sobre a medicina em geral, um comentário sobre o *Almagesto*, de Euclides, e numerosas obras de conteúdo jurídico e teológico.

Na lista dos comentários às obras de Aristóteles apresentamos, entre parênteses, os títulos em árabe seguidos das datas de redação (quando datados ou quando foi possível datá-los), segundo os inventários de Gerhard Endress, Gómez Nogales, Cruz Hernández e Josep Puig[32].

Comentários Grandes aos seguintes tratados de Aristóteles:

1. *De Demonstratione* (= *Analytica posteriora*) (*Šarḥ Kitāb al-burhān*) (1180);
2. *Physica* (*Šarḥ Kitāb al-samāᶜ al-ṭabīᶜī*) (1186);
3. *De Cælo et mundo* (*Šarḥ* [*tafsīr*] *Kitāb al-samā' wa-l-ᶜalām*) (1188);
4. *De Anima* (*Šarḥ Kitāb Arisṭūṭālīs fī al-nafs*) (1190);
5. *Metaphysica* (*Tafsīr Kitāb mā baᶜd al-ṭabīᶜa*) (1190).

Paráfrases ou Comentários Médios ao *Órganon* (*Talḫīṣ al-manṭiq*)[33] (1168-1175):

1. *Categoriæ* (*Talḫīṣ Kitāb al-maqūlāt*);
2. *De Interpretatione* (*Talḫīṣ Kitāb al-ᶜibāra*);
3. *Syllogismus* (= *Analytica priora*) (*Talḫīṣ Kitāb al-qiyās*);
4. *De Demonstratione* (= *Analytica posteriora*) (*Talḫīṣ Kitāb al-burhān*) (1170);
5. *Topica* (*Talḫīṣ Kitāb al-jadal*) (1168);
6. *De Sophisticis elenchis* (*Talḫīṣ Kitāb al-safsaṭa*);
7. *Ars Rethorica* (*Talḫīṣ al-ḫiṭāba*) (1175);
8. *Ars Poetica* (*Talḫīṣ Kitāb al-šiᶜr*) (1175).

Paráfrases ou Comentários Médios aos tratados de Aristóteles:

1. *De Physico auditu* (*Talḫīṣ Kitāb al-samāᶜ al-ṭabīᶜī*) (1169);
2. *De Animalibus* (contém partes de: *De Partibus animalium* e *De Generatione animalium*) (*Talḫīṣ tisᶜ maqālāt min Kitāb al-ḥayawān*) (1169);
3. *De Cælo et mundo* (*Talḫīṣ Kitāb al-samā' wa-l-ᶜālam*) (1171);
4. *De Generatione et corruptione* (*Talḫīṣ Kitāb al-kawn wa-l-fasād*) (1172);
5. *Meteorologica* (*Talḫīṣ Kitāb al-āṯār al-ᶜulwiyya*) (1172);
6. *De Anima* (*Talḫīṣ Kitāb al-nafs*) (1174);
7. *Metaphysica* (*Talḫīṣ Kitāb mā baᶜd al-ṭabīᶜa*) (1174);
8. *Ethica Nicomachea* (*Talḫīṣ Kitāb al-aḫlāq*) (1177).

Epítomes ou Compêndios aos tratados de Aristóteles:

1. Epítomes sobre os livros de lógica de Aristóteles (*Tajrīd al-aqāwīl al-ḍārūriyya min ṣināᶜat al-manṭiq* [*Al-Ḍarūrī fī al-manṭiq*; *Muḫtaṣar al-manṭiq*]); [contêm exposições compendiadas sobre o *Órganon* completo e sobre a *Isagogé*, de Porfírio];
2. Epítomes sobre a Filosofia natural (*Jawāmiᶜ al-ṭabīᶜiyyāt*) [compreendem exposições sumarizadas sobre Physica (*Jawāmiᶜ al-samāᶜ al-ṭabīᶜī*); *De Cælo et mundo* (*Jawāmiᶜ Kitāb al-samā' wa-l-ᶜālam*); *De Generatione et corruptione* (*Jawāmiᶜ Kitāb al-kawn wa-l-fasād*); e *Meteorologica* (*Jawāmiᶜ Kitāb al-āṯār al-ᶜulwiyya*) (1159)];
3. Epítome sobre o *De Anima* (*Muḫtaṣar kitāb al-nafs*);
4. Epítome sobre os *Parva naturalia* (*Jawāmiᶜ* [*kutub*] *al-ḥiss wa-l-maḥsūs*) [contém exposições compendiadas sobre: *De Sensu et sensato*, *De Memoria et reminiscentia*, *De Somnis et vigilia* e *De Longitudine et brevitatis vitae*] (1170);
5. Epítome sobre o *Liber animalium* (*Kitāb al-ḥayawān*) [contém exposições compendiadas sobre o *De Partibus animalium* e o *De Generatione animalium*] (1170);
6. Epítome sobre a *Metaphysica* (*Jawāmiᶜ Kitāb mā baᶜd al-ṭabīᶜa*).

Questões e Opúsculos autênticos de Averróis ou a ele atribuídos:

1. Questões sobre lógica (compreendem uma questão sobre a *Physica*; duas sobre o *De Interpretatione*: uma delas a partir de Al-Fārābī, a outra, a partir de Avicena); nove questões que tratam do silogismo (uma delas datada de 591 H./1196) e três que tratam da demonstração (uma delas é dedicada ao *Livro sobre a Demonstração*, de Al-Fārābī);
2. Questões sobre a *Physica* (os manuscritos do Escorial n. 632 e 881 contêm três questões, uma delas datada de 592 H./1196);

3. Questões sobre o *De Anima* (= *De Intellectu*) [compreendem a *Epístola sobre a possibilidade de conjunção com o intelecto ativo* e a *Questão sobre a conjunção do intelecto separado com o homem* (*Epistula de connexione intellectus abstracti cum homine – De beatitudine animae*[34])];
4. Questões sobre o *De Cælo* (*De Substantia orbis*[35] [1178-1179]).

Vê-se, portanto, que Averróis comentou quase toda a obra de Aristóteles. Hoje sabemos que, do *corpus aristotelicum*, a *Política*, a *Ética Eudemia* e a *Grande Ética* são os únicos textos que não foram traduzidos para o árabe. Eis por que nosso filósofo não teve acesso a eles. Na falta da *Política*, Averróis usou a *República* para tecer suas considerações sobre a política de seu tempo. É oportuno ressaltar que o *Comentário sobre a República* não chega a ser propriamente um comentário ao texto de Platão, uma vez que está permeado de noções retiradas da *Ética Nicomaqueia* e das obras políticas de seu antecessor, Al-Fārābī.

Fortuna da Obra no Ocidente Latino

O célebre conto de Jorge Luis Borges, *A busca de Averróis*, ilustra poeticamente a fortuna na História da filosofia daquele que foi chamado de *O Comentador* em razão de seus numerosos comentários à obra de Aristóteles. Depois de tirar o turbante e olhar-se num espelho de metal, Averróis desaparece bruscamente "como que fulminado por um fogo sem luz", e, com ele, desaparecem sua casa junto à fonte, os roseirais vizinhos, seus livros e manuscritos e, até mesmo, o rio Guadalquivir. Não só Averróis deixa de existir, mas também toda a sua gigantesca obra se eclipsa. Borges relembra o lugar-comum que representa Averróis como o ápice da filosofia árabe-islâmica e, simultaneamente, o seu fim.

No filme *O Destino*, consagrado a Ibn Rušd, o cineasta egípcio Yussef Chahine retrata a sorte da obra do filósofo numa belíssima sequência. O jovem discípulo Yussef tenta salvar os manuscritos do mestre de um anunciado auto-de-fé e empreende uma longa viagem seguindo os rios desde Al-Andalus até as regiões da cristandade. Mas, eis que sua bagagem cai na torrente de um rio. Desolado, Yussef contempla a ação das águas sobre um único manuscrito que consegue salvar e constata que não sobrara sequer um traço de escrita nas páginas borradas. Assim como este, tantos outros manuscritos da obra de Averróis tiveram sorte semelhante. Destruídos pelo fogo e esquecidos pelo Islã, quase todos os originais árabes estão irremediavelmente perdidos. A História encarregou-se de preservar o conjunto de seus escritos nas traduções latinas e hebraicas. Como na cena do filme de Chahine, as manchas substituem a escrita. Desapareceu Ibn Rušd, mas resta Averróis.

A transmissão das obras desse ilustre filósofo é permeada de paradoxos. Não deixa de suscitar certa perplexidade o fato de que sua autoridade tão alta, tanto entre muçulmanos quanto entre cristãos, tenha sido bruscamente esquecida. Na filosofia árabe-islâmica, Averróis não deixou discípulos. Entre os cristãos, seus comentários, traduzidos para o latim desde os primórdios do século XIII, foram leitura obrigatória nas universidades de Paris, Bolonha e Pádua, e, em plena efervescência cultural do *Cinquecento*, passaram a acompanhar as edições do *Aristóteles latino*. Durante quatro séculos, Averróis representou, junto com Aristóteles, a racionalidade no Ocidente cristão. Mas, a partir do século XVII, sua obra foi isolada do circuito filosófico europeu; ela ressurge no século XIX, cercada, porém, de um certo desprezo, quando o erudito francês Ernest Renan publica *Averroès et l'Averroïsme*, fruto de uma tese defendida em 1852, em que conclui que "não temos nada ou quase nada a aprender nem de Averróis nem dos árabes, tampouco da Idade Média"![36]

No século XX, contudo, novos estudos passam a evidenciar a importância e o valor da obra de Averróis para a História da Filosofia. Como observa o medievalista Alain de Libera, a versão latina da filosofia de Averróis "é a peça central do dispositivo intelectual que permitiu ao pensamento europeu construir sua identidade filosófica"[37].

Por meio dessa filosofia, propagou-se entre os europeus cristãos a corrente conhecida como "averroísmo". Já no século XIII, o averroísmo dominava em Paris com Siger de Brabant (m. 1284), mas, sob instigação do papa João XXI, foi condenado em março de 1277 pelo bispo de Paris, Étienne Tempier, que, para censurar 219 teses filosóficas, alegou que elas continham duas verdades contrárias, uma que procede da fé religiosa, outra, da razão natural. Dessa condenação resultou a lenda da "dupla verdade", atribuída à filosofia de Averróis. Com um jogo de palavras, o filósofo e teólogo maiorquino Raimundo Lúlio (1232-1316) completou o retrato da "dupla verdade" quando resumiu a filosofia dos seguidores latinos de Averróis na fórmula "Creio que a fé seja verdadeira e sei que ela não é verdadeira". Nada mais contrário ao pensamento original de Averróis, pois seus escritos afirmam reiteradas vezes que a verdade é uma só, embora o acesso a ela possa ser feito pela via filosófica e pela via literalista da religião: "Visto que a Lei revelada é a verdade e exorta à reflexão que conduz ao conhecimento da verdade, nós, a comunidade dos muçulmanos, temos a certeza de que a reflexão demonstrativa não pode acarretar contradições com os ensinamentos do Texto revelado, pois a verdade não contraria a verdade, mas com ela concorda e testemunha a seu favor" (*Tratado Decisivo*, §18).

Causa admiração a persistência desse médico e jurista árabe do século XII, que, sem conhecer nem o grego nem o siríaco – idioma que serviu à transmissão dos textos gregos para os árabes –, debruçou-se sobre o ensinamento de um filósofo da Grécia pagã, cuja distância de catorze séculos fora mediada pelas pregações de Cristo e de Muḥammad, com o firme propósito de restituir-lhe a verdadeira doutrina.

Surpreende ainda o fato de que, no século XIII, tenha tido tão amplo sucesso nos ambientes cristão e judaico, embora sua obra tenha sido caracterizada por um profundo laicismo. Todavia, ao mesmo tempo que, entre cristãos, ser averroísta significava estar na oposição, tornara-se impossível defender a filosofia de Averróis na esfera islâmica, sob a pressão da ortodoxia religiosa e da heterodoxia mística, e penoso na hebraica, que, a partir do século XIV, não só viu o renascimento da tradição talmúdica como ainda o surgimento das correntes cabalísticas[38].

Enquanto Avicena foi incondicionalmente reverenciado nos meios acadêmicos europeus até o século XVII, Averróis, ou melhor, o averroísmo oscilou pendularmente entre os que o defendiam e os que lhe faziam oposição. Por estes últimos, Averróis chegou a ser caluniado e tachado de "maldito", a ponto de ser chamado de "cão raivoso ladrando contra a fé católica" (*Epistola ultima sine titulo*) pelo poeta e humanista Francesco Petrarca (1304-1374). A opinião de Pietro Pomponazzi, em 1516, em plena Renascença, ilustra a disseminada aversão ao filósofo: "Parece-me que [a opinião de Averróis] seja uma grande falsidade, na realidade ininteligível, monstruosa e absolutamente alheia a Aristóteles. Antes, julgo que tanta besteira não poderia jamais ser creditada a Aristóteles e, com maior razão, à verdade por ele cogitada" (*Tractatus de immortalitate animae*, cap. IV).

Ao referir-se a Averróis nos conhecidos versos da *Divina Comédia* "Averróis, che 'l gran comento feo" (Inferno IV, 144), Dante repete o tradicional retrato estereotipado, divulgado pela Escolástica cristã, ou seja, que o conjunto da obra do filósofo cordovês se reduz a meros comentários dos textos aristotélicos. Durante os séculos posteriores à morte de Averróis, o maior valor que lhe é reconhecido é a perspicaz interpretação dos difíceis textos de Aristóteles e, com isso, sua contribuição para depurar a filosofia árabe-islâmica de seus elementos neoplatônicos. De fato, Averróis reorientou o pensamento filosófico da Idade Média ao centrá-lo em Aristóteles, já que foi o único filósofo de língua árabe que não caiu no erro de considerar aristotélica a *Teologia*, que então circulava como obra autêntica do Estagirita, mas que, na realidade, é uma compilação de textos neoplatônicos. Criticada por Tomás de Aquino e pelo humanista Luis Vives, reduzida a simples comentários na visão medieval-renascentista, a filosofia de Averróis recebe a mesma avaliação ainda no século XIX, quando, após três séculos de esquecimento, Ernest Renan a redescobre e a compara à filosofia de Boécio (475-525), filósofo cristão do período de declínio do Império Romano: ambos, "com suas obras de caráter enciclopédico, discutem e comentam, mas chegam apenas a compensar o que lhes faltou em originalidade, pois já era muito tarde para criar"[39].

Ainda no século XIX, outro estudioso francês, Samuel Munk, assinala, com certa reserva e cautela, a intenção de Averróis em modificar alguns pontos aristotélicos, embora o filósofo de Córdova jamais tenha tido qualquer pretensão de criar um sistema filosófico próprio: "Ao pretender desembaraçar a verdadeira opinião de Aristóteles, Ibn Rušd, às vezes e sem querer, chegou a estabelecer doutrinas que lhe são próprias e que, possuindo um caráter particular, podem aspirar a uma certa originalidade. Mas é necessário usar de grande circunspeção para separar, nos comentários de Ibn Rušd, as suas doutrinas pessoais"[40].

Entre os modernos, permanece inexplicável o silêncio a respeito da filosofia de Averróis. Ignora-a Espinosa, seu sucessor legítimo[41], desprezam-na Leibniz e Hegel. Entre a Renascença e o século XIX, Averróis injustamente desaparece da História da filosofia, tal qual a imagem celebrada no conto de Borges. Sua importância, porém, vem sendo cada vez mais explicitada nos últimos anos, ao ser editada e traduzida grande parte de sua obra, dos poucos originais árabes remanescentes às versões hebraicas e latinas.

O Jurista

A Lei Revelada (*Šarīʿa*[42]) e o Direito Islâmico (*Fiqh*)

No domínio da teologia identifica-se o Islã com o livro que o funda, o *Corão*, explicado e interpretado pela Tradição de dizeres e atos atribuídos a Muḥammad. Recolhida e compilada nos primeiros séculos da era islâmica pelas gerações que sucederam o Profeta Muḥammad, essa Tradição constitui a literatura do *Ḥadīṯ*, que documentou e estabeleceu a *sunna*, isto é, o costume do Profeta, ou melhor, o conjunto de exemplos normativos inspirados na vida do Profeta Muḥammad. *Sunna* significa o hábito ou norma de conduta que passou a ser o modelo de vida do muçulmano, o costume a ser adotado pelos muçulmanos cuja base está estabelecida no *Ḥadīṯ*. Para os primeiros muçulmanos, *sunna* não significa uma prática anônima da comunidade, mas refere-se aos usos e procedimentos estabelecidos por alguns indivíduos. A prática da comunidade certamente existe, mas na concepção árabe de *sunna*, o modelo a ser imitado está fundado no exemplo dos usos e costumes estabelecidos por indivíduos cujas ações instituíram uma prática específica[43].

Corão e *Ḥadīṯ* são as fontes básicas não só da religião mas também do Direito islâmico (*Fiqh*), que surge calcado na *sunna*. Com a expansão do Islã, os muçulmanos tiveram que lidar com novas situações que emergiam nas regiões conquistadas. Dispersos em regiões distantes umas das outras, os conquistadores necessitavam de regras para enfrentar circunstâncias legais que surgissem nas comunidades onde os costumes locais derivavam de antigas civilizações e muitas vezes não se harmonizavam com o novo modo de vida islâmico. A prática religiosa, legal e social dos conquistadores tinha, portanto, de ser estabelecida por meio de regras. O *Corão*, porém, não supria estatutos suficientes para resolver problemas advindos de situações desconhecidas pelos árabes conquistadores. Com a perspectiva de impor uma lei consoante com as intenções de Muḥammad, recorreu-se a seus Companheiros, a melhor fonte para o conhecimento de sua vontade, já que viveram a seu lado e testemunharam suas declarações e ações. Em matéria religiosa e civil, os Companheiros do Profeta eram os mais autorizados a determinar a prática de conduta a ser seguida. Com o decorrer do tempo, as gerações que sucederam os Companheiros recebiam informações transmitidas oralmente. A legitimidade de uma conduta ou de uma declaração só era estabelecida se recebida por uma cadeia (*isnād*) de transmissores que deveria remontar ao juízo de um Companheiro, uma testemunha da intenção real do Profeta. Para que fosse considerada autoridade, portanto, a declaração deveria ser transmitida por um *isnād* ininterrupto que remontasse a uma testemunha visual, e todos os transmissores deveriam ser absolutamente fidedignos.

Com a força dessa tradição, os costumes religiosos e legais foram estabelecidos como autoridade, uma vez que remontavam à prática inicial do Islã, conduzida sob os olhos do próprio Profeta. Essa prática, que existe desde a época de Muḥammad, foi registrada no *corpus* que constitui o *Ḥadīṯ* e é chamada *sunna*. *Ḥadīṯ* e *sunna* não são conceitos idênticos. *Sunna* descreve o modo estabelecido da ação e digno de ser imitado. O *Ḥadīṯ* documenta o que os Companheiros transmitiram sobre o que é correto em questões religiosas e legais, de acordo com os ensinamentos do Profeta[44], embora, inicialmente, os *ḥadīṯs* referissem mais a prática dos Companheiros e de seus sucessores que propriamente a do Profeta.

Foi Šāfiᶜī (767-820), fundador de uma das quatro principais escolas ortodoxas de *Fiqh*, quem determinou que não se poderia concluir que os Companheiros conheciam as reais intenções de Muḥammad, os quais, portanto, poderiam ter afirmado opiniões incompatíveis com as dele. Šāfiᶜī inaugurou um novo conceito, a *sunna* do Profeta, em que esta passa a ser o modelo de comportamento atribuído ao próprio Profeta, em contraste com a posição anterior, que afirmava que a *sunna* representa o uso de costumes da comunidade, ou seja, de uma "tradição viva". Para Šāfiᶜī, apenas as ações do Profeta são representativas de autoridade, embora, em sua obra, ele mantenha alguns traços da doutrina anterior, ao aceitar que as tradições dos Companheiros e as opiniões de seus sucessores poderiam auxiliar como argumentos suplementares[45].

O *Corão* não é um código de Direito, embora ele traga uma lei: *Corão* V:48 estabelece que "Para cada um de vós fizemos uma lei (*šarᶜ*) e um caminho normativo (*minhāj*[46]) a ser seguido". Esse versículo inaugura uma legislação substantiva, isto é, a formação de um corpo fundamental que estabelece princípios e que define as relações entre os indivíduos de uma sociedade submetendo-os à ação normativa.

A lei, contudo, apresenta princípios gerais de moral pessoal e social que vieram a constituir a prática jurídica propriamente dita. Por outro lado, o *Corão* dita regras particulares que dizem respeito a vários aspectos da vida humana e que embasam a jurisprudência islâmica, o *Fiqh*, que significa conhecimento por excelência, ou seja, o conhecimento das decisões divinas relativas ao que é obrigatório ou proibido, ao que é aconselhado ou desaconselhado e ao que é lícito (sing. *ḥukm*, pl. *aḥkām*[47]). O *Fiqh* foi elaborado sobre o texto corânico explicado pelos *ḥadīṯs* do Profeta, mas, em sua grande parte, o *Corão* dá apenas indicações "em bloco" (*ᶜalā al-ijmāl*), que, por sua vez, são explicadas "nos detalhes" (*ᶜalā al-tafṣīl*) pela *sunna* do Profeta e dos Companheiros. Por exemplo, o *Corão* dita a obrigatoriedade da oração, mas é por meio do *Ḥadīṯ* que se conhece a obrigatoriedade das cinco orações diárias, os momentos em que devem ser realizadas, os gestos e as palavras que as compõem. Distinguem-se no *Corão* as leis cultuais (*ᶜibādāt*), que regulamentam as orações rituais *(ṣalāt)*, a doação obrigatória (*zakāt*), o jejum ritual do Ramadã (*ṣawm*)[48] e a peregrinação à Meca (*Ḥajj*)[49], e as regras referentes à guerra aos infiéis (*jihād*) e à divisão do botim. Além das leis cultuais e das regras, há também no *Corão* ditames relativos às transações pecuniárias (*muᶜāmalāt*) que a lei permite concluir com condições introduzidas legalmente, que concernem basicamente às relações sociais entre os crentes, às transações comerciais, aos contratos. Segundo a contagem tradicional, há no *Corão* cerca de 500 versículos legais, cujo peso é considerável seja por não serem repetitivos, como são outros versículos, seja por sua exiguidade em relação ao Livro todo[50].

No *Corão* e na *sunna* basearam-se inicialmente os jurisconsultos e os teólogos para determinar melhor o conteúdo da lei islâmica na busca de soluções jurídicas. Mas logo passou-se a designar o Direito (*Fiqh*) como o conhecimento da lei, isto é, dos textos e reflexões sobre os quais a lei repousa. Como afirma o estudioso Joseph Schacht, o *Fiqh* não foi estabelecido "por um procedimento irracional de uma Revelação contínua, mas por uma interpretação racional e metódica; as normas religiosas e as regras morais que foram introduzidas no conteúdo jurídico forneceram o quadro de sua coesão interna"[51].

O Direito islâmico compreende dois domínios estudados separadamente nos tratados jurídicos: de um lado, as prescrições religiosas (*ᶜibādāt*), de outro, as diversas regras que dizem respeito às relações sociais (*muᶜāmalāt*). O *Fiqh* constitui um sistema completo de direitos e deveres do muçulmano, regulando os diversos aspectos de sua vida cotidiana, de suas relações sociais e até mesmo da organização política na qual ele vive. Não se trata, portanto, de um Direito como o romano, em que há total separação entre as esferas religiosa e profana. No Islã, a Revelação divina é o princípio supremo que rege a sociedade e a existência dos muçulmanos, razão por que nenhuma instituição é estranha à vida religiosa. Qualquer ato humano expressa, em última instância, uma verdadeira submissão a

Deus (*islām*) com as recompensas e castigos a serem obtidas e infligidos na vida futura de acordo com as ações realizadas neste mundo.

No Islã, moral e política são inseparáveis da religião. A conduta humana, individual e coletiva, é determinada pelo mandamento divino: "Injustos e perversos são os que não julgam [ou decidem] de acordo com o que Deus fez descer [isto é, o *Corão*]"[52]. É o que determina a moral assentada na Lei divina. *Islām* significa submissão, a saber, submissão voluntária do crente à vontade de Allāh. A submissão à vontade divina é o princípio inerente em todas as manifestações culturais no Islã: nas ideias, nas instituições, na moral e no culto[53]. Desse modo, política, ética e religião, no Islã, são conceitos inseparáveis.

A Lei sagrada (*Šarīᶜa* ou *Šarᶜ*) é um corpo de mandamentos que regulamenta a vida dos muçulmanos em todos os aspectos: fundamenta prescrições religiosas como a definição das orações, dos ritos cultuais, dos jejuns e das interdições alimentares, mas ainda estabelece prescrições sobre transações financeiras, disposição de heranças, relações com os não muçulmanos etc., ou seja, prescreve também regras legais e políticas. A lei islâmica é, nas palavras de J. Schacht, "um compêndio do pensamento islâmico, a mais típica manifestação do modo de vida islâmico, o núcleo e o âmago do Islã"[54]. Aos olhos dos sábios muçulmanos, a lei sempre foi o aspecto prático da doutrina sociorreligiosa pregada por Muḥammad[55]. Desde os seus primórdios, a legislação islâmica foi concebida como "uma totalidade indivisível, no sentido de que deriva da Palavra de Deus e, portanto, possui a mesma e uniforme sanção divina"[56].

Está claro, portanto, que Deus comanda e o homem deve se render a obedecer-Lhe. Porém, observa F. Rahman, essa abordagem, que põe toda a conduta humana sob o conceito de dever e de obediência a Deus, não distingue entre as ações sujeitas e as não sujeitas a julgamento, como, por exemplo, o dever que todos têm perante Deus de observar os mandamentos de não roubar e de não mentir. Conquanto o não cumprimento do primeiro esteja sujeito a julgamento em corte judicial, o do segundo diz respeito apenas ao foro íntimo de cada um perante Deus. Os valores que estruturam a conduta humana são, portanto, primariamente de ordem religiosa e moral, embora a justiça humana desempenhe a sua função principal, que é ordenar a sociedade[57].

Alguns estudiosos mantêm uma posição secularista segundo a qual as características da lei islâmica derivam da realidade histórica, dada a dupla atribuição autoritativa a Muḥammad: a função política de governar e de legislar e a função religiosa de ensinar e de propagar a doutrina. No entanto, para os fiéis muçulmanos, essa posição secularista que combina as autoridades religiosa e política na pessoa do Profeta não é condizente com a letra corânica, pois o que dita o *Corão* sobre assuntos políticos, legais e sociais é a Palavra de Deus revelada, sendo, portanto, Ele o único Legislador (*Šāriᶜ*), e não Muḥammad.

A Metodologia Jurídica Revisitada

O jurista e cádi[58] Averróis legou à posteridade um tratado que pertence ao gênero clássico dos *iḫtilāf*, isto é, exposições das divergências entre os juristas das escolas jurídico-religiosas (*maḏhāhib*) sunitas quanto à substância dos livros de *Fiqh*. Já o título indica o propósito da obra: *Bidāyat al-Mujtahid wa Nihāyat*[59] *al-Muqtaṣid* (Início para quem se esforça [a fazer um julgamento pessoal], fim para quem se contenta [com o ensinamento recebido]). Os dois termos, *mujtahid*[60] e *muqtaṣid*, se contrapõem, pois o primeiro se refere a alguém que, por seus conhecimentos e qualificações, é capaz de emitir pareceres pessoais em matéria legal, e o segundo indica o jurista que, ou deliberadamente ou por incompetência, segue o ensinamento autoritativo[61]. O título, portanto, revela o propósito de Averróis, ou seja, fornecer os instrumentos necessários ao estudante da lei para que ele possa, com o uso de sua própria razão, emitir pareceres legais, a despeito das divergências que há entre as escolas de *Fiqh* quanto à interpretação da lei.

Averróis é um defensor do *ijtihād*[62], o processo de raciocínio hermenêutico para fins legais que permite ao jurista elaborar uma lei com base no *Corão* e na *sunna*, ou melhor, o exercício da razão humana para estabelecer uma regra jurídica calcada na *Šarīᶜa* e na *sunna*.

Contra a prática do *taqlīd*[63], a prática que segue a autoridade de um jurista ou de uma escola, Averróis concebe seu tratado apresentando uma documentação suficiente para esclarecer e permitir ao iniciante o desenvolvimento na prática do *ijtihād*.

A obra segue as divisões clássicas do *Fiqh*, tal qual os manuais (*jawāmiᶜ*) que compilam as opiniões dos juristas, mas principalmente a obra seminal de Mālik ibn Anas[64] *Al-Muwaṭṭa'* (O Caminho Nivelado). No tratamento dispensado a cada tópico, o método de Averróis, porém, difere das outras obras similares. Ao iniciar a discussão sobre um determinado tópico, Averróis enuncia a questão principal para, em seguida, classificá-la em partes, que por sua vez são divididas em questões detalhadas sobre o tópico estudado. Em várias passagens, Averróis indica o critério de seleção das questões que geraram polêmicas entre os juristas, isto é, ele se atém a questões que servem de princípio condutor na exposição, quer as expressamente enunciadas nos textos sagrados, quer as que a elas estão relacionadas, mas que, sobre elas, os textos nada dizem, gerando, portanto, as disputas entre os juristas. Averróis, no entanto, se limita apenas a questões que possam fornecer ao estudante as ferramentas necessárias para o aprendizado de fazer derivar a lei dos princípios gerais por conta própria, ao invés de fazê-lo tão somente pela opinião autoritativa. Assim, o conhecimento dessas duas categorias de questões – as explícitas na lei e as que sobre elas a lei silencia – e dos vários desacordos relacionados à questão estudada proporciona os princípios gerais que fazem do aprendiz um *mujtahid*, o jurista capaz de emitir um veredito ou uma opinião verdadeira condizente com o método do *ijtihād*[65].

Ao levar em conta as opiniões dos juristas, Averróis analisa as razões de suas divergências, sistemática que faz dessa obra um livro de *ḫilāf* – disciplina que compila e analisa as divergências de opinião entre os juristas muçulmanos (*ᶜilm al-ḫilāf*). De início, ele classifica as opiniões legais que foram emitidas pelos Companheiros, pelos juristas e pelos fundadores das escolas de Direito. Uma vez descritas e reunidas em grupos, essas opiniões são analisadas a partir das razões de suas formulações e, em seguida, têm seus fundamentos confirmados no *Corão* e na *sunna*. Averróis passa então a indicar os métodos de interpretação usados pelos juristas para a elaboração de suas opiniões. Quando é ele próprio que expressa uma opinião pessoal, a frase é precedida pela fórmula "O Cádi disse".

A lei islâmica não é codificada, embora alguns de seus princípios sejam relativamente fixos e imutáveis. Esses princípios estão explícita ou implicitamente enunciados no *Corão* e na *sunna*. Fazer derivar a lei dos textos sagrados não é, porém, tarefa fácil. Não basta ser um especialista em *tafsīr* (interpretação do *Corão*) ou nas ciências do *Ḥadīṯ*, pois interpretar o que a Escritura prescreve e formular as leis dela decorrentes requer habilidade adquirida por meio de um longo e rigoroso treino, uma vez que os princípios enunciados nos versículos do *Corão* e na *sunna* não são evidentes numa leitura imediata. Tome-se o exemplo de *Corão* 24:4-5: "<4> E aos que acusam de adultério as mulheres castas, mas não apresentam quatro testemunhas, açoitai-os com oitenta chibatadas e jamais aceiteis o seu testemunho; estes são os perversos (*fāsiqūn*). <5> Exceto os que depois se arrependem e se emendam. Por certo Allāh é Perdoador, Misericordiador".

Neste caso específico das penas impostas a uma falsa acusação de adultério a uma mulher inocente, o versículo 24:4 menciona três tipos de penalidade para o mesmo crime, o de falso testemunho: as chibatadas, a não aceitação do testemunho do infrator em casos futuros e a imputação pública de "perverso" (*fisq*). Mas o problema está na fórmula "exceto os que depois se arrependem e se emendam", enunciada no versículo seguinte. Se o culpado se arrepender, quais as penalidades que deverá receber? Todas as três? Nenhuma? Apenas uma... ou duas?[66]

Em alguns casos a *sunna* acrescenta penalidades àquelas enunciadas no *Corão*, o que implica a ab-rogação[67], ou seja, a aceitação de que um determinado versículo ou um *ḥadīṯ* atualize o que foi dito anteriormente, sem que, contudo, os versículos e *ḥadīṯs* ab-rogados deixem de ser observados. Se, em um determinado caso, o jurista aceita que a prescrição de um versículo ou de um *ḥadīṯ* ab-rogue o preceito de outro, a aceitação da ab-rogação deverá ser estendida ao exame de todos os outros casos, o que torna a interpretação da lei um exercício extremamente complexo.

As escolas de Direito sunitas não divergem quanto a questões teológicas, mas quanto às teorias de interpretação da Lei revelada, pois cada uma delas tem seus próprios princípios para interpretar os textos. Todas as quatro – *mālikita*, *šāfiᶜita*, *ḥanīfita* e *ḥanbalita* –, porém, aceitam as mesmas fontes que originaram a lei substantiva: *Corão*, *Ḥadīṯ* (Tradição), *ijmāᶜ* (consenso comunitário) e *qiyās* (raciocínio por analogia). São esses os princípios (*uṣūl* = raízes) do Direito sunita. A divergência entre as escolas está na interpretação desses princípios.

Embora a atenção de Averróis esteja concentrada nas matérias das três maiores escolas, *ḥanīfita*, *mālikita* e *šāfiᶜita*, ele também considera outras duas, a *ḥanbalita* e a *ẓāhirita*. Ainda que essa seja uma obra de *ḫilāf*, não é esse o seu principal propósito, como o próprio Averróis afirma em várias passagens. O seu principal objetivo, ao escrever um tratado de Direito, ao longo de mais de vinte anos, é transmitir a habilidade e a destreza para que um pretendente se torne um jurista competente, um *mujtahid*, e, assim, seja capaz de fazer derivar a lei de suas fontes. Crítico de seus pares, Averróis enfatiza que o aprendiz não deve se limitar a "memorizar o máximo possível para um ser humano", mas deve apreender as ferramentas necessárias para "merecer ser chamado de jurista (*faqīh*)", embora "os juristas de nosso tempo acreditem que quem possui maior sagacidade em matéria legal é o que for capaz de memorizar o maior número de opiniões"[68].

Averróis concebeu seu livro de modo que, com a ajuda de sua metodologia, o jurista competente tivesse a capacidade de *ijtihād*, isto é, de emitir um parecer fundado nas fontes do Direito islâmico (*uṣūl al-Fiqh*). No entanto, para ter o domínio dessas fontes, é necessário que o jurista seja apto também nas ciências da gramática (*ᶜilm al-naḥw*), na língua árabe e na metodologia das ciências do Direito islâmico: "a eficácia deste livro, por meio da qual a competência em *ijtihād* pode ser alcançada, juntamente ao conhecimento da língua árabe e das ciências do *Fiqh*, é suficiente para esse propósito. Por esta razão, achamos que o título mais apropriado para este livro seria *Bidāyat al-Mujtahid wa Nihāyat al-Muqtaṣid* (Início para quem se esforça [por um julgamento pessoal], fim para quem se contenta [com o ensinamento recebido])"[69].

Todavia, ainda que o propósito do livro seja lançar a base de uma metodologia para que o jurista cumpra com as exigências do *ijtihād*, Averróis anuncia, nas linhas iniciais de *Bidāyat al-Mujtahid*:

> Meu propósito, neste tratado, é estipular para mim mesmo, por meio da memória, as questões (*masā'il*) dos *aḥkām*[70] sobre as quais se concorda e sobre as quais se disputa, juntamente com suas evidências (pl. *adilla*; sing. *dalīl*), e indicar as bases das disputas que se assemelham a regras gerais e princípios, já que ao jurista podem ser apresentados problemas sobre os quais a Lei (*Šarᶜ*) silencia. Essas questões, em sua maioria, estão claramente

expostas na lei, ou estão estreitamente relacionadas às expostas. São questões sobre as quais os juristas muçulmanos concordam desde a geração dos Companheiros – que Deus esteja satisfeito com eles – até a época em que a prática do *taqlīd* foi excessiva, ou aquelas sobre as quais a divergência de opinião entre eles se tornou amplamente conhecida[71].

Objeto de preocupação constante de Averróis, as divergências entre as opiniões jurídico-teológicas são alvo de suas críticas em seus tratados considerados polêmicos: no *Faṣl al-Maqāl* (Tratado Decisivo), ele volta sua atenção às divergências causadas pelos juristas e pelos teólogos *ašᶜaritas*; em *Kašf ᶜan Manāhij al-Adilla* (Desvelamento dos Métodos de Demonstração), o alvo novamente são os teólogos com suas interpretações errôneas da *Šarīᶜa*; em *Tahāfut al-Tahāfut* (Demolição da Demolição[72]), assistimos ao debate de questões religiosas contra Al-Ġazālī; no *Comentário sobre a República*, ele não perde ocasião para rebater as opiniões dos teólogos racionalistas (*mutakallimūn*), que tantas divergências causaram no mundo islâmico. Essas são obras em que se distingue o pensamento político de Averróis, cujas críticas são dirigidas primariamente aos que querem impor seu poder por meio de uma interpretação incorreta da Lei sagrada.

A Defesa da Filosofia

O *Faṣl al-Maqāl* (Tratado Decisivo) é talvez a obra mais conhecida de Averróis. Considerado pelo estudioso marroquino Moḥammed ᶜĀbed al-Jābrī uma opinião jurídica (*fatwà*) "para refutar as críticas e ratificar a legitimidade da filosofia, assim como para fundamentar a ciência da interpretação, para em seguida estabelecer a relação entre a religião e a sociedade"[73], esse opúsculo discorre sobre a legalidade ou não do estudo da filosofia no âmbito da Lei revelada (*Šarᶜ*). Seu título completo é *Livro da Decisão acerca do Discurso e do Estabelecimento da Conexão entre a Lei religiosa e a Sabedoria [Filosofia]*[74]. Não é, pois, um tratado de filosofia, mas um parecer legal que o jurisconsulto Averróis emite para persuadir os teólogos e juízes ortodoxos de sua época. Ao considerar-se o título completo do tratado, tende-se a pensar que Averróis o tenha escrito com o propósito de demonstrar que religião e filosofia se harmonizam. No entanto, seu objetivo é a defesa da filosofia, que, como será demonstrado ao longo do tratado, é uma disciplina que não está alheia a um autêntico espírito religioso, já que a própria Lei revelada determina o seu estudo. Não se trata de "racionalizar a religião"[75], mas, como bem afirmou Massimo Campanini, de "santificar a filosofia"[76], ou seja, de legalizar a filosofia demonstrando que ela de modo algum contrasta com a Lei religiosa. Como bem observou Alain de Libera, "de todos os textos de Averróis, nenhum é mais representativo do homem, da obra e da época que o *Faṣl al-Maqāl* (Tratado Decisivo)"[77].

Na época de Averróis, os juristas *mālikitas* desconfiavam dos que defendiam as posições racionalistas, entenda-se, dos que defendiam os procedimentos filosóficos. Averróis, como jurista e observador da reforma almôada, responde no terreno legal, terreno em que a sua atividade de filósofo poderia ser questionada pelos juristas de seu tempo. O propósito de Averróis nesse opúsculo é, portanto, demonstrar juridicamente que o ato de filosofar é uma obrigação manifesta na Lei revelada e que consequentemente ninguém pode condená-lo sem infringir a própria Palavra divina. Trata-se de fundar a existência *de direito* do filósofo na comunidade andaluza do século XII. Graças ao esforço de Averróis, abre-se um espaço para a reflexão filosófica no seio das ciências corânicas com a aprovação jurídica da possibilidade de o discurso humano buscar em si próprio a verdade e não no interior da Lei revelada. Esta, porém, não se torna supérflua em absoluto, pois é e será sempre sobre ela que repousa a possibilidade de o discurso racional ser elaborado com categorias humanas. A urdidura do texto consiste nos argumentos que Averróis apresenta para justificar a interpretação filosófica do *Corão*. Esses argumentos são sempre legitimados por citações do *Corão*.

O *Tratado Decisivo* não é um elogio à filosofia, afirma Alain de Libera, tampouco um texto em que se possam distinguir disciplinas acadêmicas cujos sistemas fixos muitas vezes fazem colidir seus representantes, os teólogos, os juristas e os filósofos[78]. É um texto dirigido ao público, mas não a qualquer público, e sim aos juristas ultraconservadores da tradição *mālikita*, a escola de Direito que há séculos dominava em Al-Andalus e no Maġrib. Esses juristas não viam qualquer necessidade de explicações teológicas e jurídicas no intuito de tornar mais claras as expressas nos textos sagrados. Seguiam à risca o adágio atribuído a seu mestre, Mālik ibn Anas: "O conhecimento é tríplice: o completo Livro de Deus, a *sunna* e o 'eu não sei'"[79].

Averróis dirige-se também ao poder dos almôadas, cuja reforma político-religiosa é por ele atentamente seguida desde a investidura do regente Abū Yaᶜqūb Yūsuf, em 1168. Como bem assinalou Alain de Libera, esse tratado é uma "verdadeira máquina de guerra"[80], cujo rigor implacável só pode ser compreendido à luz da reforma almôada[81] contra a ultraconservadora escola de Direito *mālikita* e contra o sectarismo dos teólogos, que muito contribuíram para o florescimento de seitas religiosas e para a divisão da sociedade[82]. O *Faṣl al-Maqāl* não é um tratado nem de filosofia nem de teologia. Como já foi mencionado, é uma *fatwà*, "um parecer legal que responde a uma questão formulada nos termos e no registro da jurisdição religiosa"[83]. É no terreno legal, portanto, "como jurista e cádi, que Ibn Rušd intervém, e intervém para *persuadir*"[84].

O tratado pode ser dividido em três partes principais: na primeira, Averróis demonstra por meio de argumentos jurídicos específicos do Direito islâmico que a

Lei revelada torna os estudos filosóficos obrigatórios. Na segunda, demonstra que a filosofia não contém nada que se oponha ao Islã e, na terceira, demonstra que as interpretações do texto revelado – tal como eram expressas pelos teólogos – não deveriam ser ensinadas para a maioria dos indivíduos, já que a Lei provê outros métodos de instrução que levam em conta a capacidade de cada um, ou seja, para a massa, o texto sagrado deveria ser ensinado por meio da retórica; os teólogos devem restringir-se ao uso da dialética para interpretar o Livro sagrado, e somente aos filósofos cabe a demonstração da veracidade do texto revelado, uma vez que só eles dominam as ferramentas da lógica[85].

Como se trata de um parecer na esfera do Direito islâmico, o *Faṣl al-Maqāl* não questiona, em nenhum momento, a primazia da Lei religiosa. Já nas primeiras linhas, Averróis afirma a sua intenção de investigar se o estudo da filosofia e das ciências da lógica é permitido, proibido ou prescrito – se prescrito como recomendação ou como obrigação – pela Lei religiosa. Averróis inicia o seu discurso com a definição da filosofia absolutamente de acordo com as recomendações corânicas:

> Se a atividade da filosofia nada mais é que a reflexão (*al-naẓar*) e a consideração (*iᶜtibār*) acerca dos seres existentes (*al-mawjūdāt*) porquanto estes são indicações do Artesão – isto é, porquanto são artefatos (já que seres existentes (*al-mawjūdāt*) indicam o Artesão apenas pelo conhecimento (*al-maᶜrifa*) da arte que há neles, e quanto mais completo for o conhecimento da arte neles, mais completo será o conhecimento do Artesão) – e se a Lei (*al-Šarᶜ*) recomendou e exortou a consideração (*iᶜtibār*) das coisas existentes, é evidente que o que esse nome (isto é, a filosofia) indica é tanto obrigatório como recomendado pela Lei[86].

Averróis trabalha o seu projeto de "legalizar" a filosofia, isto é, de torná-la uma atividade não só permitida mas obrigatória de acordo com a prescrição da Lei revelada. É nessa perspectiva que o *Tratado Decisivo* é uma justificativa legal da interpretação filosófica da Escritura.

Para tanto, Averróis afirma que a Lei revelada obriga a refletir sobre as coisas existentes e, para provar a veracidade dessa afirmação, recorre à lógica. O argumento é apresentado em forma de silogismo: "se o ato de filosofar consiste no exame racional dos seres existentes (*al-mawjūdāt*) e refletir sobre eles constitui a prova da existência de um Artesão [...] e conhecer o Artesão é tão perfeito quanto conhecer os seus artefatos[87], a Revelação recomenda a reflexão sobre os seres existentes fazendo uso da razão".

Assim está expresso em dois versículos do *Corão*[88] citados por Averróis, tese apoiada também pela Tradição (*Ḥadīṯ*), embora Averróis aqui não faça menção a ela: segundo um célebre *ḥadīṯ*, Muḥammad disse que "a ciência é um dever para todo muçulmano", e acrescentou: "buscai a ciência desde o berço até o túmulo"[89]. É evidente, portanto – conclui Averróis –, que refletir sobre as coisas, o que vem a ser filosofar, não contradiz a Lei revelada, muito pelo contrário, é uma atividade considerada obrigatória pela Lei.

O silogismo usado para provar que a Lei ordena filosofar é sólido e pode ser apresentado da seguinte forma:

1. A Filosofia é o exame da ordem divina;
2. o exame da ordem divina é ordenado pela Lei;
3. logo, a filosofia é ordenada pela Lei.

A primeira premissa não é evidente; a segunda usa os versículos corânicos[90] para demonstrar a evidência sob o ponto de vista da Lei divina, portanto, nenhum dos juristas contemporâneos de Averróis poderia contestar a conclusão de que a filosofia cai na categoria do que é prescrito pela Lei divina, ou seja, que a Lei divina torna obrigatório o exame das coisas existentes.

Para confirmar a necessidade do uso do silogismo, Averróis segue para a próxima etapa do argumento, que é propor o silogismo como a melhor forma de demonstrar. Afirma que, "se está estabelecido que a Lei torna obrigatório examinar as coisas existentes por meio da razão e refletir sobre elas"[91], esta reflexão deverá ser realizada por meio do silogismo, porque é pelo silogismo que se deduz o desconhecido a partir do conhecido. Este é o mais completo dos exames – afirma Averróis – porque recorre à demonstração (*burhān*[92])[93]. Assim, para concluir que a demonstração (*burhān*) é a melhor forma de provar a veracidade do exame das coisas existentes por meio do intelecto (*ᶜaql*), Averróis primeiro determina a obrigação de raciocinar e de refletir, depois afirma que refletir consiste em deduzir, para, finalmente, concluir que a melhor forma de dedução é o silogismo. Em seguida, reafirma a obrigação de recorrer ao silogismo para o exame das coisas, qualifica o silogismo de "racional/intelectual" e assinala a obrigatoriedade de recorrer a ele para chegar a uma demonstração (*burhān*). Mas, continua ele, é necessário que se conheçam as espécies de demonstração e suas diferenças, isto é, as diferenças entre o silogismo demonstrativo, o dialético, o retórico e o sofistico. Os lógicos árabes – e Averróis também – seguiram os comentadores alexandrinos e acrescentaram à distinção aristotélica[94] dos três tipos de silogismo, apodítico (demonstrativo)[95], dialético[96] e erístico (contencioso, sofístico)[97], duas classes suplementares, o silogismo retórico e o silogismo poético, pois o *corpus* da lógica aristotélica que circulava no mundo islâmico compreendia a *Retórica* e a *Poética* e, às vezes, também a *Isagogé*, de Porfírio[98]. O silogismo poético e o sofístico não são argumentos verdadeiros, têm apenas a aparência de verdadeiros, portanto, na discussão de Averróis sobre a verdade da Lei revelada, devem ser excluídos, já que o discurso religioso não pode deixar de ser verdadeiro.

No parágrafo seguinte, Averróis apresenta seu argumento para os juristas: o silogismo jurídico existe no Direito islâmico e não pode ser considerado uma "inovação condenável" (*bid^{c}a*[99]).

O Direito islâmico possui alguns princípios que são fundados no trabalho de reflexão e argumentação dos juristas. Um desses princípios é o *qiyās*, termo genérico que significa aproximadamente "raciocínio por analogia" e é atribuído à argumentação ou à interpretação dos doutores da Lei sobre os códigos de conduta implícitos na Lei revelada. As discussões entre jurisconsultos eram destinadas a preencher as lacunas jurídicas para as quais não havia uma resposta explícita nas fontes básicas[100], e essas lacunas eram (e são ainda hoje) resolvidas por meio da analogia (*qiyās* propriamente dito) e suas duas subespécies, a dedução (*ijtihād*) e a opinião argumentativa pessoal (*ra'y*). A analogia jurídica (*qiyās*) é a aplicação de uma lei, que é explícita em um caso determinado, a um caso parecido ou originado pela mesma causa do primeiro. O exemplo mais corrente da analogia jurídica é a extensão da proibição do vinho de uva, prescrita em *Corão* V:90, a toda bebida alcoólica, porque se considera como causa (*^{c}illa*) da proibição a substância intoxicante contida em qualquer bebida fermentada[101]. O silogismo por analogia apresenta-se na seguinte forma:

1. O *Corão* proíbe o vinho de uva;
2. o vinho de uva é uma bebida fermentada embriagante;
3. logo, o *Corão* proíbe toda bebida fermentada embriagante[102].

Assim, se for preciso estabelecer a norma legal (proibição, permissão, recomendação, obrigação) sobre um caso que envolva a bebida fermentada de tâmaras, inicialmente constata-se que o vinho derivado de uvas é proibido pelo *Corão*; em seguida, constata-se que a bebida produzida com tâmaras é, como o vinho de uva, embriagante, logo também tem um atributo que é proibido pela Lei sagrada. Ao estabelecer a relevância do atributo comum aos dois casos, a norma legal da proibição é transferida do caso do vinho de uva para o caso da bebida fermentada de tâmaras. Desse modo, o argumento analógico é composto de quatro elementos: 1. um novo caso que requer uma solução legal, por exemplo, se o vinho derivado de tâmaras fermentadas é proibido; 2. o caso original que provém das fontes primárias, o *Corão*, a *sunna* e o consenso da comunidade sobre a solução legal (*ijmā^{c}*); 3. a causa (*^{c}illa*), isto é, o atributo que é comum tanto ao novo caso como ao caso original; 4. a norma legal ou regra (*ḥukm*) que faz parte do caso original e que, em razão da similitude entre os dois casos, é transferida do caso original para o novo[103]. A analogia jurídica (*qiyās*) é, pois, o método de raciocínio para descobrir as prescrições derivadas da Lei divina, ou seja, prescrições sobre as quais a Lei silencia.

Em seu esforço para conciliar os preceitos religiosos com a razão, Averróis defende o método racional em matéria de jurisprudência afirmando que usá-lo é não apenas um direito do ser humano, mas uma obrigação prescrita pela Revelação divina. No texto corânico, a palavra "consideração" (*iᶜtibār*) é frequentemente citada e, segundo Averróis, significa "descobrir as verdades ocultas mediante o conhecido". Averróis apoia-se no versículo corânico LIX:2, que diz: "Ó vós dotados de visão, considerai isso". O método para seguir esse exame consiste na aplicação da analogia (*qiyās*), da dedução e da argumentação. Posto que muitas expressões no texto revelado têm um sentido oculto (*bāṭin*), o jurista deve recorrer à interpretação (*ta'wīl*) usando o método racional com a aplicação da análise silogística. Assim, o silogismo jurídico (analogia, dedução e argumentação) é o procedimento elaborado pelos doutores da Lei para inferir das fontes (*uṣūl*) da legislação islâmica (*Corão* e *sunna*) o estatuto legal (*ḥukm*) de algo que não está explicitamente qualificado nas fontes, mas que, por meio da analogia com algo explicitamente qualificado, recebe qualificação explícita.

Um outro exemplo de silogismo que tem sua aplicação garantida pelo *Corão* pode ser enunciado como segue:

Está dito no *Corão* que Abraão adorava os astros. Quando, porém, observou que o sol, a lua e as estrelas se punham e desapareciam no horizonte, disse: "Não adoro os astros que se põem", e adorou ao Deus único. Em forma de silogismo, temos:

1. Nenhum ser que tem poente é Deus;
2. ora, o sol, a lua e as estrelas são seres que têm poente;
3. logo, o sol, a lua e as estrelas não são Deus[104].

Apoiando-se no versículo que invoca "os dotados de visão para que reflitam", Averróis pôde afirmar a obrigatoriedade do uso do silogismo racional, já que os teóricos das fontes do Direito apresentaram a consideração (*iᶜtibār*) como fundamento escriturário da analogia jurídica, que consiste para o jurista em passar do caso de base ao caso derivado.

Esboça-se, desse modo, a estratégia de Averróis, que vai, ao longo de todo o tratado, vincular a ciência da lei à da filosofia, para sustentar que o que vale para uma deve também valer para a outra. O jurista não pode, portanto, negar ao filósofo o direito de fazer uso do silogismo racional, a menos que lhe seja interditado também o uso do *qiyās*, o raciocínio por analogia jurídico.

Averróis ainda recomenda que nenhum jurista objete que o estudo do silogismo jurídico seria uma inovação condenável (*bidᶜa*) pelo fato de não ter existido nos primórdios do Islã, uma vez que foi concebido posteriormente. Não se pode condenar o silogismo jurídico sob o pretexto de que não era praticado pelos primeiros muçulmanos. Do mesmo modo, não se pode condenar o silogismo racional porque a filosofia, no Islã, é posterior ao tempo da Revelação e das Tradições do Profeta[105]. O paralelismo entre o silogismo jurídico e o racional-filosófico serve a Averróis para neutralizar qualquer condenação por inovação herética (*bid*ᶜ*a*) proferida por seus contemporâneos juristas. Toda essa argumentação introduz a defesa da aceitação da filosofia dos gregos, embora eles não pertençam "à nossa religião"[106]. Como é quase impossível que um único homem conheça por si próprio tudo o que é necessário saber sobre o silogismo jurídico sem buscar apoio nos conhecimentos de seus predecessores, "quão mais verdadeiro será isto para o conhecimento do silogismo racional!"[107]. Como os meios para o estudo do silogismo racional já foram elaborados pelos "Antigos" (isto é, os gregos), é preciso estudar em seus livros o que disseram a respeito, aceitando o que é verdadeiro e indicando o que não é. Somente a posse desses meios torna possível a reflexão sobre as coisas existentes e sobre o seu Artesão. Como já afirmara no início de seu tratado, ignorar o Artesão é ignorar o artefato, e desconhecer o artefato é desconhecer o Artesão. Com uma série de argumentos sobre a necessidade de se obter conhecimento com as ferramentas apropriadas para que se possa ter acesso às várias ciências, desde a matemática e a astronomia até a ciência do Direito, Averróis conclui que o estudo da filosofia antiga é obrigatório pela Lei religiosa, na medida em que a intenção de seus escritos é a mesma que a da Lei religiosa, a saber, conhecer os seres existentes é conhecer o Artesão. A analogia entre o universo criado por Deus e o artefato fabricado por um artesão permite a Averróis defender a tese de que "conhecer a realidade das substâncias dos seres é conhecer a ciência divina, isto é, apreender Deus do ponto de vista de seus atributos qualitativos, o que é diferente de saber que Deus existe"[108].

O tratado prossegue em seu propósito de provar que tudo o que é demonstrável está de acordo com a Lei religiosa, que os métodos de ensino da Lei se destinam a todos, embora sejam aplicados de modos diferentes, dada a disparidade da capacidade natural de compreensão entre as pessoas. Para cada tipo de capacidade inata, há uma espécie de silogismo. Com os silogismos dialético e retórico, a Lei divina pode ser compreendida pela grande maioria, mas com o demonstrativo, dadas as suas dificuldades, Ela só será compreendida e terá provada sua verdade por um grupo seleto capaz de usá-lo. Com esses argumentos, Averróis critica os teólogos que, por não terem levado em conta essas diferenças, promoveram divisões na sociedade.

O *Tratado Decisivo* pode ser compreendido num duplo registro: a defesa do estatuto da filosofia, garantido pelo poder califal contra o poder dos políticos e dos juristas, e um projeto pedagógico de ensino da Lei revelada, uma vez que aborda os diferentes métodos de como interpretar a mensagem divina, o retórico, o dialético e o demonstrativo. Esse argumento está afiançado por *Corão* XVI:125:

"Convoca os homens para o caminho de teu Senhor com a sabedoria e a bela exortação; e com eles discuta da melhor maneira".

Para concluir, o *Tratado Decisivo* não deixa de ser uma novidade, porque abre espaço para a interpretação e a reflexão da Escritura sagrada com categorias elaboradas pelos homens, já que instiga a aprender nos livros dos "Antigos" o método de como demonstrar a veracidade dos ensinamentos divinos. Desse modo, o *Tratado Decisivo* transforma um artigo de fé em artigo da razão e fundamenta a célebre tese do filósofo-jurista andaluz, "a verdade não contradiz a verdade"[109].

O Teólogo

Os Teólogos Escolásticos

Na crítica dirigida aos teólogos no *Comentário sobre a República*, Averróis substitui os sofistas criticados por Platão pelos *mutakallimūn*[110]. Para compreender a razão da oposição de Averróis aos *mutakallimūn*, é preciso lembrar que tanto os filósofos como esses teólogos considerados "racionalistas"[111] reivindicavam o direito e o dever de explicar por provas argumentativas as crenças e as convicções dos muçulmanos que viviam sob a autoridade da Lei religiosa (*Šarīᶜa*). Convencido da inexatidão das interpretações das crenças e opiniões religiosas desses teólogos, Averróis se propôs a estabelecer a superioridade da filosofia, a única intérprete autorizada e legítima da Lei religiosa, a fim de que fossem mantidas a ortodoxia e a unidade da comunidade. Para isso escreveu sua trilogia polêmica, composta do *Faṣl al-Maqāl* (Tratado Decisivo), do *Kašf ᶜan Manāhij al-Adilla* (Desvelamento dos Métodos de Demonstração) e de *Ḍamīma* (Apêndice), em defesa de uma reta interpretação da Lei religiosa. Demonstrou que, como a Lei e a filosofia têm o mesmo objetivo, cabe ao filósofo interpretar a Lei por meio da demonstração apodítica. É nesse contexto que devemos compreender a insistência de Averróis em advogar pelos argumentos demonstrativos e em criticar as interpretações dos teólogos, porque, segundo ele, somente o filósofo está apto a propagar as concepções e crenças verdadeiras. É nesse sentido, também, que o regente deve ser filósofo, uma vez que é responsável pela divulgação correta das crenças e convicções religiosas baseadas na correta interpretação da Lei revelada.

Quem são esses teólogos, os *mutakallimūn*, alvo das críticas de Averróis?

Os *mutakallimūn* foram sábios comprometidos com um movimento de cunho teológico que nasceu no estágio inicial da civilização islâmica e deu origem à ciência do *kalām*[112]. Os princípios desse movimento datam aproximadamente da primeira metade do século VIII.

Kalām designa a teologia escolástica que proliferou com a elaboração de doutrinas teológicas e com a formação de escolas de pensamento que procuravam refletir e compreender teologicamente noções do *Corão* para descobrir a correta interpretação de problemas, tais como a relação do decreto divino com as ações humanas[113].

Inicialmente o termo *mutakallimūn* tinha um significado genérico que abrangia "os mestres ou expositores de qualquer ramo de ensino"[114]. Com o tempo, porém, *mutakallimūn* passou a denominar os teólogos especificamente comprometidos com uma teologia de teor escolástico, o *kalām*. Na definição do polígrafo Ibn Ḫaldūn (1332-1406), "o *kalām* é uma ciência que fornece os meios de provar os dogmas da fé por argumentos racionais, e de refutar os inovadores que, no que tange às crenças, se afastam da doutrina seguida pelos primeiros muçulmanos e pelos observadores da *sunna*"[115].

O termo *kalām* tem afinidade com o grego *lógos* e significa "discurso" ou "palavra".

Ibn Ḫaldūn relata que, com o acirramento das diferenças de opinião concernentes à fé, os teólogos tomaram emprestado dos jurisconsultos o uso da analogia (*qiyās*) aplicada a problemas legais e passaram a usá-la para resolver os problemas decorrentes daquelas diferenças. Desse modo, originou-se a ciência do *kalām*, ciência da palavra, assim chamada em razão das controvérsias acerca do verdadeiro significado da Palavra divina. Segundo Ibn Ḫaldūn, "o conjunto dessas discussões forma o que se chama *ciência da palavra* (ou teologia escolástica). Foi assim chamada quer por causa das controvérsias havidas sobre as novas doutrinas, controvérsias que não passavam de meras palavras desprovidas de efeito, quer porque sua invenção e seu estudo tiveram como causa as disputas dos doutores sobre a realidade da *palavra in mente*"[116].

Não se sabe quando exatamente o termo *kalām* passou a ser usado no sentido técnico, significando teologia em contraposição a jurisprudência (*Fiqh*)[117]. Sabe-se que o princípio do movimento remonta ao final da época omíada, isto é, à primeira metade do século VIII, quando então surgiram os *muᶜtazilitas*, mas não há registro de textos que datem do período pré-*muᶜtazilita*[118]. Os *mutakallimūn* ou teólogos "racionalistas", especialmente, viam com reserva a filosofia helenizante e seus seguidores, os *falāsifa*[119].

Os *muᶜtazilitas* representam uma cisão no interior do *kalām*, uma seita a mais dentre tantas que brotaram como entidades separadas no horizonte islâmico. Segundo o relato do historiador e heresiógrafo Šahrastānī, havia um *kalām* anterior à fundação da corrente dos *muᶜtazilitas* por Wāṣil b. ᶜAṭā' (m. 748)[120]. Šahrastānī relata que "a época gloriosa da ciência do *kalām*[121] floresceu sob os califas abássidas Hārūn al-Rashīd (786-809), Al-Ma'mūn, Al-Muᶜtaṣim, Al-Wāṯiq, Al-Mutawakkil e terminou sob o califado de Al-Ṣāḥib Ibn ᶜAbbād" (m. 995)[122].

Na primeira metade do século IX, eminentes *muᶜtazilitas* como Abū al-Huḏayl ᶜAllāf (m. c. 841-849) e Ibrāhīm b. Sayyār al-Naẓẓām (m. c. 846) pensavam como os filósofos e apoiavam suas doutrinas[123]. Os *muᶜtazilitas* puderam desenvolver seu pensamento e elaborar sistemas coerentes de pensamento, uma vez que o califa Al-Ma'mūn, seduzido por suas ideias, declarou oficial a doutrina *muᶜtazilita*. Com a ascensão dos *muᶜtazilitas*, o termo *kalām* passou a ser identificado com o *muᶜtazilismo*[124]. Assim, quando o jurista e teólogo Šāfiᶜī menciona o povo do *kalām* (*ahl al-kalām*), está se referindo aos *muᶜtazilitas*, a quem dirige críticas e condena[125].

Durante o califado de Al-Mutawakkil (847-861), porém, a situação dos *muᶜtazilitas* mudou, uma vez que a doutrina tradicional foi restabelecida e o ensino do *muᶜtazilismo* foi proscrito. Sabe-se da chegada dos *muᶜtazilitas* em Al-Andalus, nos séculos IX e X, em consequência das severas penas impostas aos considerados heréticos e infiéis no Oriente.

A Ética Islâmica

As questões que mais causaram controvérsias entre os teólogos muçulmanos foram as pertinentes ao antropomorfismo, aos atributos de Deus e à predestinação ou, como escreve Harry A. Wolfson, "à correta concepção de Deus e à potência de Deus"[126].

Concernentes à ética, essas questões interessam porque se desdobram em questões relativas ao livre-arbítrio e à sua relação com a onipotência divina, à natureza do certo e do errado, à justiça divina neste mundo e ao julgamento divino na vida futura[127], pois esses eram problemas teológicos que os muçulmanos procuravam resolver já antes das especulações propriamente teológicas do *kalām*.

As teorias religiosas se separam das teológicas (*muᶜtazilitas* e outras) porque estas se apoiam em um espírito "dialético" fundado num certo racionalismo derivado da filosofia grega, seja para defender conceitos relacionados ao certo e ao errado nas práticas das obrigações religiosas, seja para questioná-los[128]. As respostas às questões que as correntes teológicas se dispunham a esclarecer tinham como principal escopo manter metodologicamente o estatuto lógico das proposições relativas à ética, e não desenvolver teorias de moralidade. Isso se aplica principalmente aos teólogos da corrente *muᶜtazilita*, os apologistas que polemizavam contra os tradicionalistas e os deterministas, além de se oporem quer aos autores que se filiavam à filosofia grega quer aos que nela de certa forma se inspiravam, como os *ašᶜaritas* e os *ḥanbalitas*. A ética das teorias religiosas se funda no *Corão* e na Tradição (*Ḥadīṯ*) e se concentra mais em destacar o espírito da moral islâmica, dispensando sutilezas dialéticas e metodológicas. Conceitos como a fé, a piedade e a obediência são referendados apenas com citações retiradas do *Corão* e das tradições (*ḥadīṯs*)[129].

Entre os teólogos muçulmanos, predominaram duas correntes opostas quanto à natureza dos valores éticos, classificadas por George Fadlou Hourani como "objetivismo" e "subjetivismo"[130]:

1. Na primeira, o "objetivismo", dominante na filosofia grega e adotado por teólogos "racionalistas", valores como a justiça e o bem têm existência real, independentemente da vontade de Deus ou de opiniões autoritativas. Na filosofia, a definição do bem e da justiça independe de opiniões e convicções pessoais, pois segue estritamente uma argumentação racional. A definição do que é "justo" e "bom" deve seguir os ditames da razão, que é independente da Escritura e da opinião, ou seja, o "justo" e o "bom" são atributos que serão sempre conhecidos pela razão e somente pela razão. No diálogo platônico *Eutyphrón* (9e-11b), Sócrates afirma que a piedade é amada pelos deuses porque é um bem em si. A piedade é um bem que independe do amor dos deuses por ela; não é um bem simplesmente porque os deuses a amam, mas, por que é um bem, os deuses a amam.

Essa corrente objetiva de pensamento foi propagada pelos *mu*ᶜ*tazilitas* durante o período inicial do califado abássida e adotada por todos os filósofos muçulmanos. Seus argumentos definem o que é justo e bom quando são apresentadas qualidades reais ou relações entre atos. O justo e o bom são definidos "verdadeiros" quando as requeridas qualidades e relações estão presentes no argumento; quando, ao contrário, nele estão ausentes, o argumento é considerado falso e, portanto, não se chega à definição do que é justo e bom.

2. Na segunda, o "subjetivismo", o "justo" e o "bom" são definidos sem que tenham um significado objetivo, já que os valores são aprovados ou prescritos por alguém. A teoria "subjetiva" subdivide-se em duas:

2.a. A primeira, em que o que é "justo" e "bom" é prescrito e aprovado pela comunidade dos muçulmanos. Há um *ḥadīṯ* que atribui a Muḥammad a afirmação de que "o que os crentes considerarem bom é bom para Deus, e o que os muçulmanos considerarem mau é mau para Deus"[131]. Essa posição é um dos fundamentos (*uṣūl* = raízes) do Direito islâmico (*Fiqh*), em que a figura do consenso comunitário (*ijmā*ᶜ) significa "a unanimidade na doutrina e na opinião das autoridades religiosas reconhecidas em qualquer tempo"[132].

2.b. A segunda, também chamada "teísta" ou "subjetivismo teísta", porém mais conhecida por "voluntarismo ético"[133], prega a supremacia da vontade de Deus, em que os valores morais devem ser compreendidos somente à luz da vontade divina. É considerado "justo", "bom" e "reto" o que for aprovado e prescrito por Deus. Entre os teólogos, essa linha se tornou dominante no meio sunita com a escola fundada pelo teólogo Al-Ašᶜarī e com as escolas de *Fiqh* dos *šāfi*ᶜ*itas* e dos *ḥanbalitas*. Os seguidores de Al-Ašᶜarī, inclusive Al-Ġazālī, determinaram que cabe somente à vontade divina decidir o que é justo ou injusto, bom ou mau. As concepções de Al-Ġazālī, que se tornaram dominantes no final do século XI e prevaleceram no Islã sunita, constituem o principal alvo das críticas de Averróis. No século XI, a teologia *aš͏ᶜarita* já era conhecida na parte ocidental do Islã, como atesta o jurista, pensador e poeta de Córdova Ibn Ḥazm (994-1063)[134].

Essas teorias "objetivas" e "subjetivas" desenvolveram-se com o tempo e seus adeptos passaram a ser conhecidos, respectivamente, por "racionalistas" e "tradicionalistas".

O "racionalismo" pode ser subdividido em duas correntes:

1.a. A do racionalismo derivado da filosofia grega, considerado absoluto, que foi assumida por todos os filósofos muçulmanos. O "objetivismo" considera que os atos humanos não dependem de uma vontade, de uma opinião ou de um julgamento exteriores. Essa corrente reporta-se às ideias de Platão e de Aristóteles, que desenvolveram a teoria do bem com base na razão, e foi herdada pelos filósofos muçulmanos, embora poucos deles tenham elaborado trabalhos com o "objetivismo" grego[135]. Contra o *aš͏ᶜarismo*, que, com suas concepções "subjetivistas", ainda não predominava em Al-Andalus no século XII, Averróis foi um pensador solitário que o combateu com argumentos retirados da filosofia. Os "racionalistas" defendem a ideia de que o que for "reto" pode ser conhecido por raciocínio independente. Como a razão é independente em relação aos textos canônicos, essa linha de pensamento defende a tese de que os julgamentos corretos concernentes à ética podem ser feitos com base na experiência, sem que haja necessidade de recurso ao texto revelado. Hourani, porém, observa que, "por prudência ou por genuína convicção religiosa", nem sempre os filósofos sustentaram explicitamente essa linha de pensamento[136]. Ele acrescenta, contudo, que nunca a negaram e que tudo o que afirmaram em relação à ética está de acordo com a visão grega.

1.b. A corrente dos *mu͏ᶜtazilitas*, teólogos chamados "racionalistas", estabelece que valores como a justiça e o bem têm uma existência real, independente da vontade de Deus. A posição dos *mu͏ᶜtazilitas* poderia ser chamada de "racionalismo parcial", uma vez que eles defendem a tese de que o que for "justo", "bom" e "reto" pode ser, em apenas alguns casos, conhecido pela razão e, em outros, apenas pela Revelação e fontes derivadas. Essas fontes são as tradições (*ḥadīṯs*), o consenso comunitário (*ijmā͏ᶜ*) e a analogia (*qiyās*), todas derivadas da suprema fonte, que é o *Corão*. Os *mu͏ᶜtazilitas* encontraram na ética a maneira de harmonizar a razão com a Revelação, complementando, sempre que necessário, uma com a outra e jamais opondo uma à outra.

2. O segundo grupo, composto pelos "tradicionalistas", afirma que só se pode conhecer o que é "justo", "bom" e "reto" por via da Revelação e das fontes derivadas, e jamais por um raciocínio independente. Não exclui totalmente o uso da razão, mas afirma que ela é sempre dependente do *Corão*, das tradições, do consenso da comunidade e da aplicação do método da analogia. Essa posição

foi defendida por teólogos e por escolas de jurisprudência em ambiente sunita e coincide com a posição do voluntarismo ético, embora os graus de coincidência possam variar como, desde um extremo, com o teólogo e jurista Šāfiᶜī, fundador de uma das quatro principais escolas sunitas de Direito islâmico, até o outro, com os fundamentalistas *ẓāhiritas*, teólogos e juristas que floresceram no século IX e apoiavam-se exclusivamente no sentido exterior ou literal (*ẓāhir*) dos textos canônicos, jamais em seu sentido oculto (*bāṭin*).

A Polêmica Contra os Teólogos

O aprimoramento da alma deve ter sido uma questão importante para Averróis, em razão de sua educação como muçulmano e de seus conhecimentos da tradição médica grega, cuja característica é a analogia da saúde do corpo com a da alma. A querela com a teologia *ašᶜarita*, sobretudo com Al-Ġazālī, permeia suas obras ditas polêmicas, em particular o *Kitāb al-Kašf ᶜan Manāhij al-Adilla fī ᶜaqā'id al-Milla* (Livro do Desvelamento dos Métodos de Demonstração concernentes aos Dogmas da Religião), um compêndio de teologia dedicado a expor os ensinamentos do *Corão* e a criticar o sistema *ašᶜarita*. Nessa obra, Averróis discute questões referentes ao bem e ao mal, especialmente à justiça, e confirma sua posição "objetiva", como, por exemplo, a defesa da natureza do bem e do mal independente de uma vontade ou de um julgamento exterior e a afirmação de que a opinião de alguém – ou mesmo de uma maioria – não pressupõe que uma lei seja justa ou benéfica em si própria.

No *Kitāb al-Kašfᶜan Manāhij al-Adilla* (Livro do Desvelamento dos Métodos de Demonstração), Averróis afirma que os *ašᶜaritas* sustentam uma posição contrária e "estranha à razão e à Escritura"[137], porque atestam que o mundo invisível é diverso do mundo visível, já que este último é justo ou injusto apenas em virtude da proibição religiosa atribuída a certos atos. O homem, segundo os *ašᶜaritas*, será justo ou injusto se agir ou não de acordo com a Lei, ou seja, seus atos serão sempre considerados justos se agir de acordo com a Lei revelada. Os *ašᶜaritas* afirmam que, se a Lei não obriga ou não coíbe os atos de alguém, suas ações serão consideradas justas. Nessa perspectiva, portanto, eles sustentam que, no mundo dos homens, não há nada que seja justo ou injusto em si, mas a justiça e a injustiça das ações humanas devem ser julgadas de acordo com as prescrições da Lei revelada. Este é um problema com o qual se defrontaram os muçulmanos que diz respeito à doutrina da predestinação. Al-Ašᶜarī determinou que o homem tem uma "potência criada", que existe apenas no momento em que ele a usa. Essa potência criada, todavia, implica a escolha de um determinado ato em vez de outro, e essa mesma escolha o torna responsável por seus atos. Deus concede ao homem a liberdade de escolha (*iḫtiyār*), de cometer pecados e executar qualquer ato voluntário. A esse tipo de ato, Al-Aš^carī dá o nome de "aquisição" (*kasb*[138], *iktisāb*) e afirma que "o verdadeiro sentido de 'aquisição' é o de que o ato procede de quem o adquire em razão da potência criada"[139]. Como cabe a cada ser humano individualmente "adquirir" o seu próprio ato voluntário, cada um será responsável por sua recompensa ou castigo na vida futura. Isso, contudo, não significa que o homem esteja livre para escolher, pois Al-Aš^carī nega a possibilidade de escolha entre duas alternativas ou atos contrários, porque "é da condição da potência criada que a sua existência inclua a existência do sujeito da potência"[140], isto é, de Deus. Com isso, ele admite a doutrina da predestinação, que, no entanto, levanta o problema da justiça divina, que pune os que são predestinados a cometer pecados. Como, então, pode Deus ser justo? Al-Aš^carī responde que somente a vontade de Deus determina o que é bom e o que é mau, justo e injusto, teoria que predominou na jurisprudência sunita, cujos julgamentos legais se fundam exclusivamente nas fontes do *Corão* e da Tradição (*Ḥadīṯ*) e excluem os julgamentos arbitrados por homens, exceto quando há o consenso comunitário (*ijmā^c*). Para Al-Aš^carī, algo é mau quando e porque transgride os limites impostos pela Lei revelada e faz-se o que não se tem o direito de fazer. Desse modo, uma ação é condenada apenas quando é proibida pela Lei (*Šarī^ca*). Deus, no entanto, não está sujeito às proibições da Lei, e, por isso, quando a Sua vontade determina que alguém cometa um pecado, como a heresia, não significa que Deus seja pecador e, portanto, injusto, já que a obediência e a desobediência não se aplicam a Ele. Seus atos não podem ser qualificados de justos ou injustos, uma vez que todos os Seus atos são sempre justos. Os *aš^caritas*, no entanto, são forçados a aceitar que nada é justo ou injusto em si. Averróis afirma que essa é uma posição "extremamente absurda", pois é evidente que o justo é bom em si e o injusto é mau em si, e não apenas em relação à Lei[141].

Segundo os *aš^caritas*, ir contra o dogma da unicidade divina, associando Deus a outros deuses, não seria um ato injusto ou um pecado (*ẓulm*) em si, mas um ato injusto ou um pecado apenas do ponto de vista da Lei. Averróis, no entanto, afirma que se a Lei tivesse prescrito a obrigação de associar Deus a outros deuses, isto, na perspectiva dos *aš^caritas*, seria um ato justo[142]. Para contestar esse argumento, Averróis se apoia na Tradição, que afirma que Deus, em Seu livro, descreveu-Se a Si próprio como justo (*bi-al-qasṭ*) e negou ser injusto, afirmação corroborada por três passagens do *Corão*[143] que caracterizam a justiça divina. Averróis conclui que, como Deus não está submetido às obrigações da Lei, a justiça deve ter um caráter "objetivo".

Apoiando-se principalmente no versículo corânico que afirma que Deus encaminha e descaminha corretamente[144] segundo Sua vontade, os *aš^caritas* admitem que Deus faz o que Lhe apraz. Averróis sustenta que esse versículo é ab-rogado por *Corão* XXXIX:7: "Deus não Se agradará da renegação da fé" e, portanto, Ele, de nenhum modo, desvia os homens da fé. A vontade divina, segundo Averróis, "permite a existência de seres descaminhados, seres predispostos ao erro por sua própria natureza e conduzidos ao erro em razão de causas desviantes, interiores e exteriores". Mas eles não foram criados para se desorientarem, embora a vontade divina o tivesse permitido, como está expresso: "Se tivéssemos desejado, teríamos guiado cada alma"[145]. No *Kitāb al-Kašf ᶜan Manāhij al-Adilla* (Livro do Desvelamento dos Métodos de Demonstração), a série de citações do *Corão* e da Tradição serve para Averróis criticar as interpretações incorretas dos *ašᶜaritas* de que Deus Se permite fazer o que bem Lhe apraz, criando, portanto, o que Ele não aprova e ordenando o que Ele não deseja. Segundo Averróis, nessa argumentação, os piores pecados e as blasfêmias seriam atos justos se Deus os tivesse ordenado. Eles, desse modo, privam a justiça divina de seu verdadeiro significado, uma vez que cabe aos próprios seres humanos e às suas respectivas naturezas a responsabilidade de seus atos, e não a Deus. Segundo Averróis, a falsa compreensão relativa aos textos sagrados pelos *ašᶜaritas* pode levar a crer que alguns versículos sejam desorientadores, "assim como pode ocorrer que corpos enfermos achem que seja danoso o alimento nutritivo"[146].

Nessa mesma obra, Averróis não se demora procurando saber se Deus é criador do bem e do mal. Ele apenas afirma que essa questão deve ser entendida adequadamente. O mal existe em benefício do bem, e já que não existe nenhum outro criador além de Deus, é necessário atribuir-Lhe a criação do mal. Isso, porém, deve ser compreendido apropriadamente. Mencione-se, por exemplo, o caso do fogo, que foi criado porque é necessário para muitas coisas que, sem ele, não poderiam existir. No entanto, em virtude de sua natureza, o fogo pode acidentalmente destruir. Se, todavia, compararmos o mal que causa destruição ao bem que dele resulta, concordaríamos em aceitar que a existência do fogo produz mais benefícios que a sua não existência. Deus, portanto, "é o criador do bem em benefício do próprio bem, e é o criador do mal em benefício do bem, isto é, em benefício do bem que lhe é inerente. Neste sentido, a criação divina do mal pode ser considerada justa"[147].

Contudo, no *Comentário sobre a República*, Averróis atribui a criação do mal a outro princípio, a saber, "à imitação da matéria, tal como quando se atribui o mal às trevas e à privação"[148]. A propósito das fábulas que não devem ser ensinadas às crianças, Averróis afirma que, ao contrário do que é ensinado pelas ciências teoréticas, "entre nós" há quem sustente que Deus é causa do bem e do mal. Mas, se Ele é o bem absoluto e em hipótese alguma causa o mal, não procede a afirmação dos "teólogos dialéticos de nossa época" de que o bem e o mal não podem ser pensados em relação a Deus, uma vez que todos os atos relativos a Ele constituem um bem. Essa afirmação dos teólogos, segundo Averróis, é "um argumento sofístico, uma falácia autoevidente"[149], pois significa que o bem e o mal não têm uma natureza definida, mas são considerados de acordo com uma convenção (*bi-al-waḍ^c*). O mal, para Averróis, não deve ser atribuído a um princípio como Ašmodai[150] e os demônios, mas a um princípio como a matéria ou algo que a represente, como a obscuridade e a privação de algo[151].

Com esses argumentos, Averróis quer mostrar o absurdo das consequências do "subjetivismo" dos teólogos, pois, segundo estes, as obrigações religiosas dos muçulmanos, como a crença em um único Deus, seriam apenas convencionais e não teriam um valor intrínseco. No *Faṣl al-Maqāl* (Tratado Decisivo), compara um teólogo *aš^carita* a um desqualificado médico da alma que prejudica as pessoas ao ensinar interpretações falsas dos textos sagrados e acrescenta: "se ele expressar falsas interpretações [...], isso o levará a pensar que não há coisas como a saúde a ser preservada e a doença a ser curada, isso sem mencionar que ele tampouco poderia opinar sobre coisas que preservam a saúde e curam a doença"[152].

O Médico

Averróis faz parte da bem-estabelecida tradição médica andaluza dos séculos XI e XII, em que é notória uma sucessão de médicos a serviço dos soberanos, como Abū al-Qāsim al-Zahrawī (m. 1013), de Córdova, ou Albucasis para os latinos; Ibn Bājjah (m. 1138), de Saragoça, ou Avempace; Abū Marwān ibn Zuhr (m. 1161), de Sevilha, ou Avenzoar; e Ibn Ṭufayl (m. 1185), de Granada, ou Abubacer, apenas para mencionar os mais famosos.

Embora parte da celebridade que obteve em vida tenha decorrido do exercício da medicina na corte almôada, Averróis não se restringiu à prática médica, pois escreveu muito a respeito dessa arte. Sua obra médica, porém, não é tão estudada quanto os seus escritos de filosofia, de teologia e de direito.

No século XIX, o erudito francês Ernest Renan estabeleceu uma lista de 20 importantes obras médicas de Averróis, das quais a mais célebre é o *Kitāb al-Kullīyāt fī-l-Ṭibb* (Livro das Generalidades da Medicina), conhecido no Ocidente como *Colliget*, possivelmente uma deturpação do título árabe[153]. O *Šarḥ* (Comentário) sobre a *Urjūza fī-l-Ṭibb* (Poema da Medicina, de Avicena) e a *Maqāla fī-l-Ṭiryāq* (Opúsculo sobre a Teríaca) também circularam na Europa em tradução latina. Essas obras e os opúsculos *Fī Ḥifẓ al-Ṣiḥḥa* (Sobre a Conservação da Saúde), *Fī Zamān al-Nūba* (Sobre o Momento da Crise) e *Al-Qawl fī Asnāf al-Mazājāt* (Acerto sobre os Diversos Temperamentos) compõem o conjunto de obras médicas em que Averróis expõe seu próprio pensamento[154].

Além dessas obras consideradas originais, Averróis compôs ainda diversos comentários à obra de Galeno:

1. *Talḫīṣ al-usṭuqusāt* (Comentário Médio ou Paráfrase do Tratado sobre os Elementos);
2. *Talḫīṣ al-mazāj* (Comentário Médio ou Paráfrase do Tratado sobre os Temperamentos);
3. *Talḫīṣ al-quwwā al-ṭabī'iyya* (Comentário Médio ou Paráfrase do Tratado sobre as Faculdades Naturais);
4. *Talḫīṣ al-ḥumiyāt* (Comentário Médio ou Paráfrase do Tratado sobre as Febres);
5. *Talḫīṣ min Kitāb al-adwiya al-mufrada la-hu* (Comentário Médio ou Paráfrase do Livro dos Medicamentos Simples);
6. *Talḫīṣ al-'ilal wa-l-a^{c}rāḍ* (Comentário Médio ou Paráfrase do Livro II de Sobre as Causas e Sintomas das Enfermidades);
7. *Talḫīṣ min Kitāb ḥilati-l-bur li-Galīnūs* (Comentário Médio ou Paráfrase do Livro da Terapêutica de Galeno);
8. *Talḫīṣ al-a^{c}aḍā al-āliyya* (Comentário Médio ou Paráfrase do Tratado acerca dos Órgãos Formados por Partes Desiguais)[155].

O arabista espanhol Miguel Cruz Hernández assinala ainda outras onze obras que tratam de temas diversos, como os venenos, os laxativos, o esperma, as febres intermitentes, as febres por infecção, a disposição equilibrada etc.[156]

Colliget, um Manual dos Princípios da Medicina

A principal obra médica de Averróis, *Kitāb al-Kullīyāt fī-l-Ṭibb* (Livro das Generalidades da Medicina), ou *Colliget*, caracteriza-se por ser uma releitura do legado galênico-hipocrático e por ser um manual, como o próprio Averróis indica. Essa obra tem como propósito expor as teorias gerais, isto é, os princípios que servem de ponto de partida para o diagnóstico e a cura dos casos particulares. Como afirma nas linhas iniciais, Averróis a concebeu para servir de referência aos que já conheciam a arte da medicina e de introdução aos que nela pretendiam aprofundar-se. Consta que foram realizadas duas versões dessa obra, a primeira, entre 1162 e 1163, e a segunda, por volta de 1193-1194[157].

Como Averróis observa reiteradas vezes, o propósito do *Colliget* consiste na apresentação da base teorética da medicina que o médico precisa conhecer, ou seja, na exposição das questões universais por oposição às particulares. Posto isso, a obra deveria ter como complemento um tratado sobre questões particulares, que, no entanto, Averróis não chegou a redigir. Contudo, como complemento dos princípios gerais de seu tratado médico, ele recomenda, no final do livro VII, o manual terapêutico *Kitāb al-Taysir fī-l-Mudāwāt wa-l-Tadbīr* (Livro das Simplificações dos Tratamentos e Dietas), obra do mais notável médico andaluz de seu tempo, Abū Marwān ibn Zuhr (Avenzoar). O *Taysir* descreve as infinitas circunstâncias encontradas na prática cotidiana. Juntos, o *Colliget* e o *Taysir* representam o ápice da medicina andaluza do Medievo e são sobrepujados somente pelo *Cânone de Medicina*, de Avicena.

No *Colliget*, Averróis usa informações médicas de autores das tradições grega e árabe. Cita explicitamente suas fontes em que aparecem os nomes de Hipócrates, Galeno, Aristóteles, Paulo de Egina, Erasístrato, Arquígenes, Andrômaco, Avicena, Avenzoar, Al-Rāzī, Al-Fārābī, Al-Kindī e Ibn Wāfid. Citado com frequência, Galeno é quem mais informações proporciona a Averróis, que, no entanto, não se limita a aceitar todas as suas teorias, já que, em certas passagens, discorda de suas opiniões e apresenta suas próprias ideias. Desse modo, o *Colliget* conjuga opiniões consagradas na medicina com as deduções de Averróis.

O Comentador demonstra seu conhecimento filosófico pela terminologia que usa e pela abordagem das questões. Faz, contudo, observações sobre a natureza e sobre o comportamento humano e animal que são típicas do procedimento empírico, em que emprega, por exemplo, expressões como "mediante a observação" e "à simples vista de" para ratificar ou refutar o que fora dito por seus antecessores. Permanece, porém, evidente que medicina e filosofia, no pensamento de Averróis, estão estreitamente vinculadas.

Em seus escritos médicos, Averróis segue a mesma metodologia usada pela medicina árabe – devedora à classificação aristotélica das ciências –, em que a ciência médica é composta de duas partes, a teórica e a prática: como ele explicita em seu *Comentário sobre a República*, na arte da medicina "há os livros que tratam da saúde e da doença e há os livros que tratam da conservação da saúde e da eliminação da doença"[158], os primeiros concernem aos princípios da arte, e os segundos, à prática médica. Para Averróis, a parte teórica da medicina procede da física ou ciência natural, entenda-se a aristotélica, e visa estabelecer os objetos e princípios que a fundam. A parte prática compreende a medicina "experimental", cujo objeto são sobretudo o conhecimento das propriedades dos medicamentos simples e compostos e a aplicação dos métodos terapêuticos.

O *Kitāb al-Kuliyyāt* teve duas traduções hebraicas, uma delas realizada por Salomão ben Abraham ben David. Em 1255, foi traduzido para o latim, a partir da versão hebraica, pelo judeu Bonacosa, na cidade de Pádua, e recebeu o consagrado título *Colliget*[159]. O ingresso dessa obra médica de Averróis no Ocidente teve grande repercussão em virtude do confronto entre galenismo e aristotelismo evidenciado por ela. O Comentador sustenta que a parte teorética da medicina é de competência do filósofo, logo suas conclusões sempre seguem a doutrina de Aristóteles, sobretudo quanto às questões de fisiologia.

Metodologia do *Colliget*

Na Introdução, Averróis expõe a metodologia do *Colliget*. De início, Averróis define a medicina como "arte prática fundada em princípios verdadeiros, em que se buscam a conservação da saúde do corpo humano e a eliminação da doença, na medida do possível, para cada corpo"[160]. Esses "princípios verdadeiros" dizem respeito às questões metodológicas, teórico-científicas e enciclopédicas que Averróis se propõe a compilar a partir do material recolhido de obras de medicina então disponíveis, seja para aceitá-las seja para refutá-las. A prática, por sua vez, parte dos princípios e chega às conclusões por meio da dedução. Para Averróis, a medicina é, pois, uma arte operativa que se funda numa parte teorética, que é a ciência natural, e numa parte prática, que compreende o conhecimento da natureza e da ação dos medicamentos e dos alimentos. O propósito da medicina é "agir de modo conveniente na medida e no tempo oportunos e esperar que se cumpra o seu fim"[161].

Desde a Antiguidade, a arte médica é composta de três grandes partes: a fisiologia ou doutrina da saúde, a patologia ou doutrina da enfermidade e a terapêutica ou doutrina da cura. Averróis, porém, introduz uma inovação ao observar que, como todas as artes práticas, a medicina também compreende três partes: 1. o conhecimento de seus objetos; 2. o conhecimento dos fins que se busca alcançar, e 3. o conhecimento dos meios para alcançar esses fins. Assim, a primeira parte da medicina, ou parte teórica, é dedicada ao conhecimento dos membros e órgãos do corpo humano, tanto os simples como os compostos. Essa parte subdivide-se em duas outras: uma delas discorre sobre o que é a saúde e suas causas; a outra, sobre o que é a doença, suas causas e efeitos. Na medicina, o fim que se busca alcançar são a preservação da saúde e a cura da doença. Para isso, são necessários os meios terapêuticos, como os medicamentos, a dieta, os cuidados com o corpo, tudo o que diz respeito à prática médica. Contudo, conhecer o que é a saúde e o que é a doença não basta para conservar a primeira e eliminar a segunda. Uma segunda subdivisão é, pois, necessária, ou seja, é imprescindível saber como manter a saúde e como curar a doença. Averróis acrescenta que, como nem a saúde nem a doença se evidenciam por si próprias, são necessários o conhecimento dos sinais da saúde e o dos sintomas das doenças, que constituem mais uma parte indispensável a essa ciência.

Com esse esquema metodológico, Averróis divide o *Colliget* em sete partes que tratam respectivamente de anatomia (I), fisiologia (II), patologia (III), sintomatologia (IV), farmacologia e dietética (V), higiene (VI) e terapêutica (VII). Nessa divisão, Averróis segue o filósofo Al-Fārābī, seu precursor, que já havia escrito um pequeno livro para ensinar aos médicos como dominar esses sete tópicos[162]. Essa divisão em sete partes é feita com base na distinção aristotélica entre as causas material, eficiente, formal e final, e na doutrina clássica dos gregos sobre a disposição equilibrada do estado de saúde e a disposição desequilibrada do estado de enfermidade.

É oportuno lembrar que a causa material indica a matéria que constitui algo, o porquê das disposições físicas, no caso, dos órgãos e membros do corpo; a causa formal indica a razão pela qual o estado de determinado órgão é tal qual é, ou seja, indica a sua forma e a sua essência; a causa eficiente ou motriz indica o que produz o fenômeno, e a causa final indica aquilo a que o objeto visa[163].

Quanto à doutrina das disposições equilibradas e desequilibradas, sua origem está na teoria grega dos humores, que consta de dois postulados: 1. o corpo humano é composto de um número variável e finito, quase sempre quatro, de líquidos ou humores diferentes; 2. a saúde é o equilíbrio (*eukrasía*) entre eles, e a enfermidade deriva do predomínio de um deles sobre os demais (*dyskrasía*). A doutrina humoral, considerada, depois de Galeno, a pedra angular do ensinamento hipocrático, pressupõe que o corpo humano contém sangue, fleuma, bílis amarela e bílis negra, e atribui quatro qualidades essenciais a esses humores: quente, frio, seco e úmido. Assim, o sangue é quente e úmido, a fleuma é fria e úmida, a bílis amarela é quente e seca e a bílis negra é fria e seca.

Conforme a divisão em sete partes, Averróis inicia seu livro pela causa material, isto é, pela descrição das partes do corpo humano, que é o objeto da anatomia. Em seguida, aborda a causa formal: o estudo da combinação dos elementos, das causas e dos princípios naturais – objeto da fisiologia –, o que remete ao estudo da saúde, quando a disposição é equilibrada, e ao da doença, quando a disposição é desequilibrada. A causa formal diz também respeito aos sinais da saúde e aos sintomas que indicam a sua perda. Em terceiro lugar, Averróis indica os meios que conservam a saúde e os que curam a doença, a causa eficiente, e, em quarto lugar, a manutenção da saúde na disposição equilibrada e a recuperação da saúde na disposição desequilibrada da doença, a causa final.

Com isso, Averróis introduz uma inovação na literatura médica, já que reestrutura a base teórica da medicina de acordo com os parâmetros do aristotelismo. O *Colliget* é estruturado da seguinte forma: o objeto do conhecimento da medicina, ou seja, os membros e órgãos do corpo humano – a causa material –, está descrito no primeiro livro da obra, "Livro da Anatomia dos Membros". Os dois livros seguintes definem e explicam o que é a saúde e o que é a enfermidade – a causa formal; relacionado a esses dois, o Livro IV descreve os sinais da saúde e os sintomas da doença, também causa formal; o Livro V é dedicado à exposição dos medicamentos e alimentos necessários para a conservação da saúde e a eliminação da doença – a causa eficiente. Os Livros VI e VII tratam da conservação da saúde e da cura da doença – a causa final –, o propósito da medicina.

Averróis insiste na metodologia usada em sua obra: as artes podem ser teóricas, como a física ou ciência natural, que se funda na observação, e podem ser práticas, como a farmacologia, a dietética e a higiene, que se fundam na ação. A física visa ao conhecimento das causas da saúde e da doença; a medicina prática visa ao conhecimento da ação dos fármacos, dos alimentos, dos banhos, das massagens etc. O médico, porém, chega às causas a partir do que descobre na prática, mas deve conhecer os princípios de sua arte, que o ajudarão a dominar as distintas partes da medicina, como, por exemplo, a farmacologia, cujo desconhecimento dos princípios tornará difícil a administração correta dos medicamentos.

O físico e o médico têm em comum o objeto de estudo, que é o corpo humano, mas diferem quanto ao modo de abordar a questão: o primeiro estuda a saúde e a doença como entes naturais; o segundo exerce a prática a fim de conservar a saúde e eliminar a doença. A tarefa do médico é mais complexa porque, depois de conhecer os princípios gerais em que se baseia a sua arte, ele necessita de tempo para observar na matéria a ocorrência desses princípios, os quais estão acompanhados de acidentes que nem sempre podem ser descritos, conforme alerta Averróis. A dedicação assídua a essa arte, porém, leva o médico a reconhecer as premissas práticas que o conduzem às causas e, desse modo, a consolidar o seu conhecimento da parte teórica da medicina. O Livro v sobre a farmacologia é fruto da combinação de uma observação empírica com o método da dedução. O médico deve, pois, conhecer o nome e a proveniência do fármaco, a sua ação e duração, a sua relação com os órgãos, a posologia e os antídotos em caso de intoxicação.

A opinião de Averróis sobre as febres estimulou debates entre os médicos que o sucederam e encontraram no *Colliget* uma ênfase na experimentação, o que permitiu de modo significativo o desenvolvimento da arte nos séculos seguintes. Cabe lembrar que o saber médico empírico foi, desde os gregos, codificado em dois corpos doutrinais, o hipocrático e o galênico. Como bem observa Cruz Hernández, "sobre tais dados práticos organizados construíram-se teorias partindo de hipóteses verificadas de acordo com o saber e as técnicas da Antiguidade, como os modelos da substância suporte de acidentes, dos quatro elementos, dos humores e dos princípios da analogia e da inferência"[164].

Na tradição árabe, a base teórica da arte médica está ancorada nos preceitos gregos, embora seus médicos tenham reunido, organizado e analisado dados do conhecimento herdado, a fim de torná-los mais acessíveis. A literatura médica árabe, porém, caracteriza-se pela originalidade dos aspectos práticos, o que é confirmado pelos tratados sobre as relações entre casos clínicos, a semiologia, a descrição completa de certas enfermidades, o aperfeiçamento das técnicas cirúrgicas e muitos aspectos da terapêutica[165]. Averróis é herdeiro dessa rica tradição, que teve início na Antiguidade grega e se propagou no Império Islâmico a partir do século IX d.C.

À Sombra de Aristóteles

O Livro I sobre anatomia é a mais original contribuição de Averróis, pois muda a ordem clássica da descrição do corpo "da cabeça aos pés" e da descrição galênica do corpo vivo. Averróis descreve o corpo como se estivesse dissecando um cadáver, mas sempre o faz no quadro referencial do aristotelismo, em que o corpo é considerado a substância por oposição a seu movimento, o acidente. A anatomia fornece à medicina prática o conhecimento dos objetos em que esta age. Com relação à descrição dos músculos, a abordagem de Averróis se distancia do finalismo de Galeno e antecipa posteriores correntes de pensamento ao separar o órgão de sua função. Pela primeira vez na história da medicina, a anatomia se separa da fisiologia.

A metodologia adotada leva Averróis a separar dois tipos distintos de partes do corpo: as partes simples ou homogêneas e as partes compostas ou heterogêneas. As partes simples são os órgãos que se definem por um conjunto em que a parte e o todo são a mesma coisa, como é a carne e o osso, pois cada parte da carne é sempre carne e cada parte do osso é sempre osso. "Essas partes simples são os ossos, os nervos, os tendões, as veias, os ligamentos, a carne, a gordura, a pele, as membranas, o sangue, a fleuma, a bílis negra, a bílis amarela e o espírito, que é um vapor que se percebe no coração e no cérebro"[166]. As partes compostas se definem por uma composição complexa em que as partes não são semelhantes umas às outras, como, por exemplo, "a mão, que é composta de carne, nervos e tendões"[167]. A teoria das partes simples e compostas remete-se à doutrina de Aristóteles, que retomaremos mais adiante.

Averróis observa que a competência do médico se deve a seu conhecimento de filosofia e, assim, discorda de Galeno sobre as questões de fisiologia, que, segundo o Comentador, devem seguir os ensinamentos de Aristóteles expostos em sua filosofia natural. A exposição sobre a fisiologia segue, portanto, o modelo de Aristóteles em *Física* I, 184a: o conhecimento científico de algo é o conhecimento de seus princípios (os quatro elementos como substrato), de suas causas (as quatro causas referidas às funções dos órgãos) e de seus elementos (a doutrina da matéria e forma aplicada à relação entre os órgãos). Cabe lembrar que, em *Meteorológicos* I, 2, 339a 11-19, Aristóteles afirma que há quatro tipos de corpos: o fogo, o ar, a água e a terra, que constituem os quatro princípios (*téttaras arkhás*) compreendidos, embora não como princípios abstratos, mas como fatores constitutivos dos corpos sensíveis[168]. O mundo sublunar é inteiramente constituído por esses corpos, definidos em *Sobre o Céu* III, 1, 298a 29, como "corpos simples" (*haplâ sómata*).

A influência de Aristóteles também é verificada na exposição sobre a digestão, em que o coração tem papel mais importante que o fígado, como pensava Galeno.

O título do segundo livro do *Colliget*, "Livro da Saúde", indica o seu objeto de estudo, o estado de saúde do corpo humano, de seus órgãos e membros. Esse livro contém a base teórica da fisiologia médica, conhecida e reconhecida como verdadeira até o século XVII.

Depois de revelar a base teorética de sua exposição, Averróis afirma que o estado em que o órgão de partes homogêneas realiza a sua função ou reage a estímulos, isto é, o estado de saúde do órgão, nada mais é que a forma de sua constituição conforme o grau de mistura dos quatro elementos nele presente. As misturas podem ser de quantidades iguais ou desiguais de cada elemento. A desigualdade ocorre na variedade de formas das espécies animais; assim, por exemplo, a constituição do cavalo é diversa da do homem, pois os elementos se misturam em quantidades distintas em um e em outro. Se a mistura de quantidades desiguais permanece dentro de certos limites próprios a cada espécie, haverá um estado equilibrado, o estado de saúde. O estado de desequilíbrio se manifesta quando uma ou mais qualidades – quente, frio, seco e úmido – não mantêm seu ponto de equilíbrio. As quatro qualidades, como afirmou Aristóteles, são ativas e passivas: o calor e o frio são qualidades opostas e ativas; a umidade e a secura são opostas e passivas.

Assim, Averróis retoma os conceitos da doutrina humoral que, desde a Antiguidade grega, prevaleciam na medicina, mas agora os examina com base nos princípios enunciados por Aristóteles em sua filosofia natural. O Comentador, contudo, não perde a ocasião para criticar os médicos de seu tempo por suas "expressões inapropriadas e inconvenientes", uma vez que aplicam às coisas particulares argumentos relativos ao universal, distanciando-se da lógica com seus arrazoados questionáveis[169].

Averróis define a saúde como "o estado em que o órgão realiza suas ações e reage a estímulos do modo que lhe é correspondente conforme a sua natureza"[170] e acrescenta que essa definição é evidente por si própria. Em seguida, classifica os órgãos em duas espécies: simples ou homogêneos e compostos ou heterogêneos. Essa classificação faz uma remissão direta à doutrina de Aristóteles segundo a qual as partes que compõem o animal se dividem em homeômeras (*homoiomerē*) e anomeômeras (*anomoiomerē*).

Nas lições biológicas de Aristóteles[171], as partes homeômeras são compostas por porções homogêneas ou iguais entre si, cujas propriedades e qualidades são iguais ao conjunto do qual fazem parte, como são os ossos, a carne, os nervos, o sangue etc. A parte homeômera é formada por uma massa homogênea; uma secção dela recebe o mesmo nome que o todo, como, por exemplo, a parte de uma veia cortada será sempre chamada de veia.

Para Aristóteles, as partes homeômeras são formadas a partir dos quatro elementos – terra, água, ar e fogo – e de suas qualidades – quente, frio, úmido e seco.

Essas partes, por sua vez, subdividem-se em moles e líquidas ou duras e sólidas[172]. As partes líquidas e moles são o sangue, a linfa, a gordura, o sebo, a medula, o líquido seminal, a bile etc.; as partes secas e sólidas são os ossos, os nervos, as veias, as espinhas de peixe etc.

As partes anomeômeras, por sua vez, são um composto de duas ou mais partes homeômeras, como, por exemplo, a mão, que é composta de carne, de ossos, de tendões, de sangue. Essas partes anomeômeras do corpo animal não podem ser divididas; assim, a mão e a face, por exemplo, não podem ser divididas em tantas outras mãos e faces, contrariamente ao sangue, que pode ser dividido em infinitas partes sem perder suas propriedades e qualidades, pois uma gota de sangue será sempre sangue. As partes homeômeras são feitas em vista das anomeômeras, pois são estas que realizam funções e atos[173].

Depois de mencionar as duas espécies das partes do corpo humano, Averróis adverte que é preciso pesquisar o estado de saúde em cada uma delas, identificar suas semelhanças e suas diferenças, para, em seguida, conhecer a ação específica de cada órgão. Só assim, o médico terá ampla compreensão do que representa a saúde.

Averróis lembra que, segundo a filosofia natural, todos os corpos de partes homeômeras são compostos dos quatro elementos – fogo, ar, terra e água –, asserção demonstrada no livro *Sobre a Geração e a Corrupção*[174], no qual Aristóteles afirma que todos os corpos provêm da combinação desses quatro elementos, à exceção deles próprios, os quais, uma vez transformados por meio do contato entre si, geram as carnes, os ossos e os outros tantos corpos homeômeros[175]. Em *Sobre a Geração e a Corrupção*, Aristóteles estabeleceu a composição dos quatro elementos e das quatro qualidades – quente, frio, seco e úmido – e suas combinações em quatro pares: quente-seco, quente-úmido, frio-seco e frio-úmido[176]. A cada elemento corresponde um par de qualidades: o fogo é quente e seco; o ar, quente e úmido; a água, fria e úmida, e a terra, fria e seca[177], embora seja atribuída, no sentido absoluto, apenas uma qualidade a cada elemento: a de seco à terra, a de frio à água, a de úmido ao ar e a de quente ao fogo[178]. Esses são os princípios (*aitíai*) dos elementos, e, graças a esses pares, os elementos existem também em número de quatro[179]. Juntos, os quatro elementos são princípios (*arkhaí*)[180], pois nada existe anterior a eles no mundo físico. A geração dos corpos provém da mistura e da complexão desses elementos e suas qualidades.

Esses princípios podem ser tanto ativos, como o quente e o frio, quanto passivos, como o seco e o úmido, o que pode ser atestado por indução, ou seja, por meio de exemplos particulares obtidos pela observação. Os corpos de partes homogêneas diferenciam-se entre si à medida que são mais quentes ou frios, úmidos ou secos. Averróis sabe disso e informa que, no Livro IV dos *Meteorológicos*, Aristóteles afirma que a mescla e a disposição dos elementos se dão por meio de cocção, a qual só é possível por meio do calor. De fato, segundo Aristóteles, no início do Livro IV dos *Meteorológicos*, os princípios (*aitíai*) dos elementos são quatro: dois ativos (*poietiká*), o quente e o frio, e dois passivos (*pathetiká*), o seco e o úmido. Frio e quente são ativos porque são capazes de combinar e transformar os corpos[181]. A cocção (*pépsis*) é a ação do fogo (389b 13): "Cocção é a ação, em vista de um fim, do calor natural e próprio de cada coisa" (389b 19-20). Conforme o grau de calor, ocorrem tipos diferentes de cocção, como a maturação (*pépansis*), a ebulição (*épsesis*) e a assadura (*óptesis*). Quando o frio predomina e há insuficiência de cocção, um dos resultados é a crueza (*omótes*)[182]. Assim, o calor e o frio podem reunir, delimitar e mudar os corpos homeômeros e anomeômeros ao umedecê-los, secá-los ou torná-los moles.

Seguindo os preceitos da filosofia natural de Aristóteles, Averróis declara que todo corpo é composto de matéria e forma. A matéria só existe em virtude da forma, e o corpo composto de matéria e forma só existe em virtude da operação que lhe é própria, o que confirma o postulado aristotélico, "a natureza não faz nada em vão"[183]. Averróis lembra que nas coisas artificiais ocorre o mesmo: a madeira de um barco só tem razão de ser na figura e na forma do barco, as quais, por sua vez, têm sua razão de ser na função do barco, que é navegar[184]. Do mesmo modo, nos órgãos do corpo humano há de existir algo que corresponda à matéria e algo que corresponda à forma; a essas duas características, acrescentam-se as funções ativa e passiva, que são o objetivo do composto de forma e matéria. Com o exemplo da mão, Averróis indica que os ossos, os ligamentos, os nervos, as veias, a carne e a pele têm sua razão de ser na forma da mão, e a forma da mão, composta por essas partes, só tem razão de ser nas funções ativas e passivas que lhe são próprias; assim, a mão realiza suas funções graças às partes das quais é composta, como, por exemplo, segura algo graças à sustentação dos ossos e recebe aplicações graças à pele[185].

As funções naturais dos órgãos do corpo podem ser ativas ou passivas; elas, porém, só são possíveis por meio de um calor inato que se propaga nos órgãos. Esse calor inato, todavia, não é o mesmo calor dos corpos simples. Averróis explica que no coração há um corpo vaporoso, quente até certo limite, onde nasce esse calor que se estende a todos os outros órgãos por meio de condutos chamados artérias. Observa que se pressupõe a existência também de um calor que se origina no cérebro e se propaga pelo corpo. As funções ativas e passivas só se realizam por meio desse calor; assim, todos os órgãos realizam suas funções por meio das formas próprias de suas constituições e por meio desse calor que os atinge a partir do coração. Com isso, constata-se a superioridade do coração em relação a todos os outros órgãos, pois ele se basta para suas atividades, enquanto os demais necessitam dele para realizar suas funções. De igual modo, parece que o cérebro também é superior aos outros órgãos. Averróis conclui estabelecendo que as partes simples existem em virtude das partes compostas, e as compostas, em virtude desse calor enviado pelo coração e, talvez, também pelo cérebro.

Averróis continua sua exposição com o tópico das potências da alma. Declara que é evidente que as ações dos órgãos não correspondem apenas às quatro qualidades, isto é, quente, frio, seco e úmido, mas também às potências chamadas almas em sentido figurado. Depois de criticar a divisão das potências em uso entre os médicos, Averróis faz a sua distinção com base na filosofia natural de Aristóteles, em que são três as potências: vegetativa, sensitiva e intelectiva.

É oportuno lembrar que, para Galeno, o organismo é gerado, desenvolve-se e vive graças a uma série de atividades que nele se produzem conforme a natureza. Galeno chama essas atividades de potências ou faculdades (*dynámeis*); elas são os meios pelos quais a natureza age com um determinado fim. Cada potência ou faculdade permite a realização das operações do organismo durante o seu desenvolvimento, uma vez que as potências ou faculdades são muitas e todas elas são conaturais aos órgãos. As faculdades atrativa, alterativa, retentiva e expulsiva já se encontram no embrião e cooperam no desenvolvimento do feto e de sua configuração; em seguida, colaboram no crescimento e na alimentação do animal; no adulto, a sua ação está voltada para a nutrição e para a conservação do corpo. Nas várias fases da vida do animal, essas quatro faculdades têm funções e nomes particulares, como, por exemplo, a faculdade hematopoiética nas veias e no fígado, a digestiva no estômago e a pulsativa no coração[186].

Averróis segue Galeno e declara que as ações dos órgãos e membros são provocadas por potências. O trecho que trata das potências, porém, é complicado. Na trilha de Aristóteles, Averróis reduz as potências a três tipos: natural (ou vegetativa), animal e espiritual (ou intelectiva). Nutrição, crescimento e reprodução são potências naturais e são encontradas nos animais e nos vegetais. Acrescenta, porém, uma potência que é própria dos animais: a pulsativa. É ela que distribui nos órgãos o calor que parte do coração. Não é uma potência da alma porque o seu modo de ser é nutritivo; cinco faculdades são relacionadas a essa potência: a atrativa, a expulsiva, a retentiva, a digestiva e a discretiva. Citando o *Sobre a Alma*, Averróis lembra que não há outras potências além da nutrição, do crescimento, da geração e das potências sensitiva, imaginativa, desiderativa e cogitativa. No entanto, contrariamente a essa afirmação, observa que há potências que alimentam a imaginativa: a memorativa e a retentiva; acrescenta que a memorativa, a retentiva e a cogitativa são faculdades que servem à potência racional, a qual, reitera Averróis, é mais espiritual que a imaginativa.

Nessa passagem, Averróis é extremamente sintético, uma vez que seu objetivo é criticar a divisão das potências adotada pela medicina de seu tempo, que segue Galeno. De fato, ele afirma que os médicos, ao separarem a faculdade motora da desiderativa, não seguem o que Aristóteles estabeleceu no *Livro sobre a Alma*, pois a faculdade motora nada mais é senão a faculdade desiderativa unida à visão e à imaginação.

Averróis termina sua breve exposição sobre as potências afirmando que convém aprender essas questões na filosofia natural. Conclui que os órgãos existem em razão dessas potências, e estas, em razão de suas ações. Não há, portanto, nenhum órgão do corpo que não tenha uma função, ativa ou passiva, asserção que ratifica o adágio aristotélico: "a natureza não faz nada em vão". Cabe observar que Galeno também segue esse mesmo princípio em seu tratado *Sobre a Utilidade das Partes*, a maior de suas obras anatomofisiológicas, mas atribui sua autoria a Hipócrates.

O Livro II continua com o exame das funções dos órgãos, uma vez que "o seu conhecimento leva ao conhecimento da saúde de cada órgão conforme suas causas finais"[187]. No final desse livro, Averróis declara que procurou estabelecer o estado de saúde de cada órgão do corpo humano de acordo com as quatro causas aristotélicas.

No livro seguinte, que trata da enfermidade, Averróis classifica as doenças cujas causas são os quatro humores que se desviam do equilíbrio, ou do "curso natural", de duas formas: "por causa da própria matéria-prima ou por causa do agente"[188]. Causas externas, como a atmosfera e a profissão, ou uma alterada compleição herdada dos pais também podem afetar o equilíbrio dos humores.

No final do Livro III, Averróis reitera que seu propósito foi redigir, conforme um plano e uma ordem, um cânone que servisse de guia para os que desejassem completar o conhecimento em todos os aspectos da arte da medicina, e compara sua intenção à dos pintores que primeiro desenham os contornos para depois aplicarem as diferentes tonalidades até que se configure a imagem desejada[189].

Parte II

A Arte de Governar

Mas àquela arte que dirige todas as outras, que tem o cuidado das leis e dos assuntos referentes à *pólis*, que une todas as coisas num tecido perfeito, apenas lhe faremos justiça escolhendo um nome que designe o poder de sua função chamando-a política.

(Platão, *Político* 305e)

Todas as ciências e todas as artes têm como fim a busca de um certo bem; o maior e mais nobre bem é buscado pela mais elevada de todas as ciências, que é a política; e o bem que a política busca é a justiça, isto é, o que é útil à comunidade.

(Aristóteles, *Política* III, 7, 1282b)

1. Ética e Política na *Falsafa*

A felicidade é um certo modo de viver bem e de agir bem.

(Aristóteles, *Ética Nicomqueia* I, 7, 1098b)

O agir bem parece ser objeto da mais autorizada e arquitetônica das ciências, que evidentemente é a política.

(Aristóteles, *Ética Nicomqueia* I, 1, 1094b)

A melhor vida, seja em separado para o indivíduo seja em conjunto para a coletividade, é a vida acompanhada de virtude suprida de meios suficientes para participar em ações virtuosas.

(Aristóteles, *Política* VII, 1, 1323b - 1324a)

O Conceito de *Siyāsa* (Política)

O termo *siyāsa* é derivado da raiz verbal *s-w-s* ou *sāsa*, que significa conduzir, dirigir, guiar, gerir, administrar, governar[1]. Como ilustra o artigo *Siyāsa*[2], de Bernard Lewis, nos territórios islâmicos o termo recebeu, ao longo do tempo, diferentes significações, desde "condução de cavalos" até o seu atual significado, a saber, "política". Um certo Tahānawī, polígrafo muçulmano da Índia, assim definiu *siyāsa* num dicionário de 1854[3]:

> *Siyāsa* é a administração das criaturas a fim de orientá-las na reta via para a vida [deste mundo] e para [a vida] depois da morte. É igualmente a regra (*qānūn*) que estabelece limites para a proteção dos costumes, os interesses e a gestão das finanças. A política (*siyāsa*) depende dos profetas que dirigem os indivíduos, elite e massa, nas coisas aparentes e veladas. Ela diz igualmente respeito aos sultãos e aos reis que administram os indivíduos, elite e massa, mas apenas nas coisas aparentes. A política diz respeito também aos sábios, herdeiros dos profetas, quando se trata de gerir o que está velado, o foro interior (*bāṭin*). Como depende da profecia, a política é uma totalidade sem nada mais; deve, porém, ser exercida sem excessos; ela é absoluta, completa

> e definitiva para todos, em todos os lugares e em todas as coisas. Quando é da alçada dos sultões e dos reis, chama-se política civil (*siyāsa madaniya*): ela administra as coisas terrenas, as relações humanas, pois a sua competência é o poder visível, e a sua finalidade, a gestão dos interesses dos homens. Por fim, quando se estende aos sábios, ela é política da alma (*siyāsa nafsiya*): sem coagir, rege a elite e somente o seu foro interior[4].

Em seguida, Tahānawī acrescenta que, além de uma ciência política, há dois gêneros de política. O primeiro é a política da Lei religiosa (*Šarīʿa*), "política justa que concede a cada um o devido"; o segundo é a política que estabelece os interditos da Lei, é a que prescreve o que é injusto. A ciência política (*ʿilm al-siyāsa*)

> é uma subdivisão da sabedoria prática, também chamada sabedoria política, política real e sabedoria civil. Trata-se de uma ciência que permite conhecer as espécies de políticas e de cidades; seu objeto é a classificação das cidades virtuosas e ignóbeis, a sua hierarquia, as causas de seu surgimento e desaparecimento, as qualidades dos reis, o estatuto dos seus agentes, de seus indivíduos, e o modo de povoar as cidades. Quanto a essa ciência, se os reis não se organizarem de acordo com ela, com maior razão, no caso de escolher entre viver na cidade virtuosa ou fugir da cidade decaída, os indivíduos terão necessidade dela, já que o homem é por natureza (*bi-al-ṭabʿ*) um ser político. A *Carta de Aristóteles para Alexandre* contém as funções dessa ciência, e o livro *As Opiniões dos Habitantes da Cidade Virtuosa*, do filósofo Al-Fārābī, estabelece as leis[5].

O termo *siyāsa* foi usado em vários gêneros da literatura no mundo islâmico. É mencionado no *Corão* e no *Ḥadīṯ*. Na classificação das ciências, os livros sobre ética e virtudes aparecem sob o nome *siyāsa*. Há uma gigantesca literatura que trata de conselhos de moral para príncipes que pode ser classificada como *siyāsa*. São livros que informam ao príncipe sobre os princípios que devem reger o governo não apenas da cidade mas, também, de si próprios, de seus familiares e súditos[6].

Hamadi Redissi, em *Les politiques en Islam: Le Prophète, le Roi et le Savant*[7], analisa os três tipos de política que derivam dessa concepção tríplice de *siyāsa* que a citação de Tahānawī sintetiza: a política do profeta (religiosa), a do rei (civil) e a do sábio (espiritual). O interessante, nota o autor, é que os três gêneros de discurso foram elaborados nas mesmas circunstâncias históricas e na mesma época, isto é, por volta de meados do século X. Muitas vezes, um mesmo autor elabora obras de gêneros diferentes, como, por exemplo, o teólogo e jurista Al-Ġazālī, que deixou um tratado do gênero "espelho de príncipe" (*speculum principis*)[8], aparentemente destinado ao príncipe seljúcida Malik Šāh. Também foi o caso do célebre jurista e autor de uma teoria do califado na época dos abássidas, ᶜAlī ibn Muḥammad al-Māwardī (974-1058), que compôs *Adab al-Dunyā wa-al-Dīn*, obra do gênero "espelho de príncipe"[9].

As duas principais vias, contudo, para abordar o conceito de *siyāsa* no Islã clássico são a jurídica e a filosófica:

1. Os juristas abordaram a questão da organização administrativa do poder; nesse sentido, *siyāsa* é um ramo da jurisprudência islâmica (*Fiqh*) que faz derivar da Lei, a *Šarīᶜa*, seus princípios normativos e organizadores. Os principais representantes dessa via foram Al-Ġazālī e os juristas Al-Māwardī e Taqī al-Dīn Aḥmad ibn Taymīya (1263-1328).

2. Sob a influência dos filósofos gregos, especialmente Platão e Aristóteles, os *falāsifa* introduziram no Islã conceitos de filosofia política que não apenas refletem a Lei e a vida nas comunidades islâmicas, mas também recuperam a tradição da filosofia política, cujo objetivo é a busca do melhor regime político com ênfase na relação necessária entre o regime político (*al-siyāsa al-madaniyya*) e a qualidade de vida que pode ser alcançada pelos seres humanos. Dentre os filósofos muçulmanos que se ocuparam de *siyāsa*, Al-Fārābī é de longe o seu maior representante, embora Avicena e Averróis tenham legado reflexões sobre esse tema.

Já nos primórdios do Islã, o termo *siyāsa* significa conduta e administração dos afazeres públicos. Com a ampliação de seu significado, *siyāsa* passa a designar a autoridade do governante e de seus oficiais exercida fora dos limites da *Šarīᶜa*, que, por sanção divina, confere autoridade ao califa e a seus delegados[10]. O conceito de *siyāsa al-Šarīᶜa* significa o governo de acordo com a *Šarīᶜa*, doutrina constitucional e legal sunita que surgiu na Idade Média, com a decadência do califado, procurando conciliar a Lei e os procedimentos da jurisprudência islâmica (*Fiqh*) com as necessidades práticas do governo (*siyāsa*). O representante mais ilustre dessa doutrina é Ibn Taymīya, que, em seu tratado *Al-Siyāsat al-Šarīᶜa*, afirmou que, se a Lei divina ou *Šarīᶜa* for devidamente observada, não haverá conflito do governo (*siyāsa*) e seus representantes (*imām*, *sulṭān*, *amīr* ou *wālī*) com os juristas (*fuqahā'*)[11].

Siyāsa é a arte de governar ou administrar a cidade segundo um princípio e um fim proposto, que pressupõe, por isso, a existência de diferentes *siyāsas*: *al-siyāsa al-Šarīᶜa*, regime legal que segue a Lei sancionada por Deus; *al-siyāsa al-dīniyya*, regime religioso; *al-siyāsa al-ᶜaqliyya*, regime que segue a razão. Em termos gerais, *siyāsa* significa o poder autoritário e diferenciado do soberano, mas também a justiça dispensada pelo soberano e por seus oficiais. *Siyāsa* é comumente traduzido por "política", termo que compreende as normas, os métodos e as orientações políticas.

É com Al-Fārābī que *siyāsa* se consolida com o sentido de "filosofia política". Com significado mais próximo do que tem na língua persa, "prática de governar", *siyāsa* passa a designar "ciência de governar" ou "filosofia política", ou seja, o estudo da arte de governar com um conteúdo teórico-filosófico. É, pois, com Al-Fārābī que o termo adquire um significado filosófico explícito, definido no quinto capítulo de seu tratado *Classificação* (ou *Catálogo*) *das Ciências*: "*Siyāsa* é a esfera da ação na arte de governar"[12]. É nessa perspectiva que a "filosofia política" dos autores muçulmanos seguidores da tradição helenística passa a usar o termo *siyāsa*[13]. Entre os filósofos, Al-Fārābī é o primeiro a escrever um tratado com o título *Al-Siyāsat al-Madaniyya*, traduzido, em geral, por *O Regime Político*[14].

Assim, na filosofia política, *siyāsa* significa a arte da direção, da condução, da gerência, da gestão ou do governo de pessoas e cidades e é a palavra usada para designar o sistema de organização segundo o qual as pessoas são direcionadas, conduzidas, encaminhadas, de maneira que possam aprimorar suas vidas num Estado que seja o melhor, o mais reto e o mais adequado. Nesse sentido, *siyāsa* é a arte de governar os homens a fim de que se promova entre eles o bem-estar – físico, moral, espiritual e intelectual. É a arte de governar e administrar a cidade segundo um princípio ou uma finalidade, embora haja, como já mencionado, diferentes *siyāsas* que podem ser classificadas segundo os fins a serem buscados.

A Filosofia Política na *Falsafa*

A visão cosmológica do sistema de Plotino permitiu que os árabes explicassem a ordem do universo, mas foi sobretudo nas obras de Aristóteles que eles encontraram as ferramentas necessárias para a fundamentação das questões religiosas.

No nível macrocósmico, o sistema plotiniano das emanações conseguiu explicar racionalmente a criação divina e suas derivações. Aos filósofos árabe-islâmicos, em especial Al-Fārābī e Ibn Sīnā (Avicena), a pseudo-*Teologia de Aristóteles*[15] serviu de fundamento racional de "uma ordem maravilhosa do ser do universo"[16] até o século XII, quando Averróis, ao empenhar-se em restaurar a filosofia de Aristóteles, contestou o aristotelismo neoplatonizante, sobretudo o de Avicena[17].

No nível microcósmico, especificamente no que se refere à organização social e política, a *falsafa* procurou harmonizar os pensamentos de Platão e de Aristóteles. A *República* e as *Leis*, de Platão, e a *Ética Nicomaqueia*, de Aristóteles, foram os textos que fundamentaram as suas concepções de uma cidade ideal, desde as virtudes a serem buscadas individualmente até a ideia do melhor regime político. Desperta um interesse especial o modo como os *falāsifa* elaboraram um vínculo harmonioso entre a filosofia e a religião revelada. A não aceitação tanto da subordinação de uma à outra quanto do argumento de que pertencem a esferas diferentes da existência humana levou esses filósofos a advogar a tese de que filosofia e religião tinham o mesmo objetivo e, portanto, deveriam assistir uma à outra. Nutridos pelo pensamento de Platão e de Aristóteles, os filósofos muçulmanos professavam que a felicidade humana era de capital importância. A verdadeira felicidade humana, não o que geralmente é aceito como felicidade, supõe a clara noção do propósito da vida humana assim como supõe a clara noção das várias perfeições, excelências ou virtudes a serem adquiridas pelos seres humanos para realizarem o objetivo maior, isto é, alcançarem e obterem o Bem. Ao terem aceitado a ideia de um universo perfeitamente organizado de tal modo que tudo nele tivesse uma finalidade e um objetivo, os *falāsifa* passaram a procurar um paralelismo entre a ordem natural e a da alma humana.

A concepção da ética segundo os filósofos muçulmanos do Medievo não é a mesma que dela temos hoje. Para Al-Fārābī e Averróis, principalmente, a moral é o aspecto da conduta humana entendida como hábitos e traços de caráter a serem desenvolvidos a fim de que o indivíduo aja de acordo com os ditames da reta razão. Com esse sentido, a moral é parte de um todo maior, ou seja, é parte da virtude. A virtude, por sua vez, também é parte de um todo maior, ou seja, é integrante do conhecimento teorético. Como a alma humana é concebida como racional e sua perfeição maior é a obtenção do conhecimento teorético, todas as virtudes estão ordenadas a fim de contribuir para atingir esse fim. A felicidade maior neste mundo é, portanto, chegar à perfeição da alma com a aquisição do conhecimento teorético[18]. Reconhece-se nessas concepções a influência sobretudo da *Ética Nicomaqueia*, em que Aristóteles desenvolve a noção da disposição de caráter (*héxis*), base para o desenvolvimento das virtudes de caráter (coragem, temperança, generosidade etc.) e das virtudes do pensamento (dianoéticas). Para Aristóteles, não há virtude de pensamento que não esteja acompanhada de virtude de caráter. Retomaremos essa questão no capítulo dedicado ao estudo das virtudes, em que analisaremos o papel fundamental da *phrónesis* (prudência = sabedoria prática) para a condução da política.

Os filósofos árabe-islâmicos medievais são unânimes em aceitar a proposição aristotélica de que os seres humanos são políticos por natureza. Nas linhas iniciais da primeira parte de *Muqaddima* (Prolegômenos), Ibn Ḫaldūn sintetiza: "os filósofos dizem que 'o homem é político por natureza', o que significa que a sociedade ou a cidade, segundo a terminologia deles, é indispensável"[19].

Os filósofos muçulmanos refletiram sobre os objetivos da vida política e o modo como o regime político deveria ser estruturado para alcançá-los. Sobressaem nessa vertente Al-Fārābī, Avicena e Averróis, embora Ibn Bājjah (Avempace) e Ibn Ṭufayl tenham deixado contribuições significativas. Al-Fārābī é considerado o fundador da filosofia política na *falsafa*. Chamado de "Segundo Mestre", a saber, depois de Aristóteles, Al-Fārābī foi quem "fez reviver a filosofia política platônica e elevou-a ao estatuto de disciplina que permite estudar a instauração das religiões reveladas e as sociedades nelas fundadas"[20]. O pensamento político de Al-Fārābī influenciou tanto os filósofos muçulmanos que o sucederam como os filósofos judeus, em particular Maimônides[21].

Apresentadas de modo sucinto, as principais teses desses filósofos defendem o princípio de que os homens, para viver, necessitam de uma direção, de uma lei. A lei humana provê a paz e a perfeição moral, mas, para viver bem e alcançar a felicidade, os homens necessitam de uma Lei divina que os guie nas verdades supremas a fim de alcançarem a perfeição suprema, o bem supremo, ou seja, a felicidade na outra vida. A Lei divina é transmitida por Deus aos homens por meio de seres excepcionais, os profetas, que possuem qualidades essenciais próprias, sejam do filósofo, do legislador e do rei. A atividade específica do profeta é legislar em nome de Deus, como afirma Averróis em *Kašf ᶜan Manāhij al-Adilla fī ᶜaqā'id al-Milla* 215-220 (Desvelamento dos Métodos de Demonstração relativos aos Dogmas da Religião):

> Profeta é aquele que promulga para a humanidade as Leis divinas (*Šarā'iᶜ*) por meio da Revelação divina, e não por meio de conhecimento humano [...] É evidente que a função da medicina é curar e quem cura é médico. De igual maneira, é evidente que a função dos profetas – a paz esteja com eles – é promulgar Leis religiosas por meio da Revelação de Deus. Portanto, quem realiza essa função é um profeta [...] Muḥammad realizou a função dos profetas ao promulgar para a humanidade as Leis religiosas por meio da Revelação recebida de Deus. [...] [a ação de] promulgar Leis religiosas prova que essa ação não é resultado da instrução, mas da Revelação de Deus, e isso é chamado profecia[22].

Sob uma perspectiva mais ampla, podemos concluir essas breves considerações com a afirmação de Louis Gardet de que

> não seria possível compreender a estrutura temporal reivindicada pela cidade islâmica sem referências precisas a certas dominâncias do pensamento e da sensibilidade religiosos dos povos do Islã. [...] A comunidade islâmica surge a nossos olhos como que erguida sem interrupção por uma estrutura temporal ideal a que tende, mas com que não coincide, embora jamais a ela renuncie, pois [para essa comunidade] trata-se de valores não essencialmente políticos ou jurídicos (no sentido que o Ocidente moderno entenderia), mas político-jurídico-religiosos que, a seu ver, estão comprometidos com a própria doutrina revelada. Esse fato parece assegurar uma marca própria à filosofia política do Islã[23].

Platão, Aristóteles e a *Falsafa*

Como já mencionado, a filosofia política elaborada em terras do Islã durante o Medievo inspira-se sobretudo em três obras gregas: a *República* e as *Leis*, de Platão, e a *Ética Nicomaqueia*, de Aristóteles. Averróis não foi o único dos *falāsifa* a reconhecer a importância da filosofia política grega para a sociedade islâmica. O primeiro a introduzi-la e adaptá-la para o Islã foi Al-Fārābī, que muito se serviu da *República*, das *Leis* e da *Ética Nicomaqueia*, pois a *Política* do Estagirita parece não ter vindo à luz no mundo islâmico. Se essa obra aristotélica era conhecida ou não pelos muçulmanos é uma questão controversa, como será exposto em seguida. Do *corpus aristotelicum*, a *Política*, a *Ética a Eudemo* e a *Grande Ética* são os únicos textos que não circularam entre os árabes[24], embora sobre isso haja certa discordância entre os especialistas. Os filósofos árabes, porém, sabiam da existência da *Política*, porque tanto Al-Fārābī como Averróis comentaram a *Ética Nicomaqueia*, em que Aristóteles faz, no final[25], menção à continuidade desse tratado com uma discussão sobre as questões políticas.

República

A referência mais antiga e confiável à *República* em língua árabe está no célebre *Al-Fihrist* (Catálogo) do biobibliógrafo Ibn Isḥāq al-Nadīm (ca. 935-991) ao enumerar as obras de Platão (*Aflāṭūn*). Ibn al-Nadīm abre a notícia sobre os diálogos de Platão mencionando a *República*, que "Ḥunayn ibn Isḥāq explicou (*fassara*), e as *Leis*, que Ḥunayn traduziu (*naqala*) assim como também o fizera Yaḥyà ibn ᶜAdī"[26]. Parece estranho aceitar que o grande tradutor tenha apenas "comentado" a *República*, sem antes ter-lhe dado a versão árabe. Contudo, a menção de Ibn al-Nadīm ao referido texto confirma que os *falāsifa*, já no século IX, conheciam a existência desse diálogo, embora permaneça incerto se tiveram em mãos o texto completo ou apenas um resumo.

Segundo Franz Rosenthal, é certo que os árabes não usaram os originais de Platão, como tampouco usaram diretamente a maior parte das obras de Aristóteles, mas se serviram de compêndios e manuais do período grego tardio[27]. Parece razoável, portanto, supor que não se dedicaram ao estudo direto das obras de Platão, mas aos ensinamentos platônicos que eram considerados exemplares. Rosenthal sustenta que Al-Fārābī, em seus escritos políticos, não teve em mãos a *República* e talvez sequer estivesse familiarizado com o seu conteúdo, caso contrário "teria seguido mais de perto a sucessão de ideias dada por Platão"[28]. Sempre segundo Rosenthal, "o que nessas obras de Al-Fārābī remete-se a Platão era lugar-comum na literatura antiga, jamais esquecido desde o tempo de Platão e de Aristóteles"[29]. Rosenthal, portanto, é tentado a admitir que Al-Fārābī nunca tenha tido em mãos uma obra completa de Platão, em qualquer língua que fosse[30].

Mais recentemente, Dimitri Gutas assevera que as obras de Aristóteles e seus comentários foram, com certeza, traduzidos para o árabe, o que possivelmente não ocorreu com os comentários platônicos. A falta de interesse no material platônico pelos autores de expressão árabe pode ser explicada pela importância que o aristotelismo passou a ter com Abū Bišr Mattà e seu discípulo Al-Fārābī[31].

Quanto ao *Comentário sobre a República*, de Averróis, os estudiosos discordam sobre a possibilidade de assegurar se o Comentador conheceu o texto platônico traduzido para o árabe ou se utilizou o resumo (ou paráfrase[32]) que Galeno fizera da *República*[33] – traduzido para o árabe durante o califado dos abássidas, no século IX, por Ḥunayn ibn Isḥāq, que também comentara a *República*. Nesse seu comentário, Averróis critica Galeno diversas vezes, recusa suas observações e o acusa de ser ingênuo, vaidoso, confuso e de desconhecer a lógica[34]. Diante disso, é razoável acreditar que Averróis tenha tido acesso direto ao texto platônico, confrontando-o com o resumo de Galeno. Ademais, há passagens que confirmam que recorreu não apenas à *República*, mas ainda às *Leis* (igualmente traduzidas por Ḥunayn ibn Isḥāq) e aos resumos dessas duas obras de Platão feitos pelo médico grego.

O helenista e arabista Richard Walzer, todavia, afirma que, embora tenham sido descobertos indícios das "paráfrases" de Galeno sobre a *República* e as *Leis* que estão perdidas, o *Comentário sobre a República* está

> livre de aspectos neoplatônicos [...], remontaria a um original grego perdido que pode ter sido conhecido em tradução árabe por Al-Fārābī. Não há dúvida de que Al-Fārābī fez amplo uso desse material em *Mabādi' ārā' ahl al-madīnat al-fāḍila* (Princípios das Opiniões dos Habitantes da Cidade Virtuosa), em especial nos capítulos 15, 18 e 19. A análise desses capítulos indica que o desconhecido predecessor platonizante de Al-Fārābī (de quem ele muito aprendeu) deve ter vivido no tempo do Império Romano, presumivelmente em época tardia[35].

Assim, embora tanto Al-Fārābī como Averróis possam ter-se valido de uma antiga paráfrase da *República* em versão árabe, Walzer não acredita que usaram a de Galeno, principalmente Averróis, "que critica algumas posições" do médico de Pérgamo[36]. Essa afirmação de Walzer causa certa perplexidade, pois Averróis, se critica Galeno em seu *Comentário sobre a República*, certamente conhecia as posições do médico em relação ao texto platônico. De fato, Averróis cita cinco vezes Galeno ao longo do comentário[37]. É significativo, contudo, que dessas cinco, o médico seja citado quatro vezes no Livro I e uma no Livro III. No Livro II, que é o que mais permanece na esfera de uma discussão de conteúdo aristotélico, nada é mencionado sobre Galeno. Com esse dado, é possível supor que Averróis realmente teve em mãos uma paráfrase da *República* feita por Galeno que o auxiliou sobretudo na composição do Livro I, que contém noções muito próximas das concepções platônicas. O Livro III, que trata dos regimes políticos, embora de conteúdo platônico, aproxima-se mais das concepções de Al-Fārābī[38], que abordou esse tema em suas obras políticas, principalmente em *Kitāb fī Mabādī Ārā' Ahl al-Madīnat al-Fāḍila* (Livro acerca dos Princípios das Opiniões dos Habitantes da Cidade Virtuosa).

Essa questão, entretanto, permanece em aberto até que venham à luz novas descobertas que possam revelar as fontes usadas por Averróis para conceber seu *Comentário sobre a República*.

Ética Nicomaqueia

Embora pareça plausível que os filósofos do Islã tenham tido conhecimento da existência das diversas obras de Aristóteles sobre ética[39], foi na *Ética Nicomaqueia*, sem dúvida, que melhor sorveram os ensinamentos a esse respeito. Dentre os mais notáveis, Al-Fārābī, Avicena, Avempace e Averróis fizeram amplo uso dela. Na medida em que procuraram harmonizar os ensinamentos do *Corão* e da Tradição (*Ḥadīṯ*) com a filosofia, encontraram na ética aristotélica as indicações apropriadas para realizar o modelo de vida ideal da sociedade humana.

As notícias biobibliográficas sobre essa obra aristotélica, todavia, são confusas. Ibn al-Nadīm, no *Fihrist* (Catálogo), noticia, de maneira bastante sumária, a existência da *Ética*: "Dentre os livros de Aristóteles, há o *Kitāb al-Aḫlāq* (Livro de Ética) copiado do que fora escrito pelo punho de Yaḥyà b. ᶜAdī. Porfírio escreveu um comentário em doze seções, traduzido por Isḥāq ibn Ḥunayn"[40]. O historiador Ibn al-Qifṭī (1172-1248) confirma que o tradutor da *Ética* foi Isḥāq ibn Ḥunayn[41]. A notícia do *Fihrist*, no entanto, é ambígua, pois não oferece dados suficientes sobre esse texto aristotélico, e sua tradução para o árabe tampouco apresenta dados sobre o comentário de Temístio nem sobre o redigido em siríaco. Mais confusa ainda é a notícia de que o comentário de Porfírio está disposto em doze seções, pois é fato sabido que a *Ética Nicomaqueia* é composta de dez livros. Esse comentário, hoje perdido, parece ter contribuído significativamente para a formação do pensamento ético islâmico, principalmente o de Miskawayh[42].

O primeiro a comentar a *Ética Nicomaqueia* foi Al-Fārābī. Embora esse comentário não tenha sobrevivido, sabe-se de sua existência por uma informação dele próprio[43] e por citações de Ibn Bājjah (Avempace)[44] e de Averróis[45]. Al-Fārābī desenvolveu conceitos éticos sobre a virtude, a amizade, a associação política e a felicidade em várias obras, tais quais *Taḥṣīl al-Saᶜāda* (Obtenção da Felicidade)[46], *Tanbīh ᶜalà Sabīl al-Saᶜāda* (Caminho da Felicidade)[47] e *Iḥṣā' al-ᶜulūm* (Catálogo das Ciências)[48]. Nesta última, a ideia farabiana de ética funde-se com uma visão da política, em parte aristotélica, em parte platônica: a ciência política (*al-ᶜilm al-madanī* ou *al-ᶜilm al-siyāsa*) é definida como a ciência "que investiga os vários tipos de ações voluntárias e regimes (*siyar*), assim como as disposições morais, as inclinações e os estados de caráter (*aḫlāq*) que conduzem a tais ações e regimes"[49]. Essa definição será mais bem explicitada ao tratarmos da "arte real" de Al-Fārābī.

Averróis não escreveu nenhum tratado de ética, ou melhor, não elaborou nenhuma teoria própria sobre ética. Dentre os seus comentários à ética de Aristóteles, sobreviveram alguns fragmentos do original árabe[50] do *Comentário Médio* (*talḫīṣ*) *sobre a Ética Nicomaqueia* e o texto completo nas versões hebraica[51] e latina[52]. É possível, contudo, discernir o seu pensamento em relação à ética em certas passagens do *Comentário sobre a República* e, principalmente, em suas obras que criticam a teologia dos *mutakallimūn*, em especial os *ašᶜaritas* e seu principal expoente, Al-Ġazālī. Em outras obras, entretanto, o pensamento de Averróis, nesse domínio, dirige-se à questão do bem e do mal, da justiça e da injustiça, e está mais próximo de um discurso teológico-legal que propriamente filosófico.

Política

Se existiu ou não uma tradução árabe da *Política*, é matéria controversa entre os estudiosos. Nenhum tradutor dessa obra aristotélica é mencionado pelos biobibliógrafos árabes. ᶜAbdurraḥmān Badawī parece sustentar que houve, sim, uma tradução, quando afirma que "todas" as obras de Aristóteles foram traduzidas para o árabe[53]. Outros eruditos ocidentais, porém, seguem a opinião de Moritz Steinschneider, que sustenta que "a *Política*, de Aristóteles, nunca foi traduzida para o árabe"[54].

Shlomo Pines apresenta diversas citações de autores árabes que confirmam terem conhecimento dos Livros I-II da *Política* – talvez em feitio de paráfrase ou de resumo, embora diferentes do original grego que hoje conhecemos[55]. Pines sustenta as hipóteses de que uma paráfrase ou um resumo poderia ter sido composto ou pelo próprio Aristóteles – texto que se perdeu –, ou por alguém de sua escola, ou até por alguém no período helenístico ou no romano. Esta última parece ser a mais plausível e talvez tenha sido este resumo ou esta paráfrase da Antiguidade tardia que serviu à tradução árabe. Averróis parece estar ciente da existência desse texto de Aristóteles, pois declara que Al-Fārābī o conhecia. Ora, como não conhecia o grego, teria Al-Fārābī tido em mãos uma tradução árabe da *Política*, de Aristóteles?

O mal-entendido acerca da tradução árabe da *Política*, segundo Pines, teve início com a afirmação do arabista Moritz Steinschneider de que "a *Política* nunca foi traduzida para o árabe"[56]. Contudo, manteve-se entre os estudiosos ocidentais[57] essa afirmação "não habilitada e de caráter apodítico", que foi contestada por Pines em seu artigo "Aristotle's *Politics* in Arabic Philosophy"[58].

É interessante observar a explicação de Leo Strauss a respeito do fato de Averróis não ter comentado a *Política* nem o *Tratado sobre os Sonhos e a Adivinhação*, de Aristóteles. Segundo ele, a escolha "não se deu por acaso. Averróis não pôde comentar esses tratados porque a recepção deles teria tornado impossível a explicação filosófica da *Šarīʿa*. Essa explicação, uma justificativa, aliás, baseia-se na suposição de que o profeta, cuja faculdade de prognosticar está filiada aos 'sonhos verdadeiros', é o fundador da cidade, no sentido da *República* ou das *Leis*"[59].

Strauss alega que, assim como Al-Fārābī, movido por convicções próximas às de Platão, Averróis preferiu, pela mesma razão, comentar a *República* e não a *Política*, "este tratado tão objetivo de Aristóteles"[60]. Essas observações, entretanto, foram escritas por Strauss em 1937 e já estão superadas em virtude do avanço nas pesquisas e nas edições das obras de Averróis.

Sabe-se por informações do próprio Averróis que ele tinha conhecimento da existência da *Política*, pois, ao justificar a utilização da *Ética Nicomaqueia* no comentário que faz sobre a *República*, afirma que assim procedeu porque a *Política* não chegara às suas mãos[61]. No Epílogo ao *Comentário Médio sobre a Ética Nicomaqueia*, Averróis se refere ao livro de Aristóteles, *Liber de regimine vitae*, que não podia ser encontrado na Península Ibérica, mas que "segundo Al-Fārābī poderia ser encontrado naquelas cidades (*in illis villis*)"[62], a saber, nas cidades da porção oriental do Império Islâmico:

> E aqui termina o discurso sobre esta parte desta ciência, parte que consta da ciência política pelo hábito de dar a conhecer o que é a saúde e a doença [como ocorre] na arte da medicina, e a parte que prometi é a que consta desta ciência [tal qual ocorre] pelo hábito que há na medicina de tornar efetiva a saúde e eliminar a doença. E está em seu livro (isto é, de Aristóteles) cujo nome é *Livro sobre o Governo da Vida*, que não chegou até nós que estamos nesta ilha [...] Se Deus quiser, haverá algum amigo que nos traga o livro no qual está o complemento desta ciência. Ora, vê-se pelo discurso de Abū Naṣr al-Fārābī que ele foi encontrado naquelas cidades. Se, porém, isso não acontecer e se Deus nos conceder uma trégua em nossa vida, examinaremos esta intenção na medida em que pudermos[63].

Como não há qualquer manuscrito da versão em árabe da *Política*, tampouco qualquer comentário sobre ela, como os que Al-Fārābī e Averróis redigiram sobre outras obras gregas, parece admissível a hipótese de que os pensadores de língua árabe não conheceram, ao menos na íntegra, esse texto aristotélico. Averróis, contudo, sabe da sua existência, pois afirma, em seu *Comentário sobre a República*, que a ciência política tem duas partes, a teorética e a prática. A parte teorética é apresentada na *Ética Nicomaqueia*, enquanto a parte prática, na falta da *Política* aristotélica, é exposta por meio dos ensinamentos que Platão apresentou na *República*.

A inexistência do texto aristotélico em árabe trouxe importantes consequências na formação do pensamento político islâmico, cujas reflexões sobre a cidade ideal tiveram por base as ideias de Platão. Como afirma Rémi Brague, não é impossível que, para moldar o regime ideal das cidades islâmicas, a *Política* tenha sido menos adequada que o diálogo de Platão; desse modo, as teorias políticas desenvolvidas no Islã beneficiaram-se mais com as ideias políticas platônicas que com as aristotélicas[64]. Essa interpretação, porém, não parece ter sido unânime[65].

Por que a *República* seria mais adequada que a *Política* ao estudo do regime ideal para as cidades islâmicas?

Segundo Muhsin Mahdi, o curioso fato de a *Política* aristotélica não ter circulado em ambiente de expressão árabe não pode ser atribuído a um eventual "acidente" ou à inexistência de elucidação pelos filósofos muçulmanos, como Averróis, das diferenças entre as doutrinas de Platão e de Aristóteles. Mahdi afirma que

> esses argumentos não levam em conta a questão da compatibilidade entre a *Política* e as religiões reveladas ou ainda as implicações da introdução deste livro na discussão da filosofia política numa época e num contexto em que Platão – ou uma combinação de Platão e Plotino – poderia contribuir muito mais para esclarecer a vida política do modo como ela então existia e, assim, evitar o tipo de ataque frontal à religião (a autossuficiência da sabedoria prática) [...]. A visão de Aristóteles da autossuficiência da vida política poderia ser estudada e compreendida em um contexto menos manifesto, por exemplo, por meio das *Éticas* e da *Retórica*[66].

Nessa perspectiva, não cabe no contexto islâmico uma filosofia política como a de Aristóteles, em que a concepção de uma vida prática autossuficiente permite ao homem, desde que conduza uma vida boa, nobre e virtuosa, sem qualquer relação com os preceitos divinos ou com a preocupação da salvação, alcançar as benesses da vida futura. As concepções de Platão, por outro lado, são mais aceitáveis, pois o homem está condenado a uma constante busca da sabedoria teorética, embora, na visão islâmica, a sabedoria não seja acessível ao ser humano enquanto ele se fiar apenas nas ferramentas humanas. Para os árabes, portanto, Platão não poderia ter elaborado doutrinas completas sem o conhecimento da Revelação divina. Com a chegada da Revelação e uma vez disponível o seu conhecimento, a vida humana passa a se fundar no conhecimento da Revelação, e a vida prática e a vida política passam a estar a serviço da salvação. Tudo, sabedoria e virtude, estará subordinado à busca da perfeição em vista da vida futura.

Com seu sistema de emanações, o neoplatonismo foi bem aceito, e certos fragmentos das *Enéadas*, de Plotino, junto com os *Elementos de Teologia*, de Proclo, circularam amplamente nos territórios islâmicos, embora sob o título de *Teologia de Aristóteles*, o que preservou, de certa forma, a grandeza do mestre grego e contribuiu para que suas obras fossem ensinadas, ainda que em círculos restritos. Nesse processo, a *Política* foi substituída pela *República* e pelas *Leis*, que se tornaram os textos-base da ciência política no mundo islâmico.

Inicialmente, como afirma Muhsin Mahdi, o Platão "tradicional" transmitido não foi o político, mas o Platão cuja filosofia é um exercício de preparação para a morte. A *República*, as *Leis* e o *Político* eram obras conhecidas dos árabes, ao contrário do seu contexto político. Foi Al-Fārābī quem iniciou a reflexão política no Islã; no entanto, sua interpretação do Platão político não é "platônica". Antes do Platão interpretado por Al-Fārābī, a política platônica não era sequer conhecida no Islã. A releitura e a compreensão do Platão político permitiram a Al-Fārābī recriar uma "política platônica" a partir das traduções e sumários das obras políticas de Platão que então estavam disponíveis[67].

Em seu clássico ensaio "Farabi's *Plato*"[68], Leo Strauss observa que Al-Fārābī seguiu Platão não apenas para apresentar seus ensinamentos filosóficos contidos em seus principais livros, mas porque tinha a firme convicção de que sua filosofia era a verdadeira. Contudo, para mostrar que não havia discordância entre Platão e Aristóteles e que ambos os filósofos visavam a um mesmo objetivo, Al-Fārābī redigiu sua célebre trilogia conhecida como *Os Propósitos da Filosofia de Platão e de Aristóteles*[69] ou, como é citada por Averróis, *As Duas Filosofias*[70]. A segunda parte dessa trilogia é dedicada a Platão, e a terceira, a Aristóteles. A primeira parte é o opúsculo *Obtenção da Felicidade*.

Segundo Al-Fārābī, Platão foi norteado pela ideia da felicidade como perfeição humana e buscou descobrir que "ciência" e que "modo de vida" poderiam conduzir ao propósito almejado, a obtenção dessa felicidade. Com base em sua leitura das obras de Platão, Al-Fārābī concluiu que a filosofia preenchia os requisitos necessários da "ciência" platônica e que a "arte real" – a política – descrevia o modo de vida almejado. Assim, reconheceu que eram iguais as funções (e os termos) do "filósofo" e do "rei". A partir dessa identificação, Al-Fārābī inferiu que as virtudes geralmente aceitas pela opinião não são as mesmas que as virtudes verdadeiras. Essa questão é desenvolvida no opúsculo citado e será retomada quando tratarmos das virtudes no capítulo IV. Na parte dedicada à exposição sobre a filosofia de Platão, a preocupação de Al-Fārābī gira em torno da relação entre filosofia e felicidade. Já que a felicidade é objeto da ciência política, é correto que se conceba a filosofia de Platão como uma investigação essencialmente da política. Al-Fārābī, conclui Strauss, não se limita a discorrer sobre a filosofia de Platão. Ao mesmo tempo que apresenta a filosofia de Platão, que considera genuína, Al-Fārābī também conduz seus leitores numa exposição de ideias próprias. Isso será mais bem esclarecido na exposição sobre a arte real de Al-Fārābī que faremos em seguida. Por ora basta salientar que a leitura que faz das obras de Platão o levam, segundo Strauss, a reconhecer a filosofia platônica como essencialmente política. Como Al-Fārābī considera a filosofia de Platão a verdadeira filosofia, somos levados a crer que ele atribui um significado eminentemente político à filosofia como um todo. A filosofia de Al-Fārābī é guiada pela distinção fundamental, reiteradas vezes mencionada, entre "ciência" e "modo de vida" e, em particular, entre a ciência e o modo de vida essenciais para a obtenção da felicidade. A ciência, nesse caso, é a parte teorética da filosofia que estuda a essência das coisas, distinta das artes práticas, cuja parte mais elevada é a arte real.

Oliver Leaman procurou responder a duas questões que dizem respeito ao uso que Averróis fez da *República* no lugar da *Política*: 1. como a *República* se ajusta à *Ética Nicomaqueia*; e 2. o que Averróis perdeu por não ter tido em mãos a *Política*[71].

Uma vez que Averróis argumenta que a *Ética Nicomaqueia* é a parte teorética da política e que a *República* é sua parte prática, seria necessário, para que o texto platônico se ajustasse ao aristotélico, que Averróis mudasse ambos. A *Ética*, segundo Leaman, passa então a revelar "um matiz explicitamente político"[72], permitindo que a *República* a complete. Na *Ética Nicomaqueia*, Aristóteles define a natureza do fim (*télos*) para o qual são dirigidas as ações humanas, o que pressupõe, para Averróis, que o principal objetivo do texto seja a organização da cidade e o bem derivado dessa organização[73]. Segundo Averróis, a ética visa ao preparo dos cidadãos para uma vida virtuosa no interior da comunidade. Desse modo, a ética aristotélica trata dos princípios da legislação, e, nessa esteira, a *Política* seria um tratado sobre as leis particulares que concretizam esses princípios. Para Averróis, o conhecimento teorético tem o papel de conduzir as questões práticas. Nessa linha de interpretação, a *República* pode bem ser uma continuação da ética, já que Platão discorre sobre o governante perfeito como detentor de um conhecimento teorético e, além disso, como aquele que também é capaz de dirigir os assuntos práticos, principalmente os concernentes à direção dos diferentes grupos de indivíduos conforme seus diferentes modos de vida. Lembre-se que o argumento dos três modos de educação é parte intrínseca da discussão do *Tratado Decisivo*, em que Averróis apresenta a educação dos três grupos sociais distintos: o povo deve ser ensinado por meio da retórica, os teólogos devem ensinar por meio da dialética, isto é, por meio de opiniões consolidadas, e apenas uma elite, que teria acesso aos argumentos demonstrativos, é capaz de interpretar com veracidade os preceitos contidos na Lei divina.

Sobre a questão de como a *República* se ajusta à *Ética Nicomaqueia*, Oliver Leaman afirma que Averróis aceita comentar a *República* porque pode "aristotelizá-la", e isso implica na impossibilidade de manter-se fiel ao texto de Platão, seja às suas indagações seja à sua estrutura. De fato, Averróis se atém somente às partes que lhe despertam interesse e acha importantes, ignorando, desse modo, as que lhe são irrelevantes ou de interesse apenas histórico. Cabe lembrar, contudo, que o *Comentário sobre a República* pode bem ser considerado um epítome, ou até um comentário "médio", e, como tal, não visa a uma exaustiva exegese do texto de que trata.

Embora não tenha tido acesso à *Política*, Averróis supõe que Al-Fārābī a tenha lido, pois, como vimos, acreditava que o texto estivesse disponível no Oriente. Em uma passagem de seu *Comentário sobre a República*, Averróis escreve, a propósito das virtudes, que muitas delas são buscadas em benefício das artes, assim como muitas artes o são em benefício das virtudes, acrescentando que, "segundo o relato de Abū Naṣr [Al-Fārābī], essa é a opinião de Aristóteles sobre as guerras na cidade ideal"[74]. Todavia, nada pode evidenciar a existência da *Política* em língua árabe, porque há apenas ou indícios que se remetem à obra aristotélica ou algumas remissões imprecisas a um texto com esse título[75].

* * *

Os pensadores muçulmanos herdaram do helenismo tardio os manuscritos e os adaptaram às suas concepções teológicas e filosóficas, procurando unificar os textos platônicos, especialmente os referentes ao pensamento político – a *República* e as *Leis*. Enquanto Plotino propôs o distanciamento do filósofo dos assuntos da vida prática e Proclo preferiu encontrar a busca filosófica da perfeição nos diálogos platônicos *Parmênides* e *Teeteto* – e não na *República* e nas *Leis* –, esquivando-se, para tanto, dos problemas sociais[76], os *falāsifa* favoreceram as concepções referentes à organização social apresentadas na *República* e nas *Leis*, embora apoiadas na *Ética Nicomaqueia*. Esses dois diálogos platônicos somados à *Ética* aristotélica são os textos que serviram de base à formação do pensamento político islâmico. Por exemplo, a noção platônica do filósofo-rei foi aplicada à noção islâmica do profeta-legislador, o que fica evidente nas discussões medievais acerca das virtudes do chefe ideal do Estado islâmico, ou melhor, do califa[77] virtuoso, como já escrevera Al-Fārābī[78], ideia que Averróis endossa em seu *Comentário sobre a República* a propósito da equivalência dos termos filósofo, rei, legislador e *imām*: "esses nomes, a saber, 'filósofo', 'rei' e 'legislador', são quase sinônimos. De modo semelhante, 'sacerdote' (*imām*[79]), porque, em árabe, 'sacerdote' (*imām*) designa aquele em quem se confia quanto a suas ações. Certamente é 'sacerdote' (*imām*) pura e simplesmente aquele em quem há confiança quanto a essas ações pelas quais é filósofo"[80].

Por essas indicações, podemos concluir que a *Ética* aristotélica funda o universo das crenças perfeitas com base nas virtudes e que a *República* platônica indica o reto caminho das ações políticas. As duas esferas paralelas, a ética e a política, são mutuamente dependentes e mutuamente condicionadas, porque sem a perfeição de uma não se atinge a perfeição da outra. Ética e política definem a sabedoria prática política, o mais nobre domínio da filosofia prática, a "arte real", como a definiu Al-Fārābī, ao seguir Platão[81].

A concordância entre os ensinamentos de Platão e de Aristóteles, realizada na *falsafa*, teve na arte política o seu traço mais marcante. Ao herdar da filosofia grega tardia a busca da harmonia entre os dois sistemas filosóficos, Al-Fārābī inaugurou uma filosofia que impôs a política platônica até para Averróis, o mais ferrenho defensor do aristotelismo entre os *falāsifa* do Islã.

Al-Fārābī e a Arte Real[82]

A política, afirma Al-Fārābī, é a ciência que investiga o fim para o qual se dirigem as ações humanas e o modo como devem estar ordenadas para que os homens obtenham esse fim almejado. A política também distingue as variadas finalidades das ações humanas, isto é, distingue as ações cujo fim é obter a verdadeira felicidade das que almejam fins que apenas simulam a felicidade, como a honra, a riqueza e o prazer. A verdadeira felicidade, porém, segundo Al-Fārābī, não é deste mundo, mas da vida eterna. Neste mundo, a felicidade é obtida pelo bem que se realiza nas ações nobres e virtuosas. Mas é apenas nas cidades, ou melhor, no convívio mútuo, que os indivíduos podem desenvolver suas virtudes próprias, ideia que parte do célebre princípio aristotélico "o homem é por natureza um animal político"[83].

A política explica como as virtudes humanas podem desenvolver-se nas cidades e nações cujo governo, por meio de seu soberano, estabelece as ações e os modos de vida corretos, promove as virtudes morais e as disposições positivas e empenha-se em preservar os bons hábitos para que estes não pereçam. O governo só é virtuoso em razão de uma arte que conduza ao estabelecimento das virtudes humanas e das ações que visem à preservação delas. Esta é a "arte real" (*al-mihnat al-malakiyya*), e a política (*siyāsa*) é a operação dessa arte[84].

A arte real é composta de teoria e prática. No *Catálogo das Ciências* (*Iḥṣā' al-ᶜulūm*), Al-Fārābī define, como já mencionado, a ciência política (*al-ᶜilm al-*

-*madanī*) como a ciência que "investiga os vários tipos de ações voluntárias e regimes (*siyar*), assim como as disposições morais, as inclinações e os estados de caráter (*aḫlāq*) que conduzem a tais ações e regimes"[85]. Embora a política exponha as regras gerais, nessa definição Al-Fārābī aponta para a divisão da ciência política em duas partes: a primeira expõe o que é a felicidade, distingue a verdadeira felicidade do que se presume ser a felicidade, enumera as ações voluntárias, os modos de vida, a moral e os estados de caráter a serem promovidos nas cidades e nações, e distingue o que é virtuoso do que não é. A segunda parte expõe a ordem dos estados de caráter virtuosos e os modos de vida nessas cidades e nações, revela as funções reais com as quais os modos de vida virtuosos e as ações são instituídos e ordenados entre os cidadãos, além das atividades que servem para preservar o que foi ordenado e instituído. Essa ciência apresenta também as várias espécies de governos não virtuosos, as disposições, os modos de vida, os hábitos e as ações que o governo dessas cidades imperfeitas procura estabelecer. Isso, afirma Al-Fārābī, está exposto no *Livro sobre o Regime Político* (isto é, a *Política*, de Aristóteles), na *República*, de Platão, e em outras obras[86].

O governo pode agir de duas maneiras: ou promove ações, modos de vida e disposições de caráter nos indivíduos, para que eles almejem a verdadeira felicidade, ou procura incutir-lhes disposições, a fim de que obtenham o que lhes *parece* ser a felicidade, isto é, as coisas materiais. Este último, segundo Al-Fārābī, é o tipo de governo ignorante (*jāhiliyya*), que receberá, de acordo com o propósito almejado, um nome específico: timocracia, se buscar a honra; governo vil, se perseguir a riqueza; e assim por diante.

Em seguida, Al-Fārābī explica que o governo das cidades não virtuosas é tal qual uma enfermidade que pode alastrar-se, pondo em risco os governos virtuosos, que podem transformar-se em modos de vida ignorantes (*jāhiliyyūn*). A ciência política apresenta soluções para que os governos virtuosos não se corrompam, além de medidas e métodos necessários para que as cidades não virtuosas restaurem o estado virtuoso anterior à sua degradação.

À parte prática deve ser acrescentada a experiência derivada da habilidade de bem conhecer as melhores condições que cada grupo particular, cada cidade e cada nação apresentam, a fim de desenvolverem disposições, ações e modos de vida virtuosos. As cidades virtuosas preservam o seu estado virtuoso se os sucessores dos príncipes governantes tiverem as mesmas qualidades virtuosas de seus antecessores, pois apenas assim a continuidade da existência da cidade virtuosa não é interrompida. A interrupção da sucessão de um governante virtuoso, portanto, deve ser evitada; para isso, é preciso buscar qualificações e atributos virtuosos nos príncipes sucessores ou, se necessário, em outros indivíduos que os possam substituir. A ciência política estabelece o modo como devem ser educados os sucessores que possuem qualidades naturais, para que estejam aptos ao exercício da arte real, isto é, da arte de governar. Estabelece ainda o modo como evitar que os ignorantes assumam a liderança e sejam chamados de príncipes, já que não tiveram acesso nem às ciências teoréticas nem às ciências práticas. Alguns, contudo, poderão apoiar-se em sua própria experiência, embora necessitem de uma aguda faculdade perceptiva para realizar o que for necessário para atingir seus objetivos. Al-Fārābī acrescenta que os governantes que se apoiam na experiência devem seguir, com objetivos iguais, os passos de seus antecessores[87].

Como se evidencia na concepção de Al-Fārābī sobre a ciência política, ética e política estão imbricadas, estreitamente vinculadas uma à outra[88]. Não há uma divisão nítida entre as duas, tal como hoje conhecemos. O *Catálogo das Ciências* (*Iḥṣā' al-ᶜulūm*) explicita, ainda, que Al-Fārābī conhecia no mínimo a existência da *Política*, de Aristóteles, e, fato importante, que a filosofia política de Al-Fārābī, a primeira a ser formulada em terras do Islã, foi construída com as noções retiradas das obras de Aristóteles e de Platão dedicadas a essa ciência.

2. A Voz Política de Averróis

> De todos os bens, para os deuses e para os homens, a verdade vem em primeiro lugar. Que dela participe cada indivíduo humano desde o início de sua vida, se seu propósito for a bem-aventurança e a felicidade, de modo que possa, o maior tempo possível, viver sua vida conforme a verdade.
>
> (Platão, *Leis* v, 730c)

O *Comentário sobre a República*

Imortalizado na História da filosofia com a alcunha de "O Comentador", diga-se, de Aristóteles, Averróis surpreende os estudiosos com o *Comentário sobre a República*[1], seu único trabalho dedicado a comentar uma obra platônica. Se nele Averróis, por um lado, rompe com seu habitual estilo de exegese dos "comentários médios" sobre as obras de Aristóteles, em que segue de perto o texto original ao citar, cada qual por sua vez, as partes que interpreta, por outro, sua exposição inclui trechos que se assemelham ao estilo do "comentário médio", já que analisa argumentos filosóficos usados por Platão em algumas passagens, embora deixe de fazê-lo a respeito de outras. Alguns trechos apresentam paráfrases da *República* e outros simplesmente mudam o conteúdo das passagens comentadas para melhor se adaptarem à discussão das condições sociais e políticas da época. Grande parte da exposição constitui considerações pessoais do Comentador e não se refere especificamente ao texto platônico. Averróis deixa de lado o primeiro e o décimo livros da *República*, uma grande parte do segundo e algumas partes dos livros restantes, argumentando que não são "demonstrativos", mas "dialéticos"[2], embora muitas vezes recorra a passagens que poderiam ser qualificadas de dialéticas, ou mesmo de retóricas ou poéticas. Desse modo, apropria-se da filosofia política de Platão, mas modifica-a introduzindo noções aristotélicas.

Além de ser considerado parte integrante de seus trabalhos filosóficos, esse tratado é uma reflexão importante na filosofia política elaborada em ambiente islâmico. É também um exemplo da filosofia que se desenvolveu nesse horizonte a partir da tentativa de conciliar as ideias de Platão com as de Aristóteles, pois, ao apresentar a sua concepção da cidade virtuosa, Averróis retoma o caminho já trilhado por Al-Fārābī, o da "harmonização" das ideias dos dois sábios gregos. Contudo, embora possa ter tido inicialmente essa intenção, ao comentar a *República*, Averróis privilegia a filosofia aristotélica, como será oportunamente demonstrado.

Todavia, um duplo problema se apresenta e suscita algumas considerações. Em primeiro lugar, como bem notou Ralph Lerner[3], não é evidente por si por que um muçulmano como Averróis teria decidido escrever um tratado político baseado na *República*. Afinal, que utilidade teria uma obra filosófica originária de um ambiente pagão para um povo cujas crenças e práticas são fundamentalmente moldadas pela Lei revelada, a *Šarīᶜa*, e pela *sunna*, o paradigma da vida do Profeta Muḥammad? Que interesse um "jurista, imã, juiz e letrado ímpar"[4] poderia ter nos assuntos tratados por Platão na *República*, que dizem respeito à organização da sociedade grega? A *Šarīᶜa* é uma Lei completa e suficiente que se dirige "ao vermelho e ao negro"[5], ou seja, a todos os povos. Haveria, então, necessidade de completá-la ou de esclarecê-la por meio de diretrizes platônicas?

Em segundo lugar, que interesse teria numa obra platônica o filósofo que foi reverenciado por Tomás de Aquino e por Dante Alighieri com a alcunha de "O Comentador" em razão de seus extensos comentários à obra de Aristóteles?

O primeiro problema não diz respeito apenas à obra de Averróis, mas se insere em um quadro mais amplo, ou seja, de toda a tradição filosófica em terras do Islã, cujo início se deu no Oriente com Al-Kindī (m. c. 873), conhecido como o "Filósofo dos árabes", por ter assentado as bases para o desenvolvimento da filosofia helenizante (*falsafa*) entre os muçulmanos e contribuído substancialmente para a transmissão do pensamento grego aos árabes com a divulgação das traduções das obras dos gregos. O ápice da *falsafa* ocorreu com a obra de Ibn Sīnā (Avicena), mas destacam-se também as de Al-Fārābī, de Al-Rāzī (865-925) e, de certa maneira, de Miskawayh. No Ocidente, em Al-Andalus, a filosofia de Aristóteles foi introduzida por Ibn Bājjah (Avempace); distingue-se também Ibn Ṭufayl (Abubacer), que despertou em Averróis o interesse em comentar a obra de Aristóteles. Todos esses filósofos se viram diante do dilema de conciliar a filosofia grega com os ditames da Lei revelada islâmica. Averróis, último expoente da filosofia árabe-islâmica de cunho helenizante e talvez o autor que mais tenha contribuído para o desenvolvimento da filosofia na cristandade, pertence, pois, a uma tradição que durante quatro séculos se expandiu no mundo islâmico.

O segundo problema diz respeito ao projeto filosófico de Averróis. Como relatou o historiador Al-Marrākušī em sua *História do Maġrib*, Averróis se propôs a comentar a totalidade da obra de Aristóteles, depois de ter sido apresentado ao sultão Abū Yaᶜqūb Yūsuf b. ᶜAbd al-Mu'mīn, que se lamentara da dificuldade para compreender os intrincados textos do Estagirita. O *Comentário sobre a República* deve, então, ser visto como parte integrante desse amplo projeto, já que Averróis não teve acesso à *Política*, de Aristóteles.

* * *

O *Comentário sobre a República* é um texto difícil por diversas razões. A primeira dificuldade, que logo sobressai, é a falta do original árabe, que obriga o estudioso a recorrer à versão hebraica ou às duas latinas existentes. Estas procedem da hebraica, sendo mais fiável a de Elia del Medigo, realizada no século XV, uma vez que a de Jacob Mantino, concluída cerca de um século depois, muitas vezes parafraseia (ou glosa) o texto, em vez de traduzi-lo. A recuperação exata dos conceitos, portanto, deve passar por um agudo exame de seus conteúdos, a fim de que permaneçam no quadro conceitual proposto por Averróis, trabalho gigantesco e ingrato que, no trato do texto, além do conhecimento filosófico, exige o conhecimento da correspondência dos termos usados em quatro idiomas, grego, árabe, hebraico e latim, para que qualquer estudo desse *Comentário* faça justiça ao pensamento de Averróis.

Todavia, como se isso não bastasse para dificultar a tarefa de desvendar as teses de Averróis, há ainda o desconhecimento das fontes usadas por ele, ou seja, que versão árabe da *Ética Nicomaqueia* teve em mãos, que versão da *República* lhe serviu e que obras de Platão conhecia; teria usado uma paráfrase ou resumo de Galeno sobre a *República*, que se perdeu, teria recorrido aos comentadores neoplatônicos nas versões árabes, teria sido, sobretudo, Al-Fārābī o seu mentor para a tessitura do *Comentário sobre a República*? No entanto, não há como excluir dessas possibilidades a perquirição das obras de Ibn Bājjah (Avempace) e de Ibn Ṭufayl (Abubacer). Cabe lembrar que Averróis conhecia apenas o árabe, logo não teve acesso aos originais gregos. Averróis, portanto, conheceu e usou as traduções árabes das obras de Aristóteles, procedimento que gerou problemas de terminologia, que serão relatados no decorrer de nosso estudo.

A segunda e principal dificuldade concerne ao próprio estilo de Averróis. Em grande parte do tratado, nosso filósofo contenta-se em apenas apontar noções e ideias, deixando a seu leitor a difícil tarefa de compreender o seu significado. A esse estilo denso e sintético acrescenta-se a carga filosófica de que faz uso, obrigando o estudioso a recorrer às obras em que originalmente foram desenvolvidos os conceitos por ele empregados. Algumas vezes, essas obras não são tão facilmente identificáveis, seja porque desapareceram no tempo seja porque o próprio Averróis dificulta a sua identificação com um fraseado extremamente sucinto. Em relação a certas passagens, permanece no leitor a estranha impressão de que possam ser apontamentos que ele teria desenvolvido oralmente a seu interlocutor.

A terceira dificuldade a ser destacada é a multiplicidade de questões que poderiam ser analisadas a partir desse comentário, como, aliás, também é grande a fertilidade de noções e conceitos que a própria *República* desperta. Desse modo, inúmeras questões poderiam ser elaboradas com base no *Comentário sobre a República*. Tivemos, porém, que fazer escolhas.

* * *

Não há consenso sobre a datação do *Comentário sobre a República*. A obra foi dedicada ao sultão regente, cujo nome não é citado, omissão que impede o uso desta referência para estabelecer a data de sua redação. A crítica presente nesse comentário leva alguns autores, como E. Renan e M. Cruz Hernández, a relacionar esse tratado ao exílio de Averróis, ocorrido em 1195[6]. Em virtude das "intrigas palacianas" promovidas pelos teólogos e pelos juristas *mālikitas* interessados em anular a influência do almoadismo racionalista[7], que, de certa maneira, envolvia a filosofia de Averróis, aqueles autores consideram 1194 o ano da composição do tratado. Outros estudiosos, como L. Gauthier e E. I. J. Rosenthal, afirmam que o exílio de Averróis teria sido causado pelo intento do soberano de separar-se publicamente dos filósofos, que gozavam de uma reputação nada favorável, e, com isso, de acalmar os ânimos belicosos dos juristas e dos teólogos, além de promover sua própria imagem junto ao povo[8]. Por isso, não relacionam o exílio de Averróis ao *Comentário sobre a República*. Permanece, porém, a dúvida se esse tratado teria de certo modo contribuído para a desgraça de Averróis, já que nele o Comentador expõe abertamente suas ideias políticas.

Em sua introdução à edição da versão hebraica com tradução inglesa, E. I. J. Rosenthal expõe as dificuldades para datar essa obra na ausência de critérios confiáveis. Se Averróis compôs esse comentário antes do comentário sobre a *Ética Nicomaqueia* é ainda uma questão em aberto[9].

Moritz Steinschneider determina a data da redação do *Comentário sobre a República* próxima à da redação do *Comentário Médio sobre a Ética Nicomaqueia*, concluída em 4 de maio de 1177. Baseia-se em um verbo no futuro da versão hebraica do *Comentário sobre a República*[10]; por isso estabelece 1176 como o ano provável de sua composição, mas Rosenthal afirma não encontrar nenhuma evidência dessa possível datação[11]. Como observa Rosenthal, é pouco provável que Averróis tenha escrito sua exposição sobre a *República*, considerada a parte prática da política, antes do *Comentário sobre a Ética*, que seria a parte teórica da política, uma vez que ele repete muitas vezes ao longo do *Comentário sobre a República* "isto já foi visto antes", ou seja, a análise da parte teórica da arte política já fora desenvolvida e explicada no *Comentário sobre a Ética*.

Há, no entanto, grande possibilidade de que esses dois comentários tenham sido redigidos na mesma época. Como o próprio Averróis afirma, a *Ética Nicomaqueia* e a *República* formam duas partes complementares da mesma ciência política. De qualquer modo, é plausível considerar 1177 como *terminus post quem* da redação do *Comentário sobre a República*, em virtude da data do término da redação do *Comentário Médio sobre a Ética Nicomaqueia*.

Moḥammed ᶜAbed al-Jābrī, contudo, considera que o *Comentário sobre a República* pode bem ter sido redigido ao longo dos anos, depois de 1184. Marc Geoffroy opina que sua redação se deu, ao menos em parte, na década de 1170, época em que Averróis redigiu as paráfrases à obra de Aristóteles[12]. Cruz Hernández[13], ᶜAbdurraḥmān Badawī[14], Massimo Campanini[15] e Dominique Urvoy[16], porém, sustentam que esse tratado foi composto em 1194.

Cruz Hernández contesta a datação de Rosenthal, para quem a dedicatória de Averróis dirigia-se ao soberano Abū Yaᶜqūb Yūsuf, morto em 1184. Segundo o arabista espanhol, alusões a fatos históricos indicam que ela teria sido dedicada ao filho e sucessor desse soberano, Abū Yūsuf Yaᶜqūb al-Manṣūr, sob cuja proteção viveu Averróis[17]. O Comentador ainda se desculpa pela brevidade de sua exposição, em virtude "dos conflitos desta época". Segundo Cruz Hernández, essa expressão não teria sentido antes de 1184, quando o califado almôada, apesar do avanço das conquistas dos cristãos, permanecia firme.

A datação em 1194 do *Comentário sobre a República* é também atribuída a um erudito anônimo do século XVII[18] que, para considerar tal hipótese, levou em conta o fato de Averróis não ter tido em mãos a *Política* e ter esperado até que se esgotassem todos os recursos para conseguir esse escrito aristotélico. O argumento parece consequente, ainda que Rosenthal chame a atenção para questões de vocabulário que fariam recuar a datação do tratado para antes de 1182. E, consideradas as críticas tecidas no *Comentário sobre a República*, é possível aproximar a data de sua redação à dos textos doutrinais escritos por volta de 1179-82, a saber, as obras reputadas originais, *Faṣl al-Maqāl* (Tratado Decisivo), *Kašf ᶜan-Manāhij al-Adilla* (Desvelamento dos Métodos de Demonstração), *Ḍamīma* (Apêndice) e *Tahāfut al-Tahāfut* (Demolição da Demolição). Como bem observa Rosenthal, "certamente não é um acidente que todos os tratados polêmicos – seja os teológicos seja os teológico-filosóficos – escritos em defesa da *falsafa* sob a *Šarīᶜa* pertencem ao período de nosso comentário"[19].

Para concluir, têm praticamente igual peso os diferentes argumentos para datar esse comentário[20].

Por que Comentar a *República*?

Por que Averróis, estrela de primeira grandeza do universo aristotélico, deixou-nos essa exposição do texto platônico, única por ele dedicada ao "divino" filósofo, merecido apelativo dado a Platão pelos sábios de língua árabe?

Inicialmente, são levantadas várias questões. A primeira e mais geral, mas não menos importante, é por que Averróis escreve um tratado político. Seria para criticar a sociedade e o regime político de sua época? Seria para completar o programa aristotélico de estudos, já que comentara a quase totalidade das obras de Aristóteles, exceção feita à *Política*, "que não lhe chegara às mãos"? Seria para seguir seu predecessor, Al-Fārābī, que escrevera um tratado sobre a cidade virtuosa, e desse modo redigir também a sua *Madīnat al-Fāḍila*? Seria para seguir a tradição da *falsafa* e conciliar o pensamento de Platão com o de Aristóteles?

Recuperar as ideias elaboradas no *Comentário sobre a República* implica, de certa forma, recuperar o espírito de Al-Andalus em que viveu e atuou o cádi Ibn Rušd.

Depois de uma segunda temporada em Marrakesh, sede do poder almôada, Averróis é nomeado, em 1179, cádi-mor de Sevilha e, em 1182, cádi-mor de Córdova. Em 1182, Averróis ocupa ainda outra posição de grande prestígio, a de médico do sultão almôada Abū Yaᶜqūb Yūsuf. Esses são anos em que Averróis tem contato direto com o poder e escreve seus trabalhos considerados polêmicos.

É no período de 1175 a 1182 que Averróis redige o *Comentário sobre a Retórica* (1175), o *Comentário sobre a Ética Nicomaqueia* (1177), *Faṣl al-Maqāl* (Tratado Decisivo) e *Ḍamīma* (Apêndice) (1179), *Kašf ᶜan Manāhij al-Adilla* (Desvelamento dos Métodos de Demonstração) (1179-1180) e *Tahāfut al-Tahāfut* (Demolição da Demolição) (1180-1182). Redigidas numa época que coincide com a consolidação do ideário dos almôadas, são estas as obras em que é possível discernir com mais clareza o pensamento político de Averróis. Com exceção dos dois comentários, os quatro títulos citados são os escritos mais polêmicos de Averróis. O *leitmotiv* dessas obras é sobretudo a crítica às concepções dos teólogos racionalistas (*mutakallimūn*), a quem Averróis acusa de promover a discórdia na comunidade islâmica, em razão do modo como interpretam e divulgam os ensinamentos da Lei revelada.

O *Comentário sobre a República* deve-se, como o próprio Averróis justifica nas páginas iniciais de sua exposição, ao fato de que a *Política*, de Aristóteles, "não lhe chegara às mãos"[21]. Para realizar o seu objetivo, isto é, a redação de um tratado de ciência política, Averróis recorre, portanto, ao texto platônico, na falta do texto aristotélico. Serve-se, porém, da ética de Aristóteles, sobretudo na primeira parte de sua exposição.

Mas, como observa E. I. J. Rosenthal, "a natureza do *Comentário sobre a República* é uma evidência de que se trata de algo mais que um substituto da

Política – embora também o seja, como o próprio Averróis nos afirma –, pois difere fundamentalmente de seus outros comentários"[22].

Rosenthal aponta as questões que diferenciam esse comentário do resto da obra de Averróis, questões pertinentes para a compreensão do propósito do comentário, que não podem ser desvinculadas do contexto histórico-social da época.

Inicialmente, trata-se de uma crítica feita por um filósofo muçulmano, herdeiro da tradição platônica e aristotélica, ao governo e à sociedade de sua própria civilização, no presente e no passado. Em segundo lugar, trata-se de uma crítica aos teólogos (*mutakallimūn*) seus contemporâneos, na linha de seus tratados religioso-filosóficos, *Faṣl al-Maqāl* (Tratado Decisivo), *Kašf ᶜan Manāhij al-Adilla* (Desvelamento dos Métodos de Demonstração) e *Tahāfut al-Tahāfut* (Demolição da Demolição). Essa crítica reflete a posição do filósofo-jurista cordovês, em que ele assevera que apenas aos filósofos competem a busca e a interpretação do significado interior ou oculto (*bāṭin*) das passagens do *Corão*[23] e da Tradição (*Ḥadīṯ*) cujo sentido é ambíguo. Essa crítica de Averróis é um significativo aspecto de sua oposição contra os "argumentos dialéticos" usados pelos teólogos, em defesa dos "demonstrativos", e reitera sua posição, evidente desde as primeiras linhas do *Comentário sobre a República*, em que ele afirma que pretende examinar os argumentos demonstrativos do texto platônico, ignorando os dialéticos. Desse modo, para uma análise cuidadosa do pensamento político de Averróis, é preciso levar também em conta os seus tratados considerados polêmicos, em particular o *Tratado Decisivo*, pois há nele argumentos que Averróis ou retoma no *Comentário sobre a República* ou dele toma emprestados, dependendo de quando se considera a elaboração do *Comentário*.

Finalmente, o terceiro ponto mencionado por Rosenthal – segundo ele, talvez o mais importante do tratado – diz respeito às referências à Lei islâmica, muitas vezes em contraste com o *nómos* platônico e aristotélico. Para Averróis, não se trata apenas de invocar a *Šarīᶜa* para ilustrar os argumentos de Platão, mas muito mais de fazer referência à Lei islâmica, a fim de, apoiado na discussão platônica, expor a constituição ideal e denunciar os desvios dos regimes vigentes. A justiça platônica, que inspira seja a lei no regime ideal seja as ações individuais, é invocada por Averróis para tornar evidente o contraste com a lei dos governos islâmicos contemporâneos (almorávidas e almôadas), tendo como ponto de referência o califado ideal do tempo dos "califas retamente guiados" (*ḫulafā' rāšidūn*)[24].

O primeiro ponto assinalado por Rosenthal, isto é, a crítica de Averróis à sociedade de sua época, engloba o segundo, pois, ao criticar os teólogos, Averróis de certa forma critica o ideário que por eles é imposto à sociedade com base em uma falsa interpretação dos textos sagrados. Averróis defende o modo correto de interpretá-los por meio do silogismo demonstrativo, tal como já examinado no capítulo "A defesa da filosofia".

Se, porém, no *Comentário sobre a República* Averróis inclinou-se a assumir o papel de crítico de sua sociedade, houve também uma razão mais profunda para que comentasse o texto platônico não sob a forma de seus outros comentários, mas sob a forma que mais se assemelhava à usada em seus tratados polêmicos redigidos entre 1179-1182. Rosenthal acredita que essa razão deva ser buscada, de um lado, nos "fundamentos comuns" a Platão e Aristóteles e, de outro, na teoria própria dos filósofos da *falsafa*, em particular Al-Fārābī, Avicena e o próprio Averróis[25], que vem a ser o duplo aspecto do problema central na filosofia islâmica, isto é, o caráter político da profecia e a afinidade entre a *Šarīʿa* e a lei que se manifesta no conceito do legislador profético[26].

Averróis considera que a melhor forma de Estado é a fundada na *Šarīʿa*, embora o regime secular reclamado por Platão seja o melhor dos não fundados com base em uma Lei profética[27]. Os governos seculares, no entanto, necessitam de um longo tempo para que uma sucessão de reis virtuosos conduza a comunidade até que o governo bom e virtuoso possa ser realizado. A boa influência dos reis na comunidade deve ser exercida mediante ações, feitos e crenças corretas. Averróis, porém, adverte que no Estado secular essa possibilidade depende de leis[28] que sejam efetivas durante um certo tempo e que estejam de acordo com o almejado para a realização da cidade virtuosa. Nas comunidades islâmicas, contudo, é mais verossímil que a condução da comunidade pelos governantes que se atêm à Lei revelada seja mais bem sucedida para a realização da cidade ideal, pois, como o Comentador indica, no tempo de Platão a efetivação da cidade ideal estava mais próxima de feitos virtuosos que de crenças boas[29]. É manifesto, portanto, que segundo Averróis, embora as leis possam ser boas para a fundação de uma cidade virtuosa, o Estado perfeito não se realizará sem o fundamento de uma Lei profética[30], como está explícito em *Tahāfut al-Tahāfut*:

> Todos estão de acordo em que os princípios da ação devem ser confirmados pela tradição, posto que não há maneira de demonstrar a necessidade de uma ação, a não ser pela existência de virtudes provindas das ações morais e práticas. Deste discurso, resulta evidente que, em relação à religião, os sábios são unânimes em manter essa opinião, a saber, que os princípios da ação e os preceitos prescritos em cada religião são transmitidos pelos profetas e pelos legisladores[31].

As tentativas de conciliar a filosofia política com a Lei religiosa são particularmente espinhosas quando se permanece no terreno da filosofia de cunho helenizante como a elaborada pelos *falāsifa*. A Lei religiosa islâmica tem estatuto civil, e a inteira comunidade islâmica (*umma*) deve ser por ela regida. Como afirma H. A. R. Gibb, "é um dado característico da tendência prática da comunidade islâmica e de seu pensamento que a sua primeira atividade e mais alta expressão desenvolvida se tenha dado antes na lei e não na teologia"[32].

De fato, desde os primórdios do Islã, os métodos e a formulação da Lei islâmica combinaram preceitos positivos e discussões teológicas. Na perspectiva dos sábios muçulmanos, porém, a Lei nunca foi independente do aspecto prático da doutrina religiosa e social pregada por Muḥammad. Para os primeiros muçulmanos não havia uma separação entre o que é "legal" e o que é "religioso". Esses dois domínios estão entrelaçados nos textos que fundam o Islã, a saber, o *Corão* e a Tradição (*Ḥadīṯ*). Averróis descendia de uma importante família de juristas e ele próprio exercia a atividade de jurisconsulto e de juiz, o que dele exigia um amplo conhecimento do Direito islâmico (*Fiqh*), cujos caminhos eram diferentes dos traçados pela filosofia grega.

Como já observado, a filosofia política elaborada pelos sábios muçulmanos de expressão árabe inspira-se sobretudo em três obras gregas: *República*, *Leis* e *Ética Nicomaqueia*. Nas primeiras páginas do *Comentário sobre a República*, Averróis justifica o uso da *República* pela impossibilidade do acesso à *Política*. Esse procedimento estava de acordo com a tradição filosófica islâmica de compreender as relações entre o pensamento de Platão e o de Aristóteles como se fossem essencialmente concordantes. Procurava-se completar as lacunas em Aristóteles com o que se dispunha de Platão. Entretanto, as diferenças entre os dois filósofos gregos não passavam despercebidas aos *falāsifa*, que, então, faziam críticas a um e outro a partir de posições do respectivo oponente. Averróis segue esse procedimento em seu *Comentário sobre a República*. De fato, a leitura que faz dessa obra platônica é, em grande parte, uma leitura com lentes aristotélicas, embora recorra abundantemente à obra de Al-Fārābī.

A *República*, contudo, está longe de representar um mero substituto da *Política* para que Averróis redigisse tão somente um comentário. Segundo E. I. J. Rosenthal, Averróis condescendeu com a *República* "como um guia para compreender o Estado enquanto tal e, em particular, os Estados islâmicos seus contemporâneos"[33]. Ao empreender a tarefa de tomar o texto platônico como fio condutor de seu escrito, Averróis viu-se no papel do filósofo que, embora não pudesse vivenciar a existência da cidade virtuosa, poderia no mínimo apresentar alguns julgamentos sobre o seu próprio governo com a esperança de exercer alguma influência na condução dos assuntos que ele considerava imperfeitos.

A Leitura Peculiar da *República*

Enfim, não se sabe ao certo se, para compor sua exposição sobre esse texto platônico, Averróis usou uma paráfrase ou resumo da *República* que Galeno compôs, ou se usou trechos que encontrou na obra de Al-Fārābī, ou se realmente teve em mãos a versão árabe integral do diálogo de Platão. Esse escrito de Averróis, porém, é mais uma obra original que propriamente um comentário. Embora comente grande parte dos livros da *República*, ele utiliza muito a *Ética Nicomaqueia* e tece críticas à sociedade de seu tempo e aos teólogos muçulmanos. Não pode, portanto, ser considerado um "comentário" no mesmo sentido das exegeses que elaborou da quase totalidade das obras de Aristóteles. Permanece, no entanto, a constatação de que o *Comentário sobre a República* não constitui uma evidência de que Averróis tenha tido em mãos a tradução integral do diálogo platônico. O Comentador faz uma leitura aristotelizante da *República*, não faz nenhuma referência à redação dessa obra em forma de diálogo e tampouco aos diferentes personagens que dele participam. Não leva em conta nem o tempo, nem o lugar, nem as circunstâncias em que se desenvolve a discussão sobre a justiça no texto de Platão.

O *Comentário sobre a República* está dividido em três livros, que se reportam a determinados livros da *República*. Embora a parte inicial do primeiro livro esteja inteiramente calcada na *Ética Nicomaqueia*[34], o Livro I refere-se, *grosso modo*, aos livros II, III, IV e V da *República*. A justificativa para ignorar certas partes do diálogo platônico é anunciada já na frase inicial: sua intenção é expor as doutrinas científicas atribuídas a Platão prescindindo da argumentação dialética. No Livro I, Averróis apresenta o fundamento teórico da ciência prática política, cuja parte teórica, entre os filósofos de expressão árabe, também pode ser chamada de "política" (*siyāsa al-madaniyya*), em vez de "ética" (*aḫlāq*). Nesse livro, Averróis discorre sobre as virtudes morais e sobre o modo como deve estar organizada a cidade ideal, com destaque à educação dos guardiões. Averróis não se detém na definição da justiça, pois seu propósito principal é apresentar o paradigma da cidade virtuosa.

O segundo livro remete-se aos Livros VI e VII da *República* e trata dos seguintes tópicos: o papel do governante e suas qualidades, o fim supremo do homem e do sábio, a felicidade suprema dos seres humanos, a relação entre a política e as ciências práticas e teóricas, a maneira como as artes práticas[35] e as virtudes são governadas pela razão, o sentido da alegoria da caverna, a educação por meio da matemática e da música. Nesse livro, Averróis segue o texto platônico, embora apresente conceitos aristotélicos, como, por exemplo, o relativo à perfeição suprema, que só é alcançada quando não mais há mescla alguma de potência[36].

O terceiro livro tem como referência os Livros VIII e IX da *República* e aborda, pois, as formas de governo, e tem por guia Al-Fārābī. Sobre o Livro X da *República*,

Averróis observa que não é necessário para a ciência política, porque, como já mencionara antes, os mitos não têm qualquer valor e deles não se extrai nada que seja imprescindível para tornar alguém autenticamente virtuoso. Essa afirmação, no final do comentário, contradiz, porém, o que anteriormente fora exposto a propósito do mito dos metais, tema que aqui será analisado no capítulo correspondente (*Excursus*).

O Livro I do *Comentário* aborda a questão da educação dos guardiões, em que a virtude da coragem tem papel preponderante. A primeira virtude que Averróis destaca, portanto, é a coragem e, com isso, parece inspirar-se na *Ética Nicomaqueia*, em que Aristóteles, no Livro II, ao refletir sobre as virtudes morais, concede destaque à coragem. Todavia, surpreende que um juiz atuante como Averróis comece pela coragem e não pela justiça, cuja investigação é o objetivo de Platão na obra comentada. A propósito da justiça, pouco é dito no *Comentário*, o que, pelo mesmo motivo, também causa certa perplexidade. No entanto, o fato de iniciar com a virtude da coragem é significativo no sentido de que Averróis tenciona seguir o projeto de Aristóteles. Como é sabido, Aristóteles parte da definição da virtude para discorrer sobre a educação, as leis e os regimes políticos, o contexto político em que se dá a educação. Na própria definição de virtude já está a educação, pois a virtude intelectual é aprendizado, e a moral, hábito adquirido. Esse é o percurso de Aristóteles para a constituição da melhor cidade. Como não conhecia a *Política*, Averróis dedica o Livro III, o último, aos regimes políticos, com base na elaboração de Al-Fārābī sobre o tema. A educação surge nos dois livros anteriores, o primeiro dedicado à educação dos guardiões e das massas, e o segundo, à do soberano-filósofo, com destaque à virtude da coragem para os guardiões e à da sabedoria para o regente respectivamente. Mas, a que tipo de sabedoria ele se refere?

Com intuito de responder a essa questão, dirigimos nossa atenção para a figura do soberano e sua principal virtude, a prudência ou sabedoria prática (*phrónesis*). Com Averróis, o filósofo-rei de Platão sofre uma metamorfose e se transforma no *phrónimos* de Aristóteles. Essa é nossa tese e nela se concentra nosso estudo.

Dado o título que a tradição filosófica latina atribuiu a essa obra, *Paráfrase da República*, o estudioso espera encontrar nela as teses desenvolvidas por Platão em sua monumental obra. Não é com elas, porém, que nos deparamos. Averróis se serve dessa obra platônica para compor o complemento à primeira parte da filosofia política, isto é, a ética, e faz da *República* uma leitura peculiar usando apenas as passagens que lhe interessam. Além disso, faz amplo uso de seu conhecimento de algumas obras de Aristóteles e de certas concepções políticas de Al-Fārābī. No desdobramento do comentário, porém, constata-se que há uma crítica subjacente aos enunciados de Al-Fārābī que serviram de ponto de partida para a elaboração de suas teses. De fato, Averróis inicia a sua argumentação com um enunciado retirado *ipsis litteris* da obra de Al-Fārābī *Taḥṣīl al-Saᶜāda* (Obtenção da Felicidade): "<10> Digo, pois, que já está esclarecido na primeira parte desta ciência que, em geral, as perfeições humanas universais são de quatro espécies, a saber, perfeições especulativas e perfeições cogitativas, perfeições morais e perfeições operativas"[37].

Essa mesma tese também serviu de ponto de partida para a elaboração de nosso trabalho. Mas, à medida que progredíamos em nosso estudo, pudemos constatar que Averróis, nessa questão, não segue fielmente o pensamento de Al-Fārābī, já que desenvolve, no Livro II de seu tratado, suas próprias concepções, que têm como base a doutrina de Aristóteles. O núcleo de seu pensamento ético-político com relação ao soberano está condensado na premissa apresentada logo no início desse mesmo livro: "<3> É manifesto que isso não se perfaz nele, a não ser quando for sábio de acordo com a ciência operativa e, junto com isso, tiver a excelência conforme a virtude cogitativa, pela qual são descobertas as coisas explicadas na ciência moral"[38].

Como o Livro II é basicamente dedicado à educação do soberano, Averróis defende, com essa tese, a ideia do soberano *phrónimos*, de acordo com a *Ética Nicomaqueia*. Al-Fārābī permanecera num terreno de cunho platônico ao defender a noção do filósofo-rei, ou seja, a noção de que o soberano deve ser versado sobretudo nas ciências especulativas. Averróis, o Comentador, no entanto, defende a noção do *phrónimos* aristotélico. O cerne de nossa tese, portanto, é apresentar a defesa de um Averróis que permanece no interior da filosofia peripatética, ainda que se tenha debruçado sobre um texto platônico (ou de origem platônica).

Embora não seja aparente, o tratado tem no Livro II, que trata fundamentalmente da educação do soberano e das qualidades essenciais que ele deve ter, a tese principal de Averróis, a qual se coaduna com suas críticas ao poder, seja ele dos governantes, seja ele do alto escalão representado pelos doutores teólogos e juristas. A sociedade é imperfeita porque o poder governante é imperfeito[39], já que são os regimes tiranos, oligarcas, timocráticos e democráticos os que impedem a realização de uma cidade ideal. A responsabilidade de uma sociedade não virtuosa parece ser apenas dos governantes e de seus associados. Os cidadãos não têm um papel corruptor, uma vez que cabe ao soberano a tarefa de instituir uma educação voltada para as virtudes. Para isso, o próprio regente deve ser iniciado na prática das virtudes desde cedo. Essa tese se sustenta no espírito da *umma*, a comunidade islâmica, que tem no Profeta Muḥammad o exemplo da conduta virtuosa. A apresentação do governante-filósofo, no Livro II, embora de inspiração platônica e farabiana, remonta à tradição islâmica, como veremos no capítulo dedicado às qualidades essenciais ao governante. Desse modo, Averróis segue a tradição filosófica elaborada no Islã de harmonizar a filosofia herdada dos gregos com a tradição islâmica.

Um ponto, no entanto, faz-se necessário observar: os termos soberano-filósofo, na concepção de Averróis, estão invertidos em relação aos termos filósofo-rei de Platão. Não obstante na *República* a ênfase seja dada ao filósofo que deve tornar-se rei[40], aqui é o soberano, em razão de sua sucessão dinástica, que deve tornar-se filósofo: "o regime de uma tal cidade – ou uma tal cidade vem a ser [...] quando o rei for filósofo"[41]. Averróis, contudo, também propõe para a sua cidade ideal a existência de dois soberanos, concepção tomada de Al-Fārābī, embora ligeiramente modificada: para Al-Fārābī, o poder pode ser dividido entre um filósofo e o rei; para Averróis, o governante seria auxiliado por um jurista[42]. Estaria Averróis, com isso, sugerindo a sua pessoa na participação da condução dos assuntos governamentais?

* * *

Nosso trabalho defrontou-se com problemas de tradução que podem levantar objeções. Como exemplo, temos, já na primeira passagem supracitada, o termo *perfectiones*, que pode suscitar dúvidas conceituais. Como não temos notícia do original árabe desse comentário de Averróis, tivemos de recorrer ao original árabe do opúsculo de Al-Fārābī *Obtenção da Felicidade* em que surge, na frase correspondente, o termo *faḍā'il*, que significa "virtudes", em vez do árabe *al-kamālāt*, que melhor se aproxima do grego *teleiótes*, "perfeição" no sentido de "completude". Em diversas outras passagens, encontramos o mesmo tipo de problema, que procuramos solucionar do modo mais satisfatório possível.

Diante da complexidade do texto de Averróis, esperamos que essas primeiras tentativas estimulem estudos mais aprofundados em nosso meio, dada a importância de sua filosofia e da tradução de suas obras para o hebraico e o latim, que tanto contribuíram para a formação do pensamento filosófico ocidental. Sem dúvida, as traduções dos comentários remetem-se ao contexto da *translatio studiorum* medieval, em que, como afirma Alain de Libera, a filosofia de Averróis desempenhou um papel importantíssimo:

> Por intermédio de Averróis, realizou-se todo o movimento da "transferência dos estudos" (*translatio studiorum*), da longa e lenta apropriação pela Europa da filosofia greco-árabe e de sua acumulação filosófica e científica – uma história multissecular, a da transmissão e renovação da antiga filosofia e ciência, iniciada no século IX na Bagdá dos califas abássidas, prosseguida no século XII na Córdova dos almôadas e continuada nos países da cristandade, dentro e fora das universidades dos séculos XIII-XV. Ibn Rušd é a peça central do dispositivo intelectual que permitiu ao pensamento europeu construir a sua *identidade filosófica*[43].

Um Tratado Polêmico

A celebridade de Averróis se deve à sua atividade de filósofo, comentador de Aristóteles. No entanto, em vida, sua fama provinha de sua função de cádi e de jurisconsulto. De fato, sua atividade de juiz proporcionou-lhe um posto de prestígio na sociedade andaluza de seu tempo. Uma de suas obras mais importantes é o *Faṣl al-Maqāl* (Tratado Decisivo), em que ele emite uma *fatwà*, uma opinião jurídica, sobre o estatuto legal da filosofia. Diante da evidência da função jurídica de Averróis, levanta-se a questão da possibilidade de o *Comentário sobre a República* poder ser lido, ou pensado, mais como um texto jurídico-político do que filosófico. Na comunidade acadêmica, é lido como texto filosófico, como o próprio título sugere. Mas, como observa Miguel Cruz Hernández, em nenhuma outra obra Averróis expõe suas ideias políticas com uma tomada de posição tão clara contra a sociedade de seu tempo[44].

Partimos do pressuposto de que Averróis era um muçulmano perfeitamente integrado em sua cultura ao exercer a função de cádi da escola *mālikita*, função que lhe conferia ainda mais importância no interior de sua comunidade. O *Tratado Decisivo*, incontestavelmente de sua autoria, é uma argumentação jurídica para fazer que a filosofia fosse aceita por seus conterrâneos, de acordo com o que está prescrito pela Lei revelada. Averróis sustenta que a filosofia é a única disciplina legítima que conduz ao verdadeiro conhecimento dos significados não aparentes da Lei revelada e nega aos doutores teólogos e juristas (*ᶜulamā'* e *fuqahā'*), que se limitam a usar argumentos dialéticos e retóricos, a habilidade de chegar às provas demonstrativas da Revelação. Isso posto, o *Comentário sobre a República* é uma obra cuja intenção é filosófica. Averróis, porém, não pretende contentar-se com a elaboração de um tratado apenas filosófico em sentido estrito, visto que propõe soluções para a sociedade almôada, dominada pela influência desses doutores teólogos e juristas. Se considerarmos sua argumentação crítica, é possível que seu exílio tenha sido consequência dessa obra. Nesse caso, ela poderia ser datada de 1194, pouco antes do seu desterro, em 1195.

Críticas à Sociedade

Permanece, todavia, a questão da utilidade de um texto pagão para a comunidade islâmica. No início e no final do *Comentário sobre a República*, Averróis manifesta, do ponto de vista da ciência, a relevância de comentar um texto sobre a política[45]. Em diversas passagens ao longo do tratado, Averróis indica que a ciência prática deve ser considerada necessária para "essas cidades", embora isso não signifique que a *Šarīʿa* deva ser preterida. Averróis tece críticas à sociedade de sua época externando a necessidade de considerar as lições apresentadas em seu tratado. O desconhecimento da enfermidade que assola a sociedade sob o domínio dos almôadas é sinal de quanto realmente "enfermas" essas cidades estão.

É tema recorrente no *Comentário* a contraposição entre "essas cidades" e "essa cidade". Tal diferença em número indica a posição pessoal de Averróis – quando mencionada no plural, a expressão significa as cidades de seu tempo, em oposição à cidade virtuosa concebida por Platão[46] e descrita no comentário[47]. Em oposição a "essa cidade", isto é, a virtuosa, que lhe serve de medida, Averróis aponta as "cidades ignorantes" (*al-madā'in al-jāhiliyya*) ou "desviadas"[48] e aproveita para julgar, reiteradas vezes, as práticas e normas correntes, como é o caso da crítica que faz à exclusão das mulheres em relação a diversas atividades sociais[49]. De fato, ele adverte que, "como as mulheres dessas cidades não são preparadas para [desenvolver] qualquer das virtudes humanas, elas frequentemente se assemelham, nessas cidades, a plantas"[50] e que, ao anularem as capacidades femininas, os homens contribuem para o empobrecimento "dessas cidades"[51].

"Essas cidades", portanto, são as conhecidas de seu tempo, de seus leitores e de seu público-alvo; são as cidades que existem efetivamente, não apenas no discurso; são "as nossas cidades"[52]. A indicação sistemática desse par de expressões mostra como Averróis, com grande economia de linguagem, é capaz de ilustrar o seu propósito. Outro exemplo do uso do plural para criticar a sociedade sua contemporânea é a afirmação de que "essas cidades, que atualmente existem, não recebem qualquer benefício dos filósofos e dos sábios"[53]. Um verdadeiro filósofo que nelas cresce estaria numa situação semelhante à de um homem cercado de animais perigosos[54].

Os Regimes Políticos

No Livro III do *Comentário sobre a República*, Averróis trata dos diferentes tipos de regime político. De início, ele menciona os cinco tipos de regimes "puros", isto é, sem mescla, arrolados na *República*:

1. o governo virtuoso;
2. o regime cuja supremacia é a honra (timocracia);
3. o governo de poucos cuja primazia é a riqueza (também chamado governo da torpeza, oligarquia ou plutocracia);
4. o governo de assembleia (democracia);
5. a tirania.

O governo virtuoso, no entanto, pode ter duas formas: a monarquia e a aristocracia. Desse modo, os regimes de governo passam a ser seis.

1. A monarquia, ou governo de um rei, é o regime exercido por alguém que possua as cinco condições exigidas para exercer essa função, a saber, a ciência, o discurso perfeito, a boa disposição, a boa imaginação e a capacidade de manter e zelar pelas instituições. O governante com essas condições é chamado "rei" simplesmente, e seu governo é o verdadeiro governo real[55] ou monarquia.

2. A aristocracia, ou governo de um grupo, é o regime exercido por cinco membros, se as capacidades exigidas não forem encontradas no mesmo indivíduo. Cada um deles deve ser excelente em uma delas, ou seja, um será dotado de sabedoria, outro será capaz de uma boa persuasão (retórica), outro terá uma boa disposição, outro disporá de uma boa imaginação e outro possuirá a firmeza na tradição; esses cinco homens formarão o que se chama aristocracia, o governo de um grupo seleto em que predominam essas excelências em conjunto[56].

Esse governo dos melhores, o grupo de indivíduos que, em conjunto, possui todas as qualidades de um rei, o grupo dos eleitos, é também chamado, na versão latina, de "governo sacerdotal", o qual não corresponde à primeira classificação, à de "rei" simplesmente, mas corresponde ao segundo tipo de governo mencionado no *Comentário Médio sobre a Retórica*, em que Averróis inova e divide o poder excelente em dois tipos:

1. O governo dos reinos, em que as opiniões e as ações se conformam ao que as ciências teoréticas prescrevem.

2. O governo dos melhores, em que apenas as ações são virtuosas: "Este é conhecido por *imāmī*; diz-se que existia entre os antigos persas, segundo o que relatou Abū Naṣr [al-Fārābī]"[57].

A menção a um governo "sacerdotal" nas passagens do *Comentário sobre a República* apresenta um problema: qual teria sido o termo original árabe que, passando para a versão hebraica, deu origem na versão latina à expressão "governo sacerdotal"?

Em sua versão do hebraico para o latim, Elia del Medigo traduziu o adjetivo *kahanī* (ou *kohanī*, conforme a pronúncia) por "sacerdotal", porque uma das acepções do termo é a bíblica, que se refere a alguém destinado a ser sacerdote. Há, porém, um segundo significado, o que se refere a alguém de posição elevada, ou seja, um aristocrata. Este último é o significado primário no texto de Averróis que comenta a *República* e em que não há qualquer menção a uma classe sacerdotal.

Se nos apoiarmos no *Comentário Médio sobre a Retórica*, traduzir "governo *imāmī*" por "governo sacerdotal" não corresponde ao significado original. Na língua árabe, *imām* designa aquele que está à frente, que conduz, que lidera. De origem pré-islâmica, o título de *imām*, que mais tarde seria o título oficial dos califas, pertencia ao chefe da tribo. Com os omíadas, o apelativo *imām* (isto é, líder dos muçulmanos) difundiu-se na língua corrente e, por vezes, designava também membros da família do califa. Al-Jāḥiẓ (776-869), prosador da língua árabe, examinou a noção de *imām* (no sentido geral do termo) e distinguiu três significados: o enviado de Deus, o profeta e o *imām* (no sentido estrito de chefe da comunidade). Escreve Al-Jāḥiẓ: "O enviado é tanto profeta quanto *imām*; o profeta é um *imām*, mas não é um enviado; o *imām* não é nem profeta nem enviado [...] o enviado é aquele que estabelece a lei e dirige a comunidade"[58], referindo-se a Muḥammad, "que acumula na sua pessoa a dupla qualidade de profeta, ao transmitir a palavra de Deus, e de *imām*, ao dirigir a comunidade"[59]. Assim, o termo *imām* denota aquele que deu origem à *sunna*, a fonte para o estabelecimento de uma lei religiosa, alguém que é modelo de conduta exemplar. Com o sentido geral de líder, *imām* passou a designar também aquele que conduz as orações; pode ainda designar o chefe de um grupo militar, mas o principal e mais importante apelativo é dado ao califa, chefe da comunidade dos muçulmanos[60]. Com esse termo, porém, Averróis refere-se ao governo dos melhores, isto é, à aristocracia.

Foi preciso, no entanto, manter-se fiel ao texto latino do *Comentário sobre a República*, em que Averróis distingue o governo "sacerdotal" (*imāmī*). Na primeira referência, lemos: "<5> Ora, as cidades que buscam apenas as virtudes operativas são as que são chamadas sacerdotais, e já foi dito que tal cidade, isto é, a sacerdotal, existiu antigamente na Pérsia"[61].

A segunda referência ao governo *imāmī* aparece quando Averróis discute a transformação de um regime em outro: "<11> E, por isso, esta cidade (isto é, a democrática) está em oposição extrema à cidade tirânica[62]; os bens dos cidadãos, que a princípio foram atribuídos a este povo, hoje são familiares, isto é, por causa das 'casas'[63] (= dinastias) dos senhores, e, por isso, o segmento sacerdotal ou dominante nelas é hoje pura e simplesmente tirânico"[64].

E, por fim, a terceira:

> <6> [Na cidade tirânica,] os senhores não buscam por meio do vulgo outro intento que não seja o intento em vista de si próprios apenas. Por causa dessa semelhança que há entre as cidades sacerdotais, isto é, as ótimas, e as cidades tirânicas, os segmentos sacerdotais encontrados nestas cidades se transformaram muitas vezes em tirânicos. E fingem que o intento deles visa ao bem, assim como é a disposição nos segmentos sacerdotais das cidades que são encontradas em nosso tempo[65].

A primeira citação concorda com o que Averróis afirmou no *Comentário Médio sobre a Retórica*, isto é, que o governo dos melhores ou aristocracia (governo *imāmī*) é voltado apenas para as ações virtuosas, ou seja, essa classe dirigente não busca desenvolver as virtudes teoréticas, limitando-se ao desenvolvimento das virtudes práticas. A segunda citação menciona uma classe "sacerdotal" que se apropriou dos bens dos cidadãos e se tornou tirânica, ou seja, uma aristocracia cujas casas dinásticas acumularam riquezas. Já na terceira citação, Averróis faz corresponder o governo "sacerdotal" ao governo virtuoso ou melhor. Quando menciona a classe "sacerdotal" no Livro II, Averróis ainda não está analisando as transformações dos regimes; mas, no Livro III, a classe "sacerdotal" de início transmuta-se em tirânica, para, em seguida, corresponder ao governo dos melhores (ou aristocracia), como anunciado no *Comentário Médio sobre a Retórica*. Temos assim três distintas acepções para o governo "sacerdotal": o governo que poderia corresponder ao aristocrático; o governo em que os aristocratas se apropriam dos bens do povo, e o governo dos melhores (isto é, a aristocracia), que ora é voltado apenas para as ações virtuosas e ora é o governo ótimo, ou seja, o governo que, além das ações virtuosas, promove também as virtudes teoréticas. Essa ambiguidade pode ter resultado da manipulação do texto árabe pelo tradutor hebraico[66].

Aos seis tipos de governo mencionados, Averróis acrescenta dois outros, o governo dos que buscam somente o prazer (hedonista) e o dos que buscam apenas as necessidades para a sobrevivência (governo da necessidade). Sua lista, portanto, difere da de Platão, uma vez que apresenta oito tipos de governo, dos quais seis são imperfeitos.

Depois de mencionar a monarquia e a aristocracia como exemplos de governos ótimos, Averróis introduz uma novidade na classificação dos governos virtuosos. Essa passagem é significativa por indicar uma posição pessoal do Comentador, posição que talvez possa ter tido algum peso na decretação de seu exílio.

Embora exista a possibilidade de o governante da cidade virtuosa não preencher as cinco condições requeridas, ele, contudo, poderá ser um especialista nas leis promulgadas pelo fundador[67] e poderá ter uma boa capacidade de interpretação (*ijtihād*), de modo a extrair das leis iniciais o que o primeiro legislador não deixou claro nos decretos e nos juízos, ou seja, poderá ser um *mujtahid*:

> <8> Às vezes também ocorre que o senhor dessa cidade seja aquele que não atingiu esse grau de rei, mas será um bom conhecedor das leis estabelecidas pelo primeiro[68] e terá bom raciocínio ao extrair destas aquelas [leis] que não foram declaradas de início em qualquer lei e estatuto. É do gênero desse conhecimento o conhecimento que, entre nós, é chamado de "arte da jurisprudência"; e, com isso, ele tem o poder de coagir e de zelar[69] [pelas instituições], e é chamado rei de leis. <9> E às vezes esses dois não são encontrados em um único homem, mas o que zela [pelas instituições] é distinto do juiz; ambos, porém, por necessidade participam do poder, como está disposto em relação a muitos reis árabes[70].

Em vista da versão latina, a passagem é ambígua, mas o que dela se depreende é que Averróis propõe a divisão do poder entre o soberano e um jurista que tenha o conhecimento das fontes do Direito (*ᶜusūl al-Fiqh*), se o próprio soberano não for versado na arte da jurisprudência. É evidente que Averróis está se referindo ao governo almôada, pois, como indaga Cruz Hernández, "que outros reis muçulmanos dividiram o poder com os célebres alfaquis?"[71]. É possível que Averróis esteja incluindo a si mesmo nessa categoria, pois, no cargo de grão-cádi, ele detém uma relevante função no governo almôada, é um jurisconsulto, pertence a uma família de juristas importantes, escreveu uma significativa obra em que discute as posições das diversas escolas (*maḏhāhib*), *Bidāyat al-mujtahid wa nihāyat al-muqtaṣid* (Início para quem se esforça [a fazer um julgamento pessoal], fim para quem se contenta [com o ensinamento recebido]), emitiu uma *fatwà*, o *Faṣl al-Maqāl* (Tratado Decisivo), e tem acesso direto ao príncipe regente, como revelam suas biografias.

O *Comentário sobre a República* é dedicado ao regente. É, portanto, plausível que Averróis esteja sugerindo ao soberano que leve em conta o que ele propõe nesse tratado e, eventualmente, também em suas obras polêmicas, as quais tratam fundamentalmente das interpretações errôneas da *Šarīʿa*, que causam divisões na comunidade islâmica[72]. Estaria Averróis, nesse caso, propondo-se a participar do poder, já que ele, um eminente cádi e jurisconsulto, fazia parte do círculo próximo ao soberano? Seria esta, talvez, a causa do exílio com a decorrente desgraça a que fora submetido no final de sua vida, supondo-se que o tratado tenha sido escrito por volta de 1194?

Embora nada indique explicitamente que Averróis esteja referindo-se a si próprio, ao mencionar os juristas, não se deve excluir essa possibilidade, pois no Livro III o Comentador menciona esse tipo de governante, "ainda que não tenha a dignidade de rei". Se aceitarmos essa hipótese, é possível que o seu exílio esteja relacionado a essa obra, como afirma Cruz Hernández, conquanto o arabista espanhol não faça nenhuma alusão a essa passagem do *Comentário sobre a República*. É possível, no entanto, avaliar as consequências de uma afirmação dessa natureza numa sociedade em que imperava um poder autoritário a ponto de, sem qualquer julgamento ou explicação, Averróis ter sido condenado ao exílio, depois de perseguido, insultado e impedido de entrar na mesquita, de ter sido ironizado pelos poetas e de ter visto suas obras queimarem num auto de fé. Como, porém, permanece sempre obscuro o real motivo do degredo de Averróis, cabe ao historiador das ideias extrair dos textos uma possível explicação. Parece importante, pois, salientar essa passagem em que Averróis sugere a participação de um jurisconsulto na realização do governo virtuoso, embora ele tenha sido muito cuidadoso ao afirmar a possível ocorrência de um governante especialista em leis e na interpretação correta das leis promulgadas pelo fundador.

Contudo, se aceitarmos a tradução da versão hebraica do *Comentário sobre a República*, Averróis acrescenta a necessidade de o governante ser capaz de conduzir a guerra, ou seja, de ser um *mujāhid*[73]. Este seria um "rei que governa de acordo com as leis"[74]. Com isso, Averróis afirma a sua lealdade ao governo almôada, cuja reforma baseada nos princípios de Ibn Tūmart serviu para que os almôadas destronassem os almorávidas e propusessem a restauração do governo fundado na Lei. Assim, quando

Averróis menciona aquele "que não tem o grau de rei", mas é conhecedor das leis e é capaz de promover a guerra, pode estar aludindo a Ibn Tūmart.

A investida cristã na Península Ibérica exige um governante que se ocupe da defesa dos territórios sob o Islã. Diante dessas circunstâncias, é possível supor que o soberano, para Averróis, tivesse como tarefa principal a defesa dos territórios e instituições islâmicas, deixando aos juristas a incumbência de gerir os assuntos políticos.

Essa passagem do *Comentário sobre a República* deixa, no entanto, margem a interpretações, embora suas linhas finais sejam muito claras, na medida em que Averróis afirma que "pode ocorrer que o guerreiro não seja juiz e, assim, ambos devem necessariamente dividir o poder"[75]. Não há dúvida, pois, de que Averróis está sugerindo uma corregência entre o Comandante dos crentes (o soberano almôada) e alguém versado em *Fiqh*, um jurisconsulto.

Um fato, no entanto, é certo: Averróis advoga a necessidade do conhecimento verdadeiro da Lei e condena as interpretações errôneas promovidas pelos teólogos e, principalmente, por Al-Ġazālī e seus seguidores – os *aš*ᶜ*aritas* –, como está claro em seu *Tratado Decisivo*. De acordo com esse tratado, o ensino equivocado da Lei ministrado pelos teólogos incita à discórdia entre os cidadãos, donde a necessidade de o governante conhecer a Lei e sua correta interpretação, ou seja, ter firmeza para manter a tradição e zelar por ela.

Críticas ao Poder Governante

A advertência que Averróis faz sobre o declínio do poder de um governo é ilustrada com menção ao motivo da queda dos almorávidas, cuja dinastia fora destronada pelos almôadas em 1146, porque seus governantes, que inicialmente eram regidos pela *Šarī*ᶜ*a*, tornaram-se timocratas com laivos oligárquicos para, enfim, dedicarem-se apenas aos prazeres. A tomada do poder pelos almôadas só foi possível "porque o regime (dos almôadas) que a eles (os almorávidas) se opôs assemelhava-se ao regime baseado na Lei"[76]. O declínio do cumprimento das leis e da moral transformou, em apenas três gerações de governantes, o governo dos almorávidas fundado na Lei em timocracia, depois em oligarquia e, por fim, em hedonismo. Dirigindo-se a seu leitor, Averróis assevera "que, após quarenta anos, podes observar o que, entre nós, aconteceu quanto aos hábitos e aos estados [relativos à virtude] dos governantes e dignatários"[77].

Uma vez rompida a unidade de Al-Andalus durante o período dos reinos de Taifas, a chegada dos almorávidas foi, sem dúvida, bem-vinda, pois fazia ressurgir o espírito de coesão social, motivo para a adesão da família de Averróis a essa dinastia, que governou Al-Andalus de 1086 a 1147. Mas, na sucessão dos soberanos almorávidas, Averróis viu a degradação dos regimes políticos:

> <4> [...] e vemos isto acontecer com frequência, a saber, que os reis se corrompem por causa disto. <5> Exemplo disso, neste tempo, é o domínio dos chamados "reunidos" (almorávidas[78]). De fato, eles, no início, foram semelhantes ao regime legal (isto é, ao regime sob a *Šarīᶜa*) – isto com o primeiro desses homens[79]. Depois, o filho dele[80] aderiu às honrarias (timocracia) e o amor ao dinheiro imiscuiu-se nele. Depois, [a timocracia] foi mudada por seu neto[81] para o regime que busca prazeres de acordo com todas as espécies de prazeres (hedonista), e se destruiu no seu tempo[82]. De fato, naquela época, o regime que se opunha[83] a este assemelhava-se ao regime legal (isto é, ao regime sob a *Šarīᶜa*)[84].

É direta sua crítica aos almorávidas em razão dos testemunhos de seu pai e de seu avô. Averróis, porém, também critica os almôadas. Ambas as dinastias, no início, tinham como propósito a restauração da pureza do regime baseado na Lei (*Šarīᶜa*), mas degeneraram, a primeira, em uma oligarquia timocrática e hedonista, e a segunda, em um regime timocrático. Averróis indica a época de conflitos em que vive[85], quando faz, a propósito da transformação de um governo virtuoso em uma timocracia e do homem virtuoso em timocrático, uma analogia com o que aconteceu entre os antigos árabes:

> <13> A partir da disposição do regime dos árabes nos tempos antigos, podes saber o que disse Platão a respeito da transformação do regime ótimo no regime que busca honrarias (timocrático), e a do homem virtuoso no homem que busca honrarias. Com efeito, o regime deles assemelhava-se ao regime ótimo; depois, no tempo de Mavia[86], transformaram-se no dos que buscam honrarias. Parece que esta é a disposição no regime encontrado hoje[87] nestas ilhas[88].

Nessa passagem, Averróis assinala dois eventos da História dos árabes que ilustram o que Platão diz acerca da transformação da cidade virtuosa em timocrática. O primeiro deles concerne à comunidade dos sucessores imediatos de Muḥammad, os quatro califas "bem guiados" (*ḫulafā rāšidūn*[89]) que governaram de 632 a 661 e cujos governos "imitavam" o governo virtuoso do Profeta. Quando, em 661, Muᶜāwiya, fundador da dinastia dos omíadas, tomou o poder depois de desencadeada a grande crise conhecida por *fitna*[90], o novo governo é visto por Averróis como o cessar da "imitação". O segundo evento refere-se à dinastia dos almôadas, pois, como observa Cruz Hernández, se Averróis tivesse escrito "tal como sucedeu com o regime nessas ilhas", estaria referindo-se ao passado, mas escreve "o regime encontrado hoje" (*quod haec [est] dispositio in regimine invento hodie in istis insulis*), ou seja, está referindo-se ao governo dos almôadas ao qual serve[91]. Parece evidente que a crítica é dirigida ao governo de seu soberano, talvez não ao próprio, mas à sua administração.

A crítica mais contundente, porém, é dirigida aos reis de Taifas, seja do primeiro período (1031-1086), seja do segundo (1106-1145), cujo poder se manteve durante o governo dos almorávidas. Averróis denuncia os vícios que inexoravelmente conduziram à tirania:

> <4> [...] quando as leis estão de todo corrompidas, os costumes aí também se encontram corrompidos no máximo da corrupção. <5> E tu podes esclarecer isso a partir dos hábitos e costumes que, entre nós, foram inovados nos senhores tiranos (*dominiis*[92]) depois de quarenta anos. Porque foi desagregado o governo dos que buscam honrarias (timocrático) e no qual cresceram, eles se voltaram para as coisas torpes em meio das quais estão hoje. Dentre eles, porém, permaneceram nas virtudes e nos bons costumes os que eram virtuosos segundo a Lei dada ao profeta, e, destes, poucos são encontrados[93].

Há um problema nas traduções inglesas e na espanhola quanto à referência no texto aos "quarenta anos". Cruz Hernández traduz por "depois dos quarenta anos" e interpreta como quarenta anos após o ano 540 da Hégira (que corresponde ao ano 1145-1146 d.C.), o que significa que Averróis estaria referindo-se aos quarenta anos que se seguiram à entrada dos almôadas em Al-Andalus em 1146, ou seja, 1186. E. I. J. Rosenthal traduz por "after the year 40", mas R. Lerner traduz por "after forty years"[94], de acordo com a versão latina de Elia del Medigo, *habitus et moribus innovatis apud nos post quadraginta annos in dominiis*. Trata-se, portanto, de "depois de quarenta anos". Isso poderia significar que Averróis estivesse referindo-se ou à época dos quarenta anos do segundo período de Taifas, em que alguns reinos oligárquicos sobreviveram durante o domínio almorávida[95], ou à dinastia almôada, se, como acredita Rosenthal, o *Comentário sobre a República* tiver sido escrito na década de 1180 a 1190.

Na resenha crítica que fez à tradução inglesa de Rosenthal, J.-L. Teicher afirma que a correta tradução do hebraico é "no final dos quarenta anos" e que Averróis estaria referindo-se ao período almorávida sob o governo do filho de Yūsuf ibn Tāšfīn, ʿAlī (1106-1142 d.C. / 500-537 H.), e de seu neto Tāšfīn (1142-1146 d.C. / 537-541 H.)[96].

De fato, essa passagem revela uma significativa crítica ao governo almorávida e, junto com as já citadas passagens III <IX, 13> e III <XI, 5>, mostra duas importantes direções do pensamento político de Averróis. Em primeiro lugar, ele mantém-se fiel à ortodoxia do governo ideal representado pelos quatro califas "bem guiados", cuja pureza foi corrompida pela tomada do poder por Muʿāwiya, transformando a comunidade (*umma*) em reino (*mulk*), para o qual Averróis usa o termo "governo voltado para as honras", que corresponde ao platônico "timocracia". Essa analogia, como afirma Rosenthal, não é uma mera ilustração, mas indica o reconhecimento, por parte do Comentador, da relevância do pensamento grego para a elaboração do pensamento e da prática política islâmica.

Em segundo lugar, Averróis introduz uma importante modificação quando reconhece a absoluta autoridade da Lei islâmica, e, desse modo, a leitura que faz do pensamento grego permanece inquestionavelmente a de um muçulmano ortodoxo. Nesse sentido, embora Averróis identifique o governo ideal com o governo fundado na *Šarīᶜa* e esteja convencido da superioridade da Lei religiosa, ele observa, com muito tino, que raramente a sua concretização é viável.

Cabe ainda notar que, se considerarmos a indicação do ano 540 da Hégira (1145/1146 d.C.), constatamos a importância que Averróis lhe concede ao mencioná-lo, pois é o ano em que houve uma significativa guinada política em Al-Andalus com o ingresso dos almôadas na Península[97].

Em outra passagem, Averróis também faz referência ao despotismo oligárquico, que, de regime democrático transformou-se em tirania, e indica a data: "<13> Podes proclamar isto claramente acerca deste domínio de assembleia (isto é, democrático) que se encontra em nossos tempos. Com efeito, transforma-se muito em tirania[98]. Exemplo disso é o domínio encontrado em nossa terra, isto é, Córdova, durante quinhentos anos[99]. De fato, ela foi quase totalmente de assembleia (democrática) e depois dos anos 540 H. (1145/1146 d.C.) começou a ser tirânica"[100].

Ao indicar datas, é manifesto que Averróis refere-se ao poder formal dos almorávidas, embora possa também estar considerando, como afirma Cruz Hernández, os novos reis de Taifas que surgiram nesse período. Em 1146, os almôadas iniciam sua campanha na Península, conquista justificada porquanto a região estava sob o império da tirania almorávida[101]. Depois de algumas linhas, Averróis exemplifica, na pessoa de Ibn Ġāniyya[102], o tirano cuja característica é coagir o povo; mas, para dissuadi-lo da ideia de que seu representante é um tirano, força-o a se ater às leis e o conduz distribuindo bens e benefícios, procedimento que faz sua intenção parecer apenas a de proteger a comunidade e trazer-lhe progresso. O tirano, porém, continuamente provoca guerras para controlar e roubar os cidadãos. Destituídos de seus bens, os cidadãos o mantêm no poder, já que só lhes resta tempo para a busca cotidiana por alimentos, "assim como aconteceu ao povo de nossa província com o homem chamado Ibn Ġāniyya"[103].

Charles E. Butterworth assevera que nessas duas passagens, ao analisar o governo dos tiranos, Averróis está, sem dúvida alguma, dirigindo o seu ataque aos almorávidas[104]. No entanto, na alusão "aos quarenta anos" de decadência desde a consolidação do governo almôada por ᶜAbd al-Mu'min, em 1146/1148 – isto é, durante parte de seu reinado, que se estendeu de 1130 a 1163 –, e durante os governos de seu filho e sucessor Abū Yaᶜqūb Yūsuf (1163-1184) e de seu neto Abū Yūsuf Yaᶜqūb al-Manṣūr (1184-1199), Averróis está afirmando que, ainda que a timocracia tenha deixado de existir, nesse período foram adquiridos os vis costumes que agora existem, e somente os que se atêm às prescrições da Lei revelada mantêm alguma semelhança com a virtude, embora isto seja raro[105].

Em três outras passagens em que Averróis discute a tirania "neste nosso tempo" e "nessas cidades", os almorávidas não são claramente distinguidos e as traduções levantam algumas dúvidas. Na primeira delas, lê-se: "Aos homens deste tempo, essas ações dos tiranos não são manifestas apenas pela palavra, mas pela observação e pelo testemunho"[106]; na segunda passagem, que discorre sobre o caráter do indivíduo tirano, Averróis toma emprestado o exemplo de Platão (*República* 574a-c) em que um filho não se satisfaz com o que recebe dos pais e pede sempre mais. Se os pais recusam satisfazê-lo, toma o que deseja à força ou por meios fraudulentos, e se resistirem, subjuga-os ou, se necessário, mata-os. Segundo Averróis, isto é o que "vemos acontecer com muitos homens nessas cidades"[107]; na terceira, a propósito dos poetas que louvam os tiranos, Averróis escreve: "Nessas cidades, já vi muitos poetas elegerem este domínio, e julgam ser este o fim último e que na alma do tirano há virtude e nobreza"[108].

Butterworth observa que, ao contrário de outras passagens em que Averróis faz uma denúncia explícita ao governo dos almorávidas, nessas últimas, em que a crítica não é tão evidente, a indicação poderia ser tanto dos "vestígios da anterior tirania que continuou existindo mesmo durante o esclarecido governo almôada, quanto poderia igualmente ser uma sutil alusão ao real caráter do domínio almôada"[109]. As referências de suas críticas específicas a "essas cidades", "neste nosso tempo", bem como a alusão no final do tratado "aos distúrbios da época"[110] podem significar que Averróis tivesse em mente o aviltamento do regime almôada, que teria começado já em sua fase inicial. Quanto às críticas aos almorávidas, não há razão para que sejam cautelosas, aliás, Averróis não reluta em denunciá-los abertamente quando os menciona[111].

Contudo, ao mesmo tempo que dirige suas críticas à sociedade e aos governos de seu tempo, Averróis pretende instituir uma pedagogia dirigida, não tanto ao povo, mas ao conjunto da elite[112]. De fato, como afirma Dominique Urvoy, na confluência das três correntes que, na época, dominavam a filosofia em Al-Andalus, a saber, o misticismo sincretizante, o sincretismo da *falsafa* oriental (neoplatonismo e aristotelismo), atacado pelo teólogo Al-Ġazālī, e o projeto racionalista almôada[113], "a atitude radical de Averróis de fazer regressar a filosofia a seu conteúdo exclusivamente aristotélico responde a uma necessidade fundamental: *desenvolver* todo o campo do saber de modo *coerente* combatendo *adequadamente* os vazios ou as insuficiências da tradição andaluza para além dos erros e tentativas do breve período de formação intelectual que vai do século X ao princípio do século XII"[114].

3. A Leitura Aristotelizante da *República*

No início do *Comentário sobre a República*, Averróis expõe a metodologia de seu trabalho afirmando que ignorará os argumentos dialéticos do discurso platônico e se concentrará nos argumentos científicos. O tratado começa, pois, com um duplo registro metodológico: de um lado, o quadro referencial é mais representativo da filosofia aristotélica do que da platônica, uma vez que, segundo o Comentador, a *Política* foi substituída pela *República* porque ele não teve acesso ao texto aristotélico; de outro, é estabelecida a distinção entre a ciência prática e a ciência especulativa/teorética.

Quanto à base teorética da ciência política, dois outros fatores enfatizam o pensamento científico de Averróis nessa exposição: uma definição epistemológica da ciência política, ao ser proposta a analogia entre a arte médica e a arte política[1], e o esboço sobre a "primeira parte dessa ciência", ou seja, sobre os princípios e a finalidade da ética, primeira parte da ciência política.

Defesa dos Argumentos Demonstrativos Contra os Dialéticos

Em dois momentos[2] de seu *Comentário sobre a República*, Averróis declara ater-se aos argumentos científicos da ciência política e deixar de lado os dialéticos. Com isso, ele parece advertir que não seguirá fielmente a obra de Platão, ao contrário de sua praxe nos comentários sobre as obras de Aristóteles. Há, pois, já nas primeiras linhas, uma tomada de posição metodológica – coerente com as várias afirmações ao longo de seus comentários e obras originais – relativa a seu propósito de "restaurar a verdadeira filosofia", isto é, a de Aristóteles.

No final do Livro III, Averróis menciona, mais uma vez, que procurou esclarecer com argumentos científicos o que Platão expusera em sua obra. Depois de explicar por que não comentou o Livro X da *República*, pois "este livro não é necessário para esta ciência"[3], Averróis declara, nas últimas linhas do tratado, que também não comentou o Livro I e o início do Livro II, porque seus argumentos são inteiramente dialéticos, "não havendo neles qualquer demonstração, exceto por acidente"[4]. Está evidente, portanto, que Averróis pretende, ao longo de sua exposição, recorrer aos argumentos demonstrados apoditicamente, como são estabelecidos por Aristóteles.

Na apresentação do *Comentário*, Averróis expõe o procedimento metodológico ou o modo como ele conduzirá a exposição de seu tratado: "<1> Nesta exposição, a intenção é esclarecer o que contêm os discursos atribuídos a Platão em sua Política a partir dos discursos[5] científicos, deixando de lado os discursos célebres e dialéticos (*probabiles*[6]) nela apresentados, buscando sempre a concisão. Mas, por causa da ordem da doutrina, devemos antes apresentar a proposta pela qual a doutrina está organizada de acordo com uma ordem"[7].

Compreende-se, de início, que os meios da investigação e o propósito do tratado concordam, pois este pretende, sucintamente, aproveitar os argumentos científicos que há na *República* e eliminar os "dialéticos".

O leitor que se debruçar sobre as traduções inglesas a partir do texto hebraico verá que Averróis afirma, nessas primeiras linhas, a sua intenção de expor os argumentos "científicos" atribuídos à obra de Platão e de relevar os argumentos "dialéticos"[8]. A versão latina, *dimittere sermones famosos et probabiles*[9], contudo, constitui um problema para o leitor do texto latino, porque não esclarece se Averróis refere-se a argumentos "dialéticos" no sentido filosófico[10].

Ao mencionar os argumentos "científicos" em contraposição aos "dialéticos", Averróis, o Comentador, baseia-se no ensinamento dos *Tópicos*, em que Aristóteles define o silogismo dialético como o que "conclui a partir de proposições geralmente aceitas (*éndoxoi*)"[11], ou seja, o silogismo que parte de premissas prováveis, mas não evidentes, e que podem ser meras opiniões demonstráveis. Por "prováveis", Aristóteles entende "as proposições fundadas em opiniões recebidas por todos, ou pela maioria, ou pelos sábios, e, entre estes últimos, pelos mais notáveis e pelos mais ilustres"[12]. A propósito de algo ser provável ou não, quando define o silogismo erístico[13] (sofístico), Aristóteles acrescenta que

> nem tudo o que parece fundado na opinião o é de fato. Nem todas as proposições tidas por geralmente aceitas se apresentam como perfeitamente evidentes, conforme sucede no caso das premissas de base dos raciocínios erísticos; no caso destes, de fato, a sua natureza enganadora é imediatamente evidente quase sempre para quem é capaz de reparar mesmo em pequenos pormenores. Portanto, à primeira variedade dos raciocínios erísticos podemos chamar "raciocínios";

> à segunda, chamaremos "raciocínio erístico", mas não "raciocínio", sem mais, porquanto apenas constitui um raciocínio na aparência, não na realidade[14].

Ainda em *Refutações Sofísticas* 2, 165b, Aristóteles define os argumentos dialéticos como sendo "os que concluem, a partir de premissas prováveis, a contradição da tese dada". Para Aristóteles, a dialética é o método de investigação que refuta um argumento, embora não se ocupe da veracidade das premissas. Trata-se de um exercício de discussão que não traz certeza alguma, já que seu fundamento é a opinião e seu resultado está de acordo, ou não, com a opinião dos debatedores[15]. Embora seja uma técnica que tem seu valor, pois prepara o intelecto para as disputas usuais, não contribui, segundo Aristóteles, para o conhecimento que é obtido apenas por meio dos argumentos apodíticos (demonstrativos), tal como está exposto nos *Analíticos*. Esse é o sentido atribuído à intenção de Averróis de excluir de seu *Comentário sobre a República* os argumentos dialéticos e de expor apenas os científicos (ou demonstrativos).

Parece, portanto, plausível que Elia del Medigo tenha traduzido o termo hebraico *nitzuḥīm* por *probabiles* com base nos textos do próprio Aristóteles. Fica, assim, excluída a hipótese de que Averróis se tenha remetido à dialética platônica (*dialektikè méthodos*), que, em *República* VI, 511b-c; VII, 533c-534a, é caracterizada como o movimento de ascensão por meio de arrazoados puros, isto é, sem qualquer relação com o sensível ("sem que o olho da alma esteja enterrado num pântano bárbaro"[16]), o percurso do *lógos*, portanto, até as realidades inteligíveis, as ideias, e cuja apreensão funda todas as outras realidades garantindo a apreensão do princípio absoluto, o Bem, do qual se desce também por etapas absolutamente seguras, pois inteligíveis, até chegar-se à verdade buscada. Nada disso existe em Averróis, um convicto seguidor de Aristóteles.

Distinção Entre as Ciências Práticas e as Ciências Teoréticas

Em seguida, Averróis passa a definir, de um modo geral, a ciência política e insiste em que é mais ciência prática do que ciência teorética. Identifica a finalidade da ciência prática e as partes que a compõem, a saber, ética e política, mas o faz em um quadro teórico declaradamente aristotélico:

> <2> Digo que é manifesto que esta ciência, que é chamada ciência operativa, distingue-se em si das ciências especulativas. De fato, o seu campo de inves-

tigação (*subiectum*) é diverso de qualquer campo de investigação das ciências especulativas, e os seus princípios são distintos dos princípios destas. <3> Com efeito, o campo de investigação desta ciência são as coisas voluntárias, cujo exercício está em nós, e os princípios destas coisas são a vontade e a escolha, assim como o princípio da ciência natural é a natureza, e o seu campo de investigação, as coisas naturais; e o princípio da ciência divina é Deus e os seu campo de investigação são as coisas divinas. <4> Além disso, essa ciência é diversa das ciências especulativas porque o fim destas é somente o conhecer [...] Ora, o fim desta ciência (isto é, a ciência prática) é só o operar [...][17].

Averróis não se detém nessas considerações introdutórias sobre o que é a ciência política, porque, como observa, Platão já as descrevera em outras obras antes de compor a sua *República*[18], e, portanto, nessa investigação, não pretende alongar-se na repetição do que já é supostamente conhecido. Contudo, como poderá ser observado, Averróis delineia um quadro muito mais representativo do ensinamento de Aristóteles e sequer menciona as "outras" obras de Platão. Entretanto, não podemos ignorar uma outra fonte possível, a filosofia política de Al-Fārābī, pois, como já foi assinalado, em duas passagens do *Comentário sobre a República*, Averróis faz menção a seu antecessor[19]. Assim, antes de prosseguirmos na análise do comentário de Averróis, faz-se necessário mencionar a definição de ciência política dada por Al-Fārābī em *Kitāb al-Milla* (Livro da Religião). Essa definição resume a que está formulada em *Iḥṣā' al-ᶜulūm* (Catálogo das Ciências). Escreve Al-Fārābī:

A ciência política, que é parte da filosofia, limita-se a investigar as ações (isto é, voluntárias), modos de viver, hábitos e restantes coisas [correlatas] que estuda, e a descrever os seus [princípios] gerais; também faz conhecer a descrição [dos padrões] para determiná-los nos particulares: o como, o porquê e o quanto deve ser determinado. [...] Esta ciência tem duas partes: uma delas compreende a explicação do que é a felicidade – isto é, qual é a verdadeira felicidade e qual é a suposta –, a enumeração geral das ações (voluntárias), dos modos de viver, dos hábitos morais e estados de caráter que devem existir nas cidades e nações, e a distinção entre os virtuosos e os não virtuosos. A outra parte compreende a explicação das ações (voluntárias) por meio das quais ficam estabelecidas e ordenadas ações e hábitos virtuosos nas cidades e nações, e quais ações (voluntárias) preservam o que foi estabelecido para seus habitantes[20].

Nessa definição, reconhecemos o que se convencionou chamar de "filosofia prática" na classificação das ciências que, desde a Antiguidade, o *corpus* aristotélico recebeu. De fato, à exclusão dos escritos marginais hoje perdidos, como as cartas e outros documentos de interesse histórico, a obra de Aristóteles foi classificada em três grupos: 1. os trabalhos de lógica; 2. os escritos de filosofia prática, que compreendem a ética, a economia e a política; e 3. as obras de filosofia teorética, subdividida em matemáticas, física e metafísica. Os trabalhos de lógica servem de instrumento propedêutico aos dois outros grupos, os quais, juntos, formam a filosofia propriamente dita, composta de um corpo completo de doutrinas.

Segundo Richard Bodéüs, a expressão "filosofia prática", jamais usada por Aristóteles, é uma "confusão introduzida pela tradição, pois ela transfere para a *filosofia* uma distinção que, na verdade, Aristóteles fez com relação à *ciência*"[21]. A distinção entre ciência teorética e ciência prática, e também a ciência poética/produtiva[22], permite opor um saber teorético, ou contemplativo, às formas de saber prático e produtivo. Para Aristóteles, no entanto, essa diferença consiste fundamentalmente no fato de o conhecimento teorético ter por objeto os entes cujas causas estão neles mesmos, como os astros e os corpos naturais no mundo, enquanto o conhecimento prático e o poético/produtivo têm por objeto respectivamente a ação executada e o objeto produzido, cujas causas estão no agente executor que age ou produz[23].

Quanto à parte da filosofia que trata das questões de ética, Aristóteles não a chamou de "filosofia prática", mas de "filosofia das coisas humanas" (*he perì tà anthrópeia philosophía*[24]). A "ciência prática", na terminologia tradicional, tem, segundo Aristóteles, o propósito de conhecer as ações específicas do bem agir, cujas causas estão no sujeito que as realiza e conhece. O objeto dessa filosofia é, portanto, uma forma particular de ação, a ação habilidosa, ou seja, a que se deve realizar e que exige uma condição de destreza. Em relação a "coisas humanas", o campo é ilimitado, pois existem inúmeras artes ou técnicas, ou mesmo ocupações, sobre as quais o filósofo deve refletir e conhecer, para poder então ensinar o modo como alcançarão os seus fins almejados.

Embora o número das artes e ocupações humanas seja ilimitado e a busca dos diversos fins seja variada, Aristóteles considera que cada uma delas contribui para realizar o fim supremo da existência. Para ele, esse fim último só será alcançado por uma arte que englobe todas as outras e que é, por isso, chamada "arquitetônica". Trata-se da política que visa à felicidade de todos por meio do estabelecimento de leis boas. A finalidade da política abrange a finalidade de todas as artes[25], já que ela é a arte de legislar sobre todas as coisas humanas. A reflexão sobre a política deve considerar tudo o que se relaciona com as leis, especialmente a lei constitucional, objeto principal dos escritos agrupados sob o título *Política*. Como as leis visam ao bem e à felicidade dos cidadãos, Aristóteles considera que o estudo dos hábitos e costumes é também uma questão política, o que justifica o seu nome de "política". De fato, como é a ciência de maior autoridade porque se serve das outras ciências práticas, a política legisla sobre o que se deve e o que não se deve fazer e determina aquilo de que se deve abster, e como a sua finalidade inclui necessariamente a finalidade de todas as outras ciências, só ela tem no bem humano a sua finalidade última[26].

Voltando a Al-Fārābī, constata-se em sua sucinta definição da ciência política que ele concorda com a concepção aristotélica de política e reconhece que a primeira parte da "ciência prática" é a que expõe os princípios gerais, mais conhecida como "ética", enquanto a segunda é a que trata das ações, ou melhor, da arte de legislar, pois estabelece, ordena e faz preservar o virtuoso nas cidades e nações. Essa segunda parte, portanto, descreve como realizar o regime ideal e enuncia os meios adequados para isso. Al-Fārābī concentra a análise na arte de governar, a "arte real", cujo propósito principal é estabelecer e ordenar nas sociedades as ações e o modo de vida virtuosos. Também aborda os vários tipos de regime não virtuosos, as ações, os modos de vida e as disposições características desses regimes, para que seus habitantes se familiarizem com eles e obtenham os recursos necessários para combater "essas disposições que são como enfermidades [...] que transformam os governos virtuosos e seu modo de vida em governos e modos de vida 'ignorantes'"[27].

Não é gratuita a intenção de Al-Fārābī de dedicar a seção seguinte à arte da jurisprudência. Depois de concentrar a explicação da segunda parte da ciência política na "arte real", isto é, a arte do governante ideal, o filósofo imediatamente passa a discorrer sobre as leis humanas que devem ser inferidas da Lei revelada, seja do que é explícito nela, seja do que não foi especificamente determinado pelo "legislador", neste caso, o Profeta fundador do Islã. Obviamente essa é a adaptação que Al-Fārābī e os filósofos muçulmanos fazem dos escritos sobre as leis de Platão e de Aristóteles, cuja temática, por demais complexa, nos desviaria do curso da presente argumentação. No entanto, merece ser destacada a concepção de "ciência política" de Al-Fārābī e sua divisão em duas partes, que acompanha a de Aristóteles, pois ele a chama de "ciência (*ᶜilm*)" e não de "filosofia", embora classifique como "arte real" a parte dedicada tanto às disposições como às funções do soberano.

No *Comentário sobre a República*, na versão latina de Elia del Medigo, Averróis designa a ciência política como "arte". Perdido o original árabe, não há como identificar o exato termo usado por Averróis para nomear a ciência política.

A reflexão sobre o objeto de investigação, sobre os princípios e sobre a finalidade da política conduz Averróis a classificá-la como "arte" prática, e não como "arte" teorética. Mas essa arte prática tem também a sua parte teórica, como afirma Averróis no final de seu *Comentário Médio sobre a Ética Nicomaqueia*, ao explicar que, quanto à ciência política, a relação entre *Ética Nicomaqueia* e *Política* – ou *República* – é a mesma que há entre as partes geral e particular da arte da medicina:

> Ele [Aristóteles] disse: Mas a instrução particular (isto é, individual) e a comum do cidadão são diferentes entre si, como ocorre na arte da medicina e

nas outras artes operativas. Diz-se na medicina que o jejum e o repouso, isto é, a privação de exercício, convêm aos febris, porém, para alguns, não convêm. E, de modo semelhante, talvez não convenha a todos os epiléticos o mesmo tratamento. É mais adequado pensar-se que o particular é descoberto com mais precisão quando o regime e as providências forem próprios para cada homem; entendo que se leve em conta cada homem e seja providenciado o que lhe é próprio, conforme tal indivíduo é determinado. Na verdade, porém, a cada um prescreve o regime adequado e bom, vê com a visão que é própria da medicina e das restantes artes ativas aquele que contar com o universal comum àquela arte; entendo o pertinente ao universal. De modo geral, já que as ciências lidam com o universal e essas artes são artes operativas pela ciência, esse regime é melhor que aquele em que há o que é pertinente aos particulares somente, porque as ciências lidam com o universal e essas artes são artes operativas pela ciência. Nada impede, talvez, que um homem dirija muitos indivíduos com um bom regime quando, pela experiência, já houver certeza daquilo que lhes convém, como acontece na arte da medicina. Muitos médicos assim dispostos supõem que agem bem e acertadamente quanto a si próprios e não pensam realizar algo nos outros por causa de sua ignorância acerca da natureza comum. E, em razão disso, é preciso que ele queira ser mestre e artífice perfeito nas artes operativas como essas, que tenha da ciência do universal não menos que da ciência do particular, para que a ciência dele seja uma ciência do universal em tal arte, tanto quanto nela for possível. E, por isso, é necessário que aquele que queira fazer que alguns se tornem melhores do que são – sejam eles muitos ou poucos – seja um legislador, pois é mediante a lei que fazemos o bem. Fica, então, manifesto que um [indivíduo] qualquer não tem força suficiente para, por si próprio, fazer uma boa legislação, apenas por força da experiência. Mas, se houver alguém, será aquele que conhece o universal, como ocorre na medicina e em outros magistérios[28] nos quais há uso, retificação por meio do intelecto e ciência[29].

Analogia da Ciência Política com a Medicina

Averróis afirma que a relação entre *Ética Nicomaqueia* e *Política* / *República* é a mesma que se observa na arte da medicina: assim como nesta, cuja primeira parte trata da saúde e da enfermidade, também na política a primeira parte indica e analisa os hábitos e as ações necessários para a saúde da alma e, por extensão, para a saúde da cidade. Se a parte da ciência médica que descreve a saúde e a doença pode ser considerada a parte teórica dessa arte, a ética é, do mesmo modo, considerada a parte teórica da arte prática, que tem por finalidade as ações humanas. A parte propriamente política dessa ciência é, na medicina, análoga à parte que trata da preservação da saúde e da eliminação da doença. O objeto da arte prática é apenas a ação, embora suas partes sejam diferentes segundo a "proximidade de cada uma delas com a ação", pois a parte mais geral, isto é, a parte da ciência prática que contém os princípios universais, é a que trata das regras, portanto, mais afastada da ação propriamente, enquanto a menos geral, isto é, a parte que não trata dos princípios, mas das ações propriamente, é a que está mais próxima da ação[30].

A ética, parte teorética ou universal da arte prática, formula as regras ou normas que conduzirão as ações humanas. Embora, nessa passagem, o Comentador não se detenha sobre a distinção entre teoria e prática, essa distinção conduz à questão central de qual tipo de conhecimento se trata quando relacionado à ação. De fato, afirma ele, quanto mais universais forem as regras, mais próximo se estará da ciência teorética. E mais, se é por meio da arte da política que a cidade está organizada de modo a facilitar a obtenção da perfeição individual na atividade que cada cidadão exerce[31], o mestre dessa arte deve ser alguém que tenha um claro entendimento da perfeição humana e do modo como obtê-la, entendimento que só pode ser obtido por meio da ciência teorética, ou seja, da parte teórica da política, a ética.

No *Comentário sobre a República*, essa alusão ao mestre da arte é aqui interrompida e Averróis volta ao preâmbulo, à parte que trata do porquê da natureza política do homem. Antes de abordarmos essa questão, convém apontar algumas reflexões acerca da analogia entre o corpo biológico e o corpo civil, ou melhor, entre a medicina e a política, ambas entendidas como ciências ou artes.

A analogia entre o corpo individual e o social funda-se na continuidade de gênero, em que o caráter composto dos corpos põe em evidência a composição das partes em um conjunto unificado naturalmente, e é usada para comparar a ordem interna dessas partes, naturalmente governadas, no corpo individual, pela razão e, no corpo político, pelo soberano, seja ele um rei, um príncipe, um governante ou um imã, de acordo com a correspondência dos termos feita por Al-Fārābī, adotada por Averróis, de que trataremos no capítulo dedicado às qualidades essenciais ao soberano.

A analogia entre o médico e o político, adotada por Aristóteles, faz parte de uma tradição cuja origem remonta a Platão. Em *Ética Nicomaqueia* I, 13, 1102a 18-22, Aristóteles observa: "É evidente que o político deve ter um certo conhecimento relativo à alma do mesmo modo que quem cura os olhos deve também ter um certo conhecimento geral do corpo".

Já Al-Fārābī fizera uso dessa analogia em *Fuṣūl al-Madanī* (Artigos/Aforismos da Ciência Política). No início dessa obra, no §3, utiliza a analogia entre o equilíbrio e o desequilíbrio na constituição do corpo físico e o equilíbrio e o desequilíbrio na cidade, afirmando que, quando o corpo se desequilibra e ocorre enfermidade, cabe ao médico restaurar sua saúde e mantê-la; do mesmo modo, quando os cidadãos se afastam do estado equilibrado das virtudes morais, cabe ao político restaurá-lo. Al-Fārābī repete a fórmula de Aristóteles[32] ao reiterar que o médico e o político têm em comum suas operações, embora o primeiro lide com corpos, e o segundo, com almas. Como a alma é mais nobre que o corpo, o político é mais nobre que o médico[33]. O médico prescreve o tratamento dos corpos, e o político, o das almas. "Esse político é chamado rei", afirma Al-Fārābī[34].

Como já mencionado, nas linhas introdutórias de seu preâmbulo, Averróis registra sua intenção de expor a parte "científica" da ciência política, que, como a ciência médica, contém a parte teorética e a prática, sendo esta última a menos geral e a mais próxima de fatos e operações singulares. Com isso, indica que a ciência política tem duas partes, a teorética e a prática. A substituição da *Política* pela *República* permite-lhe entrelaçar considerações de origem aristotélica com o discurso platônico, lá onde Averróis vê necessidade de completar a sua exposição sobre a obra platônica. Assim, para determinar a analogia epistemológica entre as partes práticas da medicina e da política, Averróis faz uma reflexão pessoal acerca dessa analogia, ampliando, desse modo, o discurso da *República*[35]:

> <5> [...] quanto mais universais são as regras dadas nesta ciência [política], tanto mais remotas elas são no induzir para a operação. Quando, porém, são menos universais, são mais próximas. § Ora, na medicina encontra-se um propósito semelhante a este, e por isso os médicos chamam a primeira parte da arte da medicina de parte teorética, a segunda, de prática. <6> Por causa desse propósito, esta arte (isto é, a ciência política) está dividida em duas partes: a primeira parte contém, em um discurso geral, os hábitos, as operações voluntárias e as condutas gerais; nela está esclarecida a relação de alguns deles com outros e quais destes hábitos são por causa de outros. § Na segunda parte, entretanto, esclarece-se como estes hábitos se formam nas almas e qual hábito é ordenado a outro, de maneira que uma operação seja proveniente do hábito do modo mais perfeito que possa haver, e que hábito impede um outro hábito. E, em geral, nesta [segunda] parte estão indicadas as coisas que, quando estiverem unidas com propósitos gerais, é possível executar. § <7> Ora, a relação da primeira parte dessa ciência com a segunda parte é a relação do *Livro da Saúde e da Doença* para com o *Livro da Preservação da Saúde e Remoção da Doença* na arte da medicina. <8> A primeira parte desta arte está posta no livro chamado *[Ética] Nicomaqueia*, de Aristóteles; a segunda, no seu *Livro sobre a Política* e neste livro de Platão que pretendemos explicar, pois o livro de Aristóteles sobre a política não chegou a nós[36].

A articulação do conhecimento do universal com o conhecimento do particular passa, na medicina, dos livros em que estão descritos os estados gerais da saúde e da doença[37] para os livros em que estão arroladas as prescrições para manter a saúde e erradicar a moléstia[38], ou seja, do conhecimento teorético dos estados em geral para a ação prática da cura ou da manutenção da saúde. Na política, o conhecimento do universal passa dos hábitos virtuosos e, portanto, desejáveis, descritos na ética, para o conhecimento do particular, isto é, para a concretização desses hábitos na perfeição das ações individuais e sociais. Segundo Laurent Gerbier, essa analogia tem como resultado a tese de que a política é uma prática que pode ser instituída, o que, no tratado de Averróis, é atestado pela abundância de ilustrações históricas, principalmente relativas à história de Al-Andalus de sua época. Os exemplos históricos servem para Averróis demonstrar que a ciência política não está restrita à descrição de processos morais, mas pode explicar processos históricos reais, embora estes não sejam suficientes para uma reflexão política[39]. De fato, depois de apontar a analogia entre as operações da arte médica e as da política, Averróis desenvolve melhor a analogia entre as partes desses dois "corpos", o individual e o coletivo. Assim, depois de observar que algumas virtudes, como a sabedoria e a coragem, são encontradas, cada qual, em uma parte da cidade, enquanto outras, como a justiça e a moderação, podem ser encontradas em todas as partes da cidade, Averróis anuncia que, para o conhecimento das virtudes, é necessário que sejam ainda concluídas três tarefas: 1. explicar em que condições cada uma das virtudes pode ser atualizada, pois, "como afirma Aristóteles", a finalidade desse conhecimento [prático] é apenas a ação, e não o conhecer[40]; 2. conhecer como as virtudes são incutidas nas crianças, como são desenvolvidas e preservadas e como os vícios podem ser removidos "das almas dos maus", tarefa que, segundo Averróis, é similar à da medicina, ou seja, saber como os corpos crescem saudáveis, como a saúde é preservada e como as doenças são curadas[41]; e 3. ter presente a analogia médico-política, focalizando a relação entre a descrição geral e a ação particular:

> <6> O terceiro [ponto] é que se esclareça que hábito e que virtude, quando unida a outra virtude, a operação daquela virtude é mais perfeita, e que hábito impede outro hábito. Com efeito, assim como o médico diz qual disposição no corpo unida a uma outra disposição leva à saúde e a preserva, assim também é esta disposição. <7> E tudo isso podemos saber ao conhecer as perfeições[42] daquelas perfeições e a que se visa por meio delas enquanto são partes da cidade, como a conservação da saúde dos membros e a restauração dela nos mesmos é conhecida, na maioria das vezes, pelo conhecimento da relação deles para com os restantes membros, e a distinção deles em relação aos outros[43].

Segundo Gerbier, essa passagem é interessante porque, de um lado, Averróis estabelece, a partir da analogia epistemológica dos procedimentos da medicina e da política, a analogia física entre as disposições do corpo humano e as do corpo político e, de outro, à luz desse paralelismo, explica como a analogia com a medicina permite esclarecer a articulação entre as virtudes e a sua realização, pois, "nos dois casos, o conhecimento teorético geral é o conhecimento dos 'hábitos' entre as disposições ou entre as partes da composição"[44] do corpo físico e do corpo social. Essa articulação entre o geral e o particular, entre o conhecimento das disposições potenciais e o conhecimento particular da efetivação real, repousa, como afirma Gerbier, "sobre o postulado da homogeneidade entre o sistema das virtudes consideradas no indivíduo e seus efeitos considerados no conjunto da comunidade"[45]. De fato, quase no final do Livro I, Averróis declara:

> <2> Mas as cidades nas quais aquilo que nela (*sic*) é de um é de todos é a cidade unida (*sic*) e associada naturalmente. <3> Pois a disposição na comunicação entre as partes dessa cidade com a cidade toda é como a disposição na comunicação entre as partes do corpo animal com o corpo todo, na tristeza e no prazer. E, por isso, o corpo todo se aflige quando um único dedo sofre algo, de maneira que [parece que] a aflição está no corpo todo, e diz-se que ele está enfermo; e assim é a disposição nas alegrias e nos prazeres. [...] <4> [...] E esse é o bem máximo da cidade, a saber, que suas partes com o todo concordem nas alegrias e adversidades, como é a disposição nos membros do corpo unidos com o corpo[46].

Averróis compreende as partes somente em relação ao todo, e essa passagem indica a ideia de uma hierarquia equilibrada no corpo social. De fato, ele procura mostrar que o equilíbrio das virtudes nos indivíduos está em relação direta com o equilíbrio social. Depois de afirmar que "Platão disse" que a equidade social na cidade consiste no equilíbrio das "três naturezas" – a natureza racional, a natureza irascível e a natureza apetitiva[47] –, Averróis observa que a cidade onde elas estão equilibradas é sábia, corajosa e moderada. Contudo, embora essas faculdades existam na alma do indivíduo isolado, elas não se manifestam se não houver justiça na cidade; e, se essas faculdades não existem nas almas dos cidadãos, é impossível que elas se manifestem na cidade, "pois na cidade essas coisas só podem existir por meio dos seres humanos", de modo que a natureza racional domine as demais[48]. A transposição da justiça na alma para a justiça social é novamente esclarecida por uma analogia médico-política:

> <8> Logo, já está por isto esclarecido que a equidade e a retidão em uma única alma é (*sic*) a equidade e a retidão na cidade. <9> E, a partir disso, parece

> que a não retidão e a injustiça em uma única alma é a mesma (*sic*) que a injustiça e a não retidão nas cidades ignorantes. [...] E nisso, a disposição [da alma] é como a disposição de um corpo em sua saúde e doença, como, de fato, a saúde do corpo consiste no equilíbrio dos humores e no domínio da natureza sobre eles; mas a sua doença é quando [os humores] são desequilibrados e dominam sobre ela (isto é, sobre a natureza do corpo), assim é a disposição da alma. De fato, a saúde dela (isto é, da alma) é quando obedece à virtude (isto é, à faculdade) cogitativa, e a sua doença é quando [uma outra parte da alma] domina sobre esta[49].

Há, porém, nessa passagem, um problema na articulação do equilíbrio da alma com o equilíbrio social por meio da analogia da doutrina médica dos humores. Averróis descarta a hierarquia social, pois a doutrina que postula o equilíbrio (*eukrasía*) dos quatro humores[50] supõe a igualdade/equilíbrio entre eles, logo nenhum deles deve predominar sobre os demais. Ao recorrer à doutrina humoral nessa analogia, Averróis não pode simplesmente impor a necessidade de um dirigente, pois não cabe, nesse argumento, a ideia de um corpo político em que os cidadãos-membros são dominados pelo soberano[51]. Averróis parece perceber esse impasse teórico, pois, nessa passagem, não faz menção alguma à comparação da política com a distribuição dos humores. De seu argumento, uma ilustração do equilíbrio das virtudes nas almas dos cidadãos, depreende-se que, se as virtudes estiverem plenamente realizadas onde devem realizar-se, a justiça social também será realizada. De fato, cada estamento social deve comportar as virtudes que cabem a seus ofícios respectivos, como, por exemplo, a coragem nos guerreiros. Mas, se pensarmos nas "partes", isto é, nos "órgãos", não há incompatibilidade com a ideia de hierarquia, pois a sociedade é vista como uma unidade essencial de partes, como um corpo constituído por elementos associados, que são mais do que partes de um todo. O organismo social é precondição para que cada um se aperfeiçoe na sua virtude individual no interior da ordem universal.

Todavia, a analogia com a doutrina humoral pode levar a crer que Averróis compreende um poder compartilhado, e não o poder de apenas um. A esse tema, consagra algumas linhas no Livro III <I, 8-9>, em que propõe, para sua cidade ideal, a existência de dois soberanos, concepção emprestada de Al-Fārābī, embora ligeiramente modificada[52]. Enquanto, para Al-Fārābī, o poder poderia ser dividido entre um filósofo e o rei, para Averróis, o soberano deveria, com vigor, ser um zeloso e vigilante guardião das leis e instituições (ou guerreiro, segundo as traduções inglesas do hebraico[53]), auxiliado por um jurista[54].

A Ética, a Parte Teórica da Ciência Política

Averróis passa, então, a resumir alguns pontos da *Ética Nicomaqueia*, a primeira parte da ciência política, e expressa a evidência – tal como está demonstrado nessa parte – de que a perfeição humana procede de quatro tipos de excelências: as virtudes teoréticas, as virtudes cogitativas, as virtudes morais e as artes práticas[55]. Acrescenta que as virtudes cogitativas, as virtudes morais e as artes práticas têm em vista as virtudes teoréticas[56], pois servem como uma preparação para alcançá-las: "todas estas perfeições são em vista das especulativas e dispõem, em relação a elas, tal qual as coisas que são para o fim e dispõem em vista do fim"[57].

Em seguida, Averróis passa a indicar as questões relacionadas à primeira parte da política que explicam por que o homem é um "animal político por natureza". Tudo indica que ele conhece o capítulo x da *Metafísica*, de Avicena, pois os argumentos, tomados de Aristóteles, são os mesmos.

Os seres humanos necessitam viver em sociedade para tornarem-se virtuosos. A associação se faz necessária, já que é impossível – ou extremamente difícil – alguém, apartado do convívio social, realizar as virtudes e atingir a perfeição[58], o bem maior da vida humana. Embora a associação entre os seres humanos tenha se iniciado com o fim de obter o essencial para a sua sobrevivência, Averróis argumenta que essa associação contribui muito mais para a realização do bem supremo do que para a subsistência humana tão somente. Como é evidente que o homem não consegue tornar-se virtuoso sem o auxílio dos outros, o convívio social é essencial para que as perfeições se realizem, cada uma delas separadamente, nas diversas partes da cidade, ou seja, cada cidadão deve realizar a virtude que é própria de sua condição social. Isto obriga os homens a viver em sociedade, a fim de se auxiliarem mutuamente, não só para garantir a sua sobrevivência mas para realizar as suas perfeições individuais. E Averróis completa: a essência do homem só pode ser realizada, por meio de qualquer uma dessas virtudes, com a ajuda dos outros[59], confirmação do postulado aristotélico de que o homem é por natureza um ser político[60].

Averróis observa que, pelas próprias características dos seres humanos, as virtudes não se realizam todas em um único indivíduo, exceto em casos raros. A disposição para a virtude é individual, e cada membro da sociedade a realiza de acordo com a sua própria natureza. Depois de afirmar que a formação social é necessária em razão da procura de bens para a sobrevivência e que os seres humanos se auxiliam mutuamente para a busca desses bens, Averróis assinala o argumento platônico de que cada um deve especializar-se numa única arte (ofício), já que as disposições entre os seres humanos são diversas. Se todos estivessem potencialmente preparados para realizar todas as perfeições, "a natureza teria feito algo em vão"[61], pois é "absurdo que haja algo possível cuja realização seja impossível", e isso "já foi esclarecido na ciência natural"[62]. Nem todos têm aptidão para guerrear ou para serem poetas ou oradores, muito menos para serem filósofos! Desse modo, para que seja completa, uma associação humana deve proporcionar o desenvolvimento e a realização de todas as perfeições em seu conjunto. A perfeição social só é alcançada com a interdependência dos praticantes das várias artes, de maneira que os menos perfeitos sigam os mais perfeitos. Averróis toma emprestado de Aristóteles, resumindo-o, o exemplo de que a arte de fabricar freios para cavalos serve à preparação da equitação, que determina a melhor forma do freio, pois ambas as artes têm o mesmo propósito ou, como diz Aristóteles, a "mesma esfera de ação"[63]. Averróis então constata laconicamente que "a prioridade de uma arte sobre as outras é discutida na primeira parte [da ciência política]"[64]. Nessa passagem, ele não escreve que a "arte arquitetônica" é a política, como afirma Aristóteles em *Ética Nicomaqueia* I, 1, 1094a 26-27, mas apenas observa que, se não houver uma associação entre os humanos, as virtudes não poderão realizar-se ou, se porventura se realizarem (isto é, no caso do homem isolado), elas serão incompletas[65].

Nesse ponto, Averróis introduz um novo argumento que anuncia a noção de hierarquia social de acordo com as virtudes:

> <2> E, em geral, a relação de todas essas perfeições com as partes da cidade é a relação das potências da alma com as partes de uma alma; assim como essa cidade é sábia por uma parte que há nela, a especulativa, e domina sobre todas as outras partes, do mesmo modo o homem é sábio pela parte racional e por ela domina sobre todas as partes da alma, a saber, as potências associadas com o racional, isto é, a potência irascível e a apetitiva. De fato, conforme esta associação e domínio, as virtudes morais estão presentes nestas potências (isto é, na irascível e na apetitiva)[66].

Trata-se da analogia entre as partes da alma e as da cidade: se houver o predomínio da parte da sociedade que, por analogia, é equivalente à potência racional da alma, a cidade será conduzida racionalmente. Será ainda dotada de coragem, do mesmo modo como um homem será corajoso e usar, para isso, de acordo com a intenção de seu intelecto, a sua potência irascível. O mesmo sucede em relação às outras virtudes, ou seja, a cidade será moderada e justa se abrigar indivíduos com capacidade de moderar seus apetites e exercer a justiça. Assim como na alma, em que cada uma das potências realiza o que lhe for próprio segundo o que determina a razão, na cidade ideal, as partes equivalentes às potências irascível e apetitiva também obedecerão à parte equivalente à razão. Com isso, Averróis introduz a figura do governante-filósofo[67]. Está claro que, ao fazer a analogia das partes da alma com as partes da cidade e ao afirmar que a razão deve dominar as outras potências da alma, ele anuncia a tese platônica do filósofo-rei, tema central do Livro II de seu comentário. Mas, ao asseverar que a potência da alma ligada à razão governa as partes irascível e apetitiva e que é sobre estas que se fundamentam as virtudes morais[68], ele já se encontra em terreno aristotélico, como será mais adiante esclarecido, no capítulo dedicado às virtudes. Assim, uma vez que a relação das virtudes com os estamentos sociais é análoga à relação entre as potências da alma, Averróis propõe que o representante supremo da cidade seja o sábio/filósofo, do mesmo modo que a razão governa as faculdades apetitiva e irascível da alma. O sábio/filósofo deve governar os cidadãos, já que, por meio da razão, tem o controle sobre as partes irascível e apetitiva, o que também lhe atribui virtudes morais, como a coragem e a moderação.

Averróis conclui que "essa é a justiça que Platão investigou no primeiro livro[69] da *República* e desenvolveu no quarto"[70]. Acrescenta que essa justiça consiste em que cada um realize o seu trabalho da melhor forma possível e de acordo com sua natureza individual[71]. Isso significa que as virtudes se desenvolvem nas atividades conduzidas pelos cidadãos, ou melhor, é por meio de seus ofícios que os cidadãos são passíveis de desenvolver seu caráter virtuoso e de chegar à perfeição. Desse modo, a justiça social depende do desenvolvimento individual das virtudes e do alcance individual da perfeição, conforme a natureza própria de cada cidadão. Assim, se todos fossem perfeitos, isto é, se tivessem suas virtudes plenamente desenvolvidas, a sociedade como um todo seria justa.

Averróis, porém, faz uma advertência: as virtudes[72] são encontradas na cidade consoante uma ordem determinada, o que significa que a hierarquia das virtudes é estabelecida conforme a prioridade do grau de nobreza de cada uma delas. A sabedoria e a coragem são encontradas apenas em duas partes da cidade, enquanto o ser justo e moderado, por sua vez, poderá ser encontrado em todos os cidadãos, ou em todas as "partes" da cidade, como ele prefere caracterizar os grupos sociais dispostos segundo seus ofícios[73]. Quanto à generosidade, Averróis faz uma ressalva: só uma posterior investigação atestará se ela é ou não encontrada em todas as partes da cidade[74].

Uma das razões por que Averróis explica a natureza política do ser humano, ao relacioná-la às necessidades mútuas entre os homens para adquirirem a virtude, é que, desse modo, pode justificar a existência de uma hierarquia política[75]. Pois, se todos os cidadãos fossem possuidores de todas as virtudes, não haveria qualquer necessidade de uma autoridade política, isto é, de alguns serem destinados a governar e de outros a serem governados[76]. E, já que há uma hierarquia das virtudes, é evidente que os que possuem mais virtudes deveriam governar os que não as possuem ou que possuem apenas uma ou duas. Esse mesmo argumento serve para que Averróis indique a distinção entre as virtudes e afirme que nem todas elas pertencem ao campo do conhecimento[77]. Como afirma Butterworth, esse argumento também permite concluir que não se trata de uma única virtude[78], mas de várias e distintas, porque, se todos podem ser justos e moderados sem que também sejam sábios, é possível que haja virtudes que não se referem ao conhecimento teorético. Ao mencionar a tese de que os cidadãos devem empenhar-se, cada um, em apenas uma arte, porque as disposições para a realização das virtudes variam de indivíduo a indivíduo e porque, se todos estivessem dispostos a realizar todas as virtudes, "a natureza teria feito algo em vão" – e os sentidos atestam a variedade das características nos seres humanos –, está implicitamente formulada a tese de Averróis acerca da equivalência entre justiça e hierarquia social, descrita por Platão, ou seja, a justiça platônica nada mais é que uma hierarquia social em razão da hierarquia das virtudes[79]. Averróis acrescenta que isso só é concebível quando as partes da cidade se submetem à direção dos filósofos ou dos que dominam as ciências teoréticas[80]. O Comentador chega a essa conclusão, embora não a elabore. Apenas observa que a formulação de Aristóteles na *Ética Nicomaqueia* é a adequada, mas não apresenta qualquer especificação. Dessa constatação podemos supor que o que ele entende, nesse argumento, por "ciências teoréticas" não diz respeito às ciências especulativas propriamente, mas à parte teórica da política. Essa questão será retomada no capítulo que dedicamos às virtudes dianoéticas de Aristóteles.

Em seguida, Averróis passa a relacionar o que deve ser feito para que as virtudes sejam desenvolvidas nos cidadãos, seja seguindo as doutrinas da *República* seja propondo suas próprias ideias.

De início, devem-se conhecer as condições existentes nos diversos seres humanos, a fim de que tais virtudes sejam realizadas numa determinada ordem. Em segundo lugar, remetendo-se ao paralelismo entre a política e a medicina, deve-se aprender a desenvolver essas virtudes nas almas dos jovens e saber como preservá-las quando estiverem desenvolvidas, além de saber erradicar os vícios das almas dos mal conduzidos. Mais uma vez, Averróis recorre à correspondência com a medicina, pois é essencial conhecer a combinação de hábitos a serem incutidos nos cidadãos para realizarem essas virtudes e os hábitos que conduzem ao mal.

Embora Averróis mencione Aristóteles para insistir no propósito de que o conhecimento dessas questões visa à ação virtuosa e não ao conhecimento puro[81], sempre se deve lembrar que, para realizar essa tarefa, é imprescindível conhecer os fins de cada uma das virtudes e o papel desempenhado por elas na cidade. Averróis admite a necessidade desse conhecimento, mas, em seguida, pondera acerca das ramificações práticas e as enfatiza. Nesse ponto, esclarece que está expondo, nesse comentário, as suas próprias ideias, ou seja, como essas virtudes existem e como podem ser realizadas nos cidadãos. Sua reflexão apresenta, então, uma digressão em que afirma o mérito da virtude cogitativa (*phrónesis*)[82], e, mais uma vez, comparando com a medicina, explica por que alguém que domine a arte política precisa de algo mais além do conhecimento exigido por essa arte, ou seja, precisa da experiência advinda com a prática. Todavia, como afirma Butterworth, "nada nessa digressão nega o valor do conhecimento *per se*"[83]. Mas não é suficiente ter apenas o conhecimento puro, já que, sobretudo, é necessário saber agir. Não é possível, porém, agir corretamente sem conhecer o que se quer realizar. Isso significa que a realização da boa ordem política pressupõe, portanto, o conhecimento da alma, o modo como os hábitos virtuosos nela são instilados, e o seu propósito. E é nesse sentido que, se o conhecimento é realmente válido e útil, a teoria pode ser considerada a condutora da prática[84].

Termina aqui a parte introdutória do *Comentário sobre a República*. Averróis passa em seguida a expor suas ideias acerca das virtudes.

Excursus

Sobre Mitos, Fábulas, Mentiras e Artifícios

Averróis é taxativo em sua opinião quanto a ficções e mitos, pois, como já mencionado, simplesmente ignorou, em seu comentário, o Livro X da *República*, que, além de tratar da condenação da poesia, "que consiste na imitação", apresenta o mito de Er, cujo propósito é demonstrar a necessidade de proceder bem durante a vida, ou seja, de ser justo. O próprio Comentador justifica tal procedimento: o que o décimo livro da *República* expõe "<2> não é necessário nesta ciência. [...] a arte poética não é um fim, tampouco o saber que dela provém é saber verdadeiro [...] <3> [...] Já explicamos, mais de uma vez, que essas narrativas não são [necessárias]. Com efeito, as virtudes que se originam por causa destas [narrativas] não são verdadeiramente virtudes. Mas, se fossem chamadas virtudes, seriam virtudes por equivocidade"[85].

Todavia, no Livro II de sua exposição, quando discorre sobre a natureza do filósofo e a educação que deve receber, Averróis recorre à alegoria da caverna para concluir que o método conveniente para atingir os inteligíveis deve processar-se gradualmente: "é como alguém que contempla as coisas primeiro à luz das estrelas e da lua para depois poder mirá-las na presença do sol"[86]. A princípio, poderíamos concluir por uma certa incoerência do filósofo andaluz ao criticar os mitos, para, em seguida, discorrer sobre uma alegoria. Por que Averróis comenta a alegoria da caverna, se ela, obviamente, não constitui um argumento demonstrativo? Aliás, não é argumento algum, mas apenas uma história que, cênica e graficamente, sugere como diferentes indivíduos apreendem de modo diverso a natureza do verdadeiro. Outras histórias platônicas também são comentadas, como o mito dos diferentes metais nas almas das diversas partes da sociedade. No entanto, essas histórias, seja a alegoria da caverna – que ilustra a apreensão das ideias – seja o mito dos metais – que alerta para a natureza diversificada dos homens –, não fazem menção a criaturas e situações irreais e não apresentam nada que possa ser uma ameaça à escatologia da fé islâmica. Se nos detivermos melhor no motivo da recusa em comentar o mito de Er, veremos que ele trata de temas escatológicos muito próximos a alguns dogmas religiosos do Islã, tais como a imortalidade da alma, a sentença proferida às almas por vários juízes, a escolha de seus destinos pelas próprias almas e a doutrina da metempsicose, temas inconciliáveis com a teologia vigente no Islã, que professa a vontade suprema de um único Deus, que julga e dispõe do destino das almas, no céu e na terra. Além disso, no universo da fé islâmica, só será possível a ressurreição do corpo (sugerida pela volta de Er ao mundo dos vivos) após o julgamento final. O mito enquanto mito, logo, não verdadeiro, aproxima-se da forma como foi recebida a doutrina religiosa, esta, sim, a verdade da Lei revelada. Há uma semelhança narrativa entre a "revelação" de Er, que retorna do outro mundo, e a Revelação profética, semelhança que pode ser compreendida como uma ofensa à única revelação da verdade, a de Deus a Seu mensageiro Muḥammad. Parece, pois, que Averróis se obriga a descartar de seu comentário o que não está de acordo com os preceitos de sua fé, uma vez que sua exposição pretende servir à realidade social do mundo islâmico-andaluz. Assim, deixa de comentar o Livro x da *República*, alegando que é possível ser virtuoso sem acreditar em tais fábulas e histórias, bastando a obediência à Lei religiosa.

No entanto, o Comentador talvez se opusesse ao modo como Platão considera as massas incapazes de apreender a verdade. Na alegoria da caverna, Platão apresenta a ideia de que as massas não alcançam a verdade diretamente, satisfazendo-se apenas com uma imitação da realidade. Averróis não pode aceitar tal asserção, uma vez que a verdade da Lei religiosa é acessível a todos os fiéis. No *Tratado Decisivo*, Averróis sustenta que os propósitos da Lei revelada (*Šarīʿa*) e da filosofia são os mesmos: a verdade. Os respectivos meios para atingi-la, porém, são diferentes. Embora apenas os filósofos estejam aptos para interpretar a verdade não aparente, mas contida na Lei, já que só eles são capazes de produzir argumentos demonstrativos, a religião permite a todos apreender a verdade, porque o que está determinado pela profecia na Lei religiosa é verdadeiro e produz conhecimento verdadeiro. Nesse mesmo tratado, Averróis advoga que a verdade da Lei deve ser ensinada e compreendida de maneiras diferentes pelos diversos grupos sociais. Assim, aos filósofos cabe a interpretação da Lei por meio de argumentos demonstrativos, aos teólogos, a interpretação da Lei por meio de argumentos dialéticos, e às massas, o aprendizado por meio dos argumentos retóricos[87]. Para Averróis, todos esses tipos de argumentos conformam-se com o que está prescrito na Lei. Com isso, Averróis quer demonstrar a validade universal da Lei, pois todos podem agir corretamente se seguirem as suas prescrições, sendo a virtude realizável por todos, independentemente de sua capacidade intelectiva. A verdade, portanto, é acessível a todos, conquanto o seja de diferentes modos. E é com base na analogia entre o legislador e o médico que Averróis defende o argumento de que a *Šarīʿa* é necessária para todos, ao contrário da filosofia: "o propósito [do médico] é preservar a saúde e curar as doenças de todos, prescrevendo regras que possam ser aceitas por todos [...] não é possível fazer que todos se tornem médicos, pois um médico é aquele que conhece por meio de métodos demonstrativos[88] as coisas que preservam a saúde e curam as doenças"[89].

Ao determinar o ensino e a compreensão universal da verdade revelada[90], ainda que por meios diferentes, Averróis não pode concordar com a ideia platônica de que as massas se contentam com uma "imitação" da verdade. Embora omita passagens significativas da alegoria da caverna, Averróis faz menção a esse passo da *República*, quando, no Livro II do comentário, trata da educação do governante-sábio. E, assim, ele escreve que "Platão disse" que o conhecimento do vulgo, em oposição ao conhecimento do sábio, é como a visão das sombras das imagens projetadas sobre os muros da caverna em oposição à visão do sábio que dela sai e vê a realidade sob a luz do sol, ainda que ofuscada, pois, diante da claridade repentina, sua vista, acostumada à escuridão da caverna, turva-se[91]. Em seguida, Averróis continua a exposição sobre a educação do sábio, cujo aprendizado deve ser gradual, "assim como, ao sair da caverna, ele primeiro vê as coisas à luz das estrelas e da lua, para depois contemplá-las à luz do sol"[92]. A alegoria da caverna é, portanto, usada apenas como uma metáfora do penoso aprendizado das ciências a que deve dedicar-se o sábio para a difícil apreensão das abstrações inteligíveis. Ao usar essa metáfora na exposição sobre a educação do sábio, Averróis não contradiz a sua posição inicial de ater-se tão só aos argumentos científicos contidos na obra de Platão, eliminando os dialéticos. Não surpreende, portanto, a menção à alegoria da caverna, embora alguns especialistas, como Oliver Leaman, afirmem o contrário, uma vez que não se trata de argumento demonstrativo[93].

Hans-Georg Gadamer constata a função da alegoria da caverna no diálogo[94]: "ela visa a dissipar a aparência segundo a qual consagrar-se à 'filosofia' e à 'vida teorética' seria em geral incompatível com as exigências da prática política na sociedade e no Estado"[95]. Como o tema da alegoria é o da privação da visão dos que, acostumados à escuridão, são expostos à luz e, inversamente, do ofuscamento da visão dos que passam da luz à escuridão, o mito explica a cegueira dos que, envolvidos na vida prática, conferem um baixo valor à vida teorética. O relato de Platão pretende refutar, segundo Gadamer, a suposta inaptidão à prática do filósofo dedicado à contemplação das verdades teoréticas. Acostumar-se à luz é tão necessário quanto à escuridão, já que a alegoria aduz o contraste com a luz que atinge tanto os que saem como os que entram na caverna. A alegoria concerne apenas à vida na *polis* e seria uma resposta de Platão à crítica que lhe fora endereçada pelos que defendiam a opinião de que a filosofia torna o indivíduo inapto para a vida. No entanto, ao defender a filosofia, o mito da caverna quer evidenciar "a superioridade daquele que conhece o Bem sobre aquele que permanece preso nas convenções políticas e morais"[96], ou seja, quer revelar a diferença principal que há entre o saber e a opinião, ao considerar a filosofia a única capaz de ir além do que é convencional no que diz respeito ao que é justo e bom fazer. De fato, munidos de um saber filosófico, "os que retornam à caverna terão que lidar com as sombras e com as imagens do *díkaion*, do 'justo', isto é, [...] com 'os afazeres humanos[97], com o que é de sua competência'"[98], sendo assim capazes de separar o verdadeiro Bem do que apenas aparenta ser o Bem.

Cabe lembrar que a necessidade de o governante dedicar-se ao estudo das ciências teoréticas como preparação para a prática política é assunto sobre o qual Al-Fārābī se debruça longamente em seu tratado *Taḥṣīl al-Sa^cāda* (Obtenção da Felicidade).

Relatado por Averróis no Livro I do *Comentário*[99], o mito dos metais nas almas dos cidadãos[100] aponta as diferenças entre uns e outros. Esse, sim, é um relato que surpreende na exposição do Comentador, já que é plausível que o apresente como matéria para a argumentação das diferenças entre as naturezas humanas – e consequentemente da afirmação da hierarquia social. No final do relato é dito que, se nasce uma criança no grupo de governantes ou de guardiões cuja natureza é de bronze, deve ser afastada do convívio com as crianças de ouro ou de prata, para ser corrigida por meio da coerção apropriada e depois deixada junto aos artesãos e pobres; do mesmo modo, se nasce uma criança no grupo de pobres e artesãos cuja natureza é de ouro ou de prata, deve ser indicada para governante se sua natureza for de ouro, e para guardião, se for de prata. E Averróis acrescenta que essa medida é necessária, porque foi anunciada pelo "profeta"[101], logo, se essa cidade fosse governada por cidadãos com a natureza de bronze ou de ferro, estaria sujeita à destruição.

Quanto às mentiras e artifícios para o bem da cidade, Averróis faz uma surpreendente declaração. Depois de afirmar que o uso da mentira pelos guardiões e pela massa deve ser punido, já que causa enorme dano, tal qual o causado pelo paciente que mente a seu médico, o cordovês declara que, aos governantes, é lícito e adequado mentir para as massas, pois a mentira tem a mesma função do remédio que convém ao enfermo[102]. Assim como somente o médico está autorizado a administrar o remédio ao paciente, apenas o rei está autorizado a mentir sobre os assuntos do reino, pois essa mentira equivale ao remédio prescrito ao enfermo. As ficções são necessárias à educação dos cidadãos, e, observa Averróis, não há legislador que não tenha feito uso de fábulas inventadas, pois impõem-se às massas para a obtenção da felicidade[103]. Embora nessa passagem Averróis esteja reproduzindo o pensamento de Platão, já que adverte, no início, que "*Plato inquit*", surpreende a defesa da mentira nos assuntos de governo. E surpreendem mais ainda a equivalência entre a mentira e o remédio para a "cura" do povo e a alegação do "profeta" sobre a necessidade de ficções para ajudar as massas a conquistar a felicidade[104].

Uma vez que Averróis escreve sobre essa passagem da *República*, é razoável crer que ele concorde com as ideias de Platão, porquanto omite muitas passagens da obra platônica em seu comentário, mas não essa. Se, porém, relacionarmos a aprovação das mentiras proferidas pelo governante, como o próprio Averróis endossa, ao relato da mistura dos metais nas almas, observamos que esse mito é permitido e até considerado benéfico, pois tem o propósito de persuadir os cidadãos a aceitar a rígida hierarquia social na cidade virtuosa, baseada na natureza, e não nas condições sociais externas. Essa não é, contudo, a única "falsidade" usada para convencer os cidadãos a aceitar as normas da cidade virtuosa. Quando trata da procriação entre os guardiões no Livro I, Averróis discorre longamente sobre o cuidado exigido para assegurar que as boas naturezas dos pais sejam transmitidas aos filhos. Como os guardiões são, por princípio, todos iguais, não há razão para preferências na escolha da parceria, sobretudo porque as uniões só devem durar até a gravidez da mulher. Essas uniões devem ser arranjadas mediante um artifício absolutamente não arbitrário, como um sorteio, e, assim, seriam fruto do acaso. Todavia, em razão da importância do resultado dessas uniões para o bem-estar da cidade, o sorteio pode ser manipulado pelos governantes, de modo que as mulheres mais bem dotadas sejam concedidas aos melhores homens, e as menos dotadas, aos menos dotados, sem o conhecimento de ninguém, a não ser do governante[105]. As uniões arranjadas têm também o propósito de manter a saúde na população[106].

Como bem assinalou Charles E. Butterworth, o problema da união arranjada é que os guardiões são privados da livre escolha[107], e, com isso, os únicos que usufruem de uma escolha livre são os governantes, justamente os que mentem e enganam os cidadãos nos sorteios realizados para determinar as uniões entre homens e mulheres.

Se a educação dos cidadãos e dos governantes não contribui para uma escolha sábia, como pode então ser uma educação para a virtude? Na *Ética Nicomaqueia*, Aristóteles ensina que a conduta virtuosa é deliberadamente escolhida e voluntária: "Posto que o fim é desejado, ao passo que os modos de atingi-lo são deliberados (*bouleutôn*) e escolhidos (*proairetôn*), as ações em relação a esses modos serão voluntárias e conforme uma escolha (*katà proaíresin*)"[108].

Se os governantes legislam para que os cidadãos alcancem a verdadeira felicidade, mas fazem uso de mentiras e artifícios a fim de que a população siga as prescrições dadas, como pensar que a cidade será preparada para adquirir a verdadeira virtude e se tornar perfeita?

Um outro problema parece destacar-se no tocante aos governantes "mentirosos" e "manipuladores". Na cidade virtuosa de Averróis (e de Al-Fārābī), a figura do soberano é equivalente às figuras do legislador, do imã e do rei, como está expresso no Livro II do comentário. Na *umma* islâmica, modelo da cidade virtuosa, Muḥammad é o fundador e o transmissor da Lei divina. Como pensar que o Profeta pôde mentir e manipular a população, mesmo em benefício da comunidade? Como afirma E. I. J. Rosenthal, Averróis "está mais consciente que Al-Fārābī acerca da supremacia da *Šarīᶜa* como a Lei revelada ideal e sua função política como constituição ideal do Estado ideal"[109], embora, ao longo do *Comentário sobre a República*, "ele reconheça uma afinidade entre a Lei revelada e as leis gerais promulgadas pelo legislador no Estado secular"[110]. Mas, quanto às mentiras, artifícios e subterfúgios que o governante platônico está autorizado a utilizar para o bem das massas e da cidade, nada disso é autorizado pela *Šarīᶜa*, pois seria incongruente com a sua moral. É inimaginável que Allāh, o Legislador supremo, usasse de meios dúbios para enganar os seus seguidores[111].

Oliver Leaman faz uma interessante observação. Se o termo grego *pseûdos* pode significar "ficção", "mentira" e "erro", em função do contexto, como pôde Averróis distinguir essas diferentes acepções[112]? Como vimos, ele parece endossar o que Platão afirma sobre as mentiras ditas pelo governante em benefício do Estado, mentiras e artifícios de que os governantes estão bem conscientes, mas que são diferentes das ficções e mitos que expressam, de forma compreensível, uma verdade que, se declarada de outra maneira, seria dificilmente entendida pelas massas. A alegoria da caverna e o mito dos metais são exemplos dessas histórias fáceis de digerir, e Averróis parece aceitá-los, com a ressalva de que não fazem parte da filosofia e só servem para auxiliar, de forma pictórica, o ensino ministrado às massas, incapazes de captar os argumentos demonstrativos. O mito de Er, porém, apresenta uma escatologia que não se conforma aos preceitos islâmicos e deve, portanto, ser descartado.

4. A Virtude do Governante

A sabedoria prática (*phrónesis*) é a única virtude própria do governante.

(Aristóteles, *Política* III, 2, 1277b)

Sobre Virtudes, Artes e Partes da Alma

Averróis, Leitor de Al-Fārābī?

Logo após afirmar, no *Comentário sobre a República*, que a ciência política tem duas partes, a teórica e a prática, cujos fundamentos podem ser encontrados respectivamente nos tratados aristotélicos *Ética Nicomaqueia* e *Política*, Averróis anuncia que deve retomar algumas questões relativas à primeira parte da ciência política, isto é, a ética, pois elas servem de base para a sua argumentação sobre o que exporá em relação à segunda parte dessa ciência, a política propriamente[1]. Observa que a primeira parte dessa ciência está contida na *Ética Nicomaqueia*, de Aristóteles. Em seguida, porém, inexplicavelmente Averróis toma emprestadas as linhas da abertura do opúsculo de Al-Fārābī *Taḥṣīl al-Saᶜāda* (Obtenção da Felicidade), ao declarar na primeira pessoa: "<10> Digo, pois, que já está esclarecido na primeira parte desta ciência que as perfeições[2] humanas são conforme quatro espécies, a saber, perfeições especulativas e perfeições cogitativas, perfeições morais e perfeições operativas[3], e que todas estas perfeições são em vista das especulativas e dispõem em relação a elas, tal como as coisas que são para o fim dispõem em vista do fim"[4].

De fato, em *Obtenção da Felicidade*, Al-Fārābī começa o seu discurso declarando que: "As coisas humanas pelas quais as nações e os cidadãos alcançam a felicidade nesta vida e a suprema felicidade na vida por vir são de quatro tipos: virtudes teoréticas (*al-faḍā'il al-naẓariyya*), virtudes reflexivas (*al-faḍā'il al-fikriyya*[5]), virtudes morais (*al-faḍā'il al-ẖulkiyya*) e artes práticas (*al-ṣināᶜāt al-ᶜamaliyya*)"[6].

Essa proposição inicia o tratado farabiano de modo repentino, sem qualquer justificativa ou anúncio de uma explicação subsequente, sem qualquer comentário sobre a sequência da ordem das "coisas humanas" e a relação entre elas. As três primeiras são chamadas "virtudes" (*faḍā'il*), e a última, "artes" (*ṣinā*ᶜ*āt*). Para Al-Fārābī, a presença dessas quatro "coisas humanas" nas comunidades (cidades e nações) parece ser condição de realização da felicidade, seja na vida do mundo terreno, seja na vida futura.

Não deixa de ser surpreendente que o Comentador comece seu discurso sobre as virtudes, no *Comentário sobre a República*, com uma asserção retirada *ipsis litteris* das primeiras linhas do mencionado tratado de Al-Fārābī, uma vez que nomeou explicitamente a *Ética Nicomaqueia*, de Aristóteles. Seja como for, desse modo ficam estabelecidos os quatro tipos de estados virtuosos que constituem o "fundamento" teórico para o que Averróis apresentará em sua exposição.

Algumas observações são necessárias. A primeira é que Averróis não desenvolve seu comentário a partir das quatro virtudes cardinais indicadas na *República*[7], isto é, sabedoria, moderação, coragem e justiça, mas das virtudes que tomou emprestadas de Al-Fārābī, ao estipular os estados virtuosos necessários para o estabelecimento da comunidade ideal.

A segunda observação diz respeito ao curioso fato de que Averróis não só não faz qualquer menção a Al-Fārābī nessa passagem, integralmente retirada do tratado farabiano, como a inicia com um "digo", conforme faz ao longo de seu comentário quando quer expor suas próprias argumentações. Observe-se que a ordem em que Al-Fārābī arrola as virtudes é a mesma que Averróis adota aqui: virtudes teoréticas, cogitativas, morais e artes práticas. Com isso, é possível considerar que, ao transcrever essas linhas de Al-Fārābī, Averróis as aceite como fundamentação teórica da parte concernente à política (em sentido estrito) que pretende analisar. Mas, no Livro II, a ordem sofre uma alteração, em que as "artes práticas" (= perfeições operativas) passam a ocupar o segundo lugar, antes das virtudes cogitativas e das morais, como será examinado no decorrer de nossa explanação.

Finalmente, a terceira observação refere-se à expressão "artes práticas". Sobre a possível expressão árabe equivalente a "artes práticas" usada por Averróis, podemos apenas presumir que tenha sido a mesma do original árabe do tratado de Al-Fārābī, em que se lê *al-ṣinā*ᶜ*āt al-*ᶜ*amaliyya* (artes práticas)[8]. Elia del Medigo, ao traduzir do hebraico, escreve *perfectiones operativae*, embora o texto hebraico mencione *melaḥōt ma*ᶜ*asiōt*, cuja tradução literal é "artes práticas". O termo árabe *ṣinā*ᶜ*āt* (sing. *al-ṣinā*ᶜ*a*) significa "artes"; para "virtudes", a palavra árabe é *faḍā'il* (sing. *faḍīla*), que corresponde ao grego *aretaí* (sing. *areté*). Como não sabemos quais foram os termos usados por Averróis, resta-nos a versão latina, que não apresenta nenhum problema, pois a expressão *perfectiones operativae* não contradiz a doutrina aristotélica, uma vez que corresponde às excelências (ou virtudes) no âmbito da ação. É oportuno lembrar que o termo *areté* tem duplo sentido no discurso de Aristóteles, visto que significa tanto a virtude moral quanto a excelência de qualquer coisa, como, por exemplo, a excelência de um bom cavalo, a excelência de uma boa flecha etc. O que é necessário ressaltar é o uso, em Aristóteles, do exemplo de virtudes (*aretaí*) não éticas, mas técnicas, como, por exemplo, o bom citarista, o bom marinheiro, o bom ginasta etc.[9]

A mudança da ordem das virtudes que Averróis faz no Livro II do *Comentário sobre a República* só poderá ser compreendida à luz da doutrina de Aristóteles. Por isso, faremos breves incursões nas noções aristotélicas que Averróis retoma para fundamentar sua argumentação. E, como as críticas que subjazem à argumentação de Averróis parecem dirigir-se a Al-Fārābī, algumas considerações sobre a filosofia de seu predecessor poderão auxiliar na compreensão dessa sucinta, mas densa passagem da exposição de Averróis.

Aristóteles, o Primeiro Mestre

No início do cap. 2 do Livro VI da *Ética Nicomaqueia*, Aristóteles distingue dois tipos de virtude: as morais (*ethikaí*) e as intelectuais (*dianoetikaí*)[10], e observa que, como já foram consideradas as virtudes morais, é chegado o momento de deter-se no tratamento das virtudes intelectuais.

Para os gregos, *areté* (virtude, excelência) significa disposição excelente, perfeita, a melhor. Assim, as "virtudes dianoéticas" (*aretaí dianoetikaí*) ou intelectuais referem-se às melhores disposições da parte racional da alma, do pensamento (*diánoia*). Para Aristóteles, essas são fundamentalmente duas: a sabedoria (*sophía*), que é um saber teorético, e a sabedoria prática (*phrónesis*), que é um saber prático[11].

Aristóteles cita cinco estados de caráter virtuosos (*héxeis*) nos *Analíticos Posteriores*[12] e na *Ética Nicomaqueia*[13]: *tékhne*, *epistéme*, *phrónesis*, *sophía* e *noûs*. Essas são as chamadas virtudes dianoéticas ou intelectuais. Podem ter as seguintes traduções: *tékhne* (arte)[14]; *epistéme* (conhecimento científico)[15]; *phrónesis* (sabedoria prática ou prudência)[16]; *sophía* (sabedoria)[17] e *noûs* (virtude da inteligência, faculdade do intelecto)[18].

As virtudes dianoéticas subordinam-se umas às outras. Aristóteles afirma que a *tékhne* subordina-se à *phrónesis* na medida em que se refere à produção de objetos de modo excelente, ao passo que a *phrónesis* se refere à ação excelente. Em geral, as coisas são feitas para serem instrumentos do agir produtivo; assim, a *tékhne* precede a *phrónesis*, mas a *phrónesis* tem estatuto superior à *tékhne*. A *phrónesis* subordina-se à *epistéme* na medida em que se refere à realização de algo de nosso interesse ou necessidade, ao passo que a *epistéme* só se refere à necessidade do conhecimento em si e pode relacionar-se com assuntos que ultrapassem as nossas necessidades. Aristóteles separa *sophía* e *epistéme* de *phrónesis* e *tékhne*, porque as primeiras lidam com assuntos que não podem ser diversamente, e as segundas, com coisas mutáveis. A separação entre *tékhne* e *phrónesis* é feita em razão da distinção que há entre a produção de artefatos e a realização de algo por alguém que discerniu e escolheu. *Noûs*, afirma, é parte da virtude *epistéme*, a qual subordina-se à *sophía* na medida em que esta última busca o conhecimento das causas e razões e a elas se dirige. Em *Ética Nicomaqueia* VI, 6, 1141a 16-21, encontra-se a afirmação de que *sophía* é como o coroamento das virtudes mais dignas de louvor, porque é, ao mesmo tempo, *noûs* e *epistéme*.

Em *Analíticos Posteriores* I, 1, ao afirmar a recepção do ensino pela via da razão (*dianoetiké*), Aristóteles estabelece que "as ciências matemáticas assim como todas as outras artes (*tekhnaí*)" procedem de um conhecimento anterior. "Artes", nesse excerto, tem o sentido geral de "disciplinas", constatando-se a polissemia do termo grego *tékhne*, que também tem o sentido de capacidade de produção auxiliada pela razão[19]. A arte (*tékhne*) é definida por Aristóteles em *Ética Nicomaqueia* VI, 4, 1140a 6-15 como "um estado habitual unido à razão, produtivo (*metà lógou poietikè héxis*) [...]; arte e estado habitual produtivo unido à razão de modo verdadeiro (*alethôs*) são a mesma coisa". Não é um estado habitual prático unido à razão, porque a prática/ação (*prâxis*) não é produção (*poíesis*). Como prática/ação e produção são diferentes, para Aristóteles, o estado habitual prático unido à razão será também diverso do estado habitual produtivo unido à razão: "Todas as artes têm a ver com a geração (*génesis*) e com o cogitar soluções, isto é, com o considerar em que modo possam gerar-se algumas coisas que podem ser, mas não são, as coisas cujo princípio está em quem produz, e não nelas próprias; nas coisas necessárias e nos entes naturais não há arte porque o princípio de geração está nelas próprias"[20].

Aristóteles diferencia ação de produção[21]. Em *Ética Nicomaqueia* I, 1, 1094a 3-5, lemos que "há uma certa diferença em relação aos fins: alguns são ações (*enérgeiai*), outros são obras (*érga*)", isto é, produtos que resultam das operações, como é o caso da arte de construir casas, cuja finalidade é o próprio produto resultante dessa operação, a saber, a casa construída. A ação, por sua vez, tem em si a própria finalidade, como, por exemplo, a arte de tocar flauta[22].

Em *Ética Nicomaqueia* VI, 2, 1139b 1-3, Aristóteles confirma essa distinção: "Cada produtor produz com vista a algo, e o que produz não é fim de modo absoluto (*haplôs*), mas é fim em relação a alguma coisa e para alguém; ao contrário, o conteúdo da ação (*tò praktón*) é fim absoluto (*haplôs*), pois é o agir com sucesso".

Essa asserção tem por base a formulação aristotélica das partes da alma racional e da alma irracional, cujas linhas gerais convém retomarmos[23].

Segundo Aristóteles, assim como as partes da alma são divididas em duas, a racional (*ho lógos*) e a irracional (*tò álogon*)[24], a parte racional tem duas subdivisões, a contemplativa e a prática[25]. Essa subdivisão concerne respectivamente ao conhecimento dos "entes (*éxonta*) cujos princípios não admitem ser diversamente" e dos que o admitem[26]. Com essa assertiva, Aristóteles aponta as diferenças entre o eterno e o contingente e a relação desses dois tipos de entes com o conhecimento teorético e o prático respectivamente, eliminando assim a possibilidade de um conhecimento prático do eterno. O conhecimento teorético tem por objeto os princípios "que não admitem ser diversamente"[27], e o conhecimento prático tem por objeto o contingente, que é o objeto da ética e da política[28]. Como afirma Aristóteles, "diante dos entes distintos em gênero são também distintas as partes da alma"[29] e, por consequência, o conhecimento relacionado a cada uma delas. As duas partes da alma racional são nomeadas *tò epistemonikón* e *tò logistikón*, a parte científica e a parte "calculativa"[30]. A parte científica concerne ao conhecimento teorético, e a parte "calculativa", ao conhecimento do contingente. Aristóteles observa que é necessário considerar qual é o melhor estado habitual (*héxis*) dessas duas partes da alma e qual é a virtude própria de cada uma ao operar em seu modo próprio.

Assim como a parte racional, a parte irracional tem também duas subdivisões: a parte apetitiva (*tò epithymetikón*) e a parte desiderante (*tò orektikón*). Aristóteles enfatiza que a parte irracional da alma nada tem a ver com a parte nutritiva, posto que esta não tem qualquer relação com a razão. Essa parte irracional participa da razão, pois "escuta-a e obedece-lhe"[31]. De fato, nos corajosos e nos moderados, essa parte obedece à razão e poderia também ser considerada racional. Mas as partes da alma racional, em sentido estrito, às quais ele se refere são as duas já mencionadas: a que contempla os princípios que não admitem ser diversamente e a que considera os que podem ser diversamente, uma vez que, diante de diferentes gêneros de entes, as partes que consideram esses gêneros devem também ser distintas. A primeira é a parte científica (*tò epistemonikón*), e a outra, a parte "calculativa" (*tò logistikón*), a qual delibera ou avalia (*bouleúesthai*) para bem escolher.

O desejo (*órexis*[32]) integra a escolha (*proaíresis*[33]), de modo que a virtude é definida como "um estado habitual que produz escolha, e a escolha é um desejo deliberado"[34]. Esse é o pensamento prático (*diánoia praktiké*). Quando o bem estiver de acordo com a vontade[35] correta, a escolha é correta (*spoudaía*), o raciocínio (*lógos*) é verdadeiro, e o desejo é correto tanto na busca quanto na repulsa[36]. O desejo persegue o objeto que o *lógos* afirmou ser verdadeiro[37], gerando a escolha que pode, portanto, ser princípio da ação, no sentido de que é origem do movimento, isto é, no sentido de sua causa eficiente, e não da causa final. O desejo e a razão (*lógos*) são os princípios da escolha; sendo assim, não há escolha sem desejo e sem intelecto (*noûs*), sem pensamento (*diánoia*) e sem estado habitual de caráter (*héxis ethiké*). Sobre a escolha deliberada (*proaíresis*), nos deteremos mais adiante. Por enquanto, basta lembrar que o pensamento que tende a algo é o prático, pois é este o que leva à produção e à ação, uma vez que quem produz e age tem em vista algo, que é um fim em relação a alguma coisa ou a alguém, e não um fim absoluto. A parte da alma relacionada a esse pensamento é, portanto, diversa da parte da alma relacionada ao pensamento científico.

Al-Fārābī, o Segundo Mestre

Usada por Al-Fārābī, a expressão "artes práticas" significa "disciplinas práticas", no sentido de ciências práticas, especificamente as ciências relativas à política. No *Kitāb al-Tanbīh ᶜalà Sabīl al-Saᶜāda* (Livro da Informação acerca do Caminho da Felicidade), Al-Fārābī afirma que "as artes[38] são de duas classes: uma, cujo fim é alcançar o belo, e outra, cujo fim é alcançar o útil"[39]. A primeira é a que nos faculta o conhecimento cujo propósito é somente o conhecer. Esse conhecimento não é objeto de ação, posto que não admite qualquer ação transformadora, como, por exemplo, o conhecimento da unicidade divina e o conhecimento do princípio do universo.

A outra classe das artes é o conhecimento do que pode e deve ser realizado e da capacidade de sua realização[40]. A perfeição dessa classe de arte consiste não só no conhecimento do que pode ser feito, mas em que esse conhecimento seja o meio necessário para uma ação transformadora em vista de um fim útil; por exemplo, conhecer a arte da medicina implica curar o enfermo para que ele obtenha a saúde. Como a saúde é o fim buscado pela medicina, esse é um conhecimento que visa ao útil.

A arte que faz conhecer o que deve ser feito visando ao útil é subdivida em duas classes: a primeira diz respeito ao conhecimento dos meios pelos quais as ações são realizadas, isto é, o conhecimento da técnica que muda o estado de determinada coisa ou situação, como, por exemplo, o conhecimento que o médico tem dos métodos a serem seguidos em sua prática para curar os enfermos, o conhecimento das regras do comércio para exercer corretamente o ofício, o conhecimento da náutica para navegar, o conhecimento das condições naturais para semear e colher etc. A segunda considera os melhores modos de conduta e as melhores ações que tendem às coisas boas, ou seja, constitui o conhecimento que possibilita a escolha de ações justas e sua realização.

Estas três artes, a do conhecimento puro, a do conhecimento da técnica (no sentido de arte) e a da realização dessa técnica, remetem-se às três faculdades: racional teorética, prática reflexiva e prática técnica[41].

Para Al-Fārābī, a filosofia é a arte que pretende alcançar somente o belo; é chamada de sabedoria em sentido absoluto. Porém, seguindo Aristóteles, Al-Fārābī observa que nenhuma das artes que tende ao útil chama-se "sabedoria em sentido absoluto, embora, algumas vezes, elas recebam esse nome por semelhança com a filosofia"[42]. Como o belo pode ser de duas classes, conhecimento simplesmente e conhecimento unido à ação, a "arte da filosofia" terá também duas subdivisões: a teorética e a prática[43].

A filosofia teorética é subdividida em três classes: as ciências matemáticas, as ciências físicas e a metafísica[44]. Essas ciências estudam os seres que devem ser "conhecidos somente"; não é o caso, portanto, de explicá-las no tratado sobre a felicidade, que concerne às ciências práticas.

A filosofia prática (*al-falsafa al-ᶜamaliyya*) compreende a filosofia política (*al-falsafa al-madaniyya*[45]). A filosofia política também se subdivide em duas: a ética e a política propriamente (*al-falsafa al-siyāsiyya*, literalmente "filosofia do governo político" ou "filosofia do regime político")[46]. A ética constitui o conhecimento das ações belas, dos hábitos morais pelos quais as ações belas são realizadas e da capacidade para adquirir esses hábitos morais. A política é o conhecimento dos meios pelos quais se adquirem essas coisas belas relativas aos hábitos, bem como o conhecimento do modo como conservá-las.

Cada uma dessas três "artes" – teorética, ética e política – remete-se a uma faculdade da alma, respectivamente à faculdade racional teorética, à faculdade prática reflexiva e à faculdade prática técnica.

Em *Fuṣūl Muntazaᶜa* (Aforismos Selecionados)[47], as virtudes são estabelecidas em relação às faculdades (e/ou partes[48]) da alma. Al-Fārābī começa afirmando que há cinco principais partes (*ajzā'*) e/ou faculdades (*quwà*) da alma. São elas: a nutritiva (*ġāḏiyya*), a sensitiva (*al-ḥāssa*), a imaginativa (*taḫayyul*), a apetitiva/desiderativa (*nuzūᶜiyya*) e a racional (*nāṭiqa*)[49]. As três primeiras não dizem respeito às virtudes e, portanto, são apenas mencionadas. A faculdade apetitiva/desiderativa concerne às virtudes morais e diz respeito às paixões, isto é, ao amor e ao ódio, à cólera e à satisfação, ao medo e à bravura, à busca e à repulsa, à concupiscência e a todas as afecções da alma[50].

A faculdade racional (*al-quwwat al-nāṭiqa*) concerne ao intelecto: adquire o conhecimento das ciências e das artes e realiza a deliberação ao distinguir entre as ações nobres e as desprezíveis[51]. Essa faculdade recebe duas subdivisões: a teorética (*al-naẓariyya*) e a prática (*al-ᶜamaliyya*)[52].

A parte ou faculdade teorética ocupa-se do conhecimento das coisas que não admitem qualquer ação transformadora sobre elas, coisas que são o que são, tais como o número três é ímpar, e o número quatro, par. Não é possível alterar as condições de par e de ímpar desses números.

A parte ou faculdade prática (*al-quwwat al-ᶜamaliyya*) compreende tanto a destreza (ou perícia na realização de uma arte) quanto um juízo estimativo. Essas subdivisões da faculdade prática podem ser chamadas "técnica" (*mihniyya*)[53] e "reflexiva" (*fikriyya*) respectivamente. A reflexiva faculta o conhecimento do que pode ou não ser feito, e a técnica faculta a capacidade de realizá-lo. A parte técnica refere-se às coisas sobre as quais podemos agir e cujas condições podemos mudar, como, por exemplo, a madeira, que permite a mudança de sua forma de quadrada para redonda. Essa é a parte da faculdade prática que trata do modo de aprender e executar com perícia as artes e os ofícios. Em relação aos juízos estimativos, a parte reflexiva proporciona o ato de discernir e de deliberar (*murawwà*) sobre o que deve ou não ser feito e, se for possível sua realização, quando e como deverá ser realizado[54].

Averróis, o Comentador

Com relação à divisão da alma, Averróis expõe a doutrina aristotélica, a que considera "verdadeira". Ao fazer menção ao que é conhecido pela ciência natural, declara que as virtudes correspondem às partes da alma: "<1> Por isso se diz, na definição da felicidade, que ela é uma operação da alma intelectiva conforme a virtude. § Mas porque as partes da alma intelectiva, de acordo com o que foi explicado no mesmo lugar (isto é, na ciência natural), são mais de uma parte, as virtudes também são de mais de uma espécie, e as perfeições humanas são mais de uma perfeição"[55].

Ao prosseguir com sua argumentação, Averróis esclarece que o que distingue o homem é a parte racional da alma, a qual, por sua vez, é subdividida em duas, a prática e a científica[56]; acrescenta que, nesse caso, as virtudes (ou excelências) são mais de uma: algumas são práticas, outras, teoréticas. Contudo, como na alma há a parte desiderativa, é necessário admitir que essa parte relaciona-se à parte racional da alma. Nesse caso, haveria três tipos de virtudes: as teoréticas, as morais e as artes práticas. As virtudes morais corresponderiam à parte desiderativa da alma. Por sua vez, as artes práticas são de dois tipos: o que diz respeito ao conhecimento (ou ciência) dos princípios universais da arte e o que diz respeito à realização das ações, o qual necessita de uma reflexão sobre os princípios universais da arte em questão. Esse segundo tipo, isto é, o relativo a uma espécie de juízo das ações, difere necessariamente do relativo ao conhecimento dos princípios da arte, e, portanto, as virtudes desse tipo (isto é, do juízo) serão diversas das do tipo teorético (isto é, dos princípios) da arte. Averróis afirma que, nesse caso, as virtudes subdividem-se em quatro tipos: as teoréticas, as artes práticas, as cogitativas e as morais. Citamos esta passagem, dada a sua relevância na argumentação de Averróis:

> <2> De fato, já foi explicado no mesmo lugar (isto é, na ciência natural) que há duas partes, isto é, o intelecto prático e o intelecto especulativo[57]. Logo, de acordo com isso, algumas perfeições[58] são práticas, e outras, especulativas[59]. Mas porque, dentre as partes da alma, a apetitiva, no homem, parece concluir

> conforme o que a razão conclui e a ela obedece, é também, de acordo com esse modo, atribuída à intelectiva[60]. <3> E há três perfeições[61]: virtudes[62] intelectivas[63], virtudes morais e artes operativas. Mas porque as artes operativas são conforme duas espécies, algumas, para a produção de suas operações nas matérias, na coisa, não necessitam senão do conhecimento dos [princípios] universais da arte; outras, para que suas operações sejam, necessitam da adição de uma cogitação e de um discurso sobre os [princípios] universais por meio dos quais ela (isto é, a cogitação) se dá[64], e isto de acordo com cada indivíduo proveniente dos indivíduos que a arte opera, e de acordo com o que é unido a partir do tempo, do lugar e de outras [circunstâncias]. Esta parte intelectiva[65] é por necessidade mais do que a outra parte, e sua perfeição, mais do que a perfeição daquela. § Logo, as perfeições são quatro: virtudes[66] especulativas[67], artes operativas, virtudes cogitativas[68] e virtudes morais[69].

Observe-se que dessa vez a ordem da enumeração das perfeições muda em relação à primeira vez em que foram mencionadas, logo no início do tratado: "perfeições especulativas, perfeições cogitativas, perfeições morais e perfeições operativas". Para entender essa mudança, é necessário recorrer à teoria aristotélica.

Como já mencionado, para Aristóteles a divisão da parte racional da alma corresponde respectivamente aos objetos da ciência especulativa e aos das ciências práticas e produtivas. Essa divisão corresponde também à divisão das virtudes dianoéticas. Em relação a realidades de gêneros diversos, Aristóteles afirma que, nas partes da alma, há também uma diferença de gênero, uma vez que elas têm afinidade com os objetos que conhecem[70]. A parte científica lida com a ciência propriamente (*epistéme*) e está vinculada à inteligência (*noûs*) e à sabedoria (*sophía*), ao passo que a parte "calculativa", que concerne às ciências práticas e produtivas, está vinculada à sabedoria prática (*phrónesis*) e à arte (*tékhne*).

O problema da sequência das perfeições enunciada por Averróis surge quando procuramos correlacioná-la com a estabelecida na teoria de Aristóteles. O primeiro lugar, atribuído às virtudes teoréticas, não apresenta nenhum problema, já que as virtudes especulativas, em ambos os filósofos, têm primazia, e "especulativas" aqui se referem às ciências teoréticas. Averróis, no entanto, situa em segundo lugar as artes práticas, em terceiro, as cogitativas, e em último, as morais. O problema que se apresenta está na separação entre as artes práticas e as virtudes cogitativas, e é esta a questão que tentaremos elucidar.

A noção de "arte prática" como disciplina é corroborada pela definição de Averróis no supracitado passo <IX, 3> do Livro II. O texto é claro quanto à divisão das artes práticas em duas classes: 1. o conhecimento geral dos princípios da arte em questão; 2. a capacidade de reflexão/deliberação (= cogitação) e o conhecimento das normas gerais da arte em questão. Essa divisão coincide com a da arte da política – no sentido dado a esse termo pelos árabes –, cuja primeira parte permite conhecer os hábitos e condutas voluntárias e cuja segunda, o modo como instituí-los e conservá-los nos cidadãos. Coincide também com a medicina, cujos princípios gerais estão expostos na primeira parte dedicada a essa arte e contidos no *Livro sobre a Saúde e a Doença* e cujas recomendações práticas para a manutenção da saúde estão relacionadas na segunda parte, no *Livro sobre a Preservação da Saúde e a Remoção da Doença*[71]. Com isso, Averróis determina a diferença que há entre as ciências teoréticas/especulativas e a parte teórica das ciências práticas: a ética é a parte teórica da política – ambas chamadas "artes práticas".

Averróis dirige uma crítica aos "supostos filósofos" de seu tempo, segundo os quais as ciências teoréticas e as práticas pertencem a um mesmo gênero e diferem apenas quanto ao grau de excelência: "Nessa opinião creem, talvez, muitos dos que neste tempo investigam superficialmente essas coisas, sem refletir sobre elas de acordo com a ordem natural e o ensino da arte"[72]. O Comentador argumenta que as ciências teoréticas, principalmente a física e a metafísica, não concernem às coisas práticas, pois nelas não pode haver qualquer participação da vontade humana, "sendo isto evidente para qualquer um que tenha o domínio de seu estudo". Como o objeto das ciências teoréticas diz respeito às coisas que não podem sofrer transformações operadas pelo homem, está claro que essas ciências não podem lidar com a ação humana[73] em que a vontade[74] desempenha uma função preponderante.

A crítica de Averróis parece dirigir-se também ao tratado *Obtenção da Felicidade* (ou a seus intérpretes), em que Al-Fārābī, sob o título genérico de "ciências das coisas que são", engloba as matemáticas, a física, a ciência divina (metafísica) e a ciência política[75], compreendendo todas como ciências teoréticas. Todavia, Al-Fārābī adverte que o conhecimento derivado das ciências teoréticas não basta para realizar a felicidade, porque junto com a virtude teorética é necessário possuir a virtude "deliberativa" ou "prudência"[76]. Quase metade de seu tratado é dedicada a convencer seu interlocutor a respeito dessa questão.

Na exposição de Averróis, a divisão das "artes práticas" está diretamente relacionada com a ordem hierárquica das virtudes, como esclarece a supracitada passagem <IX, 2-3> do Livro II. Há virtudes mais nobres e há virtudes que devem se submeter a elas, já que as perfeições são "algumas em vista de outras", como assevera o seguinte excerto: "<1> Ora, depois que foi esclarecido quais são as perfeições humanas e as virtudes da alma, e foi esclarecido que algumas delas necessariamente se ordenam em vista de outras, de modo que há entre elas uma virtude e todas as outras virtudes são em vista dela – e esta não é em vista de outra, mas é buscada por si própria, e as outras, em vista dela –, é esta a perfeição última do homem e a felicidade final [...]"[77].

Para fundamentar a tese da hierarquia das virtudes, Averróis explica que as artes práticas se originaram a partir das necessidades humanas, "das carências inerentes à condição humana"[78]. Ele traça uma analogia entre as artes práticas e os hábitos e particularidades de certos animais, tais quais as teias tecidas pelas aranhas e as células hexagonais das colmeias construídas pelas abelhas, e conclui que a vida humana não seria possível sem as artes práticas, assim como não seria possível que esses animais vivessem sem esses "hábitos naturais"[79].

As ciências teoréticas, no entanto, não surgiram em razão de necessidades e carências humanas, mas em razão da busca de um bem supremo. Averróis faz menção à ciência natural e conclui que o que existe em vista desse bem é mais nobre do que o que existe em vista da necessidade. Desse modo, a parte prática da alma depende da parte teorética, conclusão que em seguida será explicitada.

Como vimos, o opúsculo de Al-Fārābī *Obtenção da Felicidade* é o ponto de partida para o desenvolvimento da argumentação de Averróis sobre os estados virtuosos necessários na cidade ideal. A ordem das virtudes de Al-Fārābī, repetimos, é a seguinte: virtudes teoréticas, virtudes reflexivas ou deliberativas[80] (= cogitativas), virtudes morais e artes práticas. No entanto, no Livro II Averróis conclui observando que as perfeições são quatro: as especulativas, as artes práticas, as cogitativas e, por fim, as morais, nessa ordem[81]. O texto indica que as cogitativas estão relacionadas diretamente com a subdivisão das artes práticas, pois, algumas linhas antes, são citadas apenas três perfeições: as teoréticas, as morais e as artes práticas. Não satisfeito com os três tipos de perfeição, Averróis passa a discorrer sobre a subdivisão das artes práticas, cuja argumentação o leva a acrescentar as virtudes cogitativas e a alterar a ordem inicial. Com isso, infere-se que as cogitativas estão diretamente relacionadas com as artes práticas.

Averróis segue a tradicional classificação aristotélica em ciências teoréticas – metafísica, física e matemáticas[82] – e ciências práticas – ética, economia e política. Como as ciências práticas contêm duas partes, a teórica e a prática propriamente, ele acrescenta as virtudes cogitativas, as quais se relacionam com a parte teórica das ciências práticas. Tudo indica que Averróis se dirige aos "supostos filósofos", os quais asseveram que a parte referente aos conceitos dessas artes não existe "em vista de seus produtos, mas apenas em vista de um bom e excelente conhecimento"[83], ou seja, na opinião desses "filosofantes", as artes práticas não visam à ação, mas ao conhecimento. O propósito da argumentação de Averróis é contestar essa opinião[84].

Na arte, a parte prática propriamente deve estar submetida à parte teórica, assim como a parte da razão prática está fundamentada na parte da razão teórica. A relação de dominação que há na alma entre a razão teorética e a razão prática é a mesma que há entre os indivíduos que dominam as ciências teoréticas e os que apenas possuem os hábitos adequados para as artes práticas. Assim como na alma a razão prática deve submeter-se à razão teorética, os que apenas possuem os hábitos adequados são comparados a servos, que devem ser governados pelos mais capacitados "de acordo com a ordem natural"[85]. E, enfático, Averróis acrescenta que se trata de uma correlação entre duas partes, a do governante e a do governado. Todavia, ao mencionar essa correlação das partes e ao referir-se à preeminência das ciências teoréticas, ele navega em águas platônicas, pois sustenta que quem tem o domínio das ciências teoréticas é o filósofo e, por isso, o governo deve ser exercido por um filósofo.

Em seguida, Averróis indica a existência de uma arte específica no interior das artes práticas, a saber, a arte política ou arte de governar. Depois, observa que, para que essa arte exista, são necessárias as ciências teoréticas, posto que são elas que preparam os homens para a ação. Desse modo, ele destaca que há uma diferença entre as ciências teoréticas e as artes práticas: as artes práticas existem em função do fim visado pelas ciências teoréticas. O domínio das ciências teoréticas sobre as artes práticas é garantido, desde que se aceite que são as ciências teoréticas que preparam as artes práticas para o propósito visado pelas primeiras. Em suma, trata-se de uma relação de subordinação das artes práticas às ciências teoréticas[86], subordinação que existe em razão do fim que as ciências teoréticas determinam.

Para validar essa tese, Averróis desenvolve sua argumentação partindo da ciência natural, que demonstra que os seres são de duas classes, os inteligíveis e os sensíveis, sendo os inteligíveis o princípio da existência sensível, uma vez que esse princípio é fim, forma e causa eficiente dos sensíveis[87]. No composto humano de alma e corpo há uma relação da parte inteligível com a sensível, na medida em que é a inteligível que domina a sensível. Essa relação de dominação da parte inteligível sobre a sensível é adquirida por meio da vontade, ou melhor, a supremacia do inteligível sobre o sensível configura-se por meio da vontade. Os princípios da vontade são regidos pelo inteligível do mesmo modo como este domina a existência sensível, ou seja, eles dependem da parte teorética[88]. Isso significa que o bem enquanto princípio da ação ética é explicado na parte teórica da ciência política, isto é, a ética. Há aqui, portanto, uma referência à teoria não apenas especulativa, mas também à teoria das ciências práticas. É preciso, no entanto, não esquecer que a parte teórica das ciências ou artes práticas difere em gênero das ciências teoréticas, uma vez que seus campos de estudo são diferentes. Averróis quer deixar claro que, embora a ciência prática também tenha a sua parte teórica, o que define o objeto da ciência prática é a ação humana.

No campo de uma arte prática haverá também virtudes, principalmente nas artes práticas que fazem uso da razão[89]. A função da razão, porém, no âmbito das artes práticas, fica restrita à atividade da arte.

Com esse argumento, que reconhece a parte inteligível como a mais nobre e a vontade como submissa a ela, Averróis afirma a supremacia das ciências teoréticas sobre as práticas: "as artes práticas – sejam virtudes, artes principais ou subservientes – existem somente em vista das ciências teoréticas"[90]. Confirma-se, assim, o primado da parte da cidade análoga à parte inteligível. É esta a parte da cidade que deve dominar, assim como o inteligível domina o sensível. As partes da cidade análogas às artes práticas – em que reina a vontade – deverão submeter-se, portanto, à parte detentora das ciências teoréticas.

A essa altura, o leitor poderá inferir a ordem hierárquica da sociedade relacionada à ordem das virtudes, tal como Averróis as enumera. De fato, ele afirma explicitamente que é necessário que as partes da cidade (isto é, os estamentos sociais) sejam dispostas de acordo com a ordem das virtudes. E tal como a virtude menos nobre se submete à mais nobre em um único indivíduo, na sociedade haverá também uma hierarquia ordenada de acordo com o grau de excelência das virtudes: os que têm virtudes mais nobres deverão comandar os que têm virtudes menos nobres[91].

Conforme essa ordem, no topo da hierarquia está o filósofo, pois é ele quem detém o conhecimento das ciências especulativas e tem a capacidade de realizar-se com a virtude da sabedoria; em segundo lugar, o governante, conhecedor dos princípios gerais da arte da política (isto é, a ética) e munido das virtudes cogitativas (que coincidem com a *phrónesis* aristotélica e seus corolários, deliberação e escolha deliberada); e, por fim, os habitantes em geral, nos quais estão distribuídas as virtudes morais, embora algumas delas sejam prerrogativas de uma parte específica da sociedade, como é o caso da coragem, que deve estar presente nos guerreiros.

Após explicar que as virtudes cogitativas existem em vista das artes práticas, Averróis declara que "as virtudes cogitativas se dividem pela divisão das artes". Há, porém, uma arte soberana, e esta é a arte da política. E como há uma arte soberana, há também uma virtude cogitativa principal. Averróis passa, então, a dissertar sobre a sabedoria prática, a virtude cogitativa soberana, necessária ao governante.

Excursus

Questões de Vocabulário I: Desejo e Apetite

Depois de esclarecer o que são as artes práticas, Averróis passa a discorrer sobre as virtudes morais. Estas só são compreendidas à luz da ciência natural. Já na precedente argumentação sobre as artes práticas, Averróis advertira o seu leitor sobre a necessidade do conhecimento da ciência natural: "<1> Voltemos, portanto, àquilo em que estávamos e investiguemos a respeito do fim que verdadeiramente é fim, supondo, em primeiro lugar, o que deve ser suposto para um físico[92], pois, por meio disso, podemos chegar àquilo que é mais apropriado nessa arte"[93].

Assim, para a aquisição das perfeições necessárias na conquista do bem supremo, isto é, a felicidade, é necessário o conhecimento da ciência natural, posto que não basta saber quais são as perfeições, é preciso realizá-las por meio da vontade e da escolha. O político deve, portanto, refletir sobre a doutrina exposta nessa ciência para compreender o que vêm a ser a vontade e a escolha corretas nas operações que resultam na perfeição humana. O Comentador lembra que, na ciência natural, já fora explicado que o ser humano é um composto de alma e matéria, que a parte corporal corresponde à matéria e que a parte anímica corresponde à forma, sendo a parte anímica responsável pelas ações e paixões. Desse modo, para saber como proceder corretamente, deve-se começar pelo estudo da ciência natural.

Desse ponto em diante, Averróis passa a explicar a alma à luz da teoria de Aristóteles[94]:

> <4> [...] Está, porém, explicado lá [na ciência natural] que, dentre as operações dos homens, algumas são operações comuns aos homens e a outros seres naturais simples e comuns [...]. <5> Está também explicado que o que o homem tem em comum com os corpos simples é a potência desiderativa (*virtus inclinativa*) e o desejo (*inclinatio*) que ocorre por parte desta potência, e esta forma não é alma nem as operações provenientes dela são animadas. § <6> Mas aquilo que o homem tem em comum com os corpos mistos é por necessidade a alma; e estes corpos são conforme duas espécies, a saber, vegetais e animais. Ora, os vegetais têm em comum com ele a alma da nutrição, a do crescimento e a da geração. Os animais, por outro lado, têm em comum com ele as potências sensitivas e imaginativas. Mas nelas, a apetitiva, de certo modo, tem algo em comum, e de certo modo, distingue-se[95].

Como veremos a seguir, o termo *inclinatio* usado por Elia del Medigo – e também por Jacob Mantino – corresponde ao grego *órexis* de Aristóteles, que significa um desejo que faz a alma tender a algo[96]. A escolha do termo *inclinatio*, no contexto da doutrina de Aristóteles, condiz melhor com a exposição de Averróis do que a dos termos *desiderium* e *appetitus*, este último mais próximo de *epithymía*.

Depois de lembrar que o homem tem em comum com os corpos mistos as partes vegetativa e animal, sendo a parte vegetativa da alma a que compreende a nutrição, o crescimento e a reprodução, e a parte animal a que compreende a sensação e a imaginação, Averróis observa, a respeito da parte "apetitiva", que os homens dela compartilham com os outros corpos em alguns aspectos, mas não em outros. Isso resume o que Aristóteles expõe em *De Anima* III, 432a 25 - 432b 7, mas não está claro o que significa "parte apetitiva" no texto de Averróis. Para Aristóteles, a função da "potência desiderativa" (*tò orektikón*) é a chave do movimento da alma. Aristóteles também afirma que essa parte é diversa de todas e que é um absurdo dividi-la, pois corresponde, na parte racional da alma, ao querer/volição (*boúlesis*) e, na parte irracional, ao apetite (*epithymía*) e ao ímpeto (*thymós*). Nessa discussão sobre as partes da alma, o propósito de Aristóteles é criticar a divisão platônica da alma em três partes, pois, como declara, "se a alma for formada por três partes, o desejo (*órexis*) estará em cada uma delas"[97]. Passamos, então, a explicitar esse complexo tema.

Em *De Anima* III, 10, Aristóteles analisa os princípios do movimento (local), que são dois: o desejo (*órexis*) e o intelecto (*noûs*)[98]. Existem, pois, dois tipos de potência (*dýnamis*) na alma: a de conhecer e a de desejar. Essas duas potências são os princípios/causas (*arkhaí*) de movimento da alma. O intelecto intelige em vista de um fim, o qual determina a diferença entre o intelecto prático e o teorético, já que diferem os fins que ambos têm em vista. De seu lado, o desejo (*órexis*) persegue sempre um fim, que é o objeto de desejo (*tò orektón*). Desse modo, o pensamento (*diánoia*) se move, mas tem o princípio de seu movimento no objeto de desejo (*tò orektón*). O objeto de desejo (*tò orektón*) é, portanto, o primeiro princípio motor (*kinoûn prôton*). O intelecto (*noûs*) não move sem o desejo (*órexis*), embora possa ser o querer/volição (*boúlesis*) a mover o raciocínio (*ho logismós*), uma vez que é uma forma de desejo (*órexis*). O desejo, porém, pode também mover-se alheio ao raciocínio, posto que o apetite (*epithymía*) é uma forma de desejo, que pode ser correto ou não. O motor do pensamento, isto é, o objeto de desejo (*tò orektón*), pode ser um bem tanto verdadeiro como aparente. O bem verdadeiro a que Aristóteles se refere aqui é o bem prático (*tò praktòn agathón*). Logo, a potência desiderativa (*tò orektikón*) da alma é princípio do movimento, embora o objeto de desejo (*tò orektón*) seja anterior, pois é ele que move sem ser movido, pelo fato de ser inteligido ou imaginado[99].

Aristóteles prossegue afirmando que esse tipo de movimento, o anímico, possui três termos: o primeiro é o motor (objeto de desejo = *tò orektón*); o segundo, o meio pelo qual ele move (potência desiderativa = *tò orektikón*); e o terceiro, o que é movido (o animal = *tò zoôn*). O motor pode ser móvel ou imóvel, e aqui o motor imóvel significa o bem que é objeto da ação. O que move o motor (objeto de desejo = *tò orektón*) é a potência desiderativa (*tò orektikón*), e o movido é o próprio animal. O sujeito que deseja é movido enquanto deseja, e o desejo, o ato de desejar, é "um tipo de movimento"[100]. O meio pelo qual a alma é movida, isto é, a potência desiderativa (*tò orektikón*), é ligado ao corpo, e, por isso, essa potência é comum ao corpo e à alma: em *De Anima* III, 10, 433b 19, Aristóteles afirma que o instrumento (*órganon*) pelo qual "o desejo move é sem dúvida corpóreo e deve-se examiná-lo dentre as funções comuns ao corpo e à alma"[101]. É oportuno lembrar que, nessa passagem, Aristóteles assevera que o bem, objeto da ação motora, é como um motor imóvel; a potência desiderativa (*tò orektikón*) é o motor movido enquanto deseja, pois o desejo é uma espécie de movimento ou atividade[102], e o que é movido é o animal.

Em *De Anima* II, 3, 414b 1-2, Aristóteles consigna que o desejo (*órexis*) compreende o apetite (*epithymía*), o ímpeto (*thymós*) e o querer/volição (*boúlesis*). "O apetite (*epithymía*) é um desejo (*órexis*) do prazeroso"; o apetite concerne ao tato e ao gosto: assim, fome e sede são apetites (*epithymíai*)[103]. O ímpeto (*thymós*) parece corresponder às percepções exercidas pelos sentidos da visão, da audição e do olfato, e à distância[104], mas sempre em vista do bem-estar[105]. O querer/volição (*boúlesis*) é o desejo (*órexis*) de entender o que concerne aos juízos e raciocínios e, portanto, é acompanhado de razão[106]. Aristóteles observa que não há como conceber um desejo (*órexis*) sem que antes tenha sido conhecido.

Em *De Anima* III, 10, 433a 30, Aristóteles sustenta que o desejo (*órexis*) é a capacidade da alma que causa o movimento. O desejo (*órexis*) produz a ação e é decorrente de um estado anímico anterior produzido pela imaginação (*phantasía*), seja pela percepção/sensação (*aísthesis*), seja pela razão (*lógos*). O animal é capaz de mover-se porque tem a potência do desejo (*tò orektikòn*), mas não a tem sem a imaginação. Em *De Anima* III, 10, 433b 28 – 434a 10, Aristóteles enuncia que, por causa da potência desiderativa (*tò orektikón*), o animal é capaz de mover-se, mas ele não possui essa capacidade sem a imaginação (*phantasía*). Desse modo, "toda imaginação é, pois, racional (*logistiké*) ou sensível (*aísthetiké*), e os outros animais (isto é, os animais com exceção do homem) possuem apenas imaginação na ordem do sensível (*aisthetiké phantasía*)".

No *Comentário Médio sobre a Retórica*, cujo texto árabe sobreviveu, ao discorrer sobre a passagem[107] que corresponde a *Retórica* I, 10, 1368b 37 – 1369a 4, Averróis usa dois termos distintos para significar "apetite" (*epithymía*) e "desejo" (*órexis*): *šahwa* e *šawq* respectivamente[108]. Portanto, à primeira vista parece haver uma compreensão do sentido original de *epithymía* (= *šahwa*) e de *órexis* (= *šawq*). Na sequência, Averróis observa que *šawq* (desejo) pode ser tanto da ordem da opinião racional (*šawq maẓnūn nuṭqiyya* [*ẓann* = *dóxa*; *nuṭq* = *lógos*])[109] quanto da ordem da imaginação (*ḫayāl*)[110]. O desejo na ordem da imaginação (*šawq ḫayāl*), continua Averróis, pode ocorrer tanto por um desejo irascível (*šawq ġaḍabiyya*[111] = *thymós*) quanto pelo apetite (*šahwa* = *epithymía*)[112]. Como *thymós* é uma das três formas de *órexis*, segundo Aristóteles, Averróis permanece fiel ao mestre quando emprega *šawq ġaḍabiyya* para se referir à forma de desejo irascível. *Šawq*, portanto, nesse comentário, é conforme o grego *órexis*, que compreende os três gêneros de desejo assinalados por Aristóteles[113].

Nesse passo da *Retórica*, ao referir-se às ações que dependem de nós e das quais somos diretamente autores, Aristóteles afirma que algumas provêm do hábito (*éthos*) e outras são suscitadas por um desejo (*órexis*), que pode ser racional ou não racional. O querer/volição (*boúlesis*) é o desejo pelo bem, acompanhado de razão (*lógos*)[114], com base na opinião (*dóxa*), porque se deseja sempre o que se julga ser bom[115]; cólera (*thymós = orgè*[116]) e apetite (*epithymía*) são desejos não racionais (*álogon*)[117].

No *Comentário Médio sobre a Retórica*, Averróis declara que o desejo (ár. *šawq* = gr. *órexis*) pode estar relacionado tanto à opinião racional quanto à imaginação. O desejo (*šawq = órexis*) relacionado à imaginação (*al-ḫayāl*) ou é um desejo ligado ao *thymós* (*šawq ġaḍabiyya*) ou é *šahwa*. É este último termo que surpreende nesse contexto, porque, segundo A.-M. Goichon, em seu *Lexique de la langue philosophique d'Ibn Sīnā*, §338, *šahwa* significa "apetite" no sentido de concupiscência. Tendemos a crer, contudo, que Averróis, ao seguir Aristóteles, considerou as três espécies de desejo (*órexis*) mencionadas e que, portanto, *šahwa*, nessa passagem, corresponde ao grego *epithymía* (apetite). E, como Aristóteles menciona o *thymós* e a *epithymía*, Averróis usou o termo *šahwa* para referir-se à espécie de apetite que, na tradição filosófica, concerne à paixão e está vinculada ao que é prazeroso[118].

Aristóteles assevera que o desejo (*órexis*) às vezes compreende a potência deliberativa (*tò bouleutikón*) e que esta é uma forma de imaginação sensível[119] própria dos homens, pois os outros animais são incapazes de decidir se farão isso ou aquilo, uma vez que a decisão já é obra da razão (*logistê*). Assim, a deliberação (*bouleutiké*) busca o maior bem pela formação de uma única imagem a partir de várias. Nesse sentido, o homem possui opinião (*dóxa*) e pode deliberar e escolher entre várias opiniões distintas. O desejo (*órexis*) não implica a potência deliberativa (*tò bouleutikón*) quando ele é irracional, isto é, quando é relativo ao apetite (*epithymía*) ou ao ímpeto (*thymós*). Mas esse desejo não racional pode ser "controlado" pelo intelecto (*noûs*) e pelo querer/volição (*boúlesis*). É nesse sentido que o ímpeto (*thymós*) dos verdadeiramente corajosos resulta numa impetuosidade que age para o belo, a partir de uma escolha (*proaíresis*) em vista de um fim[120]. Do mesmo modo, a moderação (*sophrosýne*) resulta no "controle" – pelo intelecto e pela volição – dos apetites (*epithymíai*) relacionados ao tato e ao paladar, apetites que, segundo Aristóteles, "são próprios dos escravos e dos animais"[121].

É nessa perspectiva que Averróis lembra em seu *Comentário Médio sobre a Retórica* que o apetite (*šahwa = epithymía*) pode ser da ordem tanto da imaginação quanto da opinião racional; quando for da ordem da imaginação, o desejo (*šawq*) pode estar ligado ao *thymós* (*šawq ġaḍabiyya*) ou à *epithymía* (*šahwa*).

No *Comentário Médio ao De Anima*, cujo texto em língua árabe foi editado por Alfred L. Ivry[122], podemos verificar que muda o vocabulário de Averróis referente ao desejo (no sentido de *órexis*) e ao apetite (no sentido de *epithymía*). O trecho do comentário que corresponde a *De Anima* III, 3-9 tem por título "as faculdades apetitivas" (*quwwa nuzūᶜiyya*)[123]. Averróis segue de perto o texto aristotélico, pois observa que

> é difícil distinguir a faculdade que se crê diferir das outras partes da alma quanto à locomoção; esta é a faculdade que, dentre todas as outras, concerne ao desejo (*al-quwwat al-muštahiyya*[124]). A principal expressão dessa parte, que é chamada "escolha" (*iḫtiyār*), ocorre na [faculdade da] reflexão/cogitação (*al-fikr*) enquanto as faculdades irascível (*ġaḍabiyya*) e desiderativa (*šahwāniyya*) ocorrem em lugar diverso [da faculdade] da reflexão/cogitação (*al-fikr*); e se a alma fosse tripartite, a faculdade desiderativa (*šahwāniyya*) existiria em todas as partes. [...] É evidente que o movimento deriva das duas coisas juntas: desejo (*šahwa*) com cognição (*ᶜilm*) ou com imaginação. Ora, como todo desejo (*šahwa*) é por algo, o desejo [sozinho] não pode ser o princípio de movimento para o intelecto prático (*al-ᶜaql al-ᶜamalī*); é o objeto de desejo que move o intelecto e a imaginação. [...] ao desejar, a pessoa move em razão da faculdade desiderativa, que é intelecto e imaginação[125].

Algumas linhas adiante, Averróis atesta que "a faculdade responsável pela locomoção ocorre na imaginação e no desejo (*šahwa*). Nada é movido sem o desejo (*šahwa*) por alguma coisa ou em vista de algo, exceto na locomoção por coação". E, nos subsequentes argumentos, o termo *šahwa* toma o lugar de *šawq* do *Comentário Médio sobre a Retórica* para significar *órexis* e *tò orektikón*. Contudo, o sentido original de *órexis* permanece na argumentação.

O texto grego correspondente a essa passagem de Averróis é *De Anima* III, 10, 433a 9 – 433b 30, no qual Aristóteles declara que "é evidente que as causas do movimento da alma são o intelecto (*noûs*) e o desejo (*órexis*)". *Órexis*, na forma de *boúlesis*, move em conformidade à razão, enquanto *órexis*, na forma de *epithymía*, move contra a razão. Como já mencionado, em *De Anima* 433b 10, Aristóteles assevera que o que move são a potência desiderativa (*tò orektikón*) e, sobretudo, o objeto do desejo (*tò orektón*), o qual move sem ser movido pelo fato de ser inteligido (*noethênai*) ou imaginado (*phantasthênai*). O animal é capaz de mover-se porque tem a potência desiderativa (*tò orektikón*) e "não possui esta capacidade sem a imaginação. Toda imaginação, portanto, ou é racional (*logistiké*) ou é sensitiva (*aisthetiké*)"[126]. Talvez tenha sido essa asserção que levou Averróis a estabelecer no *Comentário Médio sobre a Retórica* que a imaginação pode ser ou da ordem de *šawq ġaḍabiyya* (= *thymós*) ou da ordem de *šahwa* (= *epithymía*). O termo *aisthetiké* teria sido compreendido (talvez já na tradução árabe do original grego[127]) como "faculdade desiderativa" (*šahwāniyya*), pois a expressão árabe que, para Averróis, corresponde à "faculdade sensitiva" é *al-quwwa al-ḥassāsa*[128].

No *Comentário Médio ao De Anima*, Averróis explica que o que move, e não é movido, é o bem inteligível (*al-ḫayr al-ma*ᶜ*aqūl*)[129]; o que move, e é movido, é a parte desiderativa (*šahwāniyya*) do corpo, e o que é movido e não causa movimento é o animal. Acrescenta que é necessário que o primeiro motor aja no corpo, uma vez que o movido é o corpo; como é com o desejo que o primeiro motor realiza o movimento e como a potência desiderativa é o meio pelo qual o animal move, essa potência deve ser corpórea, sendo o desejo uma tração[130] da alma (*jūdat al-nafs*). Averróis indica que é no *De motu animalium* que podemos encontrar a parte da ciência natural que trata dessas questões referentes ao corpo[131]. Nessa mesma obra, Averróis escreve que "todo desejo (*šahwa*) não está livre de imaginação, já que a forma imaginativa (*al-ṣūrat al-ḫayāliyya*) que move tudo o que é imaginado ocorre seja em razão do órgão da sensação (*al-muḥiss* = *aisthetérion*[132]), seja em razão da reflexão (*al-fikr*). O que ocorre em razão da reflexão (*fikr*) pertence ao homem, ao passo que o que ocorre em razão do sentido (*al-ḥiss*) pertence ao animal"[133].

No início da explicação sobre as virtudes morais, no *Comentário sobre a República*, há uma referência a "apetite" e "desejo":

> <3> [...] Em primeiro lugar, porque está explicado na ciência natural que o apetite (*appetitus*) e o desejo (*desiderium*) são conforme duas espécies: uma delas procede da imaginação e a outra, da cogitação e do discurso. <4> Ora, o apetite que provém da imaginação não é, por necessidade, próprio do homem, mas é próprio do animal enquanto animal. § O apetite, porém, que provém da cogitação e do discurso é próprio do homem. Ora, ter apetite de tal modo é atribuído ao homem; e as virtudes morais nada mais são que esta nossa parte que apetece aquilo que é indicado pela razão, conforme a medida indicada pela razão e conforme o tempo[134].

A primeira observação é que "apetite" e "desejo" são de espécies diferentes, sendo o primeiro relativo à imaginação, e o segundo, à cogitação e ao discurso. Sobre essa distinção, Averróis discorre no *Comentário Médio ao De Anima* como segue: depois de afirmar que o órgão substrato da alma (isto é, a faculdade) desiderativa (*al-nafs al-mutašawqa*) é o coração e que nele se alternam os movimentos de atração e repulsa, o Comentador observa que "o animal enquanto animal tem desejo (*šahwa*) [...] e todo desejo não está livre de imaginação, pois a forma imaginativa (*al-ṣūrat al-ḫayāliyya*) que move tudo o que é imaginado ocorre em razão ou do sensório (*ḥiss* = *aisthetérion*) ou da reflexão (*fikr* = *diánoia*). O que ocorre em virtude da reflexão (*fikr*) pertence ao homem, enquanto o que ocorre em virtude do sensório (*ḥiss*) pertence também aos outros animais"[135].

E acrescenta que, como a imaginação é a fonte da ocorrência de todo desejo (*šahwa*)[136] e deriva dos cinco sentidos, é preciso considerar também o movimento nos animais imperfeitos, os que têm apenas o sentido do tato. Se há prazer e dano para esses animais, eles possuem desejo (*šahwa*[137]) e, portanto, possuem imaginação[138]. O discernimento (*ra'y*[139]), no entanto, ocorre somente nos animais racionais, uma vez que a preferência por algum objeto imaginado em relação ao que é percebido ou imaginado ocorre em virtude da atividade da faculdade reflexiva (*fa^cc^āl al-fikr*). Essa faculdade apreende o que é preferido entre muitas coisas e, entre elas, discerne o que é melhor e mais importante. Em razão disso, o animal racional (*al-ḥaywān al-nāṭiq*) tem opinião (*ra'y*), e quem não tem a habilidade de discernir entre as coisas não pode opinar, nem deliberar[140]. Com isso, o movimento dos animais irracionais se dá apenas em razão do prazer[141], pois não possuem a faculdade deliberativa (*rawiyya* = *bouleutiké*).

A segunda observação é que, nessa passagem do *Comentário sobre a República*, o "apetite" que provém da imaginação não é prerrogativa do ser humano, posto que todos os animais o têm, mas é próprio do homem o "apetite" que provém da reflexão e do raciocínio. Este é o que desperta o movimento em direção ao que a cogitação julga que deverá ser feito. Note-se que antes Averróis declarou que "apetite" e "desejo" são de espécies diferentes. Em seguida, usou apenas o termo "apetite" para as duas espécies[142].

Averróis conclui que "as virtudes morais nada mais são que esta nossa parte que apetece aquilo que é indicado pela razão, conforme a medida indicada pela razão e conforme o tempo", e, portanto, "é evidente que essa atividade pertence à parte teorética da alma".

Para finalizar, observamos que os termos árabes para *órexis* diferem nos dois comentários: no Comentário Médio ao De Anima é *šahwa* e no *Comentário Médio sobre a Retórica* é *šawq*; já *tò orektikón* passa a ser *al-quwwa al-šahwāniyya* no *Comentário Médio ao De Anima*.

Há, pois, uma substituição do termo *šawq* usado no *Comentário Médio sobre a Retórica* por *šahwa*, e isso só poderia ser explicado à luz das versões árabes do *De Anima* de que dispôs Averróis. Segundo Alain de Libera, para redigir o *Grande Comentário ao De Anima*, Averróis conheceu pelo menos duas traduções árabes dessa obra[143], mas usou como texto base (*textus*) a versão árabe que, perdida ao longo do tempo, se conhece na tradução latina de Michael Scotus e na tradução hebraica. A única versão árabe do *De Anima* que sobreviveu (*alia translatio*) foi editada em 1954, no Cairo, por A. Badawī em *Arisṭūṭālīs fī al-nafs*, cuja tradução é erroneamente atribuída pelo editor a Ḥunayn ibn Isḥāq[144]. De Libera adverte que, entre essas duas traduções árabes do *De Anima*, as diferenças são poucas se comparadas às existentes entre as respectivas versões latinas que elas receberam e as versões greco-latinas. São enormes se comparadas ao texto grego das edições críticas que hoje conhecemos, a ponto de nos perguntarmos se elas efetivamente transcreveram os mesmos textos[145]. Como bem observa De Libera, "o 'seu' (isto é, de Averróis) Aristóteles não é o mesmo que o 'nosso', tampouco o das traduções greco-latinas"[146].

De qualquer modo, permanece a indagação acerca dessa mudança nos termos, pois os dois comentários médios, sobre *De Anima* e sobre *Retórica*, foram ambos redigidos, segundo Miguel Cruz Hernández, na mesma época, ou seja, 1174 e 1175 respectivamente[147], embora Alfred L. Ivry afirme que os códices do *Comentário Médio ao De Anima* têm duas datas para a sua composição, 1172 e 1181[148]. Se para o *Grande Comentário ao De Anima* Averróis pode ter utilizado duas versões árabes, para o *Comentário Médio* ele apenas teve em mãos, segundo Alfred L. Ivry, a tradução (integral ou parcial) de Ḥunayn ibn Isḥāq, de que hoje só existem fragmentos[149]. Ainda que Averróis tenha pretendido manter-se fiel a Aristóteles, o seu *Comentário Médio ao De Anima* está muito apoiado na *Paráfrase ao De Anima*, de Temístio, que contém muitas citações do texto de Aristóteles e cuja tradução para o árabe também é de Ḥunayn ibn Isḥāq[150]. É preciso, no entanto, considerar a tradição filosófica do comentário sobre o *De Anima*, que remonta a Alexandre de Afrodísia e teve muitos comentadores, como João Filopono e Simplício, cuja influência, menos direta, é mais difícil identificar no *Comentário Médio*. Sabe-se que os comentários de Alexandre de Afrodísia e de Temístio estiveram ao alcance de Averróis e de seus conterrâneos muçulmanos[151].

Enfim, Averróis usa dois termos distintos (*šawq* e *šahwa*) no *Comentário Médio sobre a Retórica* e usa o termo *šahwa* para significar "desejo", equivalente a *órexis*, no *Comentário Médio ao De Anima*. Pode-se inferir que nesta última obra *šahwa* tem o sentido mais amplo de "desejo" (*órexis*), abrangendo os significados dos termos gregos *thymós* e *epithymía*. No *Comentário Médio sobre a Retórica*, ao tratar dos dois termos como noções separadas, poder-se-ia questionar se ele usa "desejo" (*šawq* = *órexis*) em sentido amplo, como se fosse gênero, e *šahwa*, como se fosse a espécie. Em todo caso, para Aristóteles, *epithymía* é uma forma de *órexis*. Nada impede, contudo, que Averróis tenha mudado o vocabulário de uma obra para outra e tenha passado a discorrer sobre *órexis* usando o termo *šahwa*, pois entendeu que *šawq* valia também para o conceito de *epithymía*, o que não deixa de estar de acordo com a doutrina de Aristóteles.

Essas são questões que permanecem em aberto, dado o desaparecimento de muitos originais árabes da obra de Averróis, principalmente do original do *Grande Comentário ao De Anima*[152]. Segundo Alfred L. Ivry, Averróis usa termos no *Comentário Médio ao De Anima* que não foram definidos por ele próprio, mas tomados das traduções árabes do *De Anima*[153]. Essa pode bem ser uma das razões das diferenças de terminologia que apontamos aqui. A outra pode ser o uso da *Paráfrase* de Temístio na sua versão árabe, como está estabelecido na edição crítica de Alfred L. Ivry. Essas, no entanto, são questões que não desenvolvemos sob pena de nos desviarmos muito de nosso objetivo; limitamo-nos a apenas registrá-las, já que o *Comentário Médio ao De Anima* merece um estudo à parte.

Questões de Vocabulário II:
Desejo (*Šawq*) Equivalente a *Órexis* em Al-Fārābī

Em Al-Fārābī pudemos constatar que o termo *šawq*, no *Kitāb al-siyāsat al-madaniyya* (Livro da Política), equivale a *órexis* na seguinte passagem:

> existem desejos e aversões que seguem a parte sensitiva [da alma]; os instrumentos dessas duas faculdades [isto é, a parte sensitiva (*al-juz' al-ḥāss*) e a parte apetitiva (*al-juz' al-nuzūᶜī*)] pertencem ao corpo. Por meio de ambas [essas faculdades], a vontade (*irāda*) se atualiza; no início, a vontade é apenas um desejo (*šawq*) que procede de uma sensação (*iḥsās*)[154]; o desejo (*šawq*) se realiza pela parte apetitiva (*al-juz' al-nuzūᶜī*), ao passo que a sensação (*iḥsās*) tem lugar na parte sensível (*al-juz' al-ḥāss*). E, em segundo lugar, depois de atualizada a parte imaginativa (*al-juz' al-mutaḫayyala*) da alma e que o desejo (*šawq*) a segue, realiza-se nesse momento uma segunda vontade (*irāda*) depois da primeira, e esta vontade (*irāda*) é um desejo (*šawq*) que procede de um ato da imaginação (*taḫayyul*). [...] E então tem lugar no homem uma terceira classe de vontade (*irāda*): o desejo (*šawq*) que procede da razão (*nuṭq*); esta é a que se conhece propriamente pelo nome de livre-arbítrio (*iḫtiyār*)[155]. Esta é a que pertence especificamente ao homem, à exclusão dos outros animais [...][156].

Al-Fārābī mantém os três tipos de *órexis* discernidos por Aristóteles, pois o primeiro tipo de desejo (*šawq*) está relacionado com a sensação e seria o desejo (*órexis*) ligado a *thymós* e *epithymía* propriamente[157]; o segundo sentido está relacionado à imaginação[158]. Esses dois tipos de desejo só existem, segundo Al-Fārābī, nos animais irracionais[159], visto que, quando o desejo compreende a faculdade deliberativa (*al-quwwat al-murawiyya* = *bouleutiké*)[160], é desejo exclusivo dos homens, que, nesse caso, é desejo associado à razão. Esse terceiro tipo de desejo, por conseguinte, procede da razão e concerne ao querer/volição (*irāda = boúlesis*). Al-Fārābī, no entanto, aproxima os conceitos aristotélicos *boúlesis* e *proaíresis* quando afirma que o tipo de desejo que procede da razão é o que se conhece por "escolha deliberada" (*iḫtiyār*)[161]. Certamente ele tem presente *Ética Nicomaqueia* III, 7, 1113b, em que Aristóteles atesta que "o fim é desejado (*bouletoû mèn toû télous*), ao passo que os meios de alcançá-lo são deliberados e escolhidos (*bouleutôn dè kaì proairetôn*)".

Ao discorrer sobre as faculdades da alma em *Mabādi' ārā' ahl al-madīnat al-fāḍila* (Princípios acerca das Opiniões dos Habitantes da Cidade Ideal)[162], Al--Fārābī lembra que a sensação (*ḥāss*), a imaginação (*ḫayāl*) e a deliberação (*rawiyya*[163] *= bouleúsis*) não podem operar sem que haja um desejo (*šawq*) por algo que possa ser sentido, imaginado, deliberado ou que se tenha tornado conhecido, porque a vontade (*irāda = boúlesis*) faz que a faculdade apetitiva (*al-quwwat al-nuzūᶜiyya*) tenda àquilo que foi apreendido. Em várias passagens desse tratado, Al-Fārābī usa o termo *šawq* no sentido de *órexis*.

Sobre a Virtude Essencial ao Governante

Aristóteles: Sabedoria Prática, Deliberação e Escolha Deliberada

Apresentamos, em seguida, algumas considerações – que não pretendem ser exaustivas – acerca de três conceitos aristotélicos: *phrónesis* (sabedoria prática/ prudência), *boúleusis* (deliberação) e *proaíresis* (escolha deliberada/decisão), conceitos interligados na ética de Aristóteles. Isso se faz necessário em razão da expressão "deliberative virtue" usada por Muhsin Mahdi para a tradução inglesa[164] do árabe *al-fāḍilat al-fikriyya*, em referência ao segundo tipo de virtudes que o opúsculo farabiano *Taḥṣil al-saᶜāda* (Obtenção da Felicidade) apresenta, cujo elenco é retomado por Averróis em seu *Comentário sobre a República*.

O termo grego usado por Aristóteles que se costuma traduzir por "prudência"[165], "sagacidade"[166], "sabedoria"[167] ou "sabedoria prática"[168] é *phrónesis*[169], que literalmente significa uma capacidade da mente ou do tino[170]. Alguns especialistas preferem traduzir *phrónesis* por "sabedoria", talvez em razão do significado restrito que "prudência" recebeu na linguagem moderna. Todavia, se o termo for traduzido por "sabedoria", não se deve esquecer o seu caráter eminentemente prático, nem confundir essa forma de sabedoria com a do conhecimento teorético, *sophía*. Por isso, alguns autores preferem traduzir *phrónesis* por "sabedoria prática"[171].

É da *Ética Nicomaqueia* que tomamos a concepção de *phrónesis* aqui exposta[172]. No Livro VI, Aristóteles trata das virtudes dianoéticas, ou seja, as virtudes da razão (*diánoia*), distintas das virtudes morais ou virtudes de caráter (*éthos*). As virtudes dianoéticas se referem à parte racional da alma, e as morais, à parte desprovida de razão.

O Livro VI da *Ética Nicomaqueia* foi e é objeto de inúmeros debates, em decorrência das diversas interpretações que gerou entre os comentadores. Como observa Jean-Yves Chateau, "é admirável constatar como um texto tão importante [...] pôde ser tão frequentemente comentado – e, diga-se, continuamente desde o seu surgimento –, dando lugar a interpretações tão diferentes e até mesmo contraditórias"[173].

O propósito que cerca o debate sobre as questões de interpretação da *phrónesis* diz respeito à compreensão do que vem a ser essa virtude e qual seria o seu objeto: o fim da ação ou os meios de realizar a ação, ou seja, a *phrónesis* seria um conhecimento dos fins ou dos meios da ação? Que ela seja um conhecimento não se discute, pois consiste numa virtude dianoética que dirige a alma para a verdade quando esta se ocupa da prática[174].

As duas principais correntes de interpretação da noção de *phrónesis* podem ser resumidas às teses defendidas por dois eminentes helenistas: René A. Gauthier e Pierre Aubenque. Mas, como lembra Jean-Yves Chateau, "o texto (isto é, o Livro VI da *Ética Nicomaqueia*) está escrito de tal forma que torna possível, e mesmo inevitável, que suas diferentes passagens sejam objeto de interpretações divergentes"[175].

Gauthier defende a tese de que a *phrónesis* refere-se a tudo o que concerne à ação, ou seja, refere-se tanto ao conhecimento do fim buscado pela ação quanto à eficácia dos meios para obtê-lo[176]. De acordo com Aristóteles, a ação se define pelo fim visado[177]; os meios para atingi-lo, portanto, definem-se pela relação que mantêm com esse fim.

Já Aubenque[178] sustenta que a *phrónesis* considera apenas os meios em vista do fim, mas não o fim em si. Munido da *phrónesis*, o homem é capaz de calcular os meios eficazes para realizar o propósito final da ação.

Nessa direção, mais recentemente, Enrico Berti observa que

> a *phrónesis* concerne tanto aos fins como aos meios, embora em sentidos diversos. Ela concerne aos fins no sentido de que deve pressupor sempre um fim bom e, portanto, conhecê-lo; mas a sua função não é descobrir este fim, tampouco orientar o desejo até ele, já que a descoberta do fim bom pertence à ciência política e a orientação do desejo a esse fim pertence à virtude ética. Além disso, a *phrónesis* concerne aos meios no sentido de que deve descobri-los por meio de um cálculo exato, o qual, contudo, não é aplicável a qualquer

> meio, mas somente àqueles que são aptos para alcançar um fim bom. Para Aristóteles, a arte de descobrir os meios aptos para alcançar um fim qualquer não é *phrónesis*, mas simplesmente uma habilidade (*deinótes*)[179].

Como aqui não é o lugar adequado para apresentar os vários debates que se desenvolveram acerca desse tema, limitamo-nos a apenas consigná-los. Diante da complexidade desse texto e do caráter problemático de seu objeto, procuraremos tão só apresentar um apanhado geral da relação de *phrónesis* com as outras virtudes que Aristóteles cita – *tékhne*, *epistéme*, *sophía* e *noûs*[180] –, a fim de melhor delimitar o texto de Averróis, objeto de nosso estudo.

É conveniente que se tente extrair do próprio texto aristotélico uma definição de *phrónesis*. Antes de mais nada, Aristóteles assevera que ela é uma virtude, ou melhor, um "estado habitual" (*héxis*) em que o verdadeiro está na alma quando esta afirma ou nega[181]. Mas a *phrónesis*, sustenta ele, não é nem ciência (*epistéme*), nem arte (*tékhne*). Não é ciência porque o conteúdo da ação "prudente" é contingente e, portanto, pode ser de modo diverso; não é arte porque ação e produção são gêneros diversos. Resta, pois, que a *phrónesis* é um estado habitual verdadeiro unido à razão, prático, que diz respeito ao que é bom ou mau para o homem[182]. Sigamos, contudo, a argumentação de Aristóteles acerca da *phrónesis* em *Ética Nicomaqueia* VI.

Aristóteles define a *phrónesis* como "a capacidade de deliberar (*bouleúsasthai*) bem sobre o que é bom e vantajoso, não de um ponto de vista parcial, como, por exemplo, o que é bom para a saúde ou para o vigor físico, mas o que é bom para uma vida feliz no sentido global"[183]. A felicidade (*eudamonía*) é um bem que, para Aristóteles, abarca a totalidade da vida, logo pode coincidir com bens particulares, como a saúde, o vigor físico e a riqueza, os quais, todavia, nem sempre são bens, já que podem também ser causa de infelicidade ou do mal. Assim, a felicidade é um autêntico bem e deve ser compreendida em sentido global, pois deve abarcar todos os aspectos da vida humana, inclusive e sobretudo o moral. A *phrónesis* é virtude quando tem por fim o verdadeiro bem, isto é, a felicidade. Isso a distingue da habilidade ou da astúcia, as quais recebem um nome diverso: *deinótes*[184].

Para melhor explicar a definição dada, Aristóteles lembra que chamamos alguém de *phrónimos* (o homem prudente) quando este calcula bem em vista de um fim excelente, ou seja, quando considera os meios necessários para alcançar tal fim[185]. Calcular (*logízesthai*) pressupõe conhecer e considerar os meios para conseguir o bom fim almejado. A verdadeira *phrónesis*, portanto, consiste em calcular meios moralmente idôneos e eficazes para realizar um fim bom. Compreendida sob esse prisma, a *phrónesis* é a virtude por meio da qual se delibera e se decide sobre os meios, e não sobre o fim, cuja bondade já está estabelecida e não pode ser questionada.

Na sequência, Aristóteles acrescenta que ninguém delibera sobre coisas que não podem ser diversamente, tampouco sobre coisas impossíveis de serem realizadas por si próprias. Assim, se a ciência implica demonstração, se a demonstração epistêmica é sobre coisas que não podem ser de modo diverso do que são, e como não é possível deliberar sobre coisas que são necessariamente, a *phrónesis*, então, não é ciência. Não é ciência porque o conteúdo da ação pode variar. Também não é arte, porque ação e produção pertencem a gêneros distintos[186]. Desse modo, a *phrónesis* tem um caráter prático porque se refere a coisas que podem ser diversamente, ou seja, a coisas que dependem da ação humana, ou melhor, a ponderações e eventuais escolhas entre as várias alternativas para conduzir uma determinada ação. A *phrónesis* não produz demonstrações, como é o caso da ciência, que, voltada para o conhecimento, tem nesse conhecimento seu fim; o *phrónimos* delibera sobre a prática, sobre a ação a ser conduzida.

A sabedoria prática/prudência tampouco é arte, pois esta tem por objeto a produção (*poíesis*), ao passo que o objeto da *phrónesis* é a ação (*prâxis*). Aristóteles explica a distinção entre ação e produção: o fim da produção é diverso da produção em si, o que não ocorre em relação à ação: o agir moralmente bom é um fim em si[187]. Isso significa que a produção é uma operação que tem como fim o produto que é o seu resultado, e não ela própria, ao passo que a ação tem como fim a bondade da própria ação; ou seja, o fim da ação é a própria ação[188].

Depois de assim definir a *phrónesis*, Aristóteles apresenta o modelo do homem prudente (*phrónimos*): o ateniense Péricles. Não se trata, portanto, de um filósofo, tampouco de um poeta ou dramaturgo, mas de um homem de ação que Aristóteles considera o exemplo do homem sábio/prudente. Péricles e seus semelhantes são sábios/prudentes, posto que são capazes de colher o que é bom para eles e para os outros[189]. O verdadeiro sábio/prudente (*phrónimos*) é o político que realiza o bem da comunidade que lhe confiou o poder. E, do exemplo de Péricles, Aristóteles estende tal capacidade virtuosa ao homem que sabe administrar a sua própria casa: para bem governar, seja a família, seja a cidade, é preciso ser um *phrónimos*.

A *phrónesis*, no entanto, como virtude política, compreende as virtudes morais, e o exemplo dado por Aristóteles é a moderação (*sophrosýne*), virtude que salvaguarda a sabedoria prática/prudência[190]. Com isso, Aristóteles quer dizer que a moderação é a virtude que domina os desejos, como, por exemplo, o desejo de riquezas ou de prazeres em geral. Quem, portanto, não souber dominar seus próprios desejos nunca chegará a ser um *phrónimos* e, por conseguinte, jamais saberá deliberar bem sobre os meios adequados para a obtenção de um fim bom. Aristóteles acrescenta que o prazer e a dor não corrompem qualquer tipo de apreciação, como, por exemplo, a afirmação de que o triângulo tem ou não os ângulos iguais a duas retas; prazer e dor, porém, corrompem o conteúdo da ação. Como o fim da ação é a própria bondade da ação, alguém conduzido pelo prazer ou pela dor não é capaz de discernir o princípio, isto é, o bem da ação, nem é capaz de discernir o que deve ser escolhido e realizado em vista desse princípio. Aristóteles define mais uma vez a *phrónesis* como "um estado habitual prático unido à razão verdadeira, relativo aos bens humanos"[191].

A *phrónesis* é ainda uma virtude que supõe outras virtudes, ou melhor, é uma virtude dianoética que supõe virtudes éticas, embora ela seja virtude da parte racional da alma, e as éticas, da parte não racional. Conforme vimos, a parte racional da alma é subdividida em duas: a parte que corresponde à ciência e se ocupa das realidades que não podem ser de modo diverso; e a parte "calculativa", que se ocupa das opiniões dependentes de nós. A *phrónesis* é virtude desta última, que pode ser chamada de razão prática, embora não se origine na razão. Aristóteles sustenta esse argumento com o exemplo de que nas disposições que se originam na razão pode haver esquecimento e na *phrónesis*, ao contrário, não pode. Isso significa que o que se aprende na matemática pode ser esquecido, mas o que se torna um hábito verdadeiro jamais será esquecido.

Aristóteles compara *phrónesis* com *sophía*, a virtude da razão teorética. Esta última examina as realidades mais elevadas; por isso, diz-se que Tales e Anaxágoras são sapientes (*sophoí*) e não sábios/prudentes (*phrónimoi*), porque "conhecem coisas extraordinárias, maravilhosas, difíceis e supra-humanas, mas inúteis[192], pois não indagam acerca dos bens humanos"[193]. A *phrónesis* avalia os bens humanos sobre os quais é possível deliberar, mas ninguém delibera sobre o que não pode ser mudado. Quem delibera bem, em sentido absoluto, é aquele que, calculando, sabe dirigir-se aos bens realizáveis na melhor das ações. Não se trata, portanto, de realizar um bem absoluto no sentido platônico, mas escolher o que é melhor em determinadas circunstâncias.

A *phrónesis*, afirma Aristóteles, não tem por objeto somente as verdades incontroversas da razão, isto é, os universais[194]; como diz respeito à ação, os particulares devem ser conhecidos, pois a ação concerne às situações particulares. Por essa razão, alguns homens, embora não tenham conhecimento dos universais, são mais hábeis na ação que aqueles que os conhecem. O que Aristóteles quer salientar é a importância da experiência. Os filósofos, os que Platão desejava que governassem a sua república ideal, conhecem os universais. Aristóteles, no entanto, discorda de seu mestre, pois lembra que não são os filósofos que devem governar, mas os sábios/prudentes, cuja experiência de vida os capacita para administrar a cidade.

Assim, a *phrónesis* é a virtude que vincula o plano teorético ao prático. Ela pressupõe a experiência no âmbito do conhecimento, e daí vem a importância da experiência para a medicina. Trata-se de uma virtude dianoética, ou seja, do pensamento, que, no entanto, é dotada de uma natureza especial, pois, embora vinculada aos universais, volta-se ao contingente, aos particulares sobre os quais é possível deliberar. *Phrónesis* é, portanto, uma virtude intelectual que concerne à deliberação: "ser prudente é ser capaz de deliberar bem sobre coisas boas e vantajosas"[195].

Como assevera Aristóteles, a *phrónesis* se manifesta na possibilidade de deliberar (*bouleúesthai*) acerca das coisas humanas: "De fato dizemos que a principal função do *phrónimos* é bem deliberar (*tò eû bouleúesthai*)"[196]. Quem delibera bem (*eúboulos*) tende sempre ao melhor bem prático com base no raciocínio/cálculo (*ho logismós*)[197]. Deliberar bem, para Aristóteles, significa encontrar o meio bom para obter um fim bom. O fim bom já está estabelecido, logo não é objeto de deliberação, mas é princípio para a deliberação. Deliberar é uma atividade mental para descobrir o que fazer e como fazê-lo para obter um determinado resultado.

Aristóteles lembra que não deliberamos acerca dos fins, mas do que conduz ao fim. O médico não delibera sobre se deve ou não promover a saúde de seu paciente, nem o orador delibera sobre se deve ou não persuadir; saúde e persuasão são os almejados fins do médico e do orador. Tampouco o político delibera sobre se deve ou não promulgar boas leis, já que a boa legislação é a finalidade do político e coincide com a felicidade de seu povo, posto que são as boas leis que trazem a felicidade. O político deve deliberar a respeito dos meios pelos quais as leis serão obedecidas. Assim, ninguém delibera sobre o fim que quer atingir, mas sobre os meios para realizar tal fim. Como os meios se apresentam de diversas maneiras, devem ser investigados para que se identifique o melhor, o mais eficaz e o mais rápido, bem como o modo como deverá ser realizado. À indagação do meio melhor para alcançar o fim desejado acrescentam-se outras tantas buscas do melhor ou dos melhores meios para alcançar o meio principal. Para Aristóteles, o meio que se busca com o ato de deliberar é um meio particular que deve corresponder à inclinação para um fim sempre virtuoso[198].

Qual é, então, o objeto da deliberação (*tò bouleutón*)?

A deliberação visa sempre a algo futuro e indeterminado, mas cujo sucedimento depende de quem delibera[199]. Ninguém delibera, embora possa desejá-lo, sobre a vitória de um atleta, que depende exclusivamente do desempenho do próprio atleta. Tampouco delibera-se sobre seres imutáveis cujo movimento é eterno, como os astros, ou sobre coisas que não podem ser mudadas, como a diagonal de um quadrilátero. Eventos naturais, como os solstícios e o nascer dos astros, as chuvas e as secas, também não são objeto de deliberação, como tampouco o são os produtos do acaso, como a descoberta de um tesouro. Aristóteles acrescenta que nem todas as ações humanas são objeto de deliberação, "já que os lacedemônios não deliberam sobre qual é a melhor política para os citas"[200].

Embora a deliberação seja um tipo particular de investigação (*zétesis*), não é uma investigação como, por exemplo, a matemática[201]. Intermediário entre a necessidade e o acaso[202], o campo da deliberação é obscuro e difícil, como bem salientou Pierre Aubenque[203], uma vez que está sob o domínio do desconhecido, da indeterminação e da contingência da ação humana.

A deliberação sempre procede de alguém dotado de inteligência (*noûs*), posto que um demente ou insensato não pode deliberar. Ela envolve, além disso, coisas que dependem da vontade (*boulé*) e do alcance de quem delibera. De fato, toda vez que se delibera, a atenção estará voltada para o que poderá ser executado por quem delibera. A deliberação, portanto, depende das coisas possíveis de serem executadas pelos próprios indivíduos: "são possíveis as coisas que podem ser feitas por nós mesmos"[204]. Daí o princípio da ação ser o próprio homem[205]. A deliberação concerne às coisas que ele próprio pode realizar, embora seus atos tenham por fim outras coisas, que não são objeto da deliberação. O objeto da deliberação é a ação e não o fim[206], porque este é reconhecido de antemão pelo homem virtuoso.

Assim, a deliberação avança do fim aos meios, calcula a série de meios intermediários e estabelece qual deles é o melhor. Aristóteles parece indicar que os fins das ações virtuosas estão correlacionados às virtudes direcionadas para atingi-los.

Para esclarecer seu argumento, Aristóteles introduz o silogismo prático. Com um exemplo retirado da medicina, o Estagirita observa que, se de fato alguém souber que as carnes leves são fáceis de digerir e saudáveis (lei universal que constitui a premissa maior), mas ignorar quais são as carnes leves, não produzirá saúde; produzirá saúde quem souber que as carnes das aves são as leves e saudáveis. O silogismo prático, assim chamado porque não conclui com um conceito, mas com uma ação, é o seguinte:

1. as carnes leves são fáceis de digerir (premissa maior);
2. as carnes das aves são leves (premissa menor);
3. logo, é preciso comer carnes das aves (conclusão).

Quem, portanto, conhece a lei universal, no caso a natureza salutar das carnes leves, mas não conhece o particular, isto é, não sabe associar as carnes leves às das aves, não chegará a nenhuma conclusão sobre o que concretamente é salutar. Quem, no entanto, não conhece a lei universal, mas sabe que as carnes leves são as das aves, está mais qualificado a ser considerado um *phrónimos*.

Transposto para o campo da ética, poderíamos construir o seguinte silogismo:

1. premissa maior: a felicidade (termo maior) é a finalidade (termo médio) da vida humana;
2. premissa menor: as ações éticas/morais (termo menor) são os meios para realizar essa finalidade (termo médio);
3. conclusão: logo, é preciso realizar ações éticas/morais (termo menor) para alcançar a felicidade (termo maior).

Esse silogismo prático, cuja conclusão é a ação, reitera que o *phrónimos* considera as ações morais os meios necessários a conduzir os homens ao fim almejado, a felicidade. Esta, entretanto, é uma questão importante a ser levantada, pois constitui um problema na ética aristotélica, uma vez que se considera que, no Livro x, o Estagirita declara que a felicidade perfeita é a atividade teorética[207].

Outro elemento importante nesse processo é a noção da decisão ou escolha deliberada (*proaíresis*) dos meios mais apropriados para obter o fim bom.

A escolha deliberada (*proaíresis*) situa-se no âmbito das ações voluntárias, e, assim, a análise deve partir do que Aristóteles entende por voluntário e involuntário. Porque a virtude refere-se às paixões e ações laudáveis e reprováveis quando voluntárias, diz ele, e às dignas de perdão ou de pena quando involuntárias, "faz-se necessário distinguir o voluntário (*ekoúsion*) do involuntário (*akoúsion*)"[208]. Ações involuntárias são as cometidas quer sob o efeito de uma coerção externa em que o agente não tem nenhuma participação, quer por desconhecimento das circunstâncias em que a ação se desenvolve. Ações voluntárias, por outro lado, são aquelas cujo princípio de ação está no próprio agente e dependem somente dele para serem cumpridas ou não[209]. Em *Ética Nicomaqueia* III, 3, 1111a 22-24, Aristóteles sumariza a ação voluntária e a responsabilidade do agente ao declarar que "o voluntário (*hekoúsion*) parece ser aquilo em que o princípio está em quem age, quando conhece os aspectos particulares em que a ação se verifica. De fato, não parece afirmar bem quem afirma que as ações realizadas a partir da impetuosidade (*dià thymòn*) ou do apetite (*epithymían*) sejam involuntárias".

O Livro II da *Ética Nicomaqueia* introduz, já na definição de virtude, o conceito de decisão ou escolha deliberada (*proaíresis*): a virtude é um estado habitual que produz escolhas[210]. A disposição virtuosa, ou melhor, o caráter virtuoso do agente o predispõe para uma escolha que é decorrente desse mesmo caráter virtuoso. Não se trata, portanto, de simplesmente praticar uma ação virtuosa, mas de escolher a ação a ser praticada, já que alguém pode praticar uma ação virtuosa involuntariamente. No momento em que há uma escolha da ação a ser praticada, o ato é necessariamente voluntário. Essa escolha é feita com base na razão e, conforme Aristóteles, deve ser consistente com a medianidade (*mesótes*) entre dois males, o excesso e a deficiência. Essa é a conduta do *phrónimos*. O sábio/prudente identifica-se com o meio justo (*tò méson*) e o escolhe[211].

Central na doutrina ética de Aristóteles, o conceito de *proaíresis* recebe atenção em diversas passagens de suas diferentes obras[212]. Já na abertura da *Ética Nicomaqueia* lemos: "Toda arte e toda pesquisa (*méthodos*) como toda ação e toda escolha (*proaíresis*) perseguem um bem qualquer [...]"[213]. Temos aí o sentido de *proaíresis* como "propósito", "resolução"[214], ainda que não seja o único que a palavra comporta ao longo dessa obra aristotélica.

De difícil tradução, o termo *proaíresis* recebeu larga atenção dos especialistas, que, todavia, não chegaram a nenhum acordo sobre como traduzi-lo. Qual seria o significado de *proaíresis* na doutrina ética de Aristóteles e qual é o termo atual que mais se aproxima desse conceito?

Como não é nosso objetivo esmiuçar a literatura sobre esse conceito capital na ética aristotélica, forneceremos apenas algumas indicações que podem remeter à interpretação do tratado de Averróis, objeto de nosso estudo. Uma vez que não há consenso para a tradução portuguesa do termo em questão, usaremos "escolha/decisão" ou "escolha deliberada" alternadamente, pois *proaíresis* tem o sentido de uma escolha acompanhada de decisão, com base numa prévia deliberação (*bouleúsis*) sobre os meios para realizar o fim desejado.

Antes de mais nada, convém salientar que o próprio Aristóteles explica o que ele pretende conceitualizar com o termo *proaíresis*: "o termo (*proaíreton*) parece indicar o que é escolhido/decidido antes de outras [coisas] (*prò hetéron haíretón*)"[215]. *Proaíresis*, portanto, tem o significado de uma escolha decidida com base numa deliberação prévia, o que justifica a tradução do termo grego pela expressão "escolha deliberada".

Em *Ética Nicomaqueia* encontramos a expressão *héxis proairetiké*, ou seja, uma disposição de caráter "proairética", isto é, que escolhe[216]. Não satisfeito, Aristóteles repete mais adiante, ao discorrer sobre a amizade, que *proaíresis* é o fator determinante na virtude e na ética[217]. Em outra passagem, Aristóteles define a *proaíresis* como um desejo guiado pela deliberação para as coisas que estão em nosso poder[218]. Com esses sentidos, *proaíresis* tem a marca característica da ação ética[219]. No Livro v, dedicado à justiça, Aristóteles atesta que o justo é aquele que sabe escolher e sabe realizar as coisas necessárias para que haja justiça[220]. Nesse sentido, trata-se de escolher alguma coisa em detrimento de outra, sendo a escolha/decisão um ato de preferir, a partir de uma deliberação prévia, entre coisas que são, ou não, necessárias para fazer justiça. O sentido de "escolha deliberada" é também constatado quando Aristóteles afirma, no Livro x, que "as pessoas escolhem as fontes de prazer e fogem das fontes de dor"[221]. No Livro vii, dedicado a *akrasía* (intemperança), Aristóteles observa que o *akratés* ou "destemperado" mostra-se exagerado em relação aos prazeres e avesso a qualquer escolha (*proaíresis*) e pensamento (*diánoia*)[222]. No Livro vi, Aristóteles enuncia o axioma "a escolha (*proaíresis*) é princípio de ação no sentido de 'a partir do que' tem origem o movimento, e não no sentido de 'em vista do quê'"[223]. Essa parece ser a definição que mais condiz com o que entendemos por *proaíresis*.

Com efeito, a escolha/decisão como princípio de ação indica que haverá um movimento a partir dessa escolha/decisão. Se entendemos o movimento como um processo, podemos inferir que esse princípio de ação implica um processo que tem início com uma determinada escolha (*proaíresis*), a fim de que haja uma determinada deliberação (*bouleúsis*), para, enfim, chegar à escolha (*proaíresis*) definitiva. Nesse sentido, a escolha pode ser anterior à deliberação, se considerarmos que podemos escolher as alternativas que servirão à deliberação. Nesse caso, a primeira escolha seria uma espécie de triagem entre vários fatores para que seja feita uma seleção.

A partir dessa primeira seleção, delibera-se sobre quais seriam os melhores meios para conduzir a termo a ação, ou seja, para obter o fim almejado. Desse modo, a deliberação ocorre sobre os meios para obter esse fim. Assim, "escolha deliberada" acarreta a escolha propriamente dita entre duas ou mais alternativas para praticar determinada ação *após* o ato de deliberar sobre qual dessas duas alternativas será a melhor, logo, a escolhida. É nesse sentido que entendemos a formulação de Aristóteles "*proaíresis* é princípio de ação no sentido de 'a partir do que' o movimento tem origem". Nesse estágio do processo, a deliberação precede à escolha ou decisão final, pois delibera-se antes de fazer tal escolha.

Uma vez feita a escolha, esta também poderá ser compreendida como um ato de decisão, pois, no momento em que se escolhe, decide-se sobre qual das alternativas é a melhor para as circunstâncias em questão e chega-se à ação. Em resumo: escolhidos inicialmente três meios como os melhores para executar a ação, A, B e C, escolhem-se, dentre eles, A e B; delibera-se sobre qual deles é o melhor e, por fim, escolhe-se/decide-se sobre B.

A compreensão desse processo talvez se enquadre no que Marco Zingano caracteriza por "dilatação temporal" envolvida na ação de "deliberar sobre os meios para obter um certo fim", em razão da "expressão corrente *katà proaíresin*, agir com reflexão, com premeditação"[224]. Contudo, para Zingano, o sentido temporal dado pelo prefixo *pro-* de *proaíresis* "fica dependente do sentido, mais importante, de *escolher isto de preferência àquilo* (embora o sentido temporal de reflexão anterior à ação não desapareça por inteiro)"[225].

Para Aristóteles, a *phrónesis* se aplica a três instâncias: a estritamente pessoal, que concerne ao controle das paixões e impulsos; a familiar ou "administração doméstica", e a política, que concerne ao governo da própria cidade ou nação e compreende tanto a capacidade de instituir boas leis (*phrónesis* legislativa) como a de impor que as leis sejam cumpridas por meio de decretos particulares (a *phrónesis* política propriamente). Esta última é uma sabedoria prática e deliberativa, voltada para as coisas particulares, contingentes e mutáveis, às quais se aplicam os decretos (*pséphisma*)[226]. A sabedoria/prudência legislativa é chamada "arquitetônica"[227] e parece-nos que as leis a que Aristóteles aqui se refere são as constituições das cidades, pois é evidente que elas estão acima dos decretos particulares. O legislador que promulga a constituição da cidade deve, portanto, ser um *phrónimos*. Aristóteles assegura ainda que a *phrónesis* política (*politiké*) é parte deliberativa (*bouleutiké*) e parte judiciária (*dikastiké*).

A *phrónesis* política, contudo, de certa forma, abrange todas as outras, já que o *phrónimos* que bem governa a cidade deve também, além de administrar com eficácia sua própria casa e família, saber controlar suas próprias paixões e impulsos. De outro lado, há o *phrónimos* que busca o bem particular, mas Aristóteles acrescenta que, se ele não souber viver bem na família e na comunidade política, esse bem não poderá ser obtido[228].

Para ser considerado *phrónimos* é necessária uma experiência de vida, o que caracteriza o aspecto prático da sabedoria/prudência. De fato, os jovens poderão ser sábios (*sophoí*) em disciplinas como a matemática, mas falta-lhes o tempo de experiência necessário para que sejam *phrónimoi*. A causa disso é que a *phrónesis* tem por objeto os casos particulares que se tornam familiares apenas com a experiência[229]. Disciplinas como a matemática e a física têm princípios abstratos, o que permite que os jovens os aprendam. A política, porém, tem princípios que derivam apenas da experiência obtida com o tempo[230]. É dessa experiência que resulta o bem deliberar.

Aristóteles insiste no fato de a sabedoria prática/prudência pressupor a virtude de caráter, ou seja, a virtude moral, pois é esta a virtude que, por meio da educação, reforça o hábito e dirige o desejo para o bem. E ainda afirma que "o agir próprio do homem se realiza conforme a *phrónesis* e a virtude moral; de fato, a virtude torna reto o propósito (*skópos*), e a *phrónesis*, o que conduz ao fim"[231], ou seja, a *phrónesis* torna corretos os meios para se chegar ao fim. Como já dito, se o fim é o bem, trata-se de *phrónesis*, mas, se for o mal, trata-se apenas de habilidade (*deinótes*). A *phrónesis* não é o mesmo que essa capacidade, contudo necessita dela para alcançar o reto fim. Se o fim for mau, trata-se de uma habilidade identificada por Aristóteles por "patifaria, infâmia, malandragem" (*panourgía*)[232]. Por isso, acrescenta Aristóteles, é dito que tanto os prudentes como os malandros são hábeis (*deinoí*). Mas a *phrónesis* não é essa habilidade, embora coexista com ela. Além disso, é bom frisar, não há *phrónesis* sem virtude de caráter ou virtude moral.

Para resumir, a *phrónesis* tem uma série de características que fazem dela um saber prático, diverso do saber científico, ainda que tenha também um componente racional; seu objetivo, o fim bom, é prático e ético; afirma-se nos homens de ação, como os políticos; supõe a inclinação do desejo para o bem e a virtude de caráter; é uma capacidade de bem calcular e, consequentemente, tem sua própria "verdade". A identificação da *phrónesis* com a capacidade política, com o conhecimento dos particulares e com a experiência enfatiza seu caráter prático, o que a distingue da virtude puramente teorética, como a *sophía*, sem que seja excluída a sua aplicação também ao conhecimento racional, tal como demonstra o silogismo prático. Ela não é ciência (*epistéme*) porque não conduz ao universal, mas à ação, que é particular[233]. Sua finalidade não é chegar ao conhecimento teorético, mas tornar o homem virtuoso permitindo-lhe indicar o que deve ou não ser feito. A *phrónesis*, porém, não tem supremacia sobre a *sophía*, pois, como lembra Aristóteles, esta última é análoga à saúde em relação à medicina, ou seja, ela é o fim, e não haveria sentido afirmar que a medicina tem supremacia sobre a saúde. Como observa Berti, no entanto, pode-se afirmar que a *phrónesis* dirige tendo em vista a *sophía*[234].

O aspecto necessário a salientar é a capacidade de deliberar do *phrónimos*. Como não se delibera acerca de um fim bom, pois este já está estabelecido desde o início, a *phrónesis* inclui a apreensão do fim bom que serve de princípio para a deliberação. A *phrónesis*, portanto, compreende o entendimento do fim bom, que é o princípio da deliberação, e a própria operação deliberativa, cujo final apreende, no particular, o fim bom antevisto. A operação deliberativa é operação da razão (*lógos*) que tem, no início, a inteligência (*noûs*) que apreende os princípios e, no final, o reconhecimento do último termo da operação, graças também à inteligência (*noûs*)[235]. Por isso, Aristóteles afirma que a "inteligência (*noûs*) é princípio e fim"[236], posto que "as demonstrações partem dos princípios e conduzem aos fins". Isso, porém, não significa que "essas demonstrações sejam científicas, mas que dizem respeito à ação, uma vez que a inteligência do particular é necessária a esse tipo de demonstração, pois o propósito desta é estabelecer que determinada ação, conhecida no início, corresponda ao fim também conhecido"[237].

Dessas considerações, compreende-se que a *phrónesis* é a virtude que diz respeito à capacidade de bem deliberar do homem político. De fato, a *phrónesis* política é medida pela capacidade nela implícita de conferir aos meios necessários o que é preciso para atingir o fim bom, isto é, a felicidade. Desse modo, o *phrónimos* capaz de bem governar é medido pela sabedoria/prudência de sua arte de bem conduzir a justiça instituída pela lei. O *phrónimos* não procura apenas para si próprio a felicidade, mas para todos os cidadãos, pois quer a felicidade de toda a cidade. Péricles e seus associados são sábios/prudentes porque sabem ver o que é bom para eles próprios e para os outros[238]. O político verdadeiramente *phrónimos* é o que procura exercer e fazer exercer pelos outros a justiça. Como observa Richard Bodéüs, "se o ensinamento pormenorizado de Aristóteles sobre a virtude dirige-se aos políticos é porque, tendo-se o homem tornado sagaz (*phrónimos*), o exercício da virtude remete-se ao exercício da justiça"[239].

Al-Fārābī e a Sabedoria Prática

Em *Fuṣūl Muntazaᶜa* (Aforismos Selecionados), obra também conhecida por *Fuṣūl al-Madanī* (Aforismos Políticos), Al-Fārābī usa o termo árabe *taᶜaqqul*[240] e o faz corresponder ao sentido do grego *phrónesis*. É comumente traduzido por "prudência"[241] ou "sabedoria prática"[242] ou "prudência moral"[243]. Essa obra é uma compilação de aforismos políticos, identificados com os "ditos dos Antigos", embora calcados na *Ética Nicomaqueia*.

No §33, lemos:

> Tanto a parte racional teorética (*al-juz' al-nāṭiqa al-naẓarī*) como a parte racional reflexiva (*al-juz' al-nāṭiqa al-fikrī*) têm, cada uma delas, a sua virtude correspondente. A virtude da parte teorética é o intelecto teorético (*al-ᶜaql al-naẓarī*), a ciência (*al-ᶜilm*) e a sabedoria (*al-ḥikma*); a virtude da parte reflexiva é o intelecto prático (*al-ᶜaql al-ᶜamalī*), a sabedoria prática (*al-taᶜaqqul*), o discernimento (*ḏihn*[244]), a excelente deliberação (*al-jūdat al-rawiyya* ou *ra'y*) e a opinião reta (*ṣawāb al-ẓann*).

Ao compararmos essa passagem com *Ética Nicomaqueia* VI, 2, 1139a 5-16, podemos traçar o seguinte quadro das correspondências:

AL-FĀRĀBĪ	ARISTÓTELES
Parte racional teorética (*al-juz' al-nāṭiqa al-naẓarī*)	*tò epistemonikón*[245]
intelecto teorético (*al-ᶜaql al-naẓarī*)	[*diánoia*] *theoretiké*
ciência (*al-ᶜilm*)	*epistéme*
sabedoria (*al-ḥikma*)	*sophía*
Parte racional reflexiva (*al-juz' al-nāṭiqa al-fikrī*)	*tò logistikón*
intelecto prático (*al-ᶜaql al-ᶜamalī*)	[*diánoia*] *praktiké*
prudência (*al-taᶜaqqul*)	*phrónesis*
discernimento (*ḏihn*[246])	*sýnesis*[247]
excelente deliberação (*al-jūdat al-rawiyya* ou *ra'y*)	*euboulía*
opinião reta (*ṣawāb al-ẓann*)	*dóxa orthós*[248]/*alethés*[249]

Mais adiante, no §39, Al-Fārābī define: "a sabedoria prática (*al-ta^c^aqqul*) é a habilidade para [exercer] uma excelente deliberação (*al-rawiyya*) e descobrir as coisas que são melhores e mais apropriadas para o homem adquirir um bem maior e um fim venerável e virtuoso, seja este a felicidade ou algo honroso para alcançar a felicidade".

Como vimos, em *Ética Nicomaqueia* VI, 5, 1140a 25, Aristóteles define o *phrónimos* como aquele que tem tanto a capacidade (*tò dýnasthai*) de bem deliberar (*kalôs bouleúesthai*) acerca do que é bom e útil para a vida humana do ponto de vista global, como a de calcular (*logízonthai*) os meios em vista de um fim excelente (*télos ti spoudaîon*); e conclui que quem sabe deliberar é *phrónimos*. Vemos, portanto, que ambos os filósofos definem *phrónesis* como uma capacidade de bem deliberar em vista de um fim bom.

No entanto, em *Taḥṣīl al-Sa^c^āda* (Obtenção da Felicidade)[250], Al-Fārābī faz uma longa exposição sobre a virtude *fikriyya*, cuja conceitualização corresponde à *phrónesis* aristotélica[251]. O termo usado, portanto, não é mais *ta^c^aqqul*, mas *al-faḍīla al-fikriyya* (virtude reflexiva/raciocinativa). Esse termo árabe vem geralmente traduzido por "virtude deliberativa"[252], o que talvez levante um problema, pois, em *Mabādi' Ārā' Ahl al-Madīnat al-Fāḍila* (Princípios acerca das Opiniões dos Habitantes da Cidade Virtuosa), o mesmo Al-Fārābī usa o termo *al-rawiyya* para designar a faculdade "deliberativa"[253] (que corresponde a *bouleutiké*)[254]. Contudo, em *Taḥṣīl al-Sa^c^āda* (Obtenção da Felicidade), a descrição dessa virtude *fikriyya* corresponde em grande parte à *phrónesis* de Aristóteles. Al-Fārābī define-a como segue.

Os eventos que dependem da vontade são distintos dos inteligíveis, que não sofrem mudanças. Uma outra faculdade necessariamente deve referir-se aos eventos voluntários, cuja característica é serem providos de diversos acidentes. Esses eventos são descobertos pela faculdade *fikriyya* (*al-quwwat al-fikriyya*)[255] apenas no caso de serem vantajosos para a obtenção de um fim ou propósito. Inicialmente, o inquiridor (ou aquele que delibera[256]) estabelece um fim e depois investiga os meios para que esse fim ou propósito se realize. A faculdade *fikriyya* é tanto mais perfeita quanto mais descobre o que será mais útil para a obtenção desse fim.

Segundo Al-Fārābī, os fins podem ser bons, maus, ou podem ser tidos como bons. Os meios serão nobres se levarem à descoberta de um fim bom e virtuoso. Se o fim for mau, os meios também o serão. Além disso, os meios serão tidos como bons se o fim é tido como bom, isto é, sem que necessariamente seja bom. A faculdade *fikriyya* corresponde à virtude *fikriyya* (*al-faḍīlat al-fikriyya*) quando descobre o que é mais útil para um fim bom e virtuoso. Para a descoberta do mal, não se trata de virtude *fikriyya*, logo deve receber um outro nome. O mesmo se aplica à descoberta de fins tidos como bons, mas que não o são. A virtude *fikriyya* (*al-faḍīlat al-fikriyya*) é a que propicia a descoberta do mais útil e virtuoso fim.

Essa virtude pode manifestar-se em várias atividades: a virtude *fikriyya política* (*faḍīla fikriyya madaniyya*) é a que descobre o que é mais útil e nobre para muitas nações, para a totalidade de uma nação ou de uma cidade. Quando o bem descoberto persiste por longo tempo, a virtude está mais próxima de uma habilidade *legislativa* (*nawāmīs*)[257]. Quando, no entanto, a descoberta for de bens temporários, acidentais ou particulares, a virtude *fikriyya* estará submetida à virtude *política*[258]; se a descoberta do fim mais útil se restringir a um grupo de cidadãos ou a membros de uma família, a virtude *fikriyya* pode ser *militar* ou *econômica*[259], dependendo do grupo ao qual se aplica. Cada uma dessas subdivisões da virtude *fikriyya* pode ainda receber outras tantas subdivisões segundo o que cada uma delas descobrir, de acordo com a extensão do tempo de mudanças, se longa ou breve. A virtude recebe ainda subdivisões menores conforme as artes ou os propósitos particulares a serem buscados em tempos determinados. Daí a virtude receber tantas subdivisões quantos forem os modos de vida e as artes.

Al-Fārābī observa que a mesma virtude que pode levar à descoberta do que será nobre e útil para quem a possuir também poderá fazê-lo para outras pessoas, no caso de alguém descobrir para elas um bem útil e nobre. A esta, Al-Fārābī chama de virtude *reflexiva deliberativa* (*faḍīla fikriyya mašūriyya*[260])[261]. Isso significa que um mesmo homem pode ser "prudente" em assuntos que dizem respeito a si próprio e pode sê-lo também em assuntos alheios; outros, no entanto, podem ser "prudentes" em seus próprios assuntos, mas não em assuntos alheios; outros, ainda, sabem "refletir/deliberar" acerca de assuntos alheios, mas não acerca dos seus[262].

Há, portanto, uma faculdade (*quwwa fikriyya*) que corresponde à virtude *fikriyya* (*faḍīla fikriyya*). Al-Fārābī usa essas duas expressões no texto árabe, e sua argumentação segue Aristóteles. A faculdade *fikriyya* corresponde ao *logistikón* – a faculdade "calculativa" –, e a virtude *fikriyya* corresponde à *phrónesis*. É oportuno lembrar que *phrónimos* é aquele que sabe bem deliberar e escolher o bem para si e para os outros nas questões práticas[263]. O *phrónimos* tem a aptidão para escolher o caminho para o bem, escolha que depende tão somente da capacidade para descobrir qual é o melhor.

No rastro de Aristóteles, Al-Fārābī acrescenta que a virtude *fikriyya* é sempre acompanhada de virtude moral[264]. Não basta saber "deliberar" bem para promover o bem tanto para si como para os outros; deve-se também ser virtuoso em seu caráter, pois não é a correção da "deliberação" (ou reflexão deliberativa) que o faz virtuoso, mas a sua disposição de caráter, isto é, sua conduta moral, já que é a virtude que determina o fim bom a ser buscado e é a "reflexão/deliberação" (*fikriyya*) que determina os meios de obtê-lo. Se a virtude *fikriyya* se limita a certos meios para obter um fim limitado, similarmente a virtude moral também será limitada. Mas, se a virtude *fikriyya* se dispuser a descobrir os meios mais úteis e mais nobres para um fim virtuoso que seja comum a toda uma nação, ou ao conjunto da cidade, e que seja permanente durante um longo período, as virtudes morais que a acompanham também serão de qualidade superior. São essas as virtudes que têm maior autoridade e força, isto é, virtudes que descobrem um fim útil e nobre que permanece durante um longo tempo e que é comum a muitas nações ou à totalidade da nação ou ao conjunto da cidade. Al-Fārābī hierarquiza as virtudes *fikriyya* e as morais conforme o tempo – longo ou curto – em que a descoberta dos meios para obter o fim é feita, conforme o grupo – ou a "parte da cidade", isto é, os guerreiros, os ricos etc. – que descobre os meios para um fim particular a si mesmo, e ainda conforme as artes, as situações familiares e aqueles que, individualmente, descobrem meios úteis em situações que podem variar até em horas. As virtudes morais também devem acompanhar essas decisões particulares nas circunstâncias temporárias.

O filósofo observa, contudo, que se deve buscar a virtude mais perfeita e mais potente[265]. Al-Fārābī afirma que o homem dotado da virtude mais perfeita e potente é aquele que, quando a põe em prática, não pode deixar de ter todas as outras virtudes, porque, se não tiver todas as outras virtudes, não poderá realizar as funções que exijam as virtudes necessárias para as decisões particulares. Há, portanto, uma virtude suprema que compreende todas as outras. A essa virtude suprema estão subordinadas as outras, como no caso dos comandantes das armadas, que, munidos de virtude *fikriyya* acompanhada de uma certa virtude moral (coragem), sabem o que é mais útil e nobre para seus guerreiros e neles despertam a coragem para realizar as necessárias ações beligerantes. Do mesmo modo, quem possui virtude *fikriyya* e procura o que é mais útil e nobre para os fins dos que adquirem riquezas deve também ser dotado da virtude moral (generosidade/liberalidade) que lhe permita fazer valer as virtudes particulares dos grupos que se dedicam à aquisição de riquezas[266].

Al-Fārābī acrescenta que a virtude *fikriyya* está subordinada à virtude teorética, já que ela discerne apenas os acidentes, enquanto a teorética discerne os inteligíveis, ontologicamente anteriores aos acidentes. Mas, como o possuidor da virtude *fikriyya* deve saber diferenciar os acidentes dos inteligíveis por um "conhecimento e intuição pessoal", a virtude *fikriyya* não pode estar separada da virtude teorética. Do mesmo modo, a virtude teorética suprema, a virtude *fikriyya* suprema, a virtude moral suprema e a arte prática suprema não podem estar separadas – embora sejam hierarquizadas –, porque, se assim estivessem, seriam imperfeitas e não seriam supremas.

A arte suprema é a política, a arte real ou arte de governar, a arte "arquitetônica" de Aristóteles[267]. Todas as outras artes estarão necessariamente subordinadas à arte política, porque é ela a responsável pela realização do fim para o qual todas as outras convergem, isto é, a felicidade nas nações e cidades[268]. Todas as outras artes, também, desde a mais perfeita até as subordinadas, são escalonadas, como, por exemplo, a arte de comandar exércitos, que está acima das outras artes particulares relacionadas à atividade da guerra[269].

Al-Fārābī não menciona quais são as supremas virtudes teorética e moral, mas a quarta parte de *Obtenção da Felicidade* é dedicada à filosofia, ciência ou sabedoria que contém todas as virtudes, "a ciência das ciências", "a mãe das ciências", "a sabedoria das sabedorias", "a arte das artes": a verdadeira sabedoria, "a sabedoria incondicional (*itlaq*) é unicamente essa ciência e essa atitude de espírito"[270]. Ou seja, a verdadeira sabedoria é a filosofia que inclui tanto as ciências teoréticas como o conhecimento prático para realizar as virtudes na cidade. A filosofia, portanto, é condição necessária para a obtenção da felicidade e sua realização nas cidades. Nessa parte do tratado, Al-Fārābī se volta para a concepção platônica do rei-filósofo – tema que não cabe discutir por enquanto, porque nosso intuito foi apresentar a concepção de *phrónesis* tal como fora compreendida por esse filósofo. Sabemos, contudo, que Aristóteles, no Livro x de *Ética Nicomaqueia*, indicou a sabedoria (*sophía*) como a atividade (*energeía*) teorética do intelecto (*noûs*) que se identifica com a felicidade, pois essa atividade não persegue fim algum além de si própria, caracteriza-se por sua excelência, traz prazer completo, é autossuficiente e ainda conduz a um modo de viver superior a qualquer outro, já que tem qualquer coisa de divino[271].

Averróis e a Sabedoria Prática

Antes de prosseguirmos com a análise da sabedoria prática/prudência no *Comentário sobre a República*, são necessárias algumas considerações acerca do vocabulário usado por Averróis em seu *Comentário Médio sobre a Retórica*, cujo texto árabe sobreviveu. O que temos, porém, sobre a "prudência" na obra de Averróis é um capítulo de seu comentário sobre a *Ética Nicomaqueia*, cuja tradução transcreveremos mais adiante.

Em *Retórica* I, 9, 1366b 20, Aristóteles define *phrónesis* como "a virtude do pensamento (*aretè dianoías*) que torna capaz o bem deliberar (*eû bouleúesthai*) acerca dos bens e dos males em vista da felicidade"[272].

Em *Comentário Médio sobre a Retórica* 1.9.15, Averróis define: "prudência/sabedoria prática (ár. *al-lubb*) é a virtude do intelecto (*faḍīlat al-*^{c}*aql*) por meio da qual se fazem uma decisão virtuosa (*faḍīlat al-mašūra*) e uma deliberação virtuosa (*faḍīlat al-rawiyya*) com virtudes morais (*faḍā'il al-ḫulqiyya*) que provêm do bom estado"[273].

O termo aqui usado por Averróis é *al-lubb*[274], e não *ta*^{c}*aqqul* como vimos em Al-Fārābī; e o termo que Averróis usa para designar *phrónimos* é *labīb*, que significa "sagaz", "inteligente"[275].

No cap. 5, Livro VI, do *Comentário Médio sobre a Ética Nicomaqueia*, na versão latina[276], Averróis comenta a noção aristotélica de "prudência", cuja tradução apresentamos a seguir:

> Da prudência (*De prudentia*)
>
> Disse: Ora, de modo absoluto dizemos o nome prudência a respeito daqueles que têm boa deliberação (*consiliationis*) na descoberta do que é mais reto e mais útil aos homens, não em uma parte do que é um útil particular como o que é útil na saúde e no vigor físico, mas em todo particular em que existe a justa medida do viver (*commoditas vivendi*)[277]. E indício disso é que chamamos prudentes os que têm o poder de se voltar à cogitação para encontrar o fim nobre, e isto em coisas que são encontradas sem arte e ensinamento (*magisterio*[278]). De modo geral, portanto, prudentes são aqueles que, por meio de sua cogitação, podem descobrir coisas vantajosas e coisas nocivas. E ninguém dirige sua cogitação – do modo que há pouco foi dito – para o que é impossível, tampouco para o que é necessário. De fato, a ciência em que há demonstração é demonstração quanto ao que é necessário. Novamente, a prudência, portanto, não é ciência, tampouco é ensinamento (*magisterium*). Certamente não é ciência porque é impossível o conhecido obter-se de outra forma[279]; porém, não é ensinamento (*magisterium*), refiro-me à arte[280], porque o campo de conhecimento (*subiectum*) dela é diferente em gênero[281]. Já que é assim, então a prudência, de modo geral, é hábito animal[282] acompanhado de razão verídica[283] que age (*efficiens*[284]) sobre os bens humanos. E já está evidente que o ensinamento (*magisterium*) é diverso da prudência porque o fim da ação descoberta[285] por meio da deliberação é diverso do [fim] encontrado antes[286] da deliberação[287]; ora, o fim da arte é o próprio produto[288]. [...] E, a partir daí, evidencia-se que a prudência é virtude e não ensinamento (*magisterium*), refiro-me à arte[289]. Disse: E, a partir disso, esse hábito é parte da alma que tem a razão, refiro-me à parte racional[290]; portanto, esse hábito, isto é, o prudencial, é a virtude daquela parte que tem opinião (*putationem*)[291]. A opinião (*putatio*), de fato, existe nas coisas contingentes e este hábito, que é a prudência, está também entre os contingentes[292], e a prudência não é apenas um hábito racional. E, indício disso, é que todo hábito verídico corresponde a esta parte, refiro-me à razão, e nem todos os hábitos verídicos correspondem à prudência[293].

Alguns capítulos adiante, no cap. 8, Averróis continua a expor seu comentário sobre o significado de "prudência":

Das partes da prudência

Essa prudência e a arte de governar as cidades são um único campo de investigação (*subiecto*). A prudência política (*civilis*), cuja proporção em relação a outras prudências é tal qual a proporção da carpintaria principal (*principantis*) em relação às outras artes particulares da carpintaria, é a prudência que diz respeito ao legislador, refiro-me àquele que por si próprio escolhe as constituições úteis, quer em todo tempo, quer na maioria das vezes. Esta é a chamada prudência política conforme a verdade. A prudência, entretanto, por cujo intermédio é descoberto o útil de acordo com um tempo qualquer, se é chamada política, isso se dará conforme uma participação no nome. De fato, é segundo a verdade operativa como as outras coisas particulares operativas. Na verdade, é chamada política porque, por essa prudência, fazem-se a comparação (*commensuratio*) e a correção de falhas incidentes nas constituições que o senhor das leis promulgou, refiro-me ao legislador das coisas universais descobertas por meio da prudência universal, da arte e da virtude formal (*figuralem*) universal[294].

No *Comentário sobre a República*, a passagem que talvez se refira à *phrónesis* aristotélica é a já citada na seção "Averróis, o Comentador". No entanto, em face da complexidade de como o tema da *phrónesis* é tratado, cabe citar novamente o mesmo passo para melhor esclarecer o ponto de vista de Averróis.

<3> E há três perfeições: virtudes intelectivas, virtudes morais e artes operativas. Mas porque as artes operativas são conforme duas espécies, algumas, para a produção de suas operações nas matérias, na coisa, não necessitam senão do conhecimento dos [princípios] universais da arte; outras, para que suas operações sejam, necessitam da adição de uma cogitação e de um discurso[295] sobre os [princípios] universais por meio dos quais ela (isto é, a cogitação) se dá, e isto de acordo com cada indivíduo proveniente dos indivíduos que a arte opera e de acordo com o que é unido a partir do tempo, do lugar e de outras [circunstâncias]. Esta parte intelectiva é por necessidade mais do que a outra parte, e sua perfeição, mais do que a perfeição daquela. § Logo, as perfeições são quatro: virtudes especulativas, artes operativas, virtudes cogitativas e virtudes morais[296].

Como vimos anteriormente e como fica claro nessa passagem, as artes práticas têm a sua parte teórica e a sua parte prática, sendo a primeira relacionada à ética e a segunda, à política propriamente. A sabedoria prática (*phrónesis*), teorizada na primeira parte, realiza-se na segunda, quando a "cogitação" e o "discurso" sobre os princípios da arte confluem para a prática virtuosa.

Surge, porém, um problema quando consideramos a seguinte passagem do *Comentário sobre a República*:

> <4> E, de modo semelhante, ver-se-á também, por meio disso, que ela (isto é, a cidade) é sábia, valente, abstinente e reta. E, a respeito dessas quatro virtudes encontradas naquela cidade, [Platão] quer examinar o seguinte: qual é a natureza de cada uma delas e em que parte [da cidade] se encontram. <5> E começou a respeito da ciência (*scientia*). § Disse que é manifesto que esta cidade é sábia, tendo conhecimento e doutrina (*doctrinam*[297]). Ora, ela é de boa opinião acerca de todas as leis e constituições das quais tratamos, e do bom regime. Pois a boa medida, e equilíbrio, existe (*sic*) nela por causa da ciência nas artes operativas, como a agricultura, a carpintaria e outras. E, já que é assim, ela é dotada de ciência referente ao conhecimento no qual nos detemos[298]. § É manifesto que esta ciência estará completa conhecendo-se o fim humano. De fato, esse regime imita aquele fim para o qual são dirigidas todas as operações. É manifesto que o fim humano é conhecido por meio das ciências especulativas. § Esta associação política é necessariamente sábia conforme ambos os conhecimentos simultaneamente, isto é, operativos e especulativos. <6> Ora, em que parte deve estar esta ciência? Deve, com efeito, estar na menor parte dessa cidade, e são os filósofos. De fato, essas naturezas são menos encontradas que as restantes naturezas dos artífices que trabalham, e está claro que esta ciência deve estar estabelecida no senhor da cidade que tem o domínio nela. Portanto, já que é assim, os chefes desta cidade são necessariamente os sábios. Sobre o mencionado conhecimento nesta cidade, já dissemos, pois, o que ela conhece e em que parte dela [está o conhecimento][299].

A citação, cujo início enuncia as quatro virtudes da cidade platônica, começa, no entanto, com a explicação sobre a "ciência" (gr. *epistéme* = ár. ^{c}*ilm*) e não sobre a sabedoria (gr. *sophía* = ár. *ḥikma*), como esperado. O texto, contudo, indica que pode haver uma identificação entre ciência e sabedoria. Em seguida, "ciência", "conhecimento" e "doutrina" são os termos que Averróis usa para esclarecer sobre qual "ciência" está discorrendo. Quando, porém, assevera que a cidade sábia "tem boa opinião sobre todas as leis e constituições e sobre o que vem a ser um bom regime", desaparece qualquer dúvida inicial sobre a que tipo de ciência ele se refere, pois fica evidente que refere-se à ciência política. A tradução do hebraico é muito mais específica que a latina. Afirma que a cidade é sábia "porque possui uma primorosa compreensão de tudo a que as Leis e os *nómoi* apontam"[300]. Mas, na continuação, lê-se que "o bom governo e o bom conselho[301] são, sem dúvida, um tipo de conhecimento. Todavia, não podemos afirmar que, nesta cidade, o bom governo e o bom conselho existem em razão da sabedoria nas artes práticas, tais quais a agricultura, a carpintaria e assim por diante"[302].

Ora, o texto latino afirma exatamente o contrário, ou seja, que a medida boa e o equilíbrio existem nesta cidade em razão das artes práticas, tais quais a agricultura, a carpintaria etc. O problema no texto latino, porém, esclarece-se com as frases seguintes em que Averróis especifica que o conhecimento necessário para que a cidade se torne sábia é o mesmo que ele procura expor nessa sua investigação. Trata-se do conhecimento da política, isto é, da prática política, tal como fora anunciado no início do tratado. Essa afirmação é corroborada pelo argumento de que a cidade, descrita como ideal, só se tornará sábia com o conhecimento de como obter o almejado fim do homem, ou seja, a felicidade. Como lembra Averróis, a felicidade só pode ser conhecida por meio da ciência teorética, isto é, a ética, donde a necessidade de haver, pois, dois tipos complementares de conhecimento político, o teorético e o prático. O texto latino levanta dúvidas porque menciona "ciências especulativas": "É manifesto que o fim humano é conhecido por meio das ciências especulativas" e que essa cidade será "sábia conforme ambos os conhecimentos, isto é, operativos e especulativos". Todavia, considerando-se que o fim humano é o bem, e que esse bem que todos nós buscamos é a felicidade, e que a felicidade é o bem mais perfeito, pois é buscado por si próprio, não seria ela conhecida pela ética, como está estabelecido no Livro I da *Ética Nicomaqueia*? De fato, o Estagirita declara que "o bem humano resulta ser uma atividade da alma conforme a virtude"[303] e que "a felicidade é uma certa atividade da alma conforme a virtude completa"[304], logo, "a felicidade parece ser algo de perfeito e autossuficiente, posto que é o fim das ações que realizamos"[305].

Na argumentação de Averróis, no entanto, não há qualquer dúvida de que se trata da parte teorética da ciência prática política, isto é, a ética, já que as ciências "especulativas" se ocupam dos entes eternos e naturais, e não dos entes mundanos. Portanto, os conhecimentos "operativos" e os "especulativos", mencionados no texto latino, remetem-se ao início do tratado, quando Averróis afirma que essa ciência na qual ele se detém é composta de duas partes, a teórica e a prática[306].

A sequência da argumentação, contudo, sustenta que esse tipo de conhecimento só é encontrado nos filósofos. Os que, em geral, lidam com as artes práticas, isto é, os demais "artífices", não são possuidores desse tipo de conhecimento, que deverá ser prerrogativa dos que governam. Há, portanto, aí uma identificação entre "filósofo" e "governante", questão que será esclarecida posteriormente, no capítulo dedicado às qualidades essenciais ao governante. Retomando a argumentação, esse tipo de conhecimento é a sabedoria necessária ao soberano e, segundo a leitura que Averróis faz da *República*, é a sabedoria prática, ou seja, a *phrónesis* de Aristóteles. Isso significa que podemos concluir que Averróis substitui o "filósofo-rei" de Platão pelo *phrónimos* de Aristóteles.

Como bem salientou Pierre Aubenque, "a definição [...] da *essência* da prudência pressupõe não apenas de fato [...], mas de direito a existência do *homem* prudente e a descrição dessa existência. [...] a existência do homem prudente já está implicada na definição geral da virtude [...] que Aristóteles propõe no Livro II da *Ética Nicomaqueia* [...]"[307], qual seja: a virtude é uma disposição de escolha ou decisão (*héxis proairetiké*) da justa medianidade (*mesótes*) entre dois males, o excesso e a deficiência, medianidade determinada pela regra correta (*lógos*) do modo como procederia um *phrónimos*[308]. Para Aubenque, nessa definição o *lógos* equivale a *orthòs lógos*, a regra correta que determina o meio justo que confere à ação o *status* de virtuosa. Como Aristóteles, sempre segundo Aubenque, não fornece, em nenhum momento, o meio de reconhecer a regra correta, resta a possibilidade de reconhecê-la no juízo feito pelo homem prudente. Este não tira sua sabedoria dos universais, mas move-se no nível do particular e, para cada um dos particulares, determina o seu meio justo. Segundo Aubenque, "a autoridade do homem prudente não repousa sobre o conhecimento dos universais, mas sobre a interpretação da regra correta e, com isso, faz que ele próprio seja a regra correta, o portador vivo da norma"[309].

Por meio de seus atos de justiça, de coragem, de magnanimidade, de liberalidade, entre outros, o *phrónimos* determina as normas de justiça, de coragem, de magnanimidade, de liberalidade etc., ou seja, normas relativas aos bens práticos para a sua comunidade, sobretudo para os que não possuem a regra correta para conduzir suas vidas[310].

O *phrónimos* seria, segundo Aubenque, o herdeiro do filósofo-rei platônico[311]. E Averróis, um aristotélico por excelência, tem essa mesma convicção, o que pode ser atestado por uma passagem no Livro II do *Comentário sobre a República*: "<3> É manifesto que isso não se perfaz nele (isto é, no governante), a não ser quando for sábio de acordo com a ciência operativa e, junto com isso, tiver a excelência conforme a virtude cogitativa (*phrónesis*), pela qual são descobertas as coisas explicadas na ciência moral [concernentes] aos povos e às cidades [...]"[312].

Ora, o que está declarado na ética é que o *phrónimos* é capaz de fazer uma reta deliberação e de escolher e decidir sobre os meios corretos a fim de conduzir seu povo para a obtenção da felicidade. Essa é a tarefa capital do governante sábio.

Esse perfil traçado do *phrónimos* grego tem afinidade com o paradigma da *sunna* do Profeta Muḥammad, cuja vida é o modelo a ser imitado por todo muçulmano. O califa, vicário ou sucessor do Profeta, é o "portador vivo da norma" a ser seguida na sociedade islâmica, e Averróis, um muçulmano, não se esquece disso.

5. Sobre as Qualidades Essenciais ao Governante

Um bom governante é virtuoso e dotado de discernimento.

(Aristóteles, *Política* III, 2, 1277b)

A propósito da profetologia de Maimônides, Leo Strauss afirmou que o filósofo judeu segue a trilha traçada por uma tradição filosófica dominante há séculos. Embora não o faça de "modo servil", já que elabora uma doutrina própria, Maimônides "permanece no interior de uma esfera de perguntas e respostas possíveis que foi delimitada antes dele. Consequentemente, torna-se necessário remontar às fontes"[1]. Essa mesma observação pode ser feita com relação ao tema das qualidades essenciais necessárias ao governante arroladas no *Comentário sobre a República*. São, portanto, pertinentes algumas referências ao que, sobre isso, Averróis recebeu da tradição.

As Qualidades Essenciais ao Governante no Islã[2]

Hamadi Redissi[3] fez uma interessante observação acerca da tripla herança clássica (islâmica, persa e grega) no discurso político em terras do Islã, a saber, a religiosa, o gênero real e a sabedoria grega. Esses três gêneros de discurso foram elaborados nas mesmas circunstâncias históricas e no mesmo período, isto é, por volta do século X, e, não raro, pelos mesmos autores.

O discurso religioso abrange o político, uma vez que tem dupla função: de um lado, salvaguardar a tradição profética e, de outro, administrar os interesses terrestres. Esse discurso tem seu ápice na teoria do *imāmato* elaborada pelo jurista Al-Māwardī, sobre a qual nos deteremos mais adiante.

De origem persa, os "espelhos de príncipes" (*specula principum*), o gênero real, retratam a arte de governar e o modelo de virtude imposto ao príncipe.

Representam um gênero de literatura anterior à eclosão do Islã. Há duas categorias de "espelhos": os compostos numa sucessão de fábulas e os organizados por ideias e conceitos. Os compostos de fábulas, como *Calila e Dimna*, relatam histórias de conteúdo moral com o propósito de ensinar princípios morais aos governantes; os "espelhos" conceituais lidam com a organização dos deveres reais, mas também veiculam uma instrução política e moral.

A influência do pensamento moral persa e do indiano na tradição islâmica precede o ingresso da ética grega. Seu principal representante é Ibn Muqaffa^c (c. 720-c. 756)[4], de origem persa, um dos promotores da refinada cultura que se desenvolveu sob os abássidas. Ibn Muqaffa^c notabilizou-se pela integração no meio árabe das literaturas de origem persa e de origem indiana. Sua obra mais célebre, *Kitāb Kalīla wa-Dimna*, é a versão árabe de uma coleção de fábulas de origem indiana, que remonta ao *Panjatantra* e ao *Tantrākhyāyka*, "concebida para formar ou enriquecer no leitor o talento político, desenrolando diante de seus olhos o espetáculo do mundo político real nas suas atividades, lutas, evoluções, ao mesmo tempo que lhe são explicados os interesses, paixões, motivações que fazem agir cada um dos atores e as causas e consequências de seu comportamento"[5].

A transmissão dessas fábulas constitui um dos primeiros monumentos da prosa árabe, em que o destaque é dado à sabedoria profana, que, a um só tempo, ensina a prudência política e celebra as virtudes da amizade.

Ibn Muqaffa^c compôs também um manual do bem-viver, *Adab al-Kabīr*, isto é, o *Grande Livro de Adab*, em que os conselhos dirigidos aos governantes e a seus dignitários veiculam a eloquência e a cortesia palaciana. Um dos primeiros "espelhos de príncipes" em língua árabe, o *Adab al-Kābir* contém um ensinamento moral estritamente prático, restrito à esfera do bem-viver e à perspicácia de usufruir as paixões alheias em benefício próprio. Sem qualquer traço religioso, está mais próximo do espírito da Renascença que do medieval islâmico[6].

O *adab* compreendia, de modo geral, uma literatura destinada à formação do homem honesto, essencialmente urbano, que se caracterizava pelas boas maneiras, pela linguagem elegante, e que, embora com qualidades mundanas, respondia a um ideal islâmico. O termo *adab* refere-se a uma prosa literária destinada à distração, à edificação e à instrução de uma elite a ser apreciada por seu comportamento social e bem-viver. Com o tempo, *adab* passou a ter uma acepção mais ampla, podendo designar a cultura enciclopédica que o letrado deveria possuir, bem como os tratados didáticos de determinados conhecimentos para uma formação específica qualquer, como, por exemplo, os *adab* de secretários e os *adab* de cádis. São tratados muitas vezes embelezados por anedotas, relatos de viagem, crônicas e contos, característicos de um certo virtuosismo literário. *Adab* também se aplica a ensaios de natureza moral e psicológica, gênero em que se celebrizou

Al-Jāḥiẓ, que desempenhou papel importante durante os abássidas com a defesa das posições filosófico-religiosas dos *muᶜtazilitas*.

O discurso filosófico, exterior à religião, mas que não lhe é contrário, formula a concepção de uma ciência política que tem por finalidade estabelecer as normas da ação humana. Visando a essa finalidade, a definição de ciência política dada por Al-Fārābī, em *Obtenção da Felicidade*, sintetiza essa busca no âmbito de um pensamento filosófico com ressonâncias gregas: "Ciência política consiste em conhecer as coisas pelas quais os cidadãos alcançam a felicidade na associação política [...]"[7].

Essa ciência consiste, pois, em revelar os meios pelos quais o homem, em vida e no interior de sua comunidade, torna-se capaz de atingir a sua própria perfeição. Ensina a conhecer o bem, a virtude e as coisas nobres, mas também a saber distinguir o bem daquilo que impede a obtenção da perfeição, ou seja, os vícios, os males, as ações torpes e as coisas vis. Nessa perspectiva, a ciência política de Al-Fārābī dedica um espaço para esboçar as qualidades necessárias ao soberano, essenciais para que a comunidade sob sua proteção se desenvolva como um todo na busca da perfeição e da felicidade verdadeira. Averróis retoma de Al-Fārābī essas ideias e as reelabora em seu *Comentário sobre a República*.

Muçulmano e juiz atuante na Córdova almôada, Averróis conhece a tradição que remonta aos primórdios do Islã acerca das qualidades requeridas para que alguém seja o califa, cujo termo em árabe, *ḫalīfa*, remonta a Abū Bakr, o primeiro califa (de 632 a 634), que se fez chamar de "sucessor/vicário do mensageiro de Deus" (*Ḫalīfa rasūl Allāh*) porque ninguém jamais poderia ser sucessor de Deus. Embora Averróis conheça o discurso político-religioso formulado pelo Direito (*Fiqh*) e permaneça nessa esfera, ele elabora, de acordo com o pensamento filosófico herdado, sua concepção pessoal sobre o tema das qualidades essenciais ao soberano.

Tendo em vista a tradição recebida por Averróis, cabe uma breve exposição sobre o tema das qualidades essenciais ao soberano nas três dimensões: religiosa, legal e filosófica.

A Tradição Religiosa Islâmica

O Islã tem como fundamento a Lei revelada por Deus. A ideia de que a Lei procede de uma fonte divina é muito antiga entre os povos semitas do Oriente. O *Corão* reforça essa ideia, apoiada pelo *Ḥadīṯ*, o corpo de tradições dos ditos e feitos do Profeta Muḥammad, e pela prática e costumes da primeira comunidade exemplificados pela vida de Muḥammad, a *sunna*, tida como modelo para os muçulmanos. O sistema legal islâmico deriva da interpretação dessas fontes. Cabe, contudo, notar que o Islã é primariamente uma religião ética, preocupada com a prática da ação correta, e vê a civilização como dependente do reto caminho a ser seguido, ou seja, dependente da *Šarīᶜa*.

O nome para a Lei divina é *Šarᶜ*, que significa "prescrição" (por Deus e Seu mensageiro); também é usado o termo *Šarīᶜa*, cujo significado primário é o de "reto caminho para a água". Os antigos sábios muçulmanos reconheceram que há mais de um caminho para a água, e, como afirma Qatāda b. Di'āma, uma das primeiras autoridades islâmicas, "só a religião é uma; a *šarīᶜa*, porém, são várias"[8].

A necessidade de um chefe da comunidade está dada em *Corão* IV:59 (As Mulheres): "Ó vós que credes! Obedecei a Allāh e obedecei ao Mensageiro e aos que têm autoridade entre vós", ou seja, obedecei aos *imāms* investidos de autoridade.

Com o advento do Islã, formou-se uma sociedade fundada em princípios com contornos muito nítidos. O governo dos primeiros quatro califas (os *Rāšidūn*, os "retamente guiados"[9]), que sucederam o Profeta, seguiu esses princípios, que foram apresentados de forma sucinta por Sayyid Abū al-ᶜAlā' al-Mawdūdī[10]:

1. A soberania pertence a Deus, e o Estado islâmico é de fato uma vice-regência, um vicariato sem qualquer poder para exercer autoridade, exceto em condição subordinada e conforme à Lei revelada por Deus a Seu Profeta[11];

2. todos os muçulmanos têm os mesmos direitos no Estado, independentemente de raça, cor ou idioma. Nenhum indivíduo, grupo, classe, clã ou povo está autorizado a receber privilégios, tampouco nenhuma dessas características determina uma posição inferior de alguém[12];

3. a *Šarīᶜa*, isto é, a Lei de Deus enunciada no *Corão* e na *sunna* (a prática autêntica do Profeta Muḥammad), é a Lei suprema, e qualquer um, desde o ocupante da posição mais baixa até o chefe de Estado, deve ser governado por ela;

4. o governo, sua autoridade e possessões são custodiados por Deus e pelos muçulmanos e devem ser confiados à justiça divina, já que ninguém tem o direito de explorá-los por meios não sancionados pela *Šarīᶜa* ou contrários a ela[13];

5. o chefe do Estado (chame-o de califa, imã ou emir) deve ser designado por meio da consulta (*šūrà*[14]) entre os muçulmanos e após um consenso geral (*ijmāᶜ*). Deve administrar e legislar dentro dos limites prescritos pela *Šarīᶜa* e de acordo com o Conselho consultivo (*šūrà*)[15];

6. o califa, ou o emir, deve ser obedecido sem qualquer relutância no que for reto e justo (*maᶜrūf*); ninguém, porém, tem o direito de ordenar obediência a algo que esteja a serviço do pecado (*maᶜṣiya*)[16];

7. o menos adequado para assumir uma posição de responsabilidade ou a de califa é aquele que ambiciona e busca essa posição[17];

8. o principal dever do califa e de seu governo é instituir a ordem islâmica de vida, encorajar todos para que a sigam e suprimir tudo o que for mau[18];

9. é direito e também dever de cada membro da comunidade dos muçulmanos fiscalizar a ocorrência de coisas que são erradas e contrárias ao Estado islâmico[19].

O Direito Islâmico (*Fiqh*): Al-Māwardī

Uma das fontes possíveis do estabelecimento das qualidades necessárias para a designação de alguém ao cargo de califa consta no Direito islâmico (*Fiqh*). A teoria do califado, como ficou conhecida, foi elaborada no século XI durante o período de decadência do poder abássida e tem como seu maior expoente o jurista Al-Māwardī.

O *Šayḫ* e *Imām* Abū al-Ḥasan al-Māwardī (974-1058) floresceu num tempo de grande instabilidade política durante o califado dos abássidas com sede em Bagdá. Por volta de 945, os buídas, família xiita de chefes militares, originários das margens do mar Cáspio, passaram a controlar o poder dos califas. Embora a dinastia abássida viesse a sobreviver ainda por três séculos, iniciava-se uma nova fase na história do califado, uma vez que o Comandante dos Fiéis, o califa, não mais exercia o poder de fato, que estava nas mãos dos chefes militares.

Al-Māwardī não escreve como filósofo, mas como jurista. Expõe a Lei islâmica de acordo com os princípios do Direito da escola (*maḏhab*) fundada por Al-Šāfiᶜī. Seus escritos, contudo, abrangem diferentes áreas do saber, desde a exegese do *Corão*, a ética, a língua e a gramática, até o Direito público e constitucional. Nascido em Basra, seguiu os ensinamentos da escola *šāfiᶜīta*, uma das quatro escolas sunitas da jurisprudência islâmica[20]. Exerceu o cargo de *qāḍī* (juiz) em diversas cidades antes de ser encarregado deste ofício em Bagdá, onde recebeu o título honorífico de *qāḍī al-quḍāt* (juiz por excelência). Seu trabalho, retidão e coragem foram amplamente reconhecidos depois de recusar o endosso da concessão do título de *Šāhinšāh* (Rei dos Reis) ao príncipe buída Jalāl al-Dawla, que o havia requerido ao califa abássida Al-Qā'im (1031-1075), com a aprovação de diversos juristas notáveis. Al-Māwardī, conselheiro de Al-Qā'im e defensor das prerrogativas do califado, já fora tido em grande consideração e apreço pelo califa anterior, Al-Qādir (991-1031), quando, por ordem deste soberano, redigiu um trabalho sobre os *šāfiᶜītas* nos manuais dedicados a expor as doutrinas das quatro escolas ortodoxas[21]. Sua mais célebre obra, contudo, é o tratado de ciência política *Al-Aḥkām al-Sulṭāniyya wa-al-Wilāyāt al-Dīniyya* (Os Estatutos Governamentais), que, como indica o Prefácio, parece ter sido encomendado como defesa dos direitos do cargo de califa, numa época em que essa instituição declinava:

> Deus – que Seu poder seja exaltado – ordenou à comunidade (*al-umma*) um chefe para suceder ao Profeta e proteger o credo (*al-milla*) e investiu-o de autoridade confiando-lhe a direção da política (*al-siyāsa*) a fim de que a administração desses assuntos pudesse ser empreendida à luz da verdadeira religião (*dīn mašrūᶜ*) e para que houvesse consenso unânime no encalço da opinião reconhecidamente correta (*ra'y matbūᶜ*). O *imāmato*, por conseguinte,

> é um ponto principal estabelecido pelos princípios da religião (*qawāʿid al--milla*) e graças ao qual o bem-estar da comunidade (*maṣāliḥ al-umma*) é mantido para que os assuntos de interesse geral (*al-umūr al-ʿāmma*) sejam garantidos e todas as funções específicas (*al-wilāyāt al-ḫāṣṣa*) emanem dele. Em razão disso, deve-se conceder prioridade de menção às regras (*aḥkām*) que dizem respeito ao *imāmato* e sua jurisdição deve ser considerada anterior a todos os decretos religiosos para garantir que [já que o exame de qualquer outra questão religiosa está subordinado à sua alçada] o arranjo das regras (*aḥkām*) concernentes às funções públicas (*al-wilāyāt*) seja realizado, segundo a ordem que convém a cada categoria, cada qual em seu próprio lugar e de acordo com o raciocínio analógico (ou seja, de acordo com a similaridade de suas regras)[22].

Os *Estatutos Governamentais* expõem os fundamentos sobre os quais repousam a autoridade suprema, os limites dentro dos quais ela se move, os organismos de que ela dispõe e que dela emanam, e os meios aos quais ela recorre. Como é o costume, o autor funda sua exposição nas quatro bases que servem de suporte ao edifício do Direito dos muçulmanos, o *Corão*, a Tradição *(Ḥadīṯ)*, o consenso (*ijmāʿ*) e a dedução legal por analogia (*qiyās šarʿī*). Nesse tratado, Al-Māwardī apresenta muitas informações históricas com as soluções em que há divergências entre as quatro escolas jurídicas e recorre às mais antigas autoridades, delineando, assim, um conjunto coerente cujos elementos, até então dispersos, permanecem reunidos.

Reconhecido como um clássico, o tratado *Estatutos Governamentais* é uma referência maior entre os especialistas, sejam eles árabes ou orientalistas. Deu origem a vários debates entre os que defendem a ideia de que constitui a formulação da teoria sunita – ou ortodoxa – de governo islâmico e os que argumentam contra a ideia de que existe apenas uma única teoria sunita, pois acreditam que o objetivo de Al-Māwardī foi conciliar uma determinada interpretação da Lei islâmica, a doutrina *ašʿarita*, com a realidade política de seu tempo sob o domínio dos buídas.

Al-Māwardī parte do pressuposto de que a matéria secular é inseparável da religiosa. O califado[23], portanto, é considerado mais que uma mera instituição, pois representa um sistema político-religioso que regula, nos mínimos detalhes, o conjunto da vida de todos da comunidade muçulmana. Ponto focal dos sistemas governamental, constitucional e legal, o califado congrega todas as funções de Estado que dele derivam. Ministros, comandantes militares, governadores de províncias, juízes, chefes religiosos das orações e das peregrinações, fiscais da moral pública etc., todas essas funções provêm das obrigações e direitos do soberano e por ele são controladas.

Segundo Al-Māwardī, a *Šarīʿa*, ou Lei sagrada, provê o fundamento de qualquer sistema de governo. A *Šarīʿa* tem sido e é, no passado e no presente, unanimemente seguida por todas as seitas islâmicas, moderadas ou extremistas, revolucionárias, modernistas ou conservadoras. Ela encerra as regras reveladas pela Providência divina para guiar os seres humanos em todas as áreas de suas vidas, tanto espirituais como seculares. Em qualquer época e lugar da história islâmica, ela jamais foi questionada, e, supostamente, governantes e governados são igualmente por ela regidos. Por essa razão, sultões e chefes militares, sem qualquer propensão religiosa, sempre invocaram os preceitos contidos na *Šarīʿa* para conferir legitimidade às suas ações.

Embora o essencial do pensamento político de Al-Māwardī esteja expresso nos *Estatutos Governamentais*, apenas uma pequena parte desse tratado é dedicada à política, consistindo a obra, em seu todo, na apresentação prioritária das regras para a administração pública e para o governo. Essa pequena parte, no entanto, é de grande importância porque constitui a primeira elaboração de uma teoria do Estado no mundo islâmico, cuja influência perdura até os dias de hoje[24].

Outro dado que confere importância a esse tratado é ter sido elaborado com base nas fontes, pois, como o próprio Al-Māwardī afirma, ele é uma síntese das ideias das várias escolas sunitas de jurisprudência. Na atualidade, não se conhece nada sobre a teoria do califado que seja anterior ao século XI. É possível que a teoria de Al-Māwardī seja em parte uma herança e em parte uma elaboração inteligente das opiniões correntes de seu tempo. No entanto, um exame mais acurado demonstra que Al-Māwardī não é um mero compilador, pois suas ideias resultaram das exigências e circunstâncias de sua própria vida e de seu tempo. Em razão do declínio do poder buída, no início do século XI, e em razão de conflitos e insurreições nos exércitos, os califas Al-Qādir e seu filho, Al-Qā'im, almejaram recuperar a glória de seus antecessores. Os esforços de Al-Māwardī são, portanto, explicados pelo contexto histórico em que o califado perdera seu prestígio e poder.

Al-Māwardī não propõe um Estado ideal nos termos filosóficos de Al-Fārābī ou de Averróis. É um jurista e constrói sua teoria com base no que outros juristas já haviam proferido, embora dê contornos mais nítidos e abrangentes às opiniões existentes[25], pois focaliza a conjuntura de seu tempo. Não faz elaborações abstratas, mas relaciona as opiniões de juristas e as adapta ao contexto histórico de sua época[26].

A doutrina, como já dito, foi elaborada numa época de decadência do califado. No entanto, Al-Māwardī arquitetou um modelo fixo de Direito público e, principalmente, do califado, modelo que permaneceu imutável ao longo dos séculos[27].

Nas palavras iniciais do primeiro capítulo de seu tratado *Estatutos Governamentais*, Al-Māwardī define "o *imāmato*, ou o supremo comando, como o vicariato da profecia para salvaguardar a fé religiosa e administrar os afazeres do mundo"[28]. O jurista indica as sete condições exigidas para que um imã/califa seja eleito:

1. Que seja munido de todos os atributos da justiça (*ᶜadāla*) e da probidade;

2. que tenha a necessária ciência[29] para pronunciar um julgamento independente nas crises e tomadas de decisão;

3. que detenha audição e visão perfeitas e o uso perfeito da palavra, de modo que os sentidos o levem corretamente à ação;

4. que tenha um perfeito funcionamento de seus membros e a agilidade necessária para mover-se;

5. que tenha juízo[30] sólido para garantir uma sábia direção dos assuntos de Estado e de sua administração;

6. que seja dotado de coragem e energia necessária para defender o território islâmico e combater o inimigo;

7. que pertença à linhagem dos *Qurayš*.

Na seção seguinte, Al-Māwardī estabelece os pontos de sua doutrina do califado:

1. A instituição do *imāmato* é uma exigência necessária da *Šarīᶜa*, e não da razão. É obrigatória a designação de um imã/califa por meio do consenso (*ijmāᶜ*) da comunidade islâmica;

2. há dois modos de nomear o califa: ou é nomeado pelo califa regente ou por um Colégio eleitoral (*šūrà*) formado de pessoas com qualificação especial, tradicionalmente instalado na capital do império, porque as regras da sucessão exigem pronta nomeação do novo califa;

3. para a designação do futuro califa, a qualificação mais importante é ser descendente da tribo dos coraixitas;

4. é possível eleger alguém menos qualificado para o cargo em detrimento de alguém mais qualificado, desde que preencha as condições necessárias do *imāmato*. (Essa determinação era endereçada aos xiitas que acreditavam que a linha que descendia de ᶜAlī e os fatímidas eram superiores ao resto da humanidade. Esse princípio, porém, deu ensejo à investidura de muitos califas medíocres.);

5. se houver apenas um candidato adequado, ele torna-se califa sem que seja necessária uma eleição. A existência simultânea de dois imãs/califas é ilegal[31].

Al-Māwardī arrola dez deveres e funções do califa:

1. A preservação e a defesa dos princípios estabelecidos pela religião tal como foram compreendidos e propostos pelo consenso entre as antigas autoridades. Certamente esse é o primeiro e principal dever do califa para com a comunidade que vive sob a *Šarīᶜa*;

2. a aplicação da justiça e o julgamento de litígios devem estar estritamente de acordo com a *Šarīᶜa*;

3. a manutenção da lei e da ordem é dever do califa para que a paz em sua comunidade seja garantida, as atividades econômicas se desenvolvam livremente e os cidadãos possam viajar sem medo;

4. o califa deverá fazer cumprir o código penal inscrito no *Corão*, a fim de assegurar que os cidadãos não infrinjam as proibições prescritas por Deus e seus direitos fundamentais não sejam violados;

5. o califa deverá garantir a defesa das fronteiras do império contra invasões de inimigos, a fim de assegurar a vida e as propriedades dos muçulmanos e dos não muçulmanos que habitam no Estado islâmico;

6. deverá organizar e realizar a guerra (*jihād*) contra os que se opuserem ao Islã e contra os não muçulmanos que se recusarem a viver sob a proteção do Estado islâmico. Em virtude do pacto com Deus, o califa deverá estabelecer a supremacia do Islã sobre todas as outras religiões e credos;

7. o califa deverá recolher os impostos de acordo com a prescrição da *Šarīʿa* e conforme a interpretação dos juristas;

8. aos súditos habilitados deverá conceder subsídios e fundos que serão retirados do tesouro do Estado (*bayt al-māl*), sem incorrer, porém, em prodigalidade ou avareza, em atrasos ou adiantamentos;

9. deverá nomear para os principais postos do Estado homens honrados e honestos, a fim de assegurar ao tesouro uma administração efetiva e a salvaguarda das finanças do Estado;

10. o califa deverá controlar pessoalmente os afazeres de seus domínios, a fim de assumir a direção da política do Estado e a proteção dos interesses de seus súditos.

* * *

Três séculos e meio depois de Al-Māwardī, Ibn Ḫaldūn descreve as qualidades que se exigem de um califa: "o conhecimento, a probidade, a competência e o uso dos sentidos e dos membros que influem sobre a atividade do espírito e do corpo"[32]. Lembra que a exigência de uma quinta condição, de que o califa seja um coraixita nato, foi posta em dúvida, mas não deixa de submetê-la a uma séria arguição.

Fica evidente, segundo Ibn Ḫaldūn, que é necessário conhecer a fundo as ordenações de Deus e executá-las, mas esse conhecimento não basta. É também necessário que o imã/califa tenha a capacidade de julgar por si próprio, uma vez que fiar-se na opinião alheia constitui grave falha. Ibn Ḫaldūn não se detém nas qualidades morais exigidas, apenas confirma a exigência de que o soberano possua qualidades morais e seja probo "em todo o resto", já que o imamato é uma dignidade religiosa. Com o exercício da autoridade sobre todos os funcionários e a exigência do cumprimento geral da retidão, a probidade se torna uma qualidade indispensável para o exercício do cargo supremo. Maior ênfase é dada à coragem, qualidade que se evidencia na competência para fazer cumprir as penas legais e para atuar nos combates. A coragem também se faz necessária ao califa, a fim de que ele tenha a habilidade para prever guerras e entusiasmar o povo para a luta. Ibn Ḫaldūn afirma que ela é essencial para conhecer o espírito unificador do povo (*ᶜaṣabiyya*[33]). Além disso, a coragem é a força da alma fundamental para enfrentar as fadigas do governo e cumprir com eficiência os deveres que o cargo impõe: "defender a religião, combater o inimigo, manter os regulamentos de Deus, reger o mundo e trabalhar para o bem público"[34]. Ibn Ḫaldūn concede grande destaque à exigência de que os órgãos dos sentidos e todos os membros do corpo do imã devam ser vigorosos e isentos de imperfeições para a ação: "É absolutamente necessário que o imã seja sem defeito; é uma das condições que ele deve satisfazer"[35].

Às instituições governamentais, Ibn Ḫaldūn dedica toda a terceira parte do primeiro volume da obra, em que analisa a fundação dos grandes impérios e das dinastias reinantes, discorre sobre a realeza, o califado e a dignidade do sultanato. Embora de suma importância, essa obra é posterior a Al-Fārābī e a Averróis, logo limitamo-nos a ressaltar-lhe a continuidade da exigência de certas qualidades para a investidura de um califa, a fim de destacar a relevância dessa questão na tradição islâmica.

A Abordagem Filosófica

O Filósofo-rei de Platão

O ponto de partida da teoria do governante (rei)-filósofo é a discussão sobre a cidade ideal da *República*[36], no debate entre Sócrates e os sofistas quanto à definição de justiça. Ao propor começar pela definição da justiça de um Estado para então discorrer acerca da justiça de um homem (*Rep.* II, 368e), Platão assume que a definição da justiça tem sua base no princípio de que ela, como qualidade, pode existir tanto na comunidade como no indivíduo. Como é mais fácil saber o que é a justiça de um Estado, o debate começa com a busca de uma definição do Estado justo para que depois o princípio dessa definição seja aplicado às ações dos indivíduos. Sócrates elabora uma teoria dos estágios de desenvolvimento da sociedade e, com isso, passa a discorrer sobre os diferentes estamentos sociais necessários para a convivência humana na cidade. Em *República* IV, 433a-b, Sócrates chega à definição de justiça afirmando "que cada um deve ocupar-se com a tarefa para a qual sua natureza é mais bem dotada [...] cumprir a tarefa que é a sua sem meter-se em muitas atividades" e, assim, sedimenta a estrutura social ideal baseada no tipo de trabalho que cada um exerce, a saber, os artesãos, os guardiões e os governantes (reis)-filósofos. Essa estrutura tripartite da sociedade é consoante com a estrutura tripartite da alma (*Rep.* IV, 441c), cujas partes são: a sede dos desejos (*tò epithymetikón*)[37], a parte da impetuosidade (*tò thymoeidés*)[38] e a parte racional (*tò logistikón*)[39]. O *epithymetikón* é representado pelo povo, cuja função é prover a cidade de suas necessidades materiais. Os guardiões, cuja função é proteger a cidade contra os inimigos internos e externos, são representados pela parte da impetuosidade, e os filósofos, representados pela parte racional, têm a função de governar a cidade em virtude da perfeição de seu intelecto. Tal como a razão governa as partes inferiores da alma, os que são dotados de uma perfeição racional devem conduzir a sociedade organizada hierarquicamente. Cada estamento social deverá estar habilitado para a atividade que lhe é própria, e, de acordo com sua habilidade, cada indivíduo deve possuir as virtudes requeridas para desempenhar satisfatoriamente a sua função social. O Estado ideal, o que deve ser otimamente construído, deverá ser "sábio, corajoso, moderado e justo" (*Rep.* IV, 427 e). Justiça e moderação são virtudes que todos deverão ter. A justiça é feita quando cada um é reconhecido como necessário *para* e *pelo* conjunto social. A moderação, em sentido amplo, significa a pronta aceitação de cada um para assumir o seu próprio papel social e eliminar seus desejos pessoais, já que, na cidade ideal, cada um se dedica ao que melhor sabe fazer e reconhece as necessidades da sociedade como um todo. Em razão da especificidade de sua atividade, os guardiões devem ter uma virtude a mais, a coragem. O rei, que ocupa o posto mais elevado no Estado ideal, deverá necessariamente possuir as virtudes dos estamentos inferiores, a saber, justiça, temperança e coragem. No entanto, deverá também ser dotado de sabedoria, o que faz dele a imagem exata do Estado ideal por meio das quatro virtudes cardinais. Com isso, Platão defende a tese de que é imprescindível que sejam os filósofos a governar ou que os reis e soberanos se tornem filósofos, porque somente o filósofo é dotado da quarta virtude, a sabedoria. Como, então, ser sábio e tornar-se um filósofo?

Na *República*, Platão discorre sobre as qualidades e/ou condições da alma filosófica em três níveis. Em primeiro lugar, o futuro filósofo deve ter o potencial necessário para tornar-se um filósofo; para isso, deve ser rápido no aprendizado e deve ser dono de uma boa memória. Em segundo lugar, uma vez munido dessas qualidades potenciais, o futuro filósofo deve desejar constantemente atingir a perfeição por meio do conhecimento no domínio do eterno e do imutável, com seus desejos dirigidos apenas para as ciências, pois "para aquele cujos desejos fluem na direção do conhecimento e de tudo que lhe é similar, o prazer seria só da própria alma, creio, e, quanto aos do corpo, ele os deixará de lado, se não for um falso, mas um verdadeiro filósofo"[40].

Para Platão, o conhecimento verdadeiro é o conhecimento das ideias imutáveis e eternas. Este é o conhecimento que o filósofo deve desejar e buscar, este é o bem almejado. Em terceiro lugar, como o desejo da perfeição, com esse conhecimento, conduz à perfeição também na realização das outras virtudes, aquele cujo desejo estiver dirigido para essa única direção, isto é, a do conhecimento verdadeiro, será desviado do desejo por outras coisas e, por conseguinte, será moderado em relação aos prazeres do corpo e aos prazeres materiais em geral, como, por exemplo, o amor pelo dinheiro. O filósofo que é um verdadeiro filósofo "tem grandeza de alma, é magnânimo e dotado de graça, amigo e parente da verdade, da justiça, da coragem e da moderação"[41]. Desse modo, Platão "combina as três qualidades básicas que são essenciais para o filósofo: o potencial para atingir a verdade, o desejo para atingi-la e a perfeição das virtudes morais e intelectuais"[42].

Educado para desenvolver esses talentos e, com o tempo, tornando-se experiente e virtuoso, o filósofo é o único a quem se deve confiar o governo da cidade[43]. Quem quer que tenha atingido a perfeição moral e intelectual tem não só a habilidade para governar a cidade mas também a obrigação de conduzir seus concidadãos "em direção ao bem". Quem melhor que o filósofo para proteger a cidade, posto que é o mais versado no conhecimento dos meios de administrá-la, o que possui as honras mais elevadas e o que leva uma vida melhor que a dos que administram a política?[44]

Em *República* VI, 485b–487a, Platão enumera as qualidades do futuro rei-filósofo ao descrever a natureza do verdadeiro filósofo a partir das condições necessárias aos que deverão "estabelecer as leis, protegê-las e preservá-las"[45]:

1. A natureza do filósofo exige o amor a um tipo de conhecimento que torna claro o ser que sempre é (VI, 485b);
2. os filósofos amam a totalidade desse conhecimento e não devem renunciar a qualquer parte dele (VI, 485b);
3. devem ser isentos de falsidade, possuir o amor à verdade e recusar-se a admitir o que é falso (VI, 485c-d);
4. devem ser moderados e de modo algum amantes do dinheiro (VI, 485e);
5. devem ter grandeza de espírito, ser magnânimos, mas não servis nem jactanciosos (VI, 486a-b);
6. devem ser corajosos (VI 486b);
7. devem ter boa memória (486c-d);
8. devem possuir natureza harmônica e elegante e ter um intelecto dotado de medida ou proporção (VI, 486d).

Assim, o verdadeiro filósofo 1. ama a verdade e aspira à posse de toda verdade; "semelhante a uma torrente que não pode se desviar de seu curso natural", seu amor à ciência e à verdade absorve todos os desejos de sua alma; 2. odeia a mentira e a fraude; 3. segue os prazeres da alma e abandona os do corpo; 4. moderado, permanece sempre afastado da cupidez de riquezas; 5. é generoso e magnânimo, entusiasta e desinteressado; 6. é corajoso e não teme a morte; 7. é dono de uma poderosa memória e de uma facilidade de aprendizado; 8. possui uma força guiada pela justa medida[46] e pela graça. Enfim, possui afinidade com a verdade, com a justiça, com a coragem e com a moderação.

Ao concluir, Platão resume a discussão e reafirma as condições que, por natureza, são necessárias ao futuro rei-filósofo: ter uma boa memória; ser rápido para adquirir conhecimento; ser capaz de pensamentos grandiosos; ser dotado de elegância ou graça no pensar; ser amigo da verdade, da justiça, da coragem e da moderação[47]. As primeiras remetem-se à virtude cardinal da sabedoria, ao passo que ser amante da justiça, da coragem e da moderação são condições morais relativas às outras três virtudes cardinais mencionadas na *República*.

Platão, todavia, concede uma alternativa aos reis empossados, a saber, tornarem-se eles próprios filósofos por meio de uma educação filosófica, e é categórico ao fazer tal assertiva: "Se os filósofos não forem reis nas cidades ou se os que hoje são chamados reis e soberanos não forem filósofos genuínos e capazes, e se, numa mesma pessoa, não coincidirem poder político e filosofia [...] não é possível [...] que haja para as cidades uma trégua de males e, penso, nem para o gênero humano. Nem, antes disso, na medida do que é possível, jamais nascerá e verá a luz do sol essa constituição de que falamos"[48].

Com isso, Platão conclui que a sociedade só será salva se governada por um filósofo, embora conceda aos reis a possibilidade de se tornarem filósofos por meio de uma educação apropriada. Sabe-se, no entanto, que Platão tentou em vão fazer do tirano de Siracusa um filósofo[49].

O Soberano Ideal de Al-Fārābī

No *Kitāb al-Milla* (Livro sobre a Religião), Al-Fārābī define o "primeiro governante" (*al-ra'īs al-awwal*[50]) como aquele que promulga as regras que determinam e delimitam as opiniões[51] e ações que constituem a religião[52]. Se este governante for virtuoso, seu governo também será. Embora esse primeiro governante tenha determinado as regras iniciais das opiniões e ações constitutivas da religião que fundou, poderá ocorrer que não tenha tido a possibilidade de determiná-las exaustivamente em razão de circunstâncias alheias à sua vontade, seja por sua morte prematura ou por guerras e outros afazeres necessários, seja porque apenas determinou ações e opiniões para ocasiões e casos específicos que presenciara em vida. Como nem sempre os acontecimentos se repetem na mesma época e no mesmo lugar, muitos fatos deixam de receber uma legislação específica promulgada por esse primeiro governante[53]. Nesse caso, seu sucessor continuará a legislar. O primeiro governante, que já é virtuoso, estabelece pela primeira vez os modos de viver e os hábitos virtuosos, já que antes dele os habitantes da cidade "ignorante" viviam no estado de ignorância e não conheciam, por isso, as virtudes[54]. Quanto às ações a serem cumpridas, seu sucessor seguirá o exemplo dado pelo fundador da religião. Seu governo será sempre baseado na tradição legal (*sunna*) e seu título será o de governante ou de rei da tradição legal (*mālik al-sunna*)[55].

No capítulo 15, §12, da edição de Richard Walzer de *Mabādi' ārā' ahl al-madīnat al-fāḍila* (Princípios acerca das Opiniões dos Habitantes da Cidade Virtuosa)[56], em relação ao "primeiro governante" (*al-ra'īs al-awwal*) ou governante virtuoso, Al-Fārābī declara que o chefe "de toda a parte habitada da terra", entenda-se o Império Islâmico, deve ser dotado de doze qualidades inatas (*ḫiṣāl*). Essas qualidades são herdadas das linhas iniciais do Livro VI da *República*, cuja referência direta está no tratado *Taḥṣīl al-sa^cāda* (Obtenção da Felicidade), em que Al-Fārābī afirma que Platão prescreveu as qualidades exigidas para o filósofo "na *República* (*fī al-Siyāsa*)"[57]. Nessas duas obras de Al-Fārābī, porém, a disposição e o número das qualidades diferem ligeiramente. No tratado sobre as *Opiniões dos Habitantes da Cidade Virtuosa*, a lista das qualidades exigidas do governante é a seguinte:

1. Possuir membros e órgãos livres de qualquer deficiência e tão fortes que possa executar facilmente qualquer ação que deles dependa[58];

2. ser, por natureza, dotado de uma inteligência aguda e da capacidade de compreender perfeitamente tudo sobre o que se fala, de modo a apreender o sentido visado por seus interlocutores e de acordo com o que desejavam exprimir[59];

3. ser capaz de reter tudo o que venha a conhecer, ver, ouvir, ou seja, deve ter excelente memória para não se esquecer do que apreendeu[60];

4. ter o espírito tão sagaz e penetrante que lhe baste, para apreender algo, o menor indício a respeito[61];

5. ser dono de uma boa eloquência para que possa enunciar com perfeita clareza tudo o que concebeu em sua mente[62];

6. amar a instrução e o aprendizado, e a isto deve estar facilmente predisposto, sem fadiga nem prejuízo do esforço dispendido[63];

7. amar a verdade e os que são verdadeiros, odiar a falsidade e os mentirosos[64];

8. não ser ávido no comer, no beber e no prazer carnal, evitando naturalmente o jogo e detestando os prazeres que disso derivam[65];

9. ter grandeza d'alma (*kabīr al-nafs*)[66] e honorabilidade para que sua alma permaneça com naturalidade acima das vilanias e tenda sempre para as coisas nobres[67];

10. desprezar o ouro e a prata e todos os bens terrenos[68];

11. amar naturalmente a justiça e os justos e odiar a injustiça, a tirania e os que as cometem; ser equânime para com os seus e os outros, incitando-os nesse

sentido; compensar as vítimas da injustiça dando a todos tudo o que ele próprio estima bom e belo; ser probo e dócil, não devendo ser nem obstinado nem teimoso quando se tratar de ser justo, mas inflexível quando lhe for pedido que cometa uma injustiça ou vilania[69];

12. ter vontade firme, decidida e audaciosa para, sem medo nem fraqueza, empreender o que considera que deva ser realizado[70].

As cinco qualidades intelectuais necessárias ao futuro governante (2, 3, 4, 5, 6) e as cinco qualidades morais (7, 8, 9, 10, 11) estão listadas na ordem de importância, primeiro as intelectuais e depois as morais, todas elas encabeçadas pela primeira condição necessária ao governante, a de ter um corpo perfeito, sem defeitos[71]. A última, a coragem (ou disposição firme e decidida de realizar o que for necessário, sem medo nem fraqueza), fecha a lista. No elenco das sete qualidades requeridas para o cargo de califa elaborado por Al-Māwardī, vimos que as relativas à integridade física ocupam o terceiro e o quarto lugar, e a coragem para defender os territórios islâmicos está em sexto lugar. Al-Fārābī põe em primeiro lugar a integridade física porque é evidente que, sem ela, não há como desenvolver as qualidades intelectuais mencionadas em seguida. Do mesmo modo, parece que, sem as qualidades intelectuais, não há como desenvolver as qualidades morais. A última da lista, a coragem, condição necessária a um chefe de Estado para manter a ordem e defender a cidade dos ataques inimigos, é a única que se refere exclusivamente a uma situação social, pois todas as outras podem, muito bem, ser também aplicadas a um cidadão comum, sem que necessariamente ele venha a ser um chefe de Estado. São as qualidades intelectuais e morais que se aplicam a um filósofo e que, numa visão mais ampla, podem bem servir de parâmetro para uma reforma global da sociedade. Contudo, essa consideração não está explicitamente presente em Al-Fārābī, já que nessa passagem o seu interesse se dirige à figura do governante.

Com poucas diferenças, as qualidades arroladas no tratado sobre as *Opiniões dos Habitantes da Cidade Virtuosa* são repetidas em *Obtenção da Felicidade*[72]. Segundo Hans Daiber, parece que a lista farabiana apresentada em *Cidade Virtuosa* é um sumário tardio de discussões derivadas de outros trabalhos de Al-Fārābī[73]. Em *Obtenção da Felicidade*, a lista é ligeiramente diferente da que Al-Fārābī apresenta em *Cidade Virtuosa*, mas também tira sua inspiração da mesma passagem da *República* e está mais próxima do texto platônico.

Em *Obtenção da Felicidade*, antes de listar as qualidades essenciais ao governante, Al-Fārābī discorre sobre a necessidade de ele ser também um filósofo e introduz a identificação do filósofo com o príncipe, legislador e imã (retomada por Averróis no *Comentário sobre a República*): "§58: Que fique claro que a ideia de filósofo, de governante supremo, de príncipe, de legislador e de imã é uma só ideia. Não importa qual dessas palavras tomares, se procurares encontrar o que cada uma delas significa para a maioria dos que falam a nossa língua, constatarás que, no final, todos estarão de acordo em dar [a esses termos] o significado de uma única e mesma ideia"[74].

Identificados governante e filósofo, Al-Fārābī passa a listar as qualidades essenciais e necessárias ao filósofo, "as condições prescritas por Platão na *República*" que diferenciam o verdadeiro do falso filósofo[75]:

1. Distinguir-se na compreensão e na concepção do que é essencial;
2. ter boa memória e saber enfrentar o grande esforço que o estudo requer;
3. amar a verdade e as pessoas verdadeiras, amar a justiça e os justos;
4. não ser nem obstinado nem polemista quanto às coisas que deseja;
5. não ser glutão com alimentos e bebidas e, por disposição natural, desdenhar os apetites, o dinheiro e coisas afins;
6. ter nobreza de espírito e evitar o que é considerado indigno;
7. ser piedoso, ceder facilmente ao bem e à justiça, rechaçar o mal e a injustiça;
8. ser determinado em favorecer as coisas justas e retas;
9. ser educado de acordo com as leis e costumes que dizem respeito à sua disposição inata;
10. ter convicção absoluta nas opiniões da religião em que foi criado e manter-se firme na prática dos atos virtuosos dela; manter-se firme na prática das virtudes geralmente aceitas e não ignorar os atos nobres geralmente aceitos.

Com exceção da quarta e da décima condições, todas as restantes procedem do discurso platônico. A décima é certamente uma alusão à obediência aos preceitos islâmicos. A nona é derivada do discurso platônico de que a natureza nobre do filósofo só pode vingar se ele receber uma educação voltada para as virtudes mencionadas, pois, sem a educação apropriada, a melhor das naturezas é destruída e corrompida (*Rep.* VI, 494b-495b). Al-Fārābī reformula essa exigência platônica acrescentando que o filósofo-governante deverá ser educado nas leis e nos costumes "que dizem respeito à sua disposição inata", ou seja, nascido com uma natureza predisposta à virtude, ele deverá desenvolver as virtudes essenciais dentro dos limites das leis e costumes de sua sociedade, no caso, a islâmica.

Na doutrina de Al-Fārābī, o profeta, além de receber a Revelação, tem também a função de chefe e condutor da cidade. O homem, animal social antes de tudo, vive em grupos mais ou menos extensos, porém necessários para a sua sobrevivência, mas, uma vez assentada, a associação entre os homens deve abranger toda a terra habitada. Para ser perfeita, essa sociedade universal deve formar um só corpo, cujos membros, sob a direção de um único chefe – princípio de direção, de ordem e de equidade –, cumprirão cada qual a sua parte nas tarefas em que suas aptidões sobressaem.

Na cidade, o papel do chefe é preponderante. Assim como o universo é regido pela razão universal, e o homem, por sua própria razão, a cidade perfeita é regida por um guia impecável e infalível. Constata-se, com Al-Fārābī, que a universalidade da razão se justapõe à da missão profética. Assim, esse chefe, que é modelo a ser por todos imitado, vem a ser também o legislador ideal que não apenas promulga as leis, mas também consigna a cada um o seu lugar num conjunto harmonioso e justo. A cidade perfeita, porém, não é em si mesma um fim. Sua vasta associação tem por fim o encaminhamento do homem rumo à salvação e à felicidade na vida futura, uma vez que isolado, fora da religião e da sociedade, não saberia realizar a plenitude de seu ser[76].

A título de curiosidade, cabe finalizar com as palavras de Henri Laoust sobre a identificação do profeta-imã-legislador da doutrina farabiana com a pregação do xiismo a respeito de seus líderes:

> As qualidades exigidas do chefe da cidade perfeita são, mais ou menos, as mesmas que o xiismo exigia de seus *imāms* e, particularmente, do primeiro deles, ᶜAlī, companheiro e sucessor legítimo do Profeta Muḥammad. Ao se unir à inteligência agente, contudo, o profeta-imã poderá também adquirir a iluminação e o conhecimento necessário para a sua função de guia, de modelo e de legislador. Nenhuma diferença de natureza separa o profeta do *imām* que se nutrem, ambos, na mesma fonte de virtudes próprias ao exercício de sua missão, e ambos, como no xiismo, são assistidos divina e providencialmente[77].

O Governante no *Comentário sobre a República*

As Qualidades Essenciais ao Governante

Já no Livro I do *Comentário sobre a República*, Averróis alude às qualidades essenciais ao governante e anuncia que discorrerá depois sobre elas: "<4> Explicaremos depois as outras condições que devem ter os soberanos a respeito das virtudes morais e especulativas. Com efeito, os soberanos em tal cidade (isto é, a ideal) são sem dúvida os sábios em quem estão reunidas, junto com a ciência, estas virtudes e as demais, tal como as enumeraremos depois"[78].

No Livro II, Averróis passa então a desenvolver o tópico sobre as qualidades necessárias ao governante. Antes, porém, ele define o significado de governante:

<5> Ora, "rei" significa, em sentido próprio, "senhor das cidades". É manifesto que a arte pela qual é senhor e governa as cidades completa-se quando nele estiverem reunidas todas essas condições. <6> A disposição em relação ao legislador é semelhante, ainda que este nome signifique, em primeiro lugar, aquele em quem está presente a virtude cogitativa pela qual são descobertas as coisas operativas sobre os povos e cidades. Ora, ele próprio precisa daquelas condições. Por isso, esses nomes, a saber, "filósofo", "rei" e "legislador", são como que sinônimos. De modo semelhante, "sacerdote" (*imām*[79]), porque, em árabe, a noção de "sacerdote" (*imām*) designa aquele em quem se confia quanto a suas ações. Certamente é "sacerdote" (*imām*) pura e simplesmente aquele em quem há confiança quanto a essas ações pelas quais é filósofo[80].

Essas considerações são uma clara remissão ao tratado de Al-Fārābī *Obtenção da Felicidade*:

§57: [...] a ideia de *imām*, filósofo e legislador é uma única ideia. Contudo, o nome *filósofo* significa, em primeiro lugar, virtude teorética. Porém, se está determinado que a virtude teorética atinge a sua perfeição última em relação a tudo, segue-se necessariamente que ele precisa possuir também todas as outras faculdades. *Legislador* significa excelência de conhecimento concernente às condições dos inteligíveis práticos, a faculdade para encontrá-los e a faculdade de levá-los a efeito nas nações e cidades. Quando estiver determinado que sejam trazidos à existência com base no conhecimento, segue-se que a virtude teorética precisa preceder as outras – a existência de inferiores pressupõe a existência dos mais altos. O nome *príncipe* significa soberania e habilidade. Para ser absolutamente capaz, ele deve ter uma capacidade de grande habilidade. A sua habilidade para perfazer algo não pode resultar apenas de coisas externas; ele próprio deve possuir grande habilidade porque a sua arte, perícia e virtude são de capacidade extraordinariamente grande. Isso não é possível a não ser com grande capacidade de conhecimento, grande capacidade de deliberação e grande capacidade de virtude e de arte. De outro modo, ele não é nem verdadeiramente capaz nem soberano. Pois, se a sua habilidade cessar perto disto, ela ainda é imperfeita. De modo semelhante, se sua habilidade for restringida a bens inferiores à felicidade suprema, ela é incompleta e ele não é perfeito. Por essa razão, o verdadeiro príncipe é o mesmo que o filósofo-legislador. Quanto à ideia de *imām*, na língua árabe significa simplesmente aquele cujo exemplo é seguido e é bem aceito, ou seja, que sua perfeição é bem aceita ou que seu propósito é bem aceito. Se não for bem aceito em todas as infinitas atividades, virtudes e artes, então não é verdadeiramente bem aceito. Somente quando todas as outras artes,

> virtudes e atividades buscarem realizar o *seu* propósito e nenhum outro, a sua arte será a mais poderosa arte, a sua virtude, a mais poderosa virtude, a sua deliberação, a mais poderosa deliberação, e a sua ciência, a mais poderosa ciência. Com todas essas capacidades, ele estará explorando as capacidades dos outros para completar o seu próprio propósito. Isto não é possível sem as ciências teoréticas, sem a maior de todas as virtudes deliberativas, e sem o resto daquelas coisas que tem o filósofo. §58. Portanto, que esteja claro para ti que a ideia de filósofo, governante supremo, príncipe, legislador e *imām* é uma única ideia. Para qualquer uma dessas palavras, se procurares entre a maioria dos que falam a nossa língua o significado de cada uma delas, encontrarás que todos, no final, estão de acordo em dar a elas o significado de uma mesma ideia[81].

Retomando a última passagem citada do *Comentário sobre a República*, Averróis afirma que o termo "rei", em seu sentido originário, concerne aos que governam as cidades. Acrescenta, em seguida, que é evidente que a arte de governar só se perfaz se todas as condições requeridas do governante nele estiverem combinadas. Nesse momento, essas condições não são ainda mencionadas, mas Averróis lembra que, a respeito do "legislador", foi esse o caso, ou seja, nele estavam todas as condições combinadas. Na sequência, Averróis afirma que, embora o termo "legislador" indique alguém dotado de virtude cogitativa[82], "por meio da qual são descobertas as coisas práticas sobre os povos e governos"[83], o governante necessita também das outras condições (que serão indicadas mais adiante). É possível que, ao mencionar o legislador, Averróis esteja se referindo ao Profeta Muḥammad[84], porque, algumas linhas depois, afirma que a condição de ser profeta exigida para o governante merece uma investigação mais aprofundada, o que será feito "na primeira parte dessa ciência"[85], isto é, na ética.

Acerca desse anúncio, duas observações são pertinentes: 1. essa declaração é significativa porque pode indicar a anterioridade da composição do *Comentário sobre a República* em relação ao *Comentário Médio sobre a Ética Nicomaqueia*, como indica o verbo no futuro na frase *considerabimus de illo in prima parte huius scientiae* (consideraremos acerca disso na primeira parte desta ciência); 2. na obra de Averróis, não há nada de significativo sobre a profecia, cujo conceito é amplamente desenvolvido nas obras de Al-Fārābī e de Avicena[86].

Na sequência dessa sucinta passagem, Averróis afirma que esses nomes, a saber, filósofo, rei, legislador, são quase sinônimos. E, igualmente, o termo "sacerdote" (*imām*)[87], porque, em árabe, a ideia de "sacerdote" (*imām*) designa aquele em quem há confiança, porque é sábio e é seguido[88] em seus atos e obras[89].

E como já foi exposto o que vem a ser um filósofo e já está declarado que apenas os filósofos estão aptos para governar, Averróis passa a enumerar as qualidades "naturais" necessárias para o soberano, que deve tornar-se também um filósofo.

<2> Uma delas, a mais apropriada, é que ele esteja naturalmente apto a aprender as ciências especulativas. E isto ocorre quando, por sua natureza, for conhecedor daquilo que é por si e o distingue daquilo que é por acidente[90].

<3> Em segundo lugar, que tenha uma memória que guarde bem e que não seja instável e esquecidiça, pois quem não tem essas duas condições não lhe é possível aprender algo. De fato, ele não deixa de estar num esforço contínuo, posto que não renuncia ao estudo e à leitura[91].

<4> Terceiro, que ame e escolha a instrução e que esta lhe pareça ser admirável em todas as partes da ciência, pois, como diz, desejando muito alguma coisa deseja-se todas as espécies dela. Por exemplo, quem ama o vinho ama todos os vinhos e, do mesmo modo, quem ama as mulheres[92].

<5> Quarto, que ame a verdade e a justiça e odeie a falsidade e a mentira, pois quem ama o conhecimento dos entes conforme o que são é amante da verdade. Ora, o amigo da verdade é inimigo da mentira e, por isso, não ama a mentira[93].

<6> Quinto, que despreze os apetites dos sentidos, pois quem tem um apetite muito intenso de alguma coisa afasta sua alma dos demais apetites, e assim é a disposição que há neles (isto é, nos filósofos), uma vez que entregaram toda a sua alma ao ensino[94].

<7> Sexto, que não seja ávido de dinheiro, pois o dinheiro é um apetite. Ora, os apetites não são convenientes em tais homens[95].

<8> Sétimo, que seja magnânimo (isto é, que tenha grandeza de alma) e deseje conhecer tudo e todos os entes. A quem não parece ser suficiente conhecer a coisa quando surge à primeira vista é muito magnânimo e, por isso, tal alma não tem comparação com as outras[96].

<9> Oitavo, que seja corajoso, porque aquele que não tem coragem não pode repelir e odiar aquilo em que foi educado por discursos não demonstrativos, sobretudo aquele que foi educado naquelas cidades[97].

<10> Nono, que esteja apto a mover-se por si próprio para a coisa que lhe parece ser boa e bela, como no que diz respeito à equidade e a outras virtudes, e isto porque sua alma apetitiva é intensamente fiel à razão e à cogitação[98].

<11> Acrescente-se a isto que tenha boa retórica com que possa proclamar facilmente qualquer coisa sobre a qual cogite e, com isso, seja sagaz encontrando o termo médio rapidamente. Estas são as condições da alma que são exigidas nesses homens[99].

<12> As condições corporais, porém, são as condições já expostas a respeito dos guardiões acerca da boa estrutura do corpo, da destreza e da boa preparação[100].

Simplificadas, as qualidades da alma podem resumir-se no seguinte:

1. Disposição natural para o aprendizado das ciências teoréticas;
2. ter boa memória;
3. amar o conhecimento;
4. amar a verdade e a justiça e odiar a falsidade;
5. ser temperante (moderado);
6. desprezar o dinheiro (bens materiais);
7. ser magnânimo, ou melhor, ser aberto para receber o conhecimento de tudo;
8. ser corajoso para enfrentar opiniões consolidadas, mas não fundamentadas na ciência;
9. ser justo e virtuoso com base na razão;
10. ter boa retórica para expor os argumentos fundados na ciência e ter habilidade para encontrar rapidamente o termo médio.

Observe-se que as qualidades 1, 3, 4, 7 e 10 aplicam-se à figura do sábio--filósofo; as qualidades 5, 6, e 9 são morais; a oitava define a coragem em termos de um enfrentamento no nível da argumentação contrária à ciência. A segunda, a boa memória, é um requisito tradicional desde Platão, Al-Fārābī e o jurista Al-Māwardī. A última qualidade da lista, a boa retórica, não é mencionada por Platão, mas também faz parte, como vimos, da tradição recebida por Averróis. Além disso, essa qualidade, no pensamento de Averróis, é essencial para o ensino das massas, como está exposto no *Tratado Decisivo*. Como em seguida Averróis menciona a habilidade para encontrar o termo médio, certamente tem em mente o silogismo retórico ou entimema. Todavia, nada impede que esteja se referindo ao silogismo apodítico. De qualquer modo, para Averróis a boa retórica são os discursos que têm por base a ciência.

Além de mudar a ordem em que Platão as cita, Averróis adapta as qualidades arroladas na *República*. Assim, por exemplo, a primeira qualidade coincide em parte com a platônica, pois Averróis a enuncia sob o prisma da filosofia aristotélica, afirmando que o filósofo deve saber distinguir o necessário do contingente. E a terceira, uma sequência da primeira, na medida em que são mencionadas as partes da filosofia, remete-se à clássica divisão das ciências entre teoréticas e práticas e suas subdivisões.

A coragem é necessária para o embate com ideias, e não com armas. Somos levados a crer que Averróis se refira sobretudo aos debates com os teólogos, questão sempre presente em seus tratados considerados polêmicos, pois a frase sobre os que foram educados "especialmente naquelas cidades", que nas traduções inglesas corresponde a "nestas cidades", é uma clara crítica à sociedade de seu tempo.

A magnanimidade é compreendida como grandeza de espírito para acatar tudo o que a ciência afirma como verdadeiro, impedindo, desse modo, que o pensamento permaneça confinado às opiniões que não resistem ao escrutínio científico. Donde, o que parece, à primeira vista, verdadeiro só pode ser considerado verdadeiro se demonstrado apoditicamente. Essa é a tese principal do *Tratado Decisivo*, em que Averróis afirma a importância da demonstração para o conhecimento das verdades enunciadas na Lei contra a argumentação dialética dos teólogos.

O amor à verdade está a par com o amor à justiça, pois não há verdade sem justiça. Esse amor à verdade e à justiça é o amor ao conhecimento dos entes segundo o que são, portanto, amor ao conhecimento especulativo. Surpreende que Averróis não faça qualquer menção à justiça propriamente. Talvez porque aqui ele esteja arrolando as qualidades essenciais ao filósofo e a justiça seja vista apenas em relação à posse do conhecimento. Mas, como ele identificou, para a condução da cidade, os termos filósofo, rei, legislador e imã, causa certa perplexidade o fato de não ter concedido maior destaque à justiça, ele que foi um cádi atuante. A justiça, ou equidade, é novamente mencionada a respeito do sábio, cuja alma apetitiva é controlada pela razão, quando ele vai em direção do bem e do belo. Desse modo, a justiça aparece, no elenco das qualidades, como algo que só é obtido por meio do conhecimento teorético, embora possamos inferir que o conhecimento do bem supremo, isto é, a felicidade, seja o conhecimento teórico da ciência prática política. Aqui, portanto, a justiça estaria a par com a felicidade.

Quanto à temperança ou moderação, é mencionada em qualidades separadas, no controle dos apetites sensoriais e na censura à cupidez pelo dinheiro. Uma vez que a usura é condenada pelo *Corão*, talvez Averróis conceda um certo destaque à necessidade de controle dessa tendência.

Sobre a Observância das Leis Promulgadas

Averróis apercebe-se de que homens dotados de todas essas capacidades são muito raros. À objeção de um provável interlocutor que questione a possibilidade de instituir a cidade ideal com o argumento de que, por um lado, encontrar homens com todos esses dotes é muito difícil, por outro, constituir a cidade ideal depende da existências de tais homens, Averróis contrapõe a possibilidade de que indivíduos reais desenvolvam essas qualidades em conformidade com a observância das leis promulgadas.

Já no Livro I do *Comentário sobre a República*, Averróis afirmara que:

> <7> A respeito da disposição de tais homens, é manifesto que, quando educados conforme estas leis universais e ensinamentos gerais, os mesmos

(isto é, os cidadãos) podem chegar por si próprios a muitas leis particulares e ótimas correções [dos hábitos], como, por exemplo, honrar os pais e não falar em presença dos mais velhos, e outras leis relativas às ações. Por isso, tais coisas particulares não devem ser estabelecidas como leis; de fato, quando as leis universais são bem estabelecidas levam os cidadãos facilmente e por si próprios a estas leis particulares. § Com efeito, cada um dos homens é levado para o lado para o qual o seu crescimento na correção e a sua natureza o levam, se bom, para o bem, se mau, para o mal. <8> Por isso, quem se preocupa em estabelecer tais leis particulares sem o estabelecimento das [leis] universais, assim como ocorre com muitos legisladores, é, de fato, semelhante ao médico que, ao tratar de enfermos, não os deixa comer nem beber nem se unir [sexualmente] conforme o [excessivo ou insuficiente] apetite deles. De fato, eles (isto é, os enfermos) não recebem nenhuma ajuda de tal tratamento. Com efeito, conforme esses tratamentos, as enfermidades deles se prolongam a maiores transtornos. § Por isso, tentando estabelecer tais leis particulares, [o legislador] nunca cessa de corrigir as disposições dos homens. E eles próprios (isto é, os cidadãos) confiarão nele (isto é, no legislador), e ele próprio (isto é, o legislador) julga chegar a um fim ao qual é impossível chegar. E podes esclarecer isto a partir de muitos legisladores cujos discursos e ditos narrativos chegaram a nós[101].

Quando educados nos parâmetros das leis universais, os cidadãos passam naturalmente a respeitar as leis particulares, essas que normatizam as boas práticas cotidianas. As leis particulares não devem ser estabelecidas como leis propriamente, pois as universais, quando bem estabelecidas, já dirigem os cidadãos a praticar suas ações de modo correto nas situações particulares. Por leis particulares, Averróis entende honrar os pais, não falar na presença de mais velhos, entre outras. Pertencem, portanto, à esfera comportamental e são o que ele designa pelo termo árabe *sunan*, ou seja, as práticas normativas da ação derivadas de um modelo geral, a *sunna*.

A ideia de uma lei universal, isto é, de uma lei que tenha um sentido mais amplo, remete-se à *Šarīʿa*. Segundo o que é transmitido pela Tradição islâmica (*Ḥadīṯ*), a Lei revelada é universal porque a mensagem profética declara que foi "enviada ao vermelho e ao negro"[102], uma metáfora usada para designar a totalidade dos povos. Assim, esse *ḥadīṯ* é invocado para atestar a universalidade da Lei islâmica transmitida pela profecia, e Averróis o cita no *Comentário sobre a República*, no *Tratado Decisivo* e no *Desvelamento dos Métodos de Demonstração*[103].

No *Tratado Decisivo*, esse sentido mais amplo é explicitado: "o propósito da Lei (*Šarʿ*) é ensinar a ciência verdadeira e a prática verdadeira"[104]. No *Comentário sobre a República*, Averróis também afirma essa amplitude da Lei revelada:

> <4> Aquilo, porém, que as leis encontradas nesse tempo estabelecem em tal matéria (isto é, sobre o fim humano) é aquilo que Deus quer. Mas não se pode saber o que Deus quer senão pela profecia. E, quando refletires sobre essas leis, descobrirás que só estão divididas em relação ao conhecimento para aquilo que é ordenado na nossa Lei a respeito do conhecimento de Deus, e para a prática, como aquilo que ordena a respeito das virtudes morais. E tal intenção concorda em gênero com a intenção dos filósofos. <5> E, por isso, os homens [creem] que estas leis se seguem à ciência antiga. É manifesto que, segundo todas essas convenções, o bom e o mau, o útil e o nocivo e o torpe são coisas segundo a natureza, e não segundo a convenção. Tudo o que conduz ao fim é bom e belo e tudo o que o impede é mau e torpe. Isto é evidente a partir da intenção dessas leis e, principalmente, da nossa Lei. E muitos homens dessa província acreditam que esta é a opinião de nossa Lei[105].

O que garante a universalidade da Lei revelada (*Šarīᶜa*) na diversidade das leis particulares é a extensão legal-religiosa a todos os atos e relações humanas do ponto de vista dos conceitos de obrigatório (*wājib*), recomendado (*mandūb*), permissível (*mubāḥ*), repreensível (*makrūh*) e proibido (*ḥarām* / *maḥẓūr*)[106], todos incorporados no sistema das obrigações legais. Que a Lei islâmica esteja permeada por considerações éticas é evidente a partir de instituições legais, como, por exemplo, nas transações comerciais, a proibição do lucro, a referência à igualdade das duas partes e a preocupação com o médio justo (*miṯl*). Essa preocupação com uma ética legal está presente na obra jurídica de Averróis, *Bidāyat al-Mujtahid wa-Nihāyat al-Muqtaṣid* (Início para quem se esforça [por um julgamento pessoal], fim para quem se contenta [com o ensinamento recebido]). Na última página desse tratado, no livro dedicado aos julgamentos, Averróis estabelece um vínculo entre as regras da Lei religiosa e a ética. Quando escreveu esse tratado, ainda não comentara nem a *República* nem a *Ética Nicomaqueia*. O tratado indica que as regras normativas estabelecidas no Direito (*Fiqh*) implicam a observância das virtudes éticas. Averróis distingue as práticas individuais das práticas sociais, estas últimas a "condição essencial para a vida humana"[107]. Logo no início de sua exposição, Averróis afirma que "as práticas legais (*sunan*) concernentes à conduta têm por finalidade as virtudes do crente"[108]. Temperança (*ᶜiffa*), justiça (*ᶜadl*), coragem (*šajāᶜa*) e generosidade (*saḫā'*) são as quatro virtudes que ele enumera e que aparecem subjacentes à ordem jurídica no tocante à posição individual na sociedade, à administração dos bens e à contenção do abuso do poder social e individual. É necessário que os dirigentes e os responsáveis pela preservação das práticas religiosas (*dīn*) se empenhem em manter a justiça submetida às práticas legais (*sunan*). Averróis menciona que, entre as práticas legais importantes, há as que se referem ao amor e ao ódio, também normatizadas pela religião, pois elas implicam a cooperação para a observância de todas as *sunan*, uma vez que condenam o que é censurável e ordenam o que é bom. Quando as *sunan* não são observadas ou quando o crente desvia-se da *Šarīᶜa*, surge o ódio. E, ao terminar seu tratado, Averróis não deixa de assinalar que a grande maioria dos juristas menciona em seus livros o desvio dessas quatro virtudes, a temperança, a justiça, a coragem e a generosidade. E acrescenta que os cultos e as práticas religiosas (*ᶜibādāt*) são "como condições para a realização dessas virtudes"[109].

Para concluir, a Lei revelada é a fonte da qual emanam as *sunan*, é a fonte da sistematização do Direito islâmico (*Fiqh*). As *sunan* teriam assim, por derivação, um caráter universal. Todavia, as leis elaboradas pelos juristas podem ter caráter particular, já que podem variar segundo as interpretações divergentes das escolas (*maḏāhib*) ortodoxas (*ḥanbalita*, *šafīᶜīta*, *mālikita* e *ḥanīfita*).

Retomando o *Comentário sobre a República*, se as nações em geral possuem leis religiosas, elas não podem deixar de observar as leis particulares. E se a cidade observa as leis particulares e a Lei revelada, a condição para o governante ser um sábio já está atendida. E se um sábio permanece no comando da cidade durante um longo tempo, nada impede a realização da cidade descrita em seu tratado[110]. Por "sábio" ele entende não apenas o filósofo *stricto sensu*, aquele que possui o conhecimento da filosofia, teorética e prática, mas também aquele que conhece a Lei.

Não sabemos se Averróis tinha conhecimento da *Carta VII*, em que Platão narra a experiência frustrada de tornar o tirano de Siracusa um filósofo. O fato é que o *Comentário sobre a República* defende a ideia platônica de fazer do soberano um sábio na filosofia, embora seja enfatizada, na esteira de Aristóteles, a necessidade da filosofia prática para esse cargo. A boa prática consta dos preceitos religiosos que servem de fundamento para as leis particulares. Nesse sentido, o soberano-filósofo deve também ter um perfeito conhecimento da legislação. E, como vimos, os termos rei, filósofo e legislador são sinônimos de *imām*, aquele que verdadeiramente conduz o povo[111].

Cabe lembrar que no pensamento de Averróis a filosofia caminha de mãos dadas com a Lei revelada, já que ambas exortam ao conhecimento teorético e prático, como está demonstrado no *Tratado Decisivo*. Averróis permanece fiel a seu postulado básico de que a "verdade não contradiz a verdade", no sentido de que o conhecimento filosófico não contradiz a Lei: "Visto que a Lei revelada é a verdade e exorta à reflexão que conduz ao conhecimento da verdade, nós, a comunidade dos muçulmanos, temos a certeza de que a reflexão demonstrativa não pode acarretar contradições com os ensinamentos do Texto revelado, pois a verdade não contraria a verdade, mas com ela concorda e testemunha a seu favor"[112].

Excursus

Questões Conceituais I:
Philosophus secundum primam intentionem

Averróis inicia o Livro II do *Comentário sobre a República* com a afirmação de que o regime virtuoso só se perfaz e se mantém se o rei for filósofo. E acrescenta que é necessário, portanto, definir o que vem a ser "filósofo". Platão começa – afirma Averróis – definindo o que é ser filósofo: "Disse ele (Platão): [o filósofo] deseja conhecer o ente e refletir sobre a sua natureza abstraída da matéria e isso foi expresso segundo a sua posição a respeito das ideias"[113].

Averróis, todavia, não se atém à doutrina de Platão sobre o conhecimento das formas e define o filósofo como aquele que se consagra às ciências teoréticas de acordo com "as quatro condições" descritas nos *Analíticos Posteriores*. Sem listar as quatro condições, porém, Averróis menciona apenas uma delas, a habilidade para descobrir as ciências teoréticas e ensiná-las.

Convém tecer algumas observações relativas à interpretação da versão latina desse parágrafo: "<2> [...] E deves saber que o filósofo, segundo a primeira intenção, é aquele que alcançou as ciências especulativas de acordo com as quatro condições enumeradas no primeiro [livro] dos [*Analíticos*] *Posteriores*"[114].

A primeira observação diz respeito à expressão *secundum primam intentionem*, que aqui apresenta um problema de tradução[115] e, consequentemente, de natureza conceitual. De início, pode significar "segundo o propósito primário". Nesse sentido, *intentio* pode ter sido a tradução do original árabe *maqṣūd*, que significa "coisa proposta como um fim ao qual se tende"[116]. Contudo, pode também ter-se originado do termo *maᶜnà*, que no latim foi traduzido por *intentio* desde Gundissalinus, quando este verteu para o latim o *Kitāb al-Nafs* (Livro da Alma), de Avicena[117]. De difícil tradução, segundo Jean Jolivet, *maᶜnà* "significa o sentido de um propósito, uma qualidade real, mas não sensível, de uma coisa, o que se tem no espírito"[118].

Segundo Josep Puig Montada, o termo *maᶜnà* corresponde ao grego *lékton* e sua origem deve ser buscada no estoicismo: "não devemos indagar em Aristóteles, e sim na tradição estoica, que distingue a coisa, o significante e o significado, e devemos ter presente a tradição teológica islâmica. É impossível traduzir exatamente o termo [...], Averróis não o usa como o usaram os escolásticos dos séculos XIII e XIV"[119].

Em *Lexique de la Langue Philosophique d'Ibn Sīnā*, A.-M. Goichon equipara *maᶜnà* a *intentio* e traduz a palavra árabe por "ideia". A autora acrescenta que "*maᶜnà* designa quase sempre o inteligível, embora esta tradução convenha melhor a *maᶜqūl*, visto que *maᶜnà* é empregado, algumas vezes, para um grau de abstração inferior à abstração intelectual. Se tratar-se da *ideia* de uma frase ou da compreensão de uma palavra, *ma^cnà* significa o *sentido* dessa frase ou dessa palavra"[120].

Assim, na obra de Avicena, *ma*ᶜ*nà* pode significar tanto "ideia" como "sentido", mas pode também significar "conceito": o conceito pode ser uma "'ideia genérica', uma 'ideia específica', uma 'ideia diferencial' ou uma 'ideia acidental'"[121]: "O Ser necessário, portanto, não compartilha com nada nem uma ideia genérica, nem uma ideia específica; ele não tem necessidade de ser distinguido por uma ideia diferencial nem por uma ideia acidental"[122].

Intentio pode ser a tradução de *ma*ᶜ*nà* no sentido em que Avicena se propõe a estudar a diferença específica: "O propósito da definição é conhecer a realidade essencial de uma coisa; daí resulta necessariamente a distinção [das outras coisas]. O propósito da descrição é apresentar uma coisa, embora a sua ipseidade não seja conhecida realmente; de fato, mostrar é distinguir. Por conseguinte, a definição se constitui pelos atributos essenciais da coisa"[123].

Em artigo publicado em 1971, "The terms *Prima intentio* and *Secunda intentio* in Arabic Logic"[124], Kwame Gyekye, professor de lógica da Universidade de Ghana, tece uma série de observações e críticas às traduções do árabe para o latim e do árabe para o inglês e/ou outras línguas modernas das expressões ᶜ*alà al-qaṣd al-awwal* e ᶜ*alà al-qaṣd al-ṯānī*. Ao traduzirem a expressão literalmente, os tradutores falham em não considerar a diferença entre os dois possíveis sentidos da expressão: um, adverbial; outro, um importante conceito filosófico.

Segundo Gyekye, a expressão árabe ᶜ*alà al-qaṣd al-awwal* "ocorre na tradução árabe medieval da *Isagogé*, de Porfírio, para verter *proegouménos*[125], traduzido por Boécio pelo termo 'principaliter'"[126]. ᶜ*alà al-qaṣd al-awwal* significa literalmente "segundo a primeira intenção". Contudo, Avicena usa a expressão na sua *Isagogé*: "Acidentes existem primariamente (ᶜ*alà al-qaṣd al-awwal*) em indivíduos, ao passo que gêneros e espécies, não"[127].

Já antes de Avicena, Al-Fārābī empregara uma expressão diferente, mas com esse mesmo sentido. Gyekye afirma que a expressão árabe *qaṣdan awwalan* ocorre na *Epístola sobre o Intelecto*[128], de Al-Fārābī, mas que, embora a forma seja diferente, o sentido é o mesmo de ᶜ*alà al-qaṣd al-awwal*, expressão que, na tradução latina[129], é traduzida por *principaliter*[130]. Contudo, Al-Fārābī usa as expressões ᶜ*alà al-qaṣd al-awwal* e ᶜ*alà al-qaṣd al-ṯānī* em seu comentário sobre o *De Interpretatione*, ao afirmar que o sentido da cópula "ser" não é um predicado *primariamente*, mas que o "termo-predicado" é que é *primariamente* um predicado[131]. Se essas expressões forem traduzidas por "segundo a primeira e segunda intenção", "dificilmente poder-se-ia extrair o sentido das passagens em que as expressões ocorrem"[132]. A crítica de Gyekye se dirige ao tradutor alemão F. Dieterici, que verteu a expressão árabe em questão por "als erste Ziel" (como primeiro objetivo)[133].

No entanto, o argumento de que se poderia traduzir a expressão árabe por *prima intentio* com o sentido de *primariamente* esbarra no problema de como fazer a distinção da expressão entre o significado de *primariamente* e o de *prima* e *secunda intentio*, no sentido aviceniano ou no escolástico.

Para Guilherme de Ockham, *prima intentio* são as coisas individuais existentes na natureza, enquanto *secunda intentio* remete-se aos conceitos universais resultantes da operação do pensamento discursivo. Essas expressões latinas fizeram história na filosofia e não cabe aqui discuti-las. O que importa frisar é o sentido da expressão árabe que traduz o particípio *proegouménos*, que, na construção da frase latina, corresponde ao advérbio *principaliter*. Segundo Gyekye, uma correta tradução deve ater-se ao sentido da passagem que está sendo traduzida. Assim, há uma passagem na epístola de Al-Fārābī *Respostas a Questões Sobre as Quais foi Questionado* em que cabe a tradução da expressão *ᶜalà al-qaṣd al-ṯānī* por *secunda intentione*. Ao comentar o modo de existência dos universais, Al-Fārābī afirma que

> aquilo que existe em ato por meio de outra coisa tem sua existência conforme a *segunda intenção* e, portanto, é acidental. A existência universal de coisas, ou seja, os universais, é derivada da existência de indivíduos. Sua existência, portanto, é acidental. Com o termo "acidental" não entendo que os universais sejam acidentes, pois os universais de essências não são acidentes. Entendo, antes, que é a existência em ato dos universais que é acidental pura e simplesmente[134].

Diante das observações levantadas, é nossa opinião que o significado da expressão *philosophus secundum primam intentionem* não se remete ao sentido conceitual da escolástica, mas ao sentido de *principaliter*, ou seja, essa expressão diz respeito ao filósofo que é *principalmente* (e antes de tudo) um filósofo.

Questões Conceituais II: As Quatro Condições para Tornar-se Sábio

A segunda observação é relativa à expressão "as quatro condições" na já citada passagem: "<2> [...] Deves saber que o filósofo, segundo a primeira intenção, é aquele que alcançou as ciências especulativas de acordo com as quatro condições enumeradas no primeiro [livro] dos [*Analíticos*] *Posteriores*"[135].

Não foi possível identificar[136] nos *Analíticos Posteriores* as condições que caracterizam o filósofo, segundo Aristóteles. Uma possível interpretação para definir quem é o sábio, "conforme as quatro condições" a que se refere Averróis, pressupõe considerar aquele que alcança o conhecimento racional, tal qual exposto em *Analíticos Posteriores* I, em que Aristóteles inicia sua exposição com a afirmação:

> Qualquer ensinamento e qualquer aprendizado racional surgem a partir de conhecimento previamente disponível. Em todos os casos, isto é manifesto para quem os observa; de fato, entre as ciências, as matemáticas surgem desse modo, assim como cada uma das demais técnicas. De modo semelhante, também com os argumentos, tanto os que se dão por meio de silogismo, como os que se dão por meio de indução: ambos propiciam o ensinamento por meio de itens previamente conhecidos, os primeiros, assumindo-os como se nós os conhecêssemos, os segundos, mostrando o universal por ser evidente o particular (*An. Post.* I, 1, 71a 1). [...]. Do mesmo modo, os argumentos retóricos também persuadem, seja por meio de exemplos (que são induções), seja por meio de entimemas (que são silogismos) (*An. Post.* I, 1, 71a 9)[137].

Nas ciências, nas matemáticas e nas artes, parte-se do princípio, a primeira condição; os argumentos demonstrativos e os retóricos operam ou por silogismos ou por indução, a segunda e a terceira condição; nos argumentos retóricos, a indução ocorre por meio dos exemplos, e os silogismos são os entimemas; resta a quarta condição, que é a conclusão: "Se forem universais as proposições das quais provém o silogismo, é manifesto que é necessário que também seja eterna a conclusão da demonstração deste tipo, isto é, da demonstração sem mais" (*An. Post.* I, 8, 75b 21)[138].

Em *Analíticos Posteriores* II, 89b 20, Aristóteles menciona as quatro questões que indicam as quatro maneiras de conhecer: 1. o fato (*tò hóti*; *quod sit*), se há qualquer atribuição de qualquer predicado ao sujeito; 2. o porquê (*dióti*; *cur sit*), qual é a razão da atribuição; 3. se a coisa existe (*tò ei esti*; *an sit*); e 4. o que ela é (*tí esti*; *quid sit*), qual é a sua natureza.

Podemos ainda considerar *Metafísica* IV, 1003a 1-32, em que Aristóteles afirma que a filosofia contempla o ente enquanto ente e o que lhe é próprio (e não seus acidentes) e busca seus princípios e suas causas.

No *Tratado Decisivo* §2, Averróis define "o ato de filosofar como a reflexão e a consideração sobre os seres existentes do ponto de vista de que constituem a prova da existência do Artesão [...]"[139]. Nesse mesmo tratado, Averróis indica a maneira como são conhecidos Deus e todos os seres, isto é,

> pela demonstração, que, de início, progrida no conhecimento das espécies de demonstração e de suas condições, que saiba em que diferem o silogismo demonstrativo, o dialético, o retórico e o errôneo (isto é, o sofístico/erístico), e que isso não é possível sem que se saiba previamente o que é o silogismo absoluto, quantas espécies existem, o que é silogismo e o que não é; e isso também não é possível, a menos que se conheçam anteriormente as partes de que se compõe o silogismo, quer dizer, as premissas e suas espécies[140].

Cabe lembrar que os árabes herdaram dos alexandrinos a tradição que acrescentou aos três tipos de silogismo (apodítico/demonstrativo, dialético e erístico, cf. *Tópicos* I, 1, 100a) dois tipos suplementares, o silogismo retórico e o poético, pois o *Órganon* que circulava no mundo islâmico medieval compreendia também a *Retórica* e a *Poética* e, algumas vezes, a *Isagogé*, de Porfírio[141].

No único manuscrito conservado da tradução latina de Elia del Medigo do *Comentário sobre a República*[142], que serviu para a edição de A. Coviello e P. E. Fornaciari, há uma glosa que diz *Aristotelis primo Metaphysicae*, que, segundo os editores, é uma evidente referência a *Metafísica* I, 1 981b 7-9: "Em geral, o que distingue quem sabe de quem não sabe é a capacidade de ensinar: por isso consideramos que a arte seja sobretudo a ciência e não a experiência; de fato, os que possuem a arte são capazes de ensinar, enquanto os que possuem a experiência não o são"[143].

Contudo, é em *Metafísica* A, 2, 982a 4-19 que Aristóteles enumera as condições que fazem de alguém um sábio:

1. O sábio conhece tudo na medida do possível, e conhecer tudo é conhecer o universal, e não fixar-se nos particulares; ele conhece as coisas difíceis, isto é, o universal, e não se prende ao conhecimento sensível, que, por ser comum a todos, é fácil e não é sapiência;
2. o sábio deve conhecer as causas (os princípios primeiros) e deve saber ensiná-las aos outros;
3. o sábio busca conhecer a ciência, isto é, a ciência dos princípios primeiros, com o propósito de apenas conhecê-la tendo em vista o saber e não por razões práticas; esta ciência é superior às outras porque é a ciência do fim, o qual é uma causa primeira;
4. o sábio deve saber comandar e não deve nem ser comandado nem obedecer aos outros.

Resumindo, o sábio é quem conhece o universal, conhece as causas, sabe ensiná-las, conhece visando apenas ao saber e está na posição de comando. Esta última condição afirmada por Aristóteles[144] é importante para o retrato do filósofo-rei-governante, tema objeto do Livro II do *Comentário sobre a República*. Surpreende, porém, que Averróis não a tenha mencionado nesses termos. A propósito das condições essenciais ao filósofo, Averróis declara que

> <3> Uma dessas condições é que ele tenha a capacidade de ensiná-las e de descobri-las (isto é, as ciências teoréticas). O ensino delas se faz de dois modos: um deles é o ensino de homens de valor ímpar – e é o ensino que se faz por meio de discursos de demonstração. Por outro lado, o segundo é o ensino do vulgo, que se faz por caminhos adequados e por intermédio de

> recursos dialéticos[145] e retóricos[146]. É manifesto que isso não se perfaz nele, a não ser quando for sábio segundo a ciência prática[147] e, junto com isso, tiver seja a excelência conforme a virtude cogitativa[148], pela qual são descobertas as coisas explicadas na ciência[149] moral[150] [concernentes] aos povos e às cidades, seja a grande virtude moral[151], pela qual vem a ser escolhido o regime das cidades e a equidade[152].

O filósofo "segundo a primeira intenção", isto é, segundo o significado principal, é aquele que alcançou as ciências teoréticas de acordo com as quatro condições indicadas por Aristóteles, uma das quais é a capacidade de descobri-las e de ensiná-las. A capacidade de ensinar os "homens de valor" por meio da demonstração e de instruir o vulgo por meio da dialética e da retórica concerne à célebre tese do *Tratado Decisivo*, em que o ensino da Lei revelada deve adequar-se às capacidades de cada um.

No *Comentário sobre a República*, essa capacidade de ensino não se perfaz sem o conhecimento prático e sem a virtude cogitativa que permite descobrir o que está demonstrado na ciência ética em relação aos bens humanos. Averróis, porém, acrescenta "e com a grande virtude ética pela qual vem a ser escolhido o governo das cidades e a equidade", mas não especifica qual é essa grande virtude. Como toda a argumentação enfatiza o conhecimento prático político, somos levados a crer que "virtude cogitativa" aqui pode corresponder à *phrónesis* aristotélica em especial, embora possa também ser uma referência ao conjunto das cinco virtudes dianoéticas. Quanto à "grande virtude moral", ela pode bem ser a justiça, no sentido de "retidão", uma vez que o tema principal da *República* é a própria justiça, embora Averróis nada especifique. A passagem é ambígua e, na falta do original árabe, admite apenas conjecturas[153].

No parágrafo subsequente, Averróis afirma que o filósofo atinge sua máxima perfeição quando tiver apreendido as ciências especulativas e as práticas e quando tiver adquirido as virtude morais e cogitativas, e acrescenta "especialmente as maiores delas". Desse modo, Averróis caracteriza o filósofo não apenas como conhecedor das ciências, mas também como o homem virtuoso por excelência, já que deve ser dotado de virtudes morais e intelectuais. O filósofo deve, portanto, ser corajoso, moderado e justo no que se refere às principais virtudes morais, mas também, seguindo Aristóteles, deve ser sábio (*phrónimos*) e sapiente (*sóphos*), conhecedor das ciências e das artes, e deve ainda contar com um intelecto (*noûs*) plenamente desenvolvido, isto é, com os estados virtuosos em que a alma se encontra quando afirma ou nega, julga e opina[154].

Epílogo

No *Comentário Médio sobre a Ética Nicomaqueia*, Averróis indica que "a prudência e a arte de governar as cidades são um único campo de investigação (*subiecto*)". Essa afirmação é corroborada no Livro II do *Comentário sobre a República*, em que Averróis é mais claro ao afirmar que "É manifesto que isso não se perfaz nele (isto é, no soberano), a não ser quando for sábio de acordo com a ciência operativa e, junto com isso, tiver a excelência conforme a virtude cogitativa, pela qual são descobertas as coisas explicadas na ciência moral [concernentes] aos povos e às cidades [...]"[1].

Aliada à citação anterior, essa passagem exprime de maneira sucinta a tese que identifica o filósofo-rei platônico com o *phrónimos* aristotélico. Para Averróis, o "sábio conforme a ciência prática" é o governante virtuoso, porque dispõe da virtude cogitativa, ou seja, a *phrónesis*, permitindo-lhe discernir o que deve ser buscado e o que deve ser evitado. Assim, para Averróis, a arte de governar implica o conhecimento dos pressupostos da política.

De início, é preciso que se considere que "arte" aqui tem o sentido de "disciplina", polissemia herdada do termo grego *tékhne* com o duplo significado de "habilidade, destreza" e de "disciplina" no sentido de "método" de trabalho. A "arte de governar", portanto, remete-se à disciplina que tem na política o seu objeto de estudo. Isso conduz à noção de que a arte de governar tem dois lados, o teórico e o prático, ou seja, a ética e a política. A concepção de política implica, pois, a concepção herdada da escola peripatética em que a ética fundamenta a prática política.

No *Comentário sobre a República* está evidente que o objetivo de Averróis é compor um tratado de política, pois, já no início de sua exposição, traça um paralelismo entre o objeto de seu estudo e a arte da medicina, cujas partes, a teórica e a prática, correspondem respectivamente aos livros que apresentam os fundamentos sobre a saúde e a moléstia e aos que se dedicam à terapêutica para a preservação da saúde e a eliminação da doença. Está também evidente que à primeira parte dessa disciplina, ou método, corresponde a *Ética Nicomaqueia*, pois é assim que a ela se refere o próprio Averróis. A arte de governar tem, portanto, como fundamento teórico a ética, especificamente a ética aristotélica, no caso de Averróis.

A segunda parte dessa arte diz respeito à ação política. Embora tivesse conhecimento da existência do tratado aristotélico *Política*, Averróis afirma que não teve a oportunidade de conhecê-lo, justificando assim o fato de ter-se debruçado sobre a *República* para compor um tratado cujo campo de estudo é a parte prática da política. Ao seguir esse intento, descreve, ao longo de seu tratado, como a cidade ideal deverá ser conduzida. Para isso, é essencial que os habitantes recebam uma educação correta. O Livro I é consagrado à educação dos guardiões, com destaque para o desenvolvimento da coragem. O Livro II aborda a educação necessária para o soberano, e o Livro III, cujo fio condutor é Al-Fārābī[2], discorre sobre os vários tipos de regime político, os virtuosos da cidade ideal e os corrompidos das cidades imperfeitas.

A divisão da arte de governar em duas partes, teorética e prática, é retomada quando, no Livro II do *Comentário*, Averróis subdivide a expressão "artes práticas" em duas partes, ao tratar dos quatro tipos de virtudes enunciadas já no início do Livro I, com a citação retirada *ipsis litteris* da obra de Al-Fārābī *Taḥṣīl al-Saᶜāda* (Obtenção da Felicidade): as perfeições são especulativas, cogitativas, morais e as artes práticas. Mas, no Livro II, a ordem das perfeições é mudada em função da doutrina aristotélica e aparece na seguinte sequência: "especulativas e artes práticas, cogitativas e morais"[3]. Nessa segunda lista, portanto, as "artes práticas" passam para o segundo lugar. Nesse Livro II, Averróis analisa a expressão "artes práticas" subdividindo-as em duas partes: uma delas trata da destreza na produção de objetos, à qual basta o conhecimento dos princípios gerais da arte, enquanto a outra necessita da cogitação e de um discurso[4] com base nos princípios gerais, exigindo o necessário conhecimento da parte teórica da arte. Embora o texto não mencione, em nossa leitura "cogitação" e "discurso" remetem-se às virtudes cogitativas, que correspondem às virtudes dianoéticas de Aristóteles. Na argumentação, essa remissão parece ser uma consequência lógica da subdivisão da expressão "artes práticas" em teóricas e práticas. Temos, então, em segundo lugar, ambas as partes da arte, a teórica e a prática.

Causa, no entanto, certa perplexidade que as virtudes cogitativas venham em terceiro lugar, pois, na teoria de Aristóteles, estariam na parte teórica das "artes práticas". Contudo, encontramos a explicação no próprio texto. Averróis expõe a diferença que há entre os intelectos teórico e prático. Antes de ter enunciado os quatro tipos de virtude (depois de desmembradas as artes práticas), ele arrolara apenas três: virtudes intelectivas, virtudes morais e artes práticas[5]. Note-se que, dessa vez, o termo usado para o primeiro tipo de virtude é "intelectiva", o que pressupõe que ela englobe a virtude necessária tanto ao conhecimento teorético quanto ao conhecimento prático. Feita a subdivisão das artes práticas, na citação seguinte, já o termo usado é "especulativa". Há, portanto, uma mudança que parece estar de acordo com a divisão das ciências em teoréticas e práticas. Com isso, ele divide as excelências em ciências especulativas e artes práticas, seguidas pelas virtudes cogitativas (= dianoéticas) e morais. Assim, na citação final, as virtudes especulativas são correlatas às ciências teoréticas – física e metafísica –, e as três restantes, às ciências práticas. Com a expressão "artes práticas", Averróis indica as duas partes das ciências práticas, a prática propriamente e a teórica, isto é, a ética, ciência que se remete às virtudes cogitativas, que, na arte de governar, correspondem à virtude dianoética *phrónesis* e seu corolário, a deliberação (*boúleusis*) e a escolha deliberada (*proaíresis*).

Quanto às virtudes especulativas, não há dúvida sobre sua determinação, já que Averróis afirma que "o objeto de investigação das ciências teoréticas, a física e a metafísica, não são as coisas práticas"[6]. Quanto às morais, são as mencionadas no texto, tais como coragem, moderação, magnanimidade, o ser justo, e correspondem às *aretaì ethikaí* de Aristóteles, as virtudes adquiridas pelo hábito.

Desse modo, a arte de governar tem dois lados, o teórico e o prático, ou seja, a ética e a política. Esta é a concepção de ciência política de Averróis, manifesta no *Comentário Médio sobre a Ética Nicomaqueia* quando ele afirma que "a prudência e a arte de governar as cidades são um único campo de investigação (*subiecto*)".

* * *

A leitura peculiar que Averróis faz da *República* implica quatro principais diretrizes: 1. seu comentário é fundamentado com argumentos demonstrativos e, com isso, os argumentos considerados "dialéticos" na obra de Platão não são levados em conta; 2. é seguido o percurso aristotélico da classificação das ciências em que são discernidas as ciências práticas, sendo a ética a parte teórica da política propriamente; 3. o tratado é articulado a partir de uma citação retirada *ipsis litteris* da obra de Al-Fārābī *Taḥṣīl al-Sa*ᶜ*āda* (Obtenção da Felicidade); 4. são estabelecidas certas características islâmicas para melhor adequar a sua exposição ao espírito do Islã.

Nossa exposição seguiu as três primeiras diretrizes para fundamentar a tese de que Averróis, como fiel discípulo de Aristóteles, permanece no terreno conceitual de seu mestre. Com isso, mostramos que, embora comente uma obra de Platão e, reiteradas vezes, recorra a enunciados tomados da obra de Al-Fārābī, o Comentador tem como proposta principal trazer seu leitor para o que considera a "verdadeira filosofia", ou seja, a de Aristóteles. Em uma leitura mais atenta, fica evidente que Averróis, de certa forma, "corrige" Al-Fārābī, ao trazer de volta, para um contexto eminentemente aristotélico, as noções de seu antecessor concernentes ao tópico das virtudes. Para que isso ficasse claro, recorremos aos textos do próprio Aristóteles, em particular à *Ética Nicomaqueia*, ao *De Anima* e, algumas vezes, à *Física*. Essa medida é justificada não só porque o próprio Averróis recorre às obras de Aristóteles ao longo de sua exposição, mas também porque reafirma, repetidamente, em várias obras, seu real propósito de depurar a filosofia de elementos neoplatônicos, a fim de restaurar a "verdadeira filosofia".

Assim, o *Comentário sobre a República* configura-se mais como obra original do que como comentário, pois, como o próprio Averróis sustenta, usou a *República* apenas porque não teve acesso à *Política*.

Nosso trabalho não visou estabelecer uma comparação com a *República*. Partimos da noção central de virtude, tal como está exposta na *Ética Nicomaqueia*, para concentrar nossa atenção na *phrónesis* (sabedoria prática), virtude necessária ao soberano ideal concebido por Averróis. No cerne de nossa análise, portanto, está a ideia da transformação do filósofo-rei de Platão no *phrónimos* aristotélico.

À medida que nosso trabalho desenvolvia-se, tornava-se mais evidente a importância dada por Averróis à figura do soberano-governante em seu *Comentário sobre a República*. Embora essa obra contenha propostas para a criação de uma sociedade que se aproxime da descrita por Platão na *República*, no desenvolvimento de sua exposição sobre as virtudes, Averróis conduz seu leitor à conclusão de que a *phrónesis* aristotélica deve ser a virtude específica do governante. Não se trata mais de uma sabedoria (*sophía*) platônica voltada para o mundo das ideias transcendentes, mas de uma sabedoria prática (*phrónesis*), tal como foi elaborada por Aristóteles na *Ética Nicomaqueia*.

O leitor, contudo, poderá espantar-se ao não encontrar, na lista de Averróis, a sabedoria prática dentre as primeiras qualidades necessárias ao governante-filósofo. No entanto, a terceira qualidade essencial ao governante exige o amor ao estudo e o desejo de conhecer todas as partes da ciência, o que indica a necessidade do conhecimento da filosofia prática além da especulativa. A nona qualidade, porém, é mais específica, pois evidencia a disposição do soberano para dirigir-se ao que ele considera bom e belo, se seguir a razão e a cogitação: "que esteja apto a mover-se por si próprio para a coisa que é vista por ele ser boa e bela, como a equidade e outras virtudes, e isto porque sua alma apetitiva é intensamente fiel à razão e à cogitação"[7].

Embora faça menção ao bem e ao belo – noções encontradas na *República* –, a exigência de que o governante-filósofo saiba por si só discernir o bem e o belo remete-se à ideia do *phrónimos*, para quem é essencial fazer uma boa deliberação (*euboulía*) para tomar uma reta decisão (*proaíresis*). E se o governante-filósofo sabe discernir o que é bom e belo é porque segue fielmente os ditames da razão e da cogitação (*phrónesis*).

Para corroborar essa tese, vimos que na lista definitiva das virtudes arroladas estão, em segundo lugar, as duas partes da arte: a teórica, que difere da teoria ou especulação propriamente, e a prática, fundada no hábito adquirido. Assim, as duas excelências iniciais do enunciado concernem ao conhecimento, e as duas últimas, às virtudes cogitativas e morais, à prática propriamente, isto é, à educação e ao hábito adquirido. As virtudes cogitativas, ou seja, *phrónesis* e seu corolário, *boúleusis* e *proaíresis* (deliberação e escolha deliberada), são as virtudes que, aliadas à experiência e às virtudes morais, são essenciais para o desempenho do governante ideal, de acordo com a teoria de Aristóteles demonstrada na *Ética Nicomaqueia*, em que Péricles é apresentado como o paradigma do bom governante, que busca o bem para si e para os outros. O bem é conhecido pela teoria ética e, com a reta prática, concretiza-se na edificação da cidade ideal. Sem deixar de lado a excelência especulativa necessária ao bom governante, Averróis, ao dar destaque às virtudes cogitativas, defende a ideia de que são essas as virtudes essenciais para a arte de governar. O bom governante deve não só conhecer a teoria como também saber praticá-la.

* * *

Ainda que de maneira não tão evidente, no Livro II do *Comentário sobre a República*, que trata fundamentalmente do soberano, está expressa a tese principal de Averróis, que se coaduna com suas críticas ao poder, seja o poder dos governantes, seja o do alto escalão representado pelos doutores teólogos e juristas. A sociedade é imperfeita porque o poder governante é imperfeito[8], já que os regimes de governantes tiranos, oligarcas, timocráticos e hedonistas impedem a realização de uma cidade ideal. A responsabilidade por uma sociedade não virtuosa parece ser apenas dos governantes e de seus associados.

A arquitetura da sociedade islâmica é piramidal, cujo vértice é a figura do califa, que concentra todo o poder. Dele, enquanto vicário do mensageiro de Deus, como bem revela a expressão árabe *ḫalīfa rasūl Allāh*, emana a vontade suprema. Desse modo, os cidadãos não desempenham papel corruptor, já que cabe ao soberano a tarefa de instituir uma educação voltada para as virtudes. Para isso, o governante deve ser iniciado na prática das virtudes desde cedo. Essa tese se sustenta no espírito da *umma*, a comunidade islâmica, que tem no Profeta Muḥammad o exemplo da conduta virtuosa. A apresentação das qualidades exigidas do soberano-filósofo, no Livro II, embora seja de inspiração platônica e calcada nos tratados de Al-Fārābī, remonta também à tradição islâmica. Assim, Averróis segue a tradição filosófica elaborada no Islã, que procura harmonizar a filosofia herdada dos gregos com a tradição islâmica.

É importante, entretanto, ressaltar um ponto: na concepção de Averróis, os termos soberano-filósofo estão invertidos em relação aos termos filósofo-rei de

Platão. Não obstante, na *República*, seja o filósofo quem deve tornar-se rei, aqui é o soberano quem, em razão de sua sucessão dinástica, deve tornar-se filósofo: "o regime de uma tal cidade – ou uma tal cidade vem a ser [...] quando o rei for filósofo"[9]. Contudo, Averróis também propõe para a sua cidade ideal a existência de dois soberanos, concepção tomada de Al-Fārābī, embora ligeiramente modificada. Enquanto para Al-Fārābī, o poder pode ser dividido entre um filósofo e o rei, para o Comentador, o soberano deve, com vigor, ser um zeloso e vigilante guardião das leis e instituições, auxiliado por um jurista[10]. Estaria nessa asserção a possível causa da desgraça de Averróis?

Anexo

Averróis. *Comentário Médio sobre a Ética Nicomaqueia*[1]

Livro VI

[*Ética Nicomaqueia* VI, 1, 1138b 15 - 1139a 16]
Cap. 1: Sobre a razão reta, as duas virtudes e as partes da alma

Como já dissemos que é necessário que escolhamos o médio, ou seja, aquilo em que não há adição nem diminuição, e, em tal modo, o médio admite o determinativo (*terminus*) "justo" – com efeito, Deus é reto (*sanus*), e n'Ele não há adição nem diminuição –, é, então, necessário que falemos do médio em relação ao universo dos hábitos voluntários, refiro-me àquilo que recebe o determinativo (*terminus*) "reto" (*sanum*). De fato, todos os hábitos têm uma certa extensão, quer sejam hábitos morais quer racionais. Assim, para este médio dirigimos a observação, acrescentamos e diminuímos até então encontrá-lo. O determinativo do médio coincide com o determinativo da razão reta (*sanae*), pois ambos são definidos pelo fato de que não recebem adição nem diminuição. Todavia, o médio não é encontrado nos hábitos morais adquiridos pelo exercício (*assuetudinem*), tal como é encontrado nos hábitos científicos. No meu entender, a descoberta do médio nos costumes é mais clara que a descoberta dele nos hábitos racionais. E isso porque o médio nos costumes é o médio segundo a verdade, visto que é encontrado entre as extremidades. Por outro lado, o médio está nos hábitos científicos para que não se dê a algo uma atribuição que seja maior ou menor do que aquela que o médio permite. Esse médio é uma razão certa (*certa ratio*) ou um discurso reto (*sanus sermo*). Quando na alma de alguém houver esta ciência, não será preciso que conheça nem mais nem menos que ela para que busque qualquer coisa e diga que coisas é preciso usar e dar ao corpo humano, e o que deve nele ser mudado; e a ele sejam ditas as coisas que manda a medicina e o médico. Em razão disso, não são manifestamente realizadas coisas sem o determinativo, mas são ocultadas. Por este motivo, convém que não nos contentemos com o conhecimento dos hábitos, enquanto somente conhecimento oculto, que é o conhecimento do ser deles, mas que sejam conhecidos por seus determinativos.

Disse[2]: Como já dissemos o que é a razão reta (*sana ratio*) ou o discurso reto (*rectus sermo*), e qual é o determinativo deles, e distinguimos as virtudes da alma, e dissemos que algumas delas são de caráter (*figurales*), isto é, morais, e algumas são racionais, isto é, com intelecção, e já falamos sobre as virtudes de caráter (*figuralibus*) e de suas espécies, falemos, agora, de modo semelhante, sobre as virtudes racionais e suas espécies. Já dissemos no que precedeu que, dentre as partes da alma, há a que recebe a razão, isto é, o determinativo, e, dentre elas, há a que não o recebe. Ora, daquela que não recebe determinativo, já foram distinguidas as espécies. A parte racional, na verdade a que recebe a razão, divide-se primeiro em duas partes, das quais uma é a parte racional que apreende os entes cujas causas é impossível existir em nosso ser, e são as que é possível existirem somente a partir de suas causas naturais. A segunda é a que apreende os entes cujas causas é possível existir em nós, e estes são aqueles cujas causas podem existir porque são naturais. Logo, é necessário, portanto, que as partes da alma sejam receptivas segundo a divisão dos gêneros, que são recebidos e que são mudados segundo a mudança deles. Por isso, é necessário que o receptivo seja dividido por uma divisão do receptível e seja diversificado pela diversidade dele. Por essa razão, é preciso que o nome da ciência dele seja dito segundo o modo da proporcionalidade e da assimilação. A apreensão que é adequada aos entes, cujos princípios não estão em nós, é chamada ciência especulativa; e a apreensão que é adequada aos entes, cujas causas estão em nós, é chamada cognitiva operativa, refiro-me àquela em que há uma cogitação por causa da operação. Nós, na verdade, não refletimos nem cogitamos para operar coisas cuja operação é impossível estar em nós, mas que está em poder da natureza. Sem dúvida, o homem usa a cogitação operativa sobre as coisas possíveis de existir a partir da vontade. Já que é assim, a parte cogitativa é uma das partes da alma racional que recebe a razão, e a outra parte é a especulativa. O hábito bom em cada uma dessas partes é a virtude dessa parte; e a virtude é segundo a quantidade da própria operação.

[*Ética Nicomaqueia* VI, 2, 1139a 16 - 1139b 13]
Cap. 2: Os princípios da ação

Disse: Logo, há na alma três partes: uma para a ação, a concupiscência, e duas para a verdade, a dos sentidos e a do intelecto, que são apreensivas. A dos sentidos não é apreensão do intelecto, e isso é evidente porque os animais têm em comum conosco a apreensão por meio dos sentidos, e não por meio do intelecto. Logo, o que no intelecto é afirmação e negação, na concupiscência corresponde à busca e à repulsa, refiro-me à busca do prazeroso e à repulsa do aflitivo. Desse modo, a virtude moral é um hábito de escolha; e a escolha, que é para ela [i.e., para a virtude], é concupiscência proveniente da cogitação e do uso da oposição, e, por isso, a apreensão é veraz e a concupiscência é sã quando houver escolha do que é virtuoso. De modo semelhante, o que é inteligível nas coisas operáveis e científicas é afirmação, e a ação em que há concupiscência é busca. Por isso, quando aquele movimento proveniente da concupiscência for princípio, será virtude do intelecto. Logo, a operação que é da parte cogitativa, que é para o bem e para o mal, é verdade e falsidade. E isso porque a operação de toda a parte intelectual é ou verdadeira ou falsa; e a operação da parte concupiscível é perseguição e repulsa, quer a parte racional esteja ou não de acordo. A operação virtuosa delas, refiro-me à parte intelectiva e à operativa, quando estão de acordo é verdade e desejo que estão de acordo com ela [i.e., com a operação virtuosa]. Logo, então, o princípio da ação e do movimento é próprio da potência de escolha pela qual se faz o movimento, não próprio da coisa graças à qual se realiza o movimento, ou seja, a potência de escolha é princípio que efetua (*effectivuum*), e não aquilo graças a que se faz o movimento. Por isso, a escolha é desejo com apreensão racional graças a algo e, em razão disso, não há escolha sem intelecto e sem virtude moral, já que a ação do intelecto e a deliberação (*consultatio*), quando forem contrárias, serão ação sem intelecto e sem virtude moral; e a potência que efetua (*effectiva*), de onde vem o início do movimento, não move, a não ser em virtude de algo, e essa potência que efetua (*effectiva*) é própria de tudo o que é impelido; e tudo o que é impelido é impelido em vista de algo. Essa potência não é por si própria uma perfeição da coisa em que é encontrada, mas é perfeição relativa àquela coisa que, por si própria, é completude. Há concupiscência apenas em razão daquela completude. Por isso, o determinativo (*terminus*) da escolha é o intelecto que tem concupiscência ou a concupiscência que tem intelecto. Ora, das coisas que são descobertas por esta concupiscência e intelecto, o princípio é o homem. A escolha não pondera sobre coisas passadas. Ninguém escolhe hoje a rendição das cidades a Cosdrae[3], porque a rendição delas já se deu. Tampouco ninguém reflete sobre uma comparação do que já foi, mas no que será a partir disso, que são os possíveis a serem realizados. Aquilo que já foi é necessário, porque só é possível ser como é. Em razão disso, parecia a alguns dos Antigos que Deus está privado de poder somente nesta espécie de fatos, isto é, fazer não ter sido o que já foi.

Disse: A ação de uma e outra parte do intelecto, refiro-me à ativa e à especulativa, é a verdade, isto é, retidão (*fides*) ou credulidade. Qualquer uma delas [i.e., as partes ativa e especulativa] que for escolhida tem, na maioria das vezes, os hábitos por meio dos quais ela reconhece a retidão; por hábitos entendo as ciências.

[*Ética Nicomaqueia* VI, 3, 1139b 14 - 1139b 35]
Cap. 3: Enumeração dos hábitos intelectuais:
qual é o objeto da ciência e quais as propriedades.

Disse: Eles [i.e., os hábitos] nos quais a alma reconhece a retidão por afirmação e negação – na verdade, entendo que reconhece na negação e na afirmação –, são cinco faculdades, a saber: a arte; e a segunda é a ciência, refiro-me à especulativa; e a terceira é a prudência; e a quarta, a sabedoria; e a quinta, o intelecto. No entanto, na opinião (*putatione*) e no juízo (*arbitratione*) a falsidade é possível; não é preciso, pois, enumerá-los junto aos hábitos verídicos. Ora, a respeito da ciência é evidente que não é possível que nela haja falsidade se nela é preciso que falemos com precisão e que não duvidemos. De fato, todos veem que a ciência verdadeira é a que, sobretudo, não pode ser por um modo externo à alma, refiro-me à que não pode ser mudada no oposto. Ora, o que é possível ser por um outro modo além daquele modo segundo o qual é ciência, refiro-me a algo que muda fora da alma, isso é oculto e incerto, a meu ver se é ou não. Portanto, se houver ciência dotada de certeza (*certitudinalis*), sendo a que não é mutável, então o que é conhecido por ela é necessário e o necessário é eterno; logo, ele próprio é, por fim, eterno, e isso porque tudo o que for necessário absoluto é eterno; e eterno é o que não é nem gerado nem corrompido.

Disse: Ora, vê-se que toda ciência é ensinamento que pode ser conhecido e aprendido. Contudo, já está dito no *Livro das Demonstrações* que todo ensinamento se faz, na verdade, a partir de coisas cujo conhecimento é anterior e que são as primeiras proposições universais. Mas elas são recebidas e ditas por meio do discurso oral, no meu entender por meio da fala. A conclusão aceita a partir dessas proposições é, porém, aprendida por meio de um silogismo composto dessas proposições. Resulta, portanto, que todo cognoscível é aprendido quanto a algo a mais por meio do próprio discurso, no meu entender, por meio da precedência da ciência das significações dos vocábulos, e que algo a mais é aprendido por meio do conhecimento das proposições silogísticas e por meio do silogismo. As proposições pelas quais se conhece a conclusão não são conhecidas por meio do silogismo, mas, na verdade, são conhecidas pela significação dos vocábulos. O princípio do aprendizado das proposições universais é, portanto, a ciência da significação dos vocábulos, e o princípio da ciência da conclusão é a ciência das proposições universais. Sendo assim, a ciência é, então, simplesmente o hábito da demonstração, entendo que é a forma da demonstração coligida na alma a partir das proposições, da conclusão e de outras coisas requeridas como condição na demonstração, conforme o que já foi enumerado no *Livro da Demonstração*. Quando acontece, portanto, que alguém tem uma crença em alguma coisa e tem conhecimento dos princípios primeiros daquela coisa, nesse caso ele já tem dentro de si o conhecimento daquela coisa. Se, porém, não tem conhecimento [dos princípios], a ciência dele é de modo acidental.

Disse: Ora, em relação à distinção da ciência, basta isso nessa passagem, uma vez que o propósito a respeito dela é aqui distingui-la dos outros [hábitos].

[*Ética Nicomaqueia* VI, 4, 1140a - 1140a 23]
Cap. 4: Da arte

Disse: A ciência, cujo conhecimento é possível ser segundo um modo diverso daquele segundo o qual é conhecido, divide-se, na verdade, em duas partes: uma das quais é a ciência da produção da arte (*artificians*), e a outra é a da prática (*efficiens*)[4]. De fato, as coisas produzidas pela arte (*res artificiatae*) são diversas das coisas praticadas (*effectivis*) por meio da deliberação (*consiliationem*). As coisas praticadas (*res effectae*), segundo um dito célebre[5], são coisas aplicadas na vida. Na verdade, convém que aqui admitamos, mais que em outro lugar, as sentenças famosas. Como o produzido pela arte (*artificiatum*) é diverso do praticado (*effecto*), então o hábito animal produtivo (*artificians*), que se faz acompanhado de razão, é diverso do hábito animal prático (*efficiente*), que se faz também acompanhado de razão. Na verdade, a carpintaria, e o que dentre as outras artes é semelhante a ela, é hábito acompanhado de razão, e não é hábito, que é prático (*efficiens*), acompanhado de razão verídica. Toda arte existe em razão do vir a ser daquela coisa para a qual é somente arte, refiro-me ao fim dela que é a existência da coisa produzida pela arte (*rei articificiatae*); e produzidas pela arte (*artificiata*) são as coisas cujo princípio provém de fora, que a meu ver está no praticante (*efficiente*), e não no praticar (*efficiendo*), porque a arte não realiza aquilo que se faz por necessidade e por natureza. Estas são coisas cujos princípios estão nelas próprias. De fato, esta é a diferença entre o produzido (*artificiatum*) e o natural. Como o ato de fazer (*factio*) é diverso do ato de produzir arte (*artificiatione*), e a coisa produzida pela arte (*artificiatum*) é diversa do praticado (*effecto*), então é necessário que a arte seja própria do produzido (*artificiato*) sem o praticado (*effecto*), a não ser que se faça pelo modo do acaso e da eventualidade. De fato, na arte ocorre frequentemente que seja a partir do acaso, entendo a partir de ações nocivas e úteis. Em razão disso, alguns dos Antigos dela disseram que é irmã do acaso. Já que é assim, então a arte é um hábito comum produtivo (*artificians*) acompanhado de razão verídica e o determinativo (*terminus*) do nome "arte" é contrário ao determinativo, entendo o hábito produtivo (*artificians*) acompanhado de razão falsa.

(*Ética Nicomqueia* VI, 5, 1140a 24 - 1140b 30)
Cap. 5: Da prudência

Disse: Ora, de modo absoluto dizemos o nome prudência a respeito daqueles que têm boa deliberação (*consiliationis*) na descoberta do que é mais reto e mais útil aos homens, não em uma parte do que é um útil particular como o que é útil na saúde e no vigor físico, mas em todo particular em que existe a justa medida do viver (*commoditas vivendi*). Indício disso é que chamamos prudentes os que têm o poder de se voltar à cogitação para encontrar o fim nobre, e isto em coisas que são encontradas sem arte e ensinamento (*magisterium*[6]). De modo geral, portanto, prudentes são aqueles que, por meio de sua cogitação, podem descobrir coisas vantajosas e coisas nocivas. Ninguém dirige sua cogitação – do modo que há pouco foi dito – para o que é impossível, tampouco para o que é necessário. De fato, a ciência em que há demonstração é demonstração quanto ao que é necessário. Novamente, a prudência, portanto, não é ciência, tampouco é ensinamento (*magisterium*). Certamente não é ciência porque é impossível o conhecido obter-se de outra forma; porém, não é ensinamento (*magisterium*), refiro-me à arte, porque o campo de conhecimento (*subiectum*) dela é diferente em gênero. Já que é assim, então a prudência, de modo geral, é hábito animal acompanhado de razão verídica que age (*efficiens*) sobre os bens humanos. Já está evidente que o ensinamento (*magisterium*) é diverso da prudência porque o fim da ação descoberta por meio da deliberação é diverso do [fim] encontrado antes[7] da deliberação. Ora, o fim da arte é o próprio produto.

Disse: Ora, prudentes segundo a verdade são aqueles que, tão somente por uma boa capacidade de descobrir, veem que tais e tais homens são prudentes; e, dentre eles, foram prudentes famosos porque tiveram a capacidade de encontrar as coisas boas que foram boas para eles e para os homens; e viram que homens semelhantes têm habilidade para instituir um certo modo de viver na casa e na cidade, refiro-me aos que têm capacidade de governar a própria família e a cidade.

Disse: Por isso, o nome "casto"[8] em grego é derivado da palavra "prudente". Prudente, de fato, é quem defende a sua opinião para que não a corrompam a tristeza ou a alegria, refiro-me ao prazer e à concupiscência. Assim, o casto defende a sua ação para que não a corrompa o prazer ou a volúpia. É assim que, na verdade, nem toda opinião é corrompida pela volúpia e pela tristeza. A crença de que os três ângulos do triângulo são iguais aos dois retos não se faz por parte da volúpia e da tristeza, mas por parte da corrupção dos princípios, que tornam necessária a corrupção somente da crença. Ora, a opinião prudente é, na verdade, corrompida por essas duas partes, entendo por meio da parte da corrupção dos princípios e graças ao prazer e à tristeza. A corrupção dela [i.e., da opinião] que se faz por meio do prazer e da tristeza mostra-se imediatamente, entendo que mostra-se mais que a corrupção que se faz por meio das proposições. Como a opinião prudente certa não está associada à corrupção por parte da concupiscência, o prudente, então, por necessidade, não escolherá ambas as coisas simultaneamente, refiro-me à descoberta do bem e do mal, porque a descoberta do mal é princípio corrompido por parte da concupiscência; e são distintas, porque a descoberta do mal provém do hábito vicioso. Já que é assim, então a prudência segundo a verdade é um hábito prático (*effectivus*) dos bens humanos acompanhado de razão verídica. Por causa disso, o ensinamento (*magisterium*) carece de virtude; ora, a prudência é quase a própria virtude. Por isso, quem age mal no ensinamento (*magisterium*) e peca voluntariamente é melhor que o que peca na prudência, e é pior na prudência do mesmo modo que nas virtudes. A partir daí, evidencia-se que a prudência é virtude e não ensinamento (*magisterium*), refiro-me à arte.

Disse: A partir disso, esse hábito é parte da alma que tem a razão, refiro-me à parte racional; portanto, esse hábito, isto é, o prudencial, é virtude daquela parte que tem opinião (*putationem*). A opinião (*putatio*), de fato, existe nas coisas contingentes e esse hábito, que é a prudência, está também entre os contingentes, e a prudência não é apenas um hábito racional. Indício disso é que todo hábito verídico corresponde a essa parte, refiro-me à razão, e nem todos os hábitos verídicos correspondem à prudência.

[*Ética Nicomqueia* VI, 6, 1140b 31 - 1141a 8]
Cap. 6: Do intelecto

Disse: Tampouco a apreensão dos princípios é ciência, pois a ciência vem de hábitos verídicos e é apreensão das coisas universais necessárias a partir de coisas que, na demonstração, são de primeira necessidade, refiro-me às proposições primeiras. E isso porque tudo o que está além dos princípios é ciência. Porém, não há ciência dos princípios, entendo que eles não são conhecidos por outra parte diversa deles; ao contrário, são antes conhecidos por si próprios. Tampouco o ensinamento (*magisterium*) é ciência, visto que as coisas necessárias não se fazem por meio da arte, e as coisas feitas por meio da arte são coisas contingentes.

Disse: As coisas necessárias pelas quais é possível que venhamos a ser verazes, e não mentirosos, são três: ciência, sabedoria, intelecto. Ora, como o intelecto é um dos princípios primeiros, entendo as primeiras proposições inteligidas, então [o intelecto] não é prudência, nem ciência nem sabedoria.

[*Ética Nicomaqueia* VI, 7, 1141a 9 - 8, 1141b 21]
Cap. 7: Da sabedoria

Disse: Como a sabedoria é proporcional às artes e aos ensinamentos (*magisteriis*) para os que neles são peritos e excelentes, é evidente, então, que a sabedoria não indica outra coisa senão a virtude do ensinamento (*magisterii*). Logo, se este ensinamento (*magisterium*) estiver no mais alto grau de certeza (*in fine certificationis*), é patente, então, que dele será dito, de modo absoluto, sabedoria, e não sabedoria de algo. É evidente que a sabedoria para a qual foi descoberto esse modo de ciência, refiro-me ao modo que confere certeza (*certificativum*), é aquela que faz conhecer os princípios, refiro-me aos princípios da crença e aos princípios da existência por um conhecimento dotado de certeza (*cognitione certidudinali*). Por isso, é necessário que o sábio não só conheça o que está além dos princípios, mas também conheça os princípios por uma ciência cujo quesito é o mais alto grau de certeza (*in fine certitudinis*), refiro-me às proposições. Já que é assim, a sabedoria, o intelecto e a ciência estarão entre as coisas mais dignas de honra, refiro-me ao grau supremo. É absurdo, portanto, que alguém julgue que a ciência política e a prudência sejam o mais alto grau na virtude, a não ser que ele creia que o homem seja o que há de mais nobre no mundo. Ora, se essas coisas forem mais nobres que o homem, então a ciência, e a intelecção delas, será aquela coisa nobre que está no mais alto grau.

Disse: Todos veem que o sábio é diverso do prudente porque, dentre eles, é prudente quem opina segundo a reta opinião em tudo o que o homem faz por meio dela [i.e., por meio da opinião] e por tudo que ele escolhe por si próprio. Os homens admitem placidamente as coisas escolhidas por ele e confiam na reflexão (*cogitatio*) dele. Por isso, a respeito de alguns animais, os homens dizem que são prudentes. Prudentes são aqueles que têm capacidade para prever e trabalham para governar a si próprios com trabalho zeloso.

Disse: É também evidente que a sabedoria e a ciência política não são uma mesma coisa, pois se alguém alegar que a sabedoria está nas ciências úteis (*conferentibus*) ao homem, haverá, então, múltiplas sabedorias. Como as coisas úteis para todos os animais não são uma única coisa, a menos que existisse uma única medicina para todas as espécies de animais, de modo similar o conhecimento útil dos homens não é uma mesma coisa. Ora, se isso for dito porque o homem é mais nobre que os outros animais, entendo que, para ele, o conhecimento útil é a sabedoria e é a mais nobre das coisas, isto, então, sem dúvida não é correto, já que há aqui coisas divinas que são mais nobres que o homem, como as coisas que são os princípios a partir dos quais o mundo foi constituído. Já que é assim, o conhecimento dos princípios é, então, perfeitamente sabedoria, e não o conhecimento das coisas úteis. Logo, fica portanto evidente que, a partir do que foi dito, a sabedoria é inteligência e aquela ciência que há nas coisas que são naturalmente muito honradas, refiro-me às coisas que estão no ápice da honorabilidade. Por isso, dizemos que Platão e Sócrates são sábios e não dizemos que são prudentes, já que os vemos ignorar coisas boas para eles próprios; e dizemos que conheceram muitas coisas, coisas que merecem admiração e coisas difíceis e as veneravam mesmo que não fossem úteis porque eles não buscavam bens úteis humanos, mas bens divinos. Ora, a prudência está nos bens humanos, naqueles sobre os quais é possível que se faça uma deliberação, refiro-me aos que podem ser administrados. De fato, segundo muitos, a ação do prudente é a aplicação da deliberação. Portanto, como dizemos, ninguém delibera sobre coisas que é impossível serem diferentes, e são as coisas necessárias. Tampouco alguém delibera sobre coisas que não exigem completude, refiro-me ao fim.

Disse: Prudente poderoso pela deliberação de modo absoluto é aquele que julga pela reflexão sobre o que é melhor para o homem a partir dos fatos e o descobre. Não é prudência completa o conhecimento dos universais a partir das coisas somente úteis e a descoberta delas, mas é preciso que o prudente conheça simultaneamente as coisas universais e as particulares porque essa ciência é operativa e o operativo é acerca dos particulares. Por isso, encontramos alguns homens que têm menos ciência, por exemplo, na arte da medicina, e obram melhor que alguns que têm maior conhecimento dos universais, e são aqueles cuja experiência foi ampliada mais que a sua ciência. Em quem há uma ciência universal sem o particular, contudo, não é possível que ele opere qualquer coisa por meio dela; de fato, sabendo que as carnes leves são boas para digerir e convenientes para o estômago, mas não sabendo quais carnes são, não operará a fundo por meio delas; no entanto, sabendo que os frangos são de boa digestão pode, por meio deles, produzir saúde. Já que é assim em todas as coisas operativas – e a prudência é operativa – é então necessário que, para ele, haja duas coisas, a saber, o universal e o particular, pois é melhor com ambos que com um ou outro.

Disse: Ora, a prudência política é aquela cuja proporção em relação aos outros hábitos da prudência é a proporção da arte principal da carpintaria para com as outras artes particulares que sob ela estão.

[*Ética Nicomaqueia* VI, 8, 1141b 22 - 9, 1142a 31]
Cap. 8: Das partes da prudência

Essa prudência e a arte de governar as cidades constituem um único campo de investigação (*subiecto*). A prudência política (*civilis*), cuja proporção em relação a outras prudências é tal qual a proporção da carpintaria principal (*principantis*) em relação às outras artes particulares da carpintaria, é a prudência que diz respeito ao legislador, refiro-me àquele que por si próprio escolhe as constituições úteis, quer em todo tempo, quer na maioria das vezes. Esta é a chamada prudência política conforme a verdade. A prudência, entretanto, por cujo intermédio é descoberto o útil de acordo com um tempo qualquer, se é chamada política, isso se dará conforme uma participação no nome. De fato, é segundo a verdade operativa como as outras coisas particulares operativas. Na verdade, é chamada política porque, por essa prudência, fazem-se a comparação (*commensuratio*) e a correção de falhas incidentes nas constituições que o senhor das leis promulgou, refiro-me ao legislador das coisas universais descobertas por meio da prudência universal, da arte e da virtude formal (*figuralem*) universal. Desse modo, a respeito do propósito do alcance e dos valores na política, diz-se que ela é política e, de fato, é segundo a verdade, assim como um daqueles que produzem obras particulares, como os artífices que produzem com a mão.

Disse: Julga-se que a palavra "prudente" é, de fato, dita na maioria das vezes a respeito dos que têm o poder de encontrar o que é bom para si próprios ou para os homens políticos, e não a respeito dos que podem descobrir simultaneamente o que é bom e melhor sobre a cidade, ou para a coisa pública ou para cada maneira [de ser] dos homens. Não é assim, porém. De fato, se fará certa essa prudência particular quando provier de um universal comum. Ora, dentre as espécies de prudência, algumas são administração doméstica, outras, o que é próprio e comum à cidade, outras, o que é deliberativo e outras, o que é judiciário.

Disse: E, talvez, conhecer a coisa para operar seja outra maneira de conhecer, isto é, só conhecê-la sem que haja operação. Nisso, aliás, há uma grande diferença.

Disse: A respeito daqueles que conhecem o que é bom para eles próprios e perseveram em sua descoberta, diz-se que são prudentes. Os políticos, porém, entendo os que chegam ao bem comum, são aqueles de quem se julga sobressaírem muito mais nas obras.

E, segundo penso, por isso o poeta Eurípides perguntou como é possível que seja prudente aquele que pode obter um bem sem uma operação laboriosa e, [contudo], a obtém com labor e com múltiplas ações, e, penso eu, embora seja um concidadão, torna-se um solitário. Entretanto, como aqueles que muito suam com as operações estão buscando por meio delas o bem para si próprios e julgam ser oportuno que façam isso, isto é, muitas operações, parece, por causa disso, que todos os prudentes buscam o que é bom para si próprios. Talvez, entretanto, isso não seja possível sem o governo político. De modo geral, não é evidente como o homem deve buscar o bem para si próprio, quer como alguém isolado, quer como parte das cidades.

Disse: Indício disso é o que disse [Aristóteles], a saber, que sem dúvida há prudência com a idade. São encontrados jovens geômetras que são de maneira geral bons nas disciplinas, tendo conhecimento das mesmas coisas lá assinaladas, e não são prudentes. A causa disso é que a prudência, na verdade, existe nas descobertas das coisas particulares, e as proposições por meio das quais são descobertas fazem-se conhecidas por parte de muita experiência. Os jovens não têm muita experiência porque a aquisição de muita experiência exige um longo tempo.

Disse: Talvez alguém perguntará por que, dentre os jovens, encontram-se peritos no *quadrivium* e não nas ciências naturais, e tampouco são encontrados sábios, entendo prudentes, em metafísica. A causa disso é que algumas das proposições dessas ciências são recebidas de outras ciências e algumas são compreendidas a partir da múltipla experiência, e, em algumas delas, não é possível que os jovens creiam. Em algumas delas, os limites não são manifestos, e tampouco está manifesto nelas se houve uma falha incidente na proposição universal ou na particular, como, [por exemplo], ao julgar ruim esta água. Isso, de fato, carece de verificação de duas proposições, uma das quais é que as águas pesadas são ruins, outra, que esta água é pesada. Isso quer dizer que o conhecimento disso é difícil, a não ser que antes dele preceda a arte da lógica, e isso acontecerá somente em um longo tempo.

Disse: Tampouco a prudência é ciência porque a prudência é apreensão da coisa operada, e o operado é o oposto do conhecido pelo intelecto. De fato, o intelecto não apreende as coisas particulares operáveis. Na verdade, a prudência é a apreensão das coisas sensíveis, e eu não entendo por sensíveis isso o que os sentidos apreendem. Antes, na verdade quero [dizer] por meio disso aquela potência que percebe o que há de mais simples nas formas, a forma dos três ângulos, que é [a faculdade] imaginativa. Mas a [faculdade] imaginativa, que faz ver o que é operável, está mais próxima do sentido que a imaginativa que está na doutrina.

[*Ética Nicomaqueia* VI, 10, 1142a 31-1142b 34]
Cap. 9: Da boa deliberação

Disse: É evidente que há uma certa diferença entre inquirir no sentido absoluto e deliberar, pois a deliberação é inquirição de algo, isto é, inquirir com cogitação. Mas às vezes ocorre inquirir sem cogitação. Donde o que devemos considerar é se a boa qualidade da deliberação é ou conhecimento ou uma boa qualidade da sagacidade ou um certo gênero relativo ao bem. Julga-se que não é conhecimento porque a ação de quem delibera é uma busca do conhecimento de alguma coisa; ora, quem conhece alguma coisa não inquire sobre o conhecimento dela. É evidente, portanto, que a boa qualidade da deliberação é uma certa deliberação, e a deliberação é a inquirição por meio da ponderação (*meditatione*). De modo semelhante, não é uma boa qualidade da sagacidade. A boa qualidade da decisão se faz sempre pela rapidez do intelecto e da mutação rápida da cogitação, mas a deliberação sempre se faz num tempo longo. Por isso os homens dizem que é preciso que não se façam rapidamente aquelas coisas em que há deliberação, nem aquelas nas quais se delibera em curto tempo. A boa qualidade da decisão é a rapidez do intelecto, e a rapidez do intelecto é sem a boa qualidade da deliberação. Tampouco a boa qualidade da deliberação é uma opinião dentre opiniões porque uma opinião não é uma investigação. Entretanto, se aquele que torna boa a deliberação não for vicioso, fica então evidente que a boa qualidade da deliberação é uma certa certeza (*certitudo*) da deliberação. A partir disso, fica esclarecido que não é uma ciência, pois não existe "boa qualidade" da ciência, já que nela não há falha. Ora, a verdade para a opinião correta é descoberta assim como a deliberação é descoberta, e a opinião correta não é deliberação. Mas, como é sem a razão, resta que pertence à potência cogitativa. Por causa dessa potência, é necessário que seja um certo bem que, ainda não apreendido, é um bem. Ora, a opinião não requer que haja nela um certo bem, mas que venha a ser isto depois que apreende, já que é um certo bem. Por causa disso, a opinião apreendente não é inquiridora, mas quem delibera bem ou mal, depois disso inquire sobre algo e cogita sobre isso. Logo, a boa qualidade da deliberação é uma certa certeza. Por isso, em primeiro lugar devemos perscrutar o que é a deliberação e onde se dá essa certeza. De fato, a certeza é descoberta em muitas espécies e por causa disso nem toda certeza é uma boa deliberação. Às vezes há uma deliberação correta sobre o mal para encontrar um mal qualquer. Esse feito não é uma boa qualidade da deliberação. Há, portanto, o mal e a boa deliberação, o bem. Por causa disso, julga-se que a boa qualidade da deliberação seja a descoberta do bem. Entretanto, às vezes essa descoberta não se faz por si, e isso quando a verdade for descoberta por meio de proposições falsas; e, às vezes, se faz por si, a saber, quando for descoberta a verdade por meio de proposições verdadeiras. Mais uma vez, portanto, não basta afirmar que a boa qualidade da deliberação é uma aquisição do bem; é a descoberta dela que é preciso encontrar, até que lhe seja dado um atributo. Por isso, o que deve ser descoberto, entendo eu, é a descoberta do bem por meio daquilo por cujo intermédio deve ser descoberto, a saber, o silogismo das proposições verdadeiras e formas corretas (*sanae figurae*). E, de modo semelhante, portanto, não há intervenção do tempo para a determinação da boa qualidade da deliberação, pois ora é descoberta por meio de uma reflexão correta em tempo longo, ora é descoberta em tempo breve. Tampouco a certeza é certeza da deliberação quando é proporcional a todo bem, mas é para o bem útil, não para o bem que é a justiça, nem para um bem qualquer entre os bens. Portanto, quando houver um homem que apresenta uma deliberação, que é um bem absoluto a partir da descoberta do fim, que é de modo absoluto fim e completude, nesse momento a certeza descoberta nesta deliberação é, de modo absoluto, a boa qualidade da deliberação. Ora, se alguém deliberar sobre um certo fim que não é absoluto, mas que é um fim para alguns prudentes, então, em fins desse tipo, a boa qualidade da deliberação é a correção de tal deliberação em relação àquele fim, e é prudente quem tem opinião verdadeira a partir da boa qualidade da deliberação.

[*Ética Nicomaqueia* VI, 11, 1142b 34 - 1143a 18]
Cap. 10: Da perspicácia[9]

Disse: A potência da engenhosidade[10], e a não engenhosidade, pela qual dizemos que isso tem engenhosidade e isso não tem engenhosidade, é também diversa da potência da opinião e da ciência, pois se não é, tudo em que há ciência ou opinião é engenhoso. Tampouco a potência da engenhosidade é uma dentre as ciências particulares, como a ciência da medicina que há nas coisas que recebem cura, como a ciência da dimensão que há nas grandezas; por que a engenhosidade não está nas coisas necessárias nem nas coisas cujo conhecimento é referente às causas, mas em coisas difíceis nas quais há deliberação. Por causa disso, há engenhosidade nas mesmas coisas em que há prudência. No entanto, a engenhosidade e a prudência não são uma coisa só, pois a prudência é apreensão do que deve ser realizado e não realizado. Ora, a engenhosidade emite máximas e juízos, e ela própria e a aceitação da intenção são uma e mesma coisa. Entretanto, como, por exemplo, nomeamos disciplina e ciência a recepção da ciência, do mesmo modo aquele que, ao servir-se de uma opinião, emite um juízo bom sobre coisas em que há prudência, diz-se dele que é engenhoso.

Disse: É assumido esse nome para isso na prudência a partir da especulação nas doutrinas. Vemos, de fato, os que sobressaem na engenhosidade ou engenhosos nas ciências do *quadrivium*. Pois que a boa deliberação (*concilium bonum*) é aquela cujo fim é bom, e isto, na verdade, é descoberto pelo virtuoso, a boa deliberação será um juízo reto procedente do virtuoso e, por causa disso, dizemos muitas vezes que os virtuosos são senhores de boas deliberações, e que os senhores de boas deliberações são virtuosos. Logo, a boa deliberação é um juízo reto (*sanum*) existente no virtuoso, como dissemos, reto (*sanum*) e veraz. Uma vez que isso tudo é como determinamos, então todos os hábitos que definimos tendem a um fim. Na verdade, dizemos que isso é deliberação ou opinião, e discernimento ou engenhosidade, e prudência e intelecto; e os atribuímos aos mesmos homens, isto é, alguns deles chamamos conselheiros, alguns, engenhosos, outros, prudentes. A totalidade deles tende a uma só coisa; e, enfim, são particulares operáveis, e, por causa disso, são todas elas potências operativas.

[*Ética Nicomaqueia* VI, 12, 1143a 20 – 13, 1143b 17]
Cap. 11: Da sentença

Disse: Por outro lado, a sentença e o juízo, na verdade, realizam-se nas coisas em que há prudência, boa qualidade da engenhosidade ou discernimento e boa qualidade da deliberação. De fato, essas virtudes se realizam para o seu fim, entendo que quando o fim descoberto por meio delas for o bem. São, então, virtudes, na medida em que todo conhecimento das coisas operáveis é conhecimento das coisas particulares porque o propósito desse conhecimento é a operação. Na verdade, as coisas operáveis, a engenhosidade e a deliberação estão nas coisas operáveis, e estas são os extremos na geração e são os particulares.

Disse: Como o intelecto é dos que compreendem os termos primeiros e os termos primeiros são sempre os extremos, entendo os particulares, o intelecto é então encontrado a partir dos extremos, isto é, a partir dos particulares segundo duas espécies: uma das quais é a que apreende os termos primeiros, que são as coisas necessárias e são os princípios das demonstrações especulativas; a outra é a que apreende os termos primeiros, que são as coisas anteriores e são os princípios das conclusões operativas. São, de fato, os termos universais porque o universal é encontrado pelos particulares, e o intelecto não é outro senão a apreensão universal. Por causa disso, é evidente que o intelecto é coisa por nós compreendida a partir dos particulares por natureza. Sendo assim, o intelecto é algo diverso da sabedoria. De modo semelhante, a opinião e a engenhosidade são também compreendidas por natureza, tal como o intelecto. Indício disso é que vemos que é preciso que o homem aprenda algo mais quando de posse do intelecto e da opinião porque a natureza é causa do intelecto e da opinião, não a vontade. E por que o intelecto naturalmente tem início e consumação, entendo que seja gerado e completado, e por que a totalidade das coisas que são por natureza tem início e consumação, as demonstrações desse modo são, portanto, por proposições.

Disse: Por isso, é preciso que ouçamos a exposição dos experientes, os mais velhos, sem a exigência de demonstração sobre aquilo com o que concordam. Isto não é menos do que as demonstrações que se ouvem porque os homens mais velhos já apreenderam, por meio da experiência, as proposições pelas quais eles tiveram suficiência demonstrativa para aquilo que nos mostram. Em nós, no entanto, não há aquelas proposições, pois a experiência provém da idade.

Disse: Já foi dito o que é a prudência e o que é a sabedoria e em que coisas está uma e outra e qual delas é virtude e de qual parte dentre as partes da alma é virtude.

[*Ética Nicomqueia* VI, 13, 1143b 17- 1144b 1]
Cap. 12: Da utilidade da sabedoria e da prudência

Disse: Talvez alguém venha a propor uma questão séria perguntando qual é a utilidade da sabedoria. De fato, vemos que, a partir dela, não se adquire um conhecimento por cujo intermédio o homem seja feliz, porque ela nem efetua algo nem opera. Por intermédio da prudência, porém, adquirem-se coisas que trazem felicidade, não apenas na medida em que é só prudência, entendo por ela própria, mas na medida em que está entre as coisas boas e justas, e estas são as que o homem bom opera. Por isso, não nos tornamos mais operadores por meio desse hábito, visto que é um hábito para as coisas boas, mas porque é somente hábito da prudência e, a meu ver, porque fazemos uma boa deliberação (*consiliationem*). Assim, não é porque chegamos a conhecer as coisas que curam que exercemos a arte da medicina de modo mais completo, mas somente porque somos mais médicos. Por si própria, portanto, a prudência não traz a felicidade, já que a respeito dela não se diz "prudência graças à ciência", mas porque, por si própria, ela se refere às coisas virtuosas. Logo, não é totalmente útil por si. Do mesmo modo que vemos que não devemos aceitar a deliberação de virtuosos que não têm a ciência da deliberação, nem [aceitar] a ciência dos que não têm virtude, assim também devemos fazer a respeito da saúde. Queremos, de fato, ser sadios, mas não melhoramos a saúde senão por meio de ambas simultaneamente, no meu entender, por meio da ciência da medicina e da vontade de ter saúde. Por isso, quando queremos a saúde, aprendemos a medicina. A sabedoria, portanto, por si própria traz a felicidade; a prudência, entretanto, por meio de outra coisa, não por si própria. Além disso, talvez venha parecer inadequado que algo que dependa da sabedoria seja mais exato que a sabedoria, pois a sabedoria rege todas as artes, tem a primazia sobre elas e ordena o que devem realizar segundo o que foi dito em outra passagem. Contudo, nosso propósito não é este, tampouco nosso intento é determinar qual delas tem preeminência. A meu ver, buscamos apenas determinar qual é a utilidade da sabedoria. Para que seja uma virtude, portanto, dizemos ser necessário que ela, embora não aja, seja elegível por si própria, porque é perfeição de uma das partes da alma, e tudo que é completude ou perfeição de uma das partes da alma é virtude. Além disso, ela [i.e., a sabedoria], na verdade, faz a felicidade por si própria, e não como a medicina faz a saúde, ou melhor, é como se ela [i.e., a sabedoria] fosse a própria felicidade. Por conseguinte, a saúde, na verdade, faz a felicidade não pelo fato de ser diversa da felicidade, mas porque a apreensão dela [i.e., da saúde] é a própria felicidade, embora ela [i.e., a felicidade] não seja buscada por algo diverso dela. Esta é a disposição da felicidade, entendo que ela é buscada por si mesma, e coisas diversas dela são buscadas por causa dela.

Disse: O intelecto, na verdade, é proporcional à perfeição e à completude nos prudentes segundo a medida do hábito da prudência e segundo a medida da virtude moral conjugada à prudência. De fato, a virtude torna reto o propósito, a prudência torna reta (*sanat*) a descoberta do propósito, no meu entender, a descoberta do fim. Ora, a parte concupiscível à qual as virtudes de caráter, isto é, morais, são proporcionais não tem essa espécie de virtude, no meu entender, a virtude da apreensão, uma vez que não tem parte na razão.

Disse: Ora, depois de retomarmos nossa exposição um pouco acima, convém dizer que não se torna prudente quem opera com maior perfeição e delibera melhor porque a sua ação se faz nas coisas virtuosas e boas. Enunciemos também nosso princípio a respeito do que estou dizendo. Ei-lo aqui. Como dissemos, alguns homens praticam atos de justiça sem que sejam justos, tal como os que cumprem as leis ou contra a sua própria vontade ou por ignorância do que estão fazendo, e assim agem por um outro motivo que não é o visado pelas leis. De modo geral, a estes homens não denominamos virtuosos, embora realizem o que é necessário e tudo o que o virtuoso realiza. Parece, assim, que naquele prudente há uma coisa que tem potência por meio da qual ele descobre os particulares da boa qualidade da deliberação, sejam eles um bem ou um mal. Quando, por meio da boa deliberação, acontece a ele descobrir particulares que são um bem, dele não dizemos nem que é virtuoso nem que é bom, no meu entender, segundo o modo que é próprio somente da boa deliberação para descobrir tudo em que incidirá a sua escolha.

Disse: Nem tudo em que incide uma escolha é virtuoso, antes, o que torna virtuosa uma escolha é a virtude, não a potência da prudência. Por isso, a potência por meio da qual foi descoberto ou extraído tudo aquilo sobre o que incide a escolha não é uma virtude moral, mas uma outra potência. É ela que é chamada zelo ou prudência propriamente quando, por meio dela, for descoberto um bem; quando por meio dela é descoberto um mal, é chamada astúcia, esperteza ou fraude. Por isso vemos que alguns são prudentes, outros astutos, e alguns, espertos e outros, fraudulentos. Contudo, a potência pela qual é encontrado um bem é aquela chamada prudência. Segundo a verdade, não é uma outra parte dentre as partes da alma aquela cuja potência existe para descobrir o que, em qualquer caso, refere-se tanto a um bem como a um mal. Sem a virtude, porém, não é o mesmo, e isso porque ao agente é atribuída a bondade ou a maldade. O intento, de fato, torna-se presente por tudo o que é feito. De fato, a respeito do bem, uma coisa está no que é dito e é reto, e outra, no fim, e é o que foi apreendido pelo dito. Quando não houver um bem no fim, não se torna manifesto o bem que está no dito, mas a maldade, que está no fim, obtém a vitória sobre o bem que está no dito. De modo semelhante, quando o fim for um mal, obtém a vitória sobre o princípio do agente e o torna mau. Já que é assim, não pode haver aquela prudência sem que a ela esteja unida a virtude de caráter, e essa virtude só é encontrada no homem bom.

[*Ética Nicomaqueia* VI, 13, 1144b - 1145a 10]
Cap. 13: Da virtude natural e da conexão das virtudes com a prudência

Disse: Investiguemos e examinemos a proporção que há entre a virtude natural e a virtude propriamente dita (*virtutem electivam*)[11], aquela que é ao máximo a virtude mais nobre e digna de honra. Na verdade, a proporção que há entre essa virtude, no meu entender, a natural, e a virtude propriamente dita é próxima à que há entre a prudência e a solércia, tal como a prudência, a que propriamente recebe esse nome, e a boa qualidade de opinião não são uma só coisa, mas são semelhantes entre si. Assim, a virtude natural assemelha-se à virtude diretiva (*virtuti directivae*), refiro-me à virtude propriamente dita. De fato, em todas as espécies de virtude há uma que é por natureza, e a outra, por aquisição. Isso porque, muitas vezes, nós encontramos um homem casto ou audaz por natureza, e assim também a respeito das outras virtudes. Essas virtudes são encontradas neles já desde o seu nascimento, com exceção daquela virtude que procuramos, a que se faz por escolha e aquisição. Isso porque as virtudes naturais são encontradas nas crianças, muitas delas nas feras e em muitos animais. De modo geral, no mais das vezes, são danosas quando existem sem intelecto e sem discernimento. Vê-se que, em alguns indivíduos, a virtude natural manifesta-se apenas por sua exuberância, isto é, tal como ocorre a um corpo móvel que, movido violentamente, manifesta-se com maior violência que quando em repouso. Se não fosse assim, não haveria ninguém desprovido dela, no meu entender, da possibilidade de receber a virtude propriamente dita. Sem dúvida, a virtude se realiza quando uma ação estiver de acordo com o que o intelecto vê, na hora em que vê e na quantidade com que vê. A respeito disso, portanto, quando tiver sido convertido em hábito o que o intelecto vê, realiza-se imediatamente a verdade segundo a verdade diretiva (*veritatem directivae*). De fato, do mesmo modo como na espécie animal há duas espécies de opinião, uma natural, que são as primeiras opiniões, a outra, que adquire e apreende as primeiras, também no intelecto há duas espécies: uma natural e outra, adquirida, a chamada ciência. Vê-se, assim, que há as virtudes de caráter, refiro-me às morais. Em razão disso, dizemos que a virtude de caráter propriamente dita não se realiza sem a prudência. Já que é próprio dela realizar-se sempre com a prudência, alguns, como Sócrates, disseram que todas as virtudes morais são prudenciais. De certo modo eles erram, e, de certo modo, acertam. Certamente erram ao acreditar que todas as virtudes são prudências, mas também falam com acerto, já que não é possível encontrar-se a virtude de caráter propriamente dita sem a prudência. Indício disso é que todos, ao definirem a virtude moral, dizem que é um hábito que se realiza segundo a medida que é comum (*commensurationem*) à razão reta. Ora, é reto o que é segundo a medida do intelecto, por exemplo, a respeito da coragem dizem que ela é audácia de acordo com a medida do necessário, do quando e do quanto e, desta maneira, quanto ao mais. E todas elas, em cada uma de suas disposições, são compreendidas somente por meio da prudência.

Disse: Parece, então, verossímil que os Antigos, em seu conjunto, concordem que esse hábito, refiro-me ao moral, seja proporcional à prudência, e tenham tido um pressentimento, como a respeito da proporção dele com o intelecto e, por isso, não incluíram tudo o que era preciso ser incluído. Por isso, dizemos que ela não é tão somente razão reta, mas é hábito excelente acompanhado de razão reta. A razão reta, conjugada ao hábito, é a prudência. Sócrates já opinava que todas as virtudes são ciências. Nós, porém, dizemos que são acompanhadas de razão, entendo a razão reta (*rationem sanam*). E isso, conforme o que foi dito, é evidente que não é possível que haja virtude propriamente dita sem prudência, assim como também foi dito que não é possível que haja prudência, entendo a virtude racional, sem virtude moral.

Disse: Se me for concedida uma rápida menção, essa parte da alma, refiro-me à parte moral, é também proporcional à razão. Por isso, ouvida a razão, a parte moral quer e obedece ao governo da razão.

Disse: É evidente que essas virtudes, refiro-me às racionais e às morais, são conjugadas umas às outras. Por isso, dentre elas não se encontra uma completa se estiver separada de sua associada, no meu entender, quando a força da prudência estiver separada da virtude moral e da prudência propriamente dita. De fato, isto é possível na virtude natural. A respeito da diretiva, porém, entendo a mais nobre das virtudes morais, que é a virtude propriamente dita, não é possível que ela se realize sem a prudência, como não é possível que a prudência se realize, na medida em que ela é operativa, sem a virtude moral, pois a ação da virtude moral não se realiza sem uma escolha reta. A escolha reta, portanto, não se realiza sem a prudência. Logo, a virtude moral é aquela que realiza o bem, que é o fim, e a virtude da prudência é a que indica à potência o que deve fazer. Por isso, esta ação, refiro-me à ação da virtude moral, não é atribuída à ação da virtude da prudência, uma vez que ela não é a agente da virtude moral, mas é, na verdade, a indicadora para aquela potência. Ela é, por assim dizer, a efetuadora da potência que opera o fim, mas é a própria potência que opera o fim. O mesmo não é atribuído a esta ação, refiro-me à moral, nem à sabedoria, nem a algumas virtudes racionais, do mesmo modo que a ação da cura não é atribuída à arte da medicina. De fato, ela própria não cura, mas indica de que modo se faz a cura para aquele que a realiza, e é uma auxiliar da medicina. Esta é, portanto, a proporção entre o hábito da prudência e o hábito moral e, no meu entender, é a prudência que ordena e o costume que atua. Esse ato é atribuído à prudência somente porque ela dá as ordens, e não porque ela o realiza. Vê-se que a ação é atribuída a ela desse modo, porque ela é como que o principal hábito moral. Do mesmo modo, o governo político universal, no meu entender, a arte do regime político, é o hábito que tem a primazia dentre todos os hábitos que há na cidade, entendo as artes que dependem dessa arte, já que ela própria ordena às artes dependentes dela o que devem fazer.

Disse: Depois disso, isto é, depois do término desta exposição sobre as virtudes morais e racionais, é preciso que cumpramos uma outra tarefa.

Traduzido do latim por Anna Lia A. de Almeida Prado
e Rosalie Helena de Souza Pereira

Notas

PARTE I
AVERRÓIS: O HOMEM E A OBRA

1. O HOMEM E A ÉPOCA

GENEALOGIA ILUSTRE: OS BANŪ RUŠD

1. Genealogia incluída no nome.
2. Cf. URVOY, 1998, p. 18 et seq.
3. O nome árabe *al-murābiṭūn* (almorávidas), derivado da raiz *r-b-ṭ* cujo verbo *rabaṭa* significa "ligar, atar, unir", significa "reunidos para lutar"; remete-se a *Corão* III:200: "Pacientai e perseverai na paciência (*rābiṭū*) [...]" (trad. Helmi Nasr). Talvez o propagador do movimento almorávida, Ibn Yāsin, tenha identificado seus seguidores com os primeiros muçulmanos e feito da religião a real causa da união de suas forças, e não a solidariedade tribal, o que, dessa forma, permitia a inclusão de indivíduos de origem tribal diversificada. Foi com Ibn Yāsin que a conquista e a islamização do Maġrib repetiram a história do Profeta Muḥammad e dos primeiros líderes muçulmanos que uniram as tribos para conquistar novos territórios e, para terminar com as rivalidades entre as tribos, substituíram as lideranças tribais por uma religiosa. Cf. KENNEDY, 1999, p. 181-182. Há a versão de que o nome *al-murābiṭūn* foi adotado quando, depois de uma batalha, Ibn Yāsin e seus seguidores foram obrigados a se retirar numa *ribāṭ* (fortaleza-mesquita), daí a denominação, cf. ibid.
4. Os governantes desses pequenos reinos foram chamados pelos historiadores árabes andaluzes *mulūk al-ṭawā'if* (sing. *ṭā'ifa*) ou "reis de facções ou grupos", cf. KENNEDY, 1999, p. 153.
5. Período dos "primeiros" reinos de Taifas (1031-1086): Sevilha, Badajóz, Toledo, Saragoça, Albarracín, Alpuente, Valência, Tortosa, Denia, Almería, Málaga e Granada sobrevivem até a conquista dos almorávidas. Córdova é uma república oligárquica e não um reino; Algeciras, Morón, Ronda e Carmona foram incorporados ao reino de Sevilha entre 1052 e 1067; Maiorca e Múrcia só se tornariam independentes durante a instauração dos "segundos" reinos de Taifas (1106-1145). Cf. CRUZ HERNÁNDEZ, 1993, p. 109, nota 4.
6. Ibid., p. 110.
7. KENNEDY, op. cit., p. 180.
8. *Fatwà* é um ditame, no Direito islâmico, emitido por um jurisconsulto cujo cumprimento é recomendado. As fátuas eram e ainda hoje são emitidas pelos *muftis*, os jurisconsultos responsáveis por pareceres legais.
9. LAGARDIÈRE, V. *Histoire et société en Occident musulman au Moyen Âge. Analyse du* Mi^cyâr *d'al-Wansharîsî.* Madrid, 1995, p. 62, apud URVOY, 1998, p. 23. Essa *fatwà* nada diz sobre a obrigatoriedade do uso do véu pelas mulheres.
10. A escola (*maḏhab*) *mālikita* é uma das quatro principais escolas do Direito sunita. Foi fundada em Medina por Mālik ibn Anas (c. 711-796). As outras três são: *ḥanīfita*, fundada em Kūfa por Abū Ḥanīfa (c. 699-767); *šāfi^cīta*, fundada por Muḥammad ibn Idrīs al-Šāfi^cī (767-820); e *ḥanbalita*, fundada por Aḥmad ibn Ḥanbal (780-855). Essas quatro correntes do Direito islâmico (*Fiqh*) são consideradas ortodoxas e sobreviveram às dezoito originais que se desenvolveram nos parâmetros da *sunna*, o modelo de vida do muçulmano inspirado na prática do Profeta Muḥammad. A escola *mālikita*, a segunda em antiguidade, foi a escola oficial na Espanha islâmica e, salvo breves incursões de outras seitas – xiitas e *ḫārijitas* –, é a que sobrevive por mais tempo no Ocidente, sendo ainda hoje predominante no norte da África. Cf. RIOSALIDO,

1993, p. 28-29. Nem todos os especialistas acham que a tradução de *maḏhab* (pl. *maḏhāhib*) por "escola" seja a mais adequada; alguns preferem a tradução por "rito". O termo árabe *maḏhab* tem um significado próximo a "escola jurídica", mas esta não é a tradução exata. Trata-se de um importante conceito na história do Direito islâmico cujo significado recebeu, ao longo do tempo, quatro diferentes sentidos, impondo-se o último, segundo o qual *maḏhab* é o nome atribuído a um grupo organizado de juristas que segue e é leal a um corpo doutrinal legal atribuído a um mestre jurista de quem a escola recebeu características particulares e distintivas. Cf. HALLAQ, 2005b, p. 150-153. *Maḏhab*, impropriamente traduzido por "rito" ou por "escola jurídica", tem significado mais próximo de "método habitual, norma, procedimento".

11. Também chamados *mu'minidas*, dinastia de origem berbere que estendeu seu império do Maġrib (corresponde aos territórios conquistados pelo Islã na África setentrional) a Al-Andalus difundindo o ideal religioso definido pelo fundador do movimento, Ibn Tūmart. *Al-muwaḥḥidūn* significa "partidários ou adeptos do *tawḥīd* (unicidade divina)", primeiro elemento da profissão de fé do muçulmano (*šahāda*): *ana ašhadu lā ilāha illa Allāh* (eu testemunho que não há nenhuma outra divindade além de Deus). Ou seja, os almôadas, ao se autonomearem "partidários da unicidade divina", consideravam-se os "verdadeiros" muçulmanos, cuja missão era a de restabelecer a pureza original do Islã.

12. Sobre as atividades jurídico-políticas do avô de Averróis, ver URVOY, 1998, p. 20-29.

OS CONQUISTADORES ALMÔADAS E A NOVA DOUTRINA

13. Cf. CRUZ HERNÁNDEZ, 1993, p. 115-118.

14. Segundo uma tradição islâmica, o *Mahdī* seria aquele designado por Deus para restabelecer a justiça na Terra pouco antes do final do mundo; no xiismo, é identificado com o décimo-segundo imã, o "oculto"; em certas correntes sunitas, é identificado com Jesus. O *Mahdī* é considerado infalível (*maᶜṣūm*). Cf. GEOFFROY, in AVERRÓIS (IBN RUŠD), 1996, p. 89.

15. URVOY, 1996, p. 26.

16. Cf. ibid., p. 18.

17. Cf. ibid.

18. Os *muᶜtazilitas* são considerados os primeiros pensadores do Islã. Com o uso da lógica em suas argumentações teológicas, tentaram elaborar um sistema completo que tratava de teodiceia, ontologia, cosmologia, psicologia, ética e política. A corrente *muᶜtazila* nasceu no século VIII em Basra e teve seu ápice nos califados abássidas dos séculos IX e X. Sobre o sistema *muᶜtazilita*, ver NADER, 1984.

19. Escola teológica fundada por Abū al-Ḥasan ᶜAlī ibn Ismāᶜīl al-Ašᶜarī (873-935). Descendente de uma tribo árabe, Al-Ašᶜarī nasceu em Basra (atual Iraque) e foi discípulo do *muᶜtazilita* Al-Jubbā'ī, afastando-se dele em 912. No final de sua vida, mudou-se para Bagdá, onde morreu. O *ašᶜarismo* (*al-ašᶜariya*) foi uma das doutrinas teológicas mais propagadas durante o período do Islã clássico. Sobre o *ašᶜarismo*, ver GIMARET, 1990.

20. Cf. GEOFFROY, in AVERRÓIS (IBN RUŠD), 1996, p. 87.

21. Corruptela do grego *philosophía*, o nome árabe *falsafa* concerne à filosofia de cunho grego desenvolvida em terras do Islã.

22. Cf. URVOY, 1996, p. 25.

23. Ibid., p. 26.

24. Cf. PUIG MONTADA, 2006a, p. 362-373.

25. Cf. GEOFFROY, in AVERRÓIS (IBN RUŠD), 1996, p. 92-93.

26. Sobre os almôadas, ver HUIC MIRANDA, 1956-1959.

27. *Farᶜ* (sing.) = lit. "ramo", *furūᶜ* (pl.) são os casos derivados de casos precedentes, ou seja, para descobrir como julgar um caso novo (*farᶜ*), busca-se assimilá-lo por dedução analógica (*qiyās*) ao caso precedente ou original (*aṣl* = lit. "tronco"), cf. HALLAQ, 2005²a, p. 84. O termo *furūᶜ* (ramos) expressa a relação entre a teoria legal e a lei substantiva (= corpo fundamental da legislação que estabelece os princípios normativos do convívio social), cf. ibid, p. 153.

28. AL-MARRĀKUŠĪ. *Kitāb al-mu^cjib fī talḫīṣ aḫbār al-Maġrib*. Texto árabe editado por R. Dozy com o título *The History of the Almohades*. 2ª ed., Leiden, 1881, p. 123; tradução francesa de E. Fegnan, *Histoire des Almohades*, Alger, 1893, apud HOURANI, in AVERRÓIS, 1976^3, p. 7-8.
29. Cf. HOURANI, in ibid., p. 9.
30. AVEMPACE (IBN BĀJJAH), 1997.
31. Cf. ibid., p. 102.
32. Ver LOMBA FUENTES, 2007, p. 411-453.
33. Cf. AVEMPACE (IBN BĀJJAH), 1997, p. 168-169.
34. IBN ṬUFAYL, 1995; 1936^2. Sobre esse filósofo, ver PUIG MONTADA, 2007a, p. 145-177.
35. Cf. HOURANI, 1976^3, p. 10.
36. Abū Ya^cqūb Yūsuf, "soberano dos dois continentes", isto é, da Espanha islâmica e do norte da África, recebeu em 1168 o título de *amīr al-mu'minīn* (príncipe dos crentes/fiéis, comandante dos fiéis), dividindo-o com o califa abássida de Bagdá. Este, porém, mantinha um título apenas honorífico, já que no Oriente o poder *de fato* estava nas mãos dos sultãos seljúquidas. No Ocidente, o soberano almôada reinava sobre uma civilização próspera e unida, ainda que, nas fronteiras de Al-Andalus, continuasse a luta contra os cristãos. Segundo a tradição islâmica, o título de califa cabe a um único homem, o chefe de toda a comunidade de muçulmanos. O termo "sultão" designa a autoridade, a soberania e, por extensão, o titular da soberania, mas não é um título do protocolo oficial, os quais são: califa, *imām* e *amīr al-mu'minīn*, cf. TYAN, 1956, V. II, p. 12 et seq.
37. AL-MARRĀKUŠĪ, op. cit., p. 203, apud HOURANI, in AVERRÓIS (IBN RUŠD), 1976^3, p. 11.
38. Cf. HOURANI, in ibid., p. 11.

NA CORTE ALMÔADA

39. O título latino *Colliget* pode também ser derivado de uma adulteração do verbo *colligo* (recolher, reunir). Cf. VÁZQUEZ DE BENITO, in AVERRÓIS, 2003, p. 31.
40. AL-MARRĀKUŠĪ, op. cit., p. 174-175, apud HOURANI, in ibid., p. 13.
41. Ibid.
42. Cf. CAMPANINI, 2007a, p. 20.

MÁRTIR DA FILOSOFIA?

43. Cf. CRUZ HERNÁNDEZ, 1997, p. 31. Embora a lenda medieval descreva as relações de amizade entre os dois filósofos, Maimônides declarou-se discípulo de um aluno de Ibn Bājjah (Avempace); somente no exílio, no Egito, é que teria lido alguns comentários de Averróis. Cf. URVOY, 1996, p. 159. A lenda da hospitalidade concedida a Averróis por Maimônides foi propagada por Leão Africano, cf. RENAN, 2002, p. 33; 36.
44. RENAN, 2002, p. 33-37.
45. Ibid., p. 35. Os motivos do desterro de Averróis são controversos; ver a esse respeito CRUZ HERNÁNDEZ, 1997, p. 28-33.
46. URVOY, 1996, p. 44-45.
47. Plural de *^cālim*, aquele que possui *^cilm*, isto é, o conhecimento religioso, a ciência da Lei. Corresponde, no judaísmo, aos sábios da Lei [hbr.: *ḥaḥamīm*; ár.: *ḥakīm* (sing.), *ḥukamā'* (pl.)].
48. *Fuqahā'*, plural de *faqīh*, jurista dotado de conhecimento da Lei fundada na Revelação (*Šarī^ca* ou *Šar^c*).
49. Cf. ROSENTHAL, 1971d, p. 66; cf. URVOY, 1996, p. 44-45.
50. Cf. ibid., p. 46.
51. Apud RENAN, 2002, p. 36; apud URVOY, 1998, p. 184.

52. Apud ibid.; apud ibid.

53. Apud RENAN, 2002, p. 36.

54. AL-ANṢĀRĪ, Abū ᶜAbd Allāh b. ᶜAbd al-Malik al-Marrākušī. *Al-Ḏayl wa-l-Takmila [li-ibn Baškuwāl] li-kitābay al-Mawṣūl wa-al-Ṣila [li-ibn al-Abbār]* – (O Suplemento e a Conclusão [de Ibn Baškuwāl] dos livros Al-Mawṣūl e Al-Ṣila [de Ibn al-Abbār]). Ed. Iḥsān ʻAbbās, Beirut, 1973, v. VI, p. 21-31. Esta é uma biografia de Averróis bastante completa, já que cita numerosos poemas satíricos e descreve com detalhes a sua perseguição e o seu infortúnio, cf. CRUZ HERNÁNDEZ, 1997, p. 431.

55. Apud RENAN, 2002, p. 36-37.

56. AL-ANṢĀRĪ. *Al-Ḏayl wa-al-Takmila* (O Suplemento e o Complemento). Apud MAKKĪ, 1993, p. 18.

57. Ibid., p. 19.

58. Ibid.

59. IBN ᶜARABĪ. *Al-Futuḥāt al-Makkiyya*. Ed. do Cairo, 1328 H., v. I, p. 153-154, apud CORBIN, 1977², p. 40; id., ed. Bulac, 1309 H., v. I, p. 199, apud ASÍN PALACIOS, 1982, p. 30-31. Corbin e Asín Palacios traduzem a passagem em que Ibn ᶜArabī descreve seus três "encontros" com Averróis: o primeiro, quando ainda jovem visitou o filósofo; o segundo, em sonho, e o terceiro, nos funerais de Averróis.

2. O PENSADOR VERSÁTIL

O FILÓSOFO

1. AVERRÓIS (IBN RUŠD), 1953, 433, 142-145 (= *Aristotelis opera cum Averrois commentariis. De Anima* l. III, f. 169, 1552, apud RENAN, 2002, p. 55, nota 162). Renan recolhe diversos elogios que Averróis faz a Aristóteles em seus comentários, cf. RENAN, 2002, p. 55.

2. AL-MARRĀKUŠĪ, ᶜAbd al-Wāḥid. *Al-muᶜjib fī talḫīṣ aḫbār al-Maġrib* (escrito em 1224). Ed. M. Z. M. ᶜAzab, Cairo, 1994, p. 203: 16-204; ed. R. Dozy. Leiden, 1881, p. 175:6-13; reimpressão 1968, p. 174-175, Tradução (espanhola) de A. Huici Miranda: *Colección de crónicas árabes de la Reconquista*. Tetuán, 1955, v. 4, p. 195-196. Apud PUIG, 2002, p. 41, nota 11; apud CRUZ HERNÁNDEZ, 1997, p. 27.

3. Ver a respeito ENDRESS, 1999b, p. 3-31.

4. Cf. RENAN, (1852¹), 2002; MUNK, 1988; BOUYGES, 1922, p. 3-54; ALONSO ALONSO, 1947; GÓMEZ NOGALES, in AA.VV., 1978, p. 351-387; ANAWĀTĪ, 1978. Sobre as referências bibliográficas das edições árabes, ver PUIG, in AVERRÓIS (IBN RUŠD), 1983/1987, v. II, p. 20-24; ver CRUZ HERNÁNDEZ, 1997, p. 46-54, biobibliografia em que o arabista espanhol data as obras de Averróis. Para um estudo abrangente, ver: ROSEMANN, 1988, p. 154-221; DRUART; MARMURA (Org.), 1990, p. 106-111; o mais recente inventário de nosso conhecimento é o de ENDRESS, 1999c, p. 339-381.

5. Cf. OZCOIDI, 2001, p. 23, nota 5.

6. Cf. PUIG MONTADA, 2002, p. 11-15.

7. Abū ᶜAbdallāh Muḥammad Ibn al-Abbār al-Quḍāᶜī compôs a primeira bibliografia detalhada de Averróis em sua obra *Takmila li-Kitāb al-Ṣila*. Sobre os biógrafos de Averróis, ver PUIG, in AVERRÓIS (IBN RUŠD), 1983/1987, v. II, p. 11-13. Segundo Josep Puig, "está claro que Ibn al--Abbār, Ibn Abī Uṣaybiᶜa, Al- Marrākušī e Al-Anṣarī são as fontes nas quais bebem os demais biógrafos", cf. ibid., p. 13.

Dois Modelos de Apropriação da Filosofia Grega

8. BRAGUE, (1992¹), 1999, p. 138-141.

9. Ibid., p. 131-132.

10. Ibid., p. 132.

11. Ibid., p. 139.
12. WALZER, 1991, p. 778.
13. Ver a relação das principais obras de Al-Fārābī em CRUZ HERNÁNDEZ, in AL-FĀRĀBĪ, 1985, p. XLI-XLVII.
14. Cf. BRAGUE, (1992[1]), 1999, p. 139-140.
15. Depois de definir os dois métodos, Brague se confunde ao caracterizar o método de Avicena como "inclusão", ver ibid., p. 140. A "inclusão" caracteriza-se por manter a alteridade do texto comentado; a obra de Avicena, porém, representa, assim como Brague afirma, "o método islâmico de apropriação por incorporação" (p. 140), logo, a "digestão", método em que "o objeto é de tal forma assimilado que perde a sua independência" (p. 138) e em que predomina "a integração pela reescrita de uma obra cujo texto original não pode mais ser distinguido" (p. 139): "o leão é feito do cordeiro digerido" (p. 139).
16. Ibid., p. 140.
17. AVICENA. *Introduction to The Easterners* (*Manṭiq al-Mašriqiyyūn*). In GUTAS, 1988, p. 45; p. 261.
18. Ibid., p. 261.

Os *Comentários* à Obra de Aristóteles

19. A propósito da classificação dos comentários de Averróis na pesquisa contemporânea, ver PUIG, in AVERRÓIS (IBN RUŠD), 1983/1987, V. II, p. 14 et seq.
20. Segundo M. Cruz Hernández, como os *jawāmi*[c] são acompanhados do adjetivo *al-ṣiġār*, "pequenos", naquela época *jāmi*[c] pode ter tido o significado de "manual", cf. CRUZ HERNÁNDEZ, in MARTÍNEZ LORCA, 1990, p. 420-421.
21. AOUAD, in AVERROÈS (IBN RUŠD), 2002a, V. I, p. 21.
22. Ibid.
23. Averróis usou as traduções feitas para o árabe na Bagdá abássida, pois, como se sabe, não conhecia o grego.
24. AOUAD, in AVERROÈS (IBN RUŠD), 2002a, V. I, p. 21.
25. Cf. PUIG MONTADA, 2002, p. 15.
26. Ibid.
27. A série impropriamente chamada de "pequenos comentários" – *muḫtaṣarāt* (súmulas) e *jawāmi*[c] (compêndios) – foi escrita entre 1157 e 1160; os "comentários médios" que são datados foram elaborados entre 1167 e 1177 (o *Comentário Médio ao De Anima* não é datado) e não são mais compêndios, mas comentários *ad sensum*, lineares; os "comentários grandes" tiveram redação tardia e são um aprofundamento dos "comentários médios". Cf. SIRAT; GEOFFROY, 2005, p. 26, nota 2.
28. Cf. GUERRERO, 1996b, p. 280-281.
29. Cf. ELAMRANI-JAMAL, 1991, p. 648; p. 651, notas 35; 36.
30. Ibid., p. 643-644; 649.
31. Cf. PUIG, in AVERRÓIS (IBN RUŠD), 1983/1987, V. II, p. 25.
32. ENDRESS, 1999c, p. 339-381; GÓMEZ NOGALES, 1978, p. 352-387; CRUZ HERNÁNDEZ, 1997, p. 46-60; PUIG MONTADA, 2002, p. 11-13.
33. Na tradição herdada pelos árabes, que remonta ao médio platonismo, o *Órganon* compreende, além dos seis livros tradicionais, a retórica e a poética. Averróis, portanto, considera o *Órganon* composto de oito livros: *Categorias*, *Sobre a Interpretação*, *Analíticos Anteriores*, *Analíticos Posteriores*, *Tópicos*, *Refutações Sofísticas*, *Retórica* e *Poética*. Assim aceito, o *Órganon* apresenta as cinco artes lógicas: a demonstração, a dialética, a sofística, a retórica e a poética.
34. Há duas versões latinas desse tratado: uma publicada em Bolonha em 1501, cujo título é *De beatitudine animae*; a outra publicada por Iunctas, Veneza, em 1550, publicação latina das obras de Aristóteles acompanhadas dos comentários de Averróis e que leva o título de *Averrois Tractatus*

de animae beatitudine. Segundo Herbert A. Davidson, a versão latina não é um trabalho genuíno de Averróis, mas uma fabricação, cf. DAVIDSON, in LINK-SALINGER, 1988, p. 57-73.

35. Publicado no Brasil em edição bilíngue latim-português: AVERRÓIS (IBN RUŠD), 2006.

Fortuna da Obra no Ocidente Latino

36. RENAN, 2002, p. 7.
37. DE LIBERA, in RENAN, 2002, p. 11-12.
38. Cf. ILLUMINATI, 1996, p. 9.
39. RENAN, 2002, p. 21.
40. MUNK, 1988, p. 441.
41. Cf. ILLUMINATI, 1996, p. 9.

O JURISTA

A Lei Revelada (*Šarī^c a*) e o Direito Islâmico (*Fiqh*)

42. *Šarī^c a* ou *Šar^c* é a Lei islâmica, a "Via traçada" (*Corão* III:195; XLV:18; XLVI:30) pelos ancestrais à qual todo muçulmano deve aderir; está fundada no *Corão* e no *corpus* dos textos do século IX no qual os juristas se baseiam. Esse *corpus* compreende fundamentalmente o *Ḥadīṯ*, as jurisprudências da *sunna* (tradição islâmica legada pelos ditos e feitos do Profeta, os *ḥadīṯs*), o consenso comunitário (*ijmā^c*) e o raciocínio analógico (*qiyās*).
43. Cf. HALLAQ, 2005b, p. 47.
44. Sobre a história da compilação do *Ḥadīṯ*, ver GOLDZIHER, 1981, cap. II: The Development of Law; GIBB, 1954²; SCHACHT, 1950; HALLAQ, 2005b.
45. Cf. SCHACHT, 1950, p. 2-3.
46. Termo cognato com o hebraico *minhāg*, a lei consuetudinária.
47. Significa literalmente "qualificações", mas qualificações referentes ao caráter essencial da obrigação.
48. Definido por *Corão* II:183.
49. A essas quatro obrigações determinadas pela lei, acrescente-se a primeira delas, a profissão de fé (*šahāda*) pela qual o muçulmano dá seu testemunho da unicidade divina e da missão profética de Muḥammad (*Ana ašhadu lā ilāha illa Allāh wa-Muḥammad rasūluhu*). Essas cinco obrigações constituem os "pilares do Islã".
50. Cf. HALLAQ, 2005b, p. 21.
51. SCHACHT, 1982, p. 4.
52. *Corão* V:45; 47.
53. Cf. GOLDZIHER, 1981, p. 3-4.
54. SCHACHT, 1982, p. 1.
55. Cf. GIBB, 1954³, p. 89.
56. RAHMAN, 1985, p. 3.
57. Ibid., 1985, p. 3-4.

A Metodologia Jurídica Revisitada

58. Sobre o Averróis jurista, ver BRUNSCHVIG, 1962, p. 35-68; TURKI, 1978, p. 33-41; MAKKĪ, 1993, p. 15-38.
59. Há a variante *kifāyat* (suficiência, habilitação). Ver BRUNSCHVIG, 1962, p. 41.

60. O jurista (*faqīh*) e o jurisconsulto (*muftī*) se diferenciam do *mujtahid*, na medida em que este último deve preencher as seguintes condições: 1. deve possuir um entendimento adequado dos quase 500 versículos legais do *Corão*; não é necessário que os saiba de cor, mas precisa saber invocá-los rápida e eficientemente toda vez que for necessário; 2. tem de estar familiarizado com o *Ḥadīṯ* e seus dizeres relevantes para a lei; deve, portanto, ser proficiente na crítica do *Ḥadīṯ* para poder distinguir os dizeres autênticos dos de valor epistemológico em relação ao que está avaliando; se, por alguma razão, não for proficiente nesta técnica, ele poderá apoiar--se nas coleções em que os dizeres do Profeta foram verificados e foram aceitos pelos juristas que o precederam; 3. deve ter conhecimento da língua árabe para resolver as complexidades que surgem em relação a usos metafóricos, no geral e no particular, no sentido equívoco e no inequívoco; 4. deve conhecer profundamente a ciência da ab-rogação para não concluir sobre um versículo ab-rogado; 5. deve ser um profundo conhecedor dos procedimentos do raciocínio por inferência; 6. deve conhecer os casos que foram objeto de consenso (*ijmā*ᶜ) da comunidade, pois não deve reabrir um caso em que o resultado do consenso já fora determinado como lei. Todavia, não é necessário que conheça todos os casos da lei substantiva. Alguns teóricos sustentam que o *mujtahid* deve ter conhecimento de doutrinas teológicas, tais como as provas da existência de Deus, Seus atributos, profecia etc. Mas é condição *sine qua non* que tenha uma firme crença em Deus e na fé islâmica. *Mujtahid* é, portanto, um jurisconsulto que exerce o *ijtihād*, uma opinião autoritativa. Cf. HALLAQ, 2005²a, p. 118. Muitas vezes, o termo *mujtahid* é intercambiado por *muftī*, cf. HALLAQ, 2005b, p. 209.

61. Em geral, o termo usado é *muqallid*, significando o jurista que segue o *mujtahid*.

62. Termo usado normalmente em conjunção com *ra'y* (opinião): assim, *ijtihād al-ra'y* significa "atividade intelectual ou raciocínio do douto, cujas fontes de conhecimento são matérias dotadas de autoridade religiosa (ou quase religiosa)". HALLAQ, 2005²a, p. 15.

63. Opinião autoritativa, isto é, opinião que segue o princípio de autoridade sem questionar os seus fundamentos ou sua evidência (*dalīl*). *Taqlīd* é o princípio de estrita adesão à lei exposta nos manuais jurídicos que exercem autoridade. Tecnicamente significa o método adotado pelos juristas que garante a aplicação de uma opinião jurídica proferida por uma determinada escola do Direito sunita (*maḏhab*) concernente à promulgação de vereditos e decisões de casos, cf. NYAZEE in AVERRÓIS, 2002³, v. I, p. xliii, nota 3.

64. Mālik ibn Anas (c. 711-796) foi o fundador da escola jurídica (*maḏhab*) que floresceu em Medina, cujo nome, *mālikita*, deriva de seu próprio antropônimo. Sua principal obra, *Al-Muwaṭṭa'* (O Caminho Nivelado), é a primeira formulação a se tornar lei jurídica e representa o primeiro tratado de *Fiqh* do Islã. Mas, além de ser a mais antiga formulação da lei sunita, é também uma das mais antigas coleções de *ḥadīṯs*. O significado do termo *muwaṭṭa'* sugere a via até então percorrida pelos sábios de Medina; implica também a ideia de um percurso das opiniões bem conhecidas e aceitas, que se tornou mais fácil de ser trilhado, seja pelo esforço dos sábios anteriores, seja pela contribuição do próprio Mālik. Cf. DUTTON, 2002², p. 22. Muitos livros de casuística islâmica (*furū*ᶜ = ramos), a qual abrange qualquer situação legal e moral, foram elaborados com base no tratado de Mālik. A escola *mālikita* era a escola oficial em Al-Andalus e no Maġrib (norte da África), onde até hoje sobrevive. Sobre o *mālikismo*, ver DUTTON, 2002².

65. AVERRÓIS, 2002³, v. II, (Livro de *Kitāba* [Alforria por contrato]), p. 467-468.

66. O exemplo é dado por NYAZEE in AVERRÓIS, 2002³, v. I, p. xxxi.

67. A doutrina da ab-rogação (*al-nāsiḫ wa-l-mansūḫ*, o ab-rogativo e o ab-rogado) admite que certas prescrições dadas aos muçulmanos pelo *Corão* são de aplicação temporária; uma vez mudadas as circunstâncias em que foram reveladas, essas prescrições são ab-rogadas ou substituídas por outras. Contudo, como a ordem é divina, os versículos ab-rogados continuam a ser recitados como parte integrante do *Corão*. Cf. WATT; BELL, 1970, p. 89-90.

68. AVERRÓIS, 2002³, v. II, (O Livro de *Ṣarf* [Troca]), p. 232-233.

69. AVERRÓIS, 2002³, v. II, p. 468.

70. O termo *ḥukm* (pl. *aḥkām*) pode ter vários significados: o mais comum é "norma legal" ou "regra", cf. HALLAQ, 2005²a, p. 83. Contudo, o tradutor de *Bidāyat al-Mujtahib* para o inglês informa numa nota de rodapé o seguinte: "A palavra *ḥukm* (pl. *aḥkām*) tem sido traduzida de

vários modos [...]. Alguns desses significados, dentre outros, são: valor da *šarīᶜa*, injunção, prescrição, regra, decreto e mandamento. No entanto, nenhuma dessas palavras cobre o significado exato do termo *ḥukm* usado na lei islâmica, especialmente o significado de *ḥukm waḍᶜī* ou *ḥukm* determinante. A expressão 'valor da *šarīᶜa*' está muito próxima de cobrir o significado completo, porém é muito geral e pode ser usada para outros significados. [...] O termo *ḥukm* é também usado para significar 'efeitos legais', especialmente em contratos". NYAZEE, in AVERRÓIS, 2002³, v. I, p. xliii, nota 1.

71. AVERRÓIS, 2002³, v. I, p. xliii.

72. O termo *tahāfut* tem sido traduzido por "destruição" ou "incoerência". Transcrevemos aqui uma observação interessante, extraída do dicionário *Tāj al-Arū* (Ed. Boulac, 1898, I, p. 596) por Asín Palacios, em que o comentário de Sayyd Murtaḍà al-Qāmūs esclarece o seguinte: "Antes de mais nada, o nome *hafata* denota aquele que fala muito sem refletir sobre o que diz. O discurso *hafata* é o que é prolixo e irrefletido [...]. *Al-haft* é também a chuva torrencial que cai precipitadamente. Também se diz da neve [...]. *Al-haft* [significa ainda] a estupidez assombrosa e completa; *al-mahfūt* é alguém que está estupefato [sem saber o que fazer, como alguém que perdeu o rumo], como alguém violentamente turbado. *Al-haft* é também a queda de uma coisa, fragmento por fragmento, pedaço por pedaço, como a caída da neve [...]. No *Ḥadīṯ* (*corpus* de ditos e feitos do Profeta Muḥammad) está dito: precipitam-se no inferno. A palavra *al-tahāfut* [significa] a queda de algo, parte por parte, [derivação] de *al-haft*, que é a queda. Na maioria das vezes, usa-se *al-tahāfut* em sentido pejorativo. A mariposa *tahāfata* no fogo [significa]: precipita-se. [Diz-se das] pessoas *tahāfata tahāfutan* quando elas se lançam à morte e nela se precipitam". Apud OZCOIDI, 2001, p. 51. Optamos por traduzir o título da obra de Averróis por *Demolição da Demolição*, já que uma demolição é realizada por partes, assim como procedem Al-Ġazālī e Averróis em suas obras que contêm no título a palavra *tahāfut*.

A Defesa da Filosofia

73. AL-JĀBRĪ, Moḥammed ᶜĀbed. Introdução à edição do *Faṣl al-Maqāl*, de Ibn Rušd. Beirut, 1997 [traduzida parcialmente em ZURGHANI, 2004, p. 191-206]. Todavia, o *Faṣl al-Maqāl* é considerado pela grande maioria dos arabistas como tratado teológico-filosófico, cf. ARNALDEZ, 1971a, v. III, p. 911.

74. *Kitāb faṣl al-maqāl wa-taqrīr mā bayna al-Šarīᶜa wa-al-ḥikma min al-ittiṣāl.*

75. DE LIBERA, in AVERRÓIS (IBN RUŠD), 1996, p. 67; id., in AVERRÓIS (IBN RUŠD), 2005a, p. LXXI.

76. Cf. CAMPANINI, in AVERRÓIS (IBN RUŠD), 1994a, p. 15.

77. DE LIBERA, in AVERRÓIS (IBN RUŠD), 1996, p. 6.

78. Cf. ibid., p. 12.

79. Apud HOURANI, in AVERRÓIS, 1976³, p. 7.

80. DE LIBERA, in AVERRÓIS (IBN RUŠD), 1996, p. 68.

81. Sobre as circunstâncias históricas desse período, ver GEOFFROY, 1996, p. 87-96; id., in AVERRÓIS (IBN RUŠD), 2005a, p. LXXXIX-XCVIII.

82. DE LIBERA, in AVERRÓIS (IBN RUŠD), 1996, p. 68.

83. Ibid., p. 11.

84. Ibid. (Grifo do autor).

85. Butterworth divide o tratado [In AVERRÓIS (IBN RUŠD), 2001] da seguinte forma:

Parte I: I. Introdução (§1); I.1. Filosofia e lógica são obrigatórias (§§2-10); I.2. Tudo o que é provado por demonstração harmoniza-se com a Lei divina (§§11-36); I. Sumário (§37); Parte II: II.1. A intenção e os métodos da Lei (§§38-51); II.2. O desconhecimento desses métodos causou o surgimento de facções no Islã (§§52-58); II. Conclusão. Há ainda outras divisões, como as feitas por Muhsin Mahdi e George F. Hourani: MAHDI, 1984a; HOURANI in AVERRÓIS, 1976³. Infelizmente só tivemos acesso à tradução (portuguesa) de Catarina Belo, acompanhada de introdução e notas, depois de terminado nosso trabalho, ver AVERRÓIS, 2006.

86. AVERRÓIS (IBN RUŠD). *Faṣl al-Maqāl* (Tratado Decisivo). Trad. Geoffroy §2; trad. Hanania §2; trad. Butterworth §2. (A tradução da passagem citada é nossa). Apresentadas nesta forma, estas referências concernem às seguintes edições do *Faṣl al-Maqāl* (Tratado Decisivo): AVERRÓIS (IBN RUŠD), 1996; 2005; 2001; AVERRÓIS, 1976[3].

87. Afirmação fundada em ARISTÓTELES. *Metafísica* XII, 10, 1075a 16-25; id., *Física* II, 8, 199a 8-20. Como observa Marc Geoffroy, "a inteligência, que é o Princípio primeiro, manifesta-se, desse modo, no mundo todo sob a forma de natureza. É por isso que Ibn Rušd afirma: 'aquilo em que [o artefato] prova [a existência do artesão] é que há no artefato a prova em razão da ordem que existe em suas partes, a saber, o fato de que algumas [partes] foram fabricadas em vista de outras, e, em razão da adequação da totalidade [das partes] ao uso visado [pela produção deste] artefato, este não é um produto da natureza, mas foi produzido por um Artesão que ordenou que cada coisa estivesse em seu lugar [...]'". AVERRÓIS. *Kitāb kašf ᶜan manāhij al-adilla*. In id., *Falsafat Ibn Rušd*. Beyrouth: Dār al-'āfāq al-jadīda, 1402 H./1982, p. 70, apud AVERRÓIS (IBN RUŠD), 1996, p. 176, nota 3. Esse argumento permite que Averróis determine que ter o conhecimento de Deus, porquanto Ele é o Artesão que produz Seus artefatos, é ter, por analogia, ciência dos seres por Ele criados. Conhecer Deus é conhecer a Sua criação. No entanto, como o conhecimento de Deus não se dá diretamente, é necessário conhecer os entes por Ele criados para chegar a ter o conhecimento Dele. E vice-versa, uma vez obtido o conhecimento de Deus, compreende-se a estrutura inteligível do real.

88. *Corão* LIX:2: "[...] Tomai lição disso, ó vós dotados de visão"; *Corão* VII:185: "E não olharam para o reino dos céus e da terra e para todas as cousas que Allāh criou [...]?" (Trad. Helmi Nasr).

89. Célebres *aḥādīṯ* (tradições) atribuídos a Muḥammad. Um outro *ḥadīṯ* reporta que Muḥammad disse: "Buscai a ciência (se necessário) até na China". Al-Ġazālī cita ainda um outro *ḥadīṯ*: "A busca da ciência está prescrita para qualquer muçulmano", cf. ARNALDEZ, 2002. p. 107; *Corão* XX:114 chama a atenção: "E dize: 'Senhor meu, acrescenta-me ciência (*ᶜilm*)'" (Trad. Helmi Nasr).

90. "Tomai lição disso (= considerai, refleti), ó vós dotados de visão" (*Corão* LIX:2). Este versículo, segundo Averróis, "mostra a necessidade do uso do silogismo racional, ou do racional e legal ao mesmo tempo"; "E não olharam para o reino dos céus e da terra e para todas as cousas que Allāh criou?" (*Corão* VII:185), versículo que, segundo Averróis, "induz claramente ao exame racional de todos as coisas existentes"; "E assim fizemos ver a Abraão o reino dos céus e da terra" (*Corão* VI:75); "Não viram eles os camelos como foram criados? E o céu como foi elevado?" (*Corão* LXXXVIII:17-18); "Refletem sobre a criação dos céus e da terra" (*Corão* III:191). Averróis acrescenta que ainda há outros versículos que indicam a obrigação de refletir sobre as coisas criadas por Deus.

91. AVERRÓIS (IBN RUŠD). *Faṣl al-Maqāl* (Tratado Decisivo). Trad. Geoffroy §4; trad. Hanania §4; trad. Butterworth §3.

92. Gr. *apódeixis* = ár. *burhān*, muitas vezes traduzido do árabe por "prova".

93. Segundo Aristóteles, o conhecimento absoluto (*haplôs*) de algo só é atingido quando a sua causa correspondente é conhecida e este algo pode resultar dessa causa, cf. ARISTÓTELES. *Analíticos Posteriores* 71b 9-12. Esse conhecimento só é possível mediante a demonstração (*apodeíxis*): "entendo por demonstração o silogismo científico, um silogismo que nos faz conhecer por sua própria ação" (*An. Post.* 71b 17-19). As premissas do silogismo devem ser verdadeiras, primeiras, imediatas, mais cognoscíveis que a conclusão, anteriores a ela e devem ser causa dela (*An. Post.* 71b 19).

94. Conforme está em ARISTÓTELES. *Tópicos* I, 1, 100a.

95. Na definição de Aristóteles, o silogismo é uma demonstração quando parte de premissas verdadeiras e primeiras ou também de premissas tais que o conhecimento que temos delas tem sua origem nas premissas primeiras e verdadeiras (*Tópicos* I, 1, 100a).

96. O silogismo dialético é "o que conclui a partir de premissas prováveis", que são as "opiniões recebidas por todos os homens ou pela maior parte deles, ou [recebidas] pelos sábios, seja por todos os sábios ou por uma maioria deles, seja pelos mais notáveis e os mais ilustres" (*Tópicos* I, 1, 100b); os principais domínios da aplicação do silogismo dialético, para Aristóteles, são a ética e a política.

97. Os silogismos erísticos são fundados em opiniões que são geralmente aceitas, ou que aparentam ser prováveis sem que de fato o sejam, cuja conclusão é enganadora (cf. *Tópicos* i, 1, 100b).

98. Cf. MADKOUR, 1969^{2}, p. 10-19.

99. "Termo jurídico que designa uma inovação cultual, jurídica ou doutrinária, uma modificação do dogma ou das prescrições enunciadas na Revelação, seja por acréscimo ou por privação". GEOFFROY, in AVERRÓIS (IBN RUŠD), 1996, p. 181, nota 18.

100. As fontes básicas do Direito clássico islâmico (*uṣūl al-Fiqh*) são o *Corão*, a *sunna* do Profeta, o consenso (*ijmā*^{c}) e o raciocínio por analogia (*qiyās*). O consenso (*ijmā*^{c}) é o comum acordo, considerado infalível, entre os sábios qualificados da comunidade acerca das conclusões a que chegavam quanto à exegese, à interpretação e ao raciocínio por analogia para definir a significação exata dos termos da vontade de Deus a partir do *Corão* e da *sunna*. No Direito islâmico, o consenso é o axioma por excelência; está fundado sobre uma tradição do Profeta: "Minha comunidade não estará jamais de acordo sobre um erro". Cf. COULSON, 1995, p. 77.

101. Cf. AVERRÓIS, 1994b, v. II, p. xlvi: "A analogia legítima (*qiyās*) é adjudicar a prescrição (*ḥukm*) obrigatória de uma coisa a outra coisa – sobre a qual a lei silencia –, seja em razão de sua semelhança com a coisa para a qual a lei estabeleceu a prescrição (*ḥukm*), seja em razão de uma causa (^{c}*illa*) comum subjacente a ambas". Sobre *qiyās*, ver HALLAQ, 2005b, p. 115; BERNAND, 1986, p. 238-242.

102. Termo maior: bebida fermentada e embriagante; termo menor: *Corão*; termo médio: vinho de uva.

103. Cf. HALLAQ, 2005^{2}a, p. 83.

104. AL-ĠAZĀLĪ. *Al-Qisṭās al-mustaqīm* (A Balança justa). Apud ARNALDEZ, 2005, p. 44.

105. No *Comentário sobre a República*, Averróis afirma a anterioridade da filosofia, isto é, a grega, em relação à religião, cf. AVERRÓIS (IBN RUŠD), 1992a, trad. ELIA DEL MEDIGO II <VI, 4>: "E quando examinares essas leis, descobrirás que estão divididas [em leis] para o conhecimento apenas – para aquilo que é ordenado na nossa Lei a respeito do conhecimento de Deus –, e para a prática, como aquilo que ela ordena a respeito das virtudes morais. E tal intenção concorda em gênero com a intenção dos filósofos. <5> E, por isso, os homens [creem] que essas leis se seguem à ciência antiga". Trad. Rosenthal II.vi.4; trad. Lerner 66:14-18; trad. Cruz Hernández, p. 80. Sobre as edições do *Comentário sobre a República* que aqui usamos, ver a nota 1 no capítulo "A Voz Política de Averróis".

106. AVERRÓIS (IBN RUŠD). *Faṣl al-Maqāl* (Tratado Decisivo). Trad. Geoffroy §9; trad. Hanania §9; trad. Butterworth §6.

107. Ibid. §5; ibid., §5; ibid. §8.

108. GEOFFROY, in AVERRÓIS (IBN RUŠD), 1996, p. 177, nota 3.

109. AVERRÓIS (IBN RUŠD). *Faṣl al-Maqāl* (Tratado Decisivo). Trad. Geoffroy §18; trad. Hanania §18; trad. Butterworth §12.

O TEÓLOGO

Os Teólogos Escolásticos

110. Cf. ROSENTHAL, 1971d, p. 66.

111. O termo *mutakallimūn* (pl.) [*mutakallim* (sing.)] aparece também traduzido por "teólogos dialéticos" e "escolásticos do Islã". Os teólogos "racionalistas" são assim chamados porque consideravam a lógica um instrumento (gr. *órganon* = ár. *āla*) capaz de fortalecer suas doutrinas religiosas nas disputas contra os ataques de pensadores não ortodoxos. Os *aš*^{c}*aritas* foram os que mais se muniram dos instrumentos lógicos gregos em razão de sua disputa contra os *mutakallimūn*. Sobre a lógica entre os árabes, ver GYEKYE, 1979.

112. Sobre o *kalām*, ver VERZA, 2007a.

113. Cf. PINES, 1996a, p. 10.

114. WOLFSON, 1976, p. 1.

115. IBN ḤALDŪN (IBN KHALDUN), 1960, v. III, p. 46.

116. Ibid., p. 63 (grifo do tradutor). O capítulo XIX do volume III é dedicado à ciência do *kalām*, ver ibid., p. 46-67. Ibn Ḫaldūn critica as posições dos *mutakallimūn* afirmando que "o emprego de provas tiradas da razão era bom quando era necessário defender a religião e confundir seus adversários; mas hoje, a situação é outra, não ficando destas opiniões perniciosas senão uma sombra de doutrina, cujas suposições e asserções devemos repelir em respeito à majestade de Deus". Ibid., p. 67.

117. Cf. WOLFSON, 1976, p. 4.

118. PINES, 1996a, p. 11. Sobre a escola *muᶜtazilita*, o estudo mais abrangente é o de NADER, 1984.

119. *Faylasūf* (sing.) e *falāsifa* (pl.) são os termos que indicam os filósofos de cunho helenizante na cultura árabe-islâmica.

120. Cf. WOLFSON, 1976, p. 4.

121. A frase equaciona *muᶜtazilitas* e *kalām*.

122. SHAHRASTANI, 1986, v. I, p. 146. Sobre os *muᶜtazilitas*, ver ibid., v. I, p. 142-146.

123. Cf. ibid., p. 143.

124. WOLFSON, 1976, p. 29.

125. Ibid.

A Ética Islâmica

126. Ibid., p. 18.

127. FAKHRY, 1994a, p. 3.

128. Cf. ibid., p. 7.

129. FAKHRY, 1994a, p. 151.

130. HOURANI, 1985b, p. 23 et seq.; 1985a, p. 57 et seq.

131. Apud HOURANI, 1985b, p. 24.

132. BERNARD, 1971, p. 1023-1026. *Ijmāᶜ*, o consenso comunitário, é a terceira fonte do Direito islâmico, depois do *Corão* e do *Ḥadīṯ*.

133. HOURANI, 1985a, p. 59.

134. Ibn Ḥazm seguia a escola jurídica *ẓāhirita*. Em sua importante obra de crítica às religiões e doutrinas, *Kitāb al-Faṣl wa-al-Niḥal*, Ibn Ḥazm critica o *ašᶜarismo*.

135. HOURANI, 1985c, p. 251.

136. Como exemplo, o *Tratado Decisivo*, que, embora de natureza jurídica, está repleto de citações corânicas para ratificar seus argumentos em defesa da filosofia.

A Polêmica Contra os Teólogos

137. A polêmica de Averróis contra as interpretações errôneas dos textos sagrados decorre do fato de que, quanto à interpretação dos versículos corânicos, devem-se distinguir os "versículos fixos" (*āyāt muḥkamāt*) dos "que se assemelham uns aos outros" (*mutašābihāt*), o que significa que os primeiros não admitem interpretação, ao passo que os segundos a admitem por serem ambíguos.

138. Na terminologia jurídica, *kasb* tem o sentido de "ganho" de bens materiais por meio de uma atividade qualquer, como o comércio, cf. GIMARET, 1990, p. 371, nota 1. Nesse sentido, as ações humanas são sempre "ganhos" que merecerão, dependendo da situação, a recompensa ou o castigo na vida eterna, cf. ibid., p. 372.

139. AL-AŠᶜARĪ. *Kitāb al-Lumᶜa*, 92. Edição e tradução de R. J. McCarthy: *The Theology of Ashᶜarī*. Beirut, 1953, apud HOURANI, 1985, p. 121-122.

140. Cf. HOURANI, 1985, p. 122.

141. Cf. ibid.

142. AVERRÓIS. *Kitāb al-Kašf ᶜan Manāhij al-Adilla fī ᶜaqā'id al-Milla* (Livro do Desvelamento dos Métodos de Prova concernentes aos Dogmas da Religião) 113-7-19, apud HOURANI, 1985c, p. 252. Tradução (inglesa): AVERRÓIS, 2005[2], p. 115.

143. Averróis cita o versículo de *Corão* III:18: "Allāh testemunha – e, assim também, os anjos e os dotados de ciência – que não existe deus senão Ele, Que tudo mantém, com equidade. Não existe deus senão Ele, O Todo-Poderoso, O Sábio"; *Corão* XLI:46: "E teu Senhor não é injusto com os servos"; *Corão* X:44: "E por certo, Allāh não faz injustiça alguma com os homens, mas os homens fazem injustiça com si mesmos" (Trad. Helmi Nasr). AVERRÓIS. *Kašf ᶜan Manāhij al-Adilla*, 113-20-21, apud HOURANI, 1985c, p. 254; AVERRÓIS, 2005[2], p. 116.

144. *Corão* II:26: "[Com esse exemplo], Allāh descaminha a muitos e [com esse exemplo] guia a muitos. E não descaminha [com esse exemplo] senão os perversos" (Trad. Helmi Nasr).

145. Citação de Averróis em *Kašf ᶜan Manāhij al-Adilla*. AVERRÓIS, 2005[2], p. 117.

146. Ibid.

147. Ibid., p. 119.

148. Trad. ELIA DEL MEDIGO I <XI, 4>; trad. Rosenthal I.xi.4; trad. Lerner 31:5-6; trad. Cruz Hernández, p. 21.

149. TRAD. ELIA DEL MEDIGO I <XI, 3>; trad. Rosenthal I.xi.3; trad. Lerner 30:25-30; trad. Cruz Hernández, p. 20. Há menção aos sofistas nas versões de Rosenthal e de Lerner, mas não na latina, em que se lê que "o discurso [deles] é muitíssimo falso e manifesta uma autodestruição".

150. Nas versões inglesas de Rosenthal (I.xi.4) e de Lerner (30:30), lê-se "Ashm'day"; a versão latina, porém, não menciona Ašmodai (que corresponde a Satã), limitando-se a declarar que "o mal seja assemelhado à obscuridade e à privação", cf. Trad. ELIA DEL MEDIGO I <XI, 4>; trad. Rosenthal I.xi.4; trad Lerner 30:30; trad. Cruz Hernández, p. 21.

151. Trad. ELIA DEL MEDIGO I <XI, 3-4>; trad. Rosenthal I.xi.3-4; trad. Lerner 30:25-31:1-7; trad. Cruz Hernández p. 20-21.

152. AVERRÓIS (IBN RUŠD). *Faṣl al-Maqāl* (Tratado Decisivo). Trad. Geoffroy §60; trad. Hanania §60; trad. Butterworth §49; trad. Hourani §22.20-23.1.

O MÉDICO

153. O título latino pode também ser derivado de uma adulteração do verbo *colligo* (recolher, reunir), cf. VÁZQUEZ DE BENITO, in: AVERRÓIS, 2003, p. 31.

154. Cf. VÁZQUEZ DE BENITO, 1993, p. 95.

155. Cf. VÁZQUEZ DE BENITO, 1993, p. 94-95; CRUZ HERNÁNDEZ, 1997, p. 50-51.

156. Cf. VÁZQUEZ DE BENITO, 1993, p. 95-96.

Colliget, um Manual dos Princípios da Medicina

157. CRUZ HERNÁNDEZ, 1998, p. 64; FORCADA, p. 61.

158. Trad. ELIA DEL MEDIGO I <I, 7>; trad. Rosenthal, I.i.7; trad. Lerner 22:1-3; trad. Cruz Hernández, p. 5.

159. MAZLIAK, 2004, p. 119.

Metodologia do *Colliget*

160. AVERRÓIS, 2003, p. 43.

161. Ibid.

162. Cf. ULLMAN, 1978, p. 56.

163. ARISTÓTELES. *Física* II, 3, 194b-195b; *Metafísica* I, 3, 983a-983b; V, 2, 1013a 24 et seq.

164. CRUZ HERNÁNDEZ, 1997, p. 255.

165. SAVAGE-SMITH, 1997, p. 212.

À Sombra de Aristóteles

166. AVERRÓIS, 2003, p. 47.
167. Ibid.
168. THILLET in ARISTÓTELES, 2008b, p. 474, nota 13.
169. AVERRÓIS, 2003, p. 70.
170. Ibid., p. 69.
171. Cf. ARISTÓTELES. *As Partes dos Animais* II, 1, 646b 30 et seq.; *História dos Animais* I, 1, 486a.
172. Cf. ARISTÓTELES. *As Partes dos Animais* II, 2, 647b 1 et seq.
173. Cf. ibid., II,1, 647a 2 et seq.
174. Cf. ARISTÓTELES. *Sobre a Geração e a Corrupção* II, 7-8.
175. Cf. ibid., II, 7, 334b.
176. Ibid., II, 3, 330a 30.
177. Ibid., II, 3, 330b.
178. Cf. ibid., II, 3, 331a.
179. ARISTÓTELES. *Meteorológicos* IV, 1, 378b 10.
180. Cf. ARISTÓTELES. *Sobre a Geração e a Corrupção* II, 5, 332a 25.
181. ARISTÓTELES. *Meteorológicos* IV, 1, 378b 10-25.
182. Os outros dois estados decorrentes do frio e da insuficiência de cocção são *mólynsis* e *státeusis*, termos de difícil tradução que significam aproximadamente "cocção parcial" e "ação de chamuscar". ARISTÓTELES. *Meteorológicos* IV, 2, 379b 10 et seq.
183. ARISTÓTELES. *Política* I, 2, 1253a 9; I, 8, 1256b 21-22; *Sobre o Céu* I, 4, 271a 33. *Sobre a Alma* III, 9, 432b 20; *As Partes dos Animais* II, 13, 658a 8.
184. AVERRÓIS, 2003, p. 76.
185. Ibid., p. 76-77.
186. MORTARINO, 1996, p. xl; GAROFALO; VEGETTI, in GALENO, 1978, p. 842-843.
187. AVERRÓIS, 2003, p. 79.
188. Ibid., p. 116-117.
189. Ibid., p. 172-173.

PARTE II

A ARTE DE GOVERNAR

1. ÉTICA E POLÍTICA NA *FALSAFA*

O CONCEITO DE SIYĀSA (POLÍTICA)

1. Originalmente, o termo foi usado entre os beduínos para significar a condução e o treino de animais, em particular cavalos e camelos. Esse significado estendeu-se e passou a abranger também a condução e administração de pessoas e de cidades, ideia certamente influenciada pela antiga noção no Oriente Médio do governante visto como o pastor de seu rebanho e, talvez, associada ao símbolo da autoridade conferida pela imagem do "homem a cavalo". Cf. NAJJAR, 1984, p. 92; BOSWORTH, 1997a, p. 693-696. O principal dicionário da língua árabe, *Lisān al-ᶜarab*, de Ibn al-Manẓūr (m. 1311), define *siyāsa* como a arte de comandar para um fim, assim como um cavaleiro conduz a sua montaria para um destino.
2. LEWIS, 1984, p. 3-14.

3. TAHĀNAWĪ, M. B. ᶜALĀ'. *Kaššāf iṣṭilaḥāt al-fanūn* (Dicionário de Termos Técnicos). Calcutá: F. Carbery, Bengal Military Orphan Press, 1854, v. I, p. 665, apud REDISSI, 1998, p. 12, nota 4.
4. Apud REDISSI, 1998, p. 11-12. A citação é nossa tradução da paráfrase em francês do texto original árabe, feita por Hamadi Redissi, que afirma que o original é obscuro e "escrito de modo dificultoso, mal estruturado, próprio do saber medieval".
5. TAHĀNAWĪ, op. cit., apud ibid., p. 12.
6. Há uma literatura de origem persa cujo gênero é conhecido como "espelho de príncipes"; o célebre "espelho" (*speculum*), atribuído a Aristóteles, é uma carta que o pseudo-Estagirita escreveu para Alexandre Magno, *Kitāb al-Siyāsa fī Tadbīr al-Ri'āsat al-maᶜrūf bi-al-Sirr al-Asrār* (Livro da Política acerca do Modo de Governar conhecido por Segredo dos Segredos), obra que se firmou na latinidade com o título *Secretum Secretorum*. Essa obra, no entanto, não é filosófica, já que trata principalmente de matéria relativa à administração governamental, cf. LEWIS, 1984, p. 7. Sobre o *Sirr al-Asrār*, ver GRIGNASCHI, 1977, p. 7-112. Segundo Grignaschi, o *Sirr al-Asrār* só pode datar do período entre 950-975, porque contém longas passagens das *Rasā'il Iḫwān al-Ṣafā'* (Epístolas dos Irmãos da Pureza) e porque Ibn Juljul deixou uma longa descrição do *Sirr al-Asrār* em sua obra *Ṭabaqāt al-Aṭṭibā' wa-al-Ḥukamā'* (Gerações dos médicos e dos sábios), composta na segunda metade do século X, cf. ibid., p. 12; Grignaschi menciona a controvérsia sobre a origem do *Sirr al-Asrār* e, em dois artigos de 1966 e 1967, demonstra que este *Sirr* deriva de um outro mais antigo, que não traz no título a expressão *Sirr al-Asrār*, mas que, por sua vez, é uma reelaboração da *Risāla fī al-Siyāsat al-ᶜāmiyya* (Epístola acerca do Governo do Povo), peça principal do romance epistolar *Rasā'il Arisṭūṭālīsa ilà Iskandar* (Cartas de Aristóteles a Alexandre). A *Risāla fī al-Siyāsa al-ᶜāmiyya* parece ser o mais antigo *speculum principis* (*siyāsat namah*) islâmico, redigido na corte de Hišām b. ᶜAbdi al-Malik (724-743) possivelmente por um mestre da alquimia, segundo o *Fihrist*, de Ibn al-Nadīm, e inspira-se tanto nas tradições políticas persas como na literatura grega clássica e na bizantina, cf. ibid., p. 8-9.
7. REDISSI, 1998.
8. AL-ĠAZĀLĪ, 1964.
9. O primeiro "espelho" em língua árabe foi composto por Ibn Muqaffaᶜ (ca.720-756), *Kitāb al-Adab al-Kabīr* (Grande Livro de Comportamento Ético).
10. Cf. BOSWORTH, 1997a, p. 694.
11. IBN TAIMĪYA, 1948.
12. AL-FĀRĀBĪ, 1972²b, p. 24.
13. LEWIS, 1984, p. 7-8.
14. A tradução literal seria *O Governo da Cidade*.

A FILOSOFIA POLÍTICA NA *FALSAFA*

15. A esse respeito, ver o nosso PEREIRA, 2007a, p. 7-62, em especial p. 40-42.
16. Na acertada expressão de Miguel Cruz Hernández.
17. A esse respeito, ver CRUZ HERNÁNDEZ, 1997, p. 72-74; 133.
18. A esse respeito, ver BUTTERWORTH, 1983, p. 224-239.
19. IBN ḪALDŪN (IBN KHALDUN), 1958, v. I, p. 105.
20. MAHDI, 2000, p. 12.
21. Ver STRAUSS, 1988c, p. 143-182.
22. AVERRÓIS, 2005², p. 98-103.
23. GARDET, 1981, p. 7; 8. RAŠĪD RIḌĀ, 1938¹, p. 212 [1985²], apud GARDET, 1981, p. 18, n. 5: "O Islã, ao mesmo tempo que é um princípio espiritual, é um ideal social e político".

PLATÃO, ARISTÓTELES E A *FALSAFA*

24. Cf. PÉREZ RUIZ, 1994, p. 27.

25. ARISTÓTELES. *Ética Nicomaqueia* X, 12, 1181b 10-20.

República

26. IBN AL-NADĪM, 1998^{2}, p. 592.
27. ROSENTHAL, 1990, p. II/392; II/417.
28. Ibid., p. II/411.
29. Ibid., p. II/416.
30. Ibid., p. II/411.
31. GUTAS, 1999, p. 186.
32. Alguns estudiosos, como Richard Walzer, afirmam que se trata de uma paráfrase da *República*, outros sustentam que se trata de um resumo ou sumário. Como esse texto está perdido, não é possível afirmar se é uma ou outro.
33. Sobre a posição de que Averróis não teria usado o sumário da *República* feito por Galeno, ver VAN DEN BERGH, 1958, p. 409, apud BERMAN, 1971, p. 438.
34. Ver as referências na nota 37 infra.
35. Cf. WALZER, in AL-FĀRĀBĪ, 1998^{2}, p. 426.
36. Segundo Richard Walzer, "Ibn Rušd usou uma antiga paráfrase da *República* que, possivelmente, Al-Fārābī também conhecia. Mas, nem Al-Fārābī nem Ibn Rušd usaram a paráfrase de Galeno que existia em tradução árabe. Ibn Rušd rejeita certas posições de Galeno, ver IBN RUSHD, trad. Rosenthal i, 22 §2; 26 §8; iii, 20 §11 [...]". WALZER, 1998^{2}, p. 444, nota 680.
37. Galeno é citado em trad. ELIA DEL MEDIGO I <I, XVI, 1>; I <XXII, 2>; I <XXVI, 3>; I <XXVI, 8>; III <XX, 11>; trad. Rosenthal I.xvi.1; I.xxii.2; I.xxvi.3; I.xxvi.8; III.xx.11; trad. Lerner 36:5-10; 46:5-10; 55:20-25; 56:20-25; 105:1; trad. Cruz Hernández, p. 29; 45; 62; 63; 147.
38. Al-Fārābī é citado duas vezes no Livro I do *Comentário sobre a República*: trad. ELIA DEL MEDIGO I <VIII, 2>; I <X, 6>; trad. Rosenthal I.viii.2; I.x.6; trad. Lerner 26:25-30; 29:30; trad. Cruz Hernández, p. 13; 18.

Ética Nicomaqueia

39. Cf. GUERRERO, in AL-FĀRĀBĪ, 2002, p. 17, nota 27: "consta que os vários biobibliógrafos e alguns filósofos citam de Aristóteles, além da *Ética Nicomaqueia*, a *Ética Eudemia*, os dois *Livros Grandes de Ética* e a *Nicomaqueia Pequena*". A *Ética Eudemia* e a *Grande Ética* não foram traduzidas para o árabe, conforme a lista de BADAWI, 1987^{2}, p. 98.
40. IBN AL-NADĪM, 1998^{2}, p. 606. Bayard Dodge, editor e tradutor para o inglês do *Fihrist*, afirma que é possível que o *Kitāb al-Aḫlāq* (Livro de Ética) incluísse as dez seções da *Ética Nicomaqueia* e duas da *Grande Ética*, cf. DODGE, in IBN AL-NADĪM, 1998^{2}, p. 606, nota 135.
41. IBN AL-QIFṬĪ. *Ta'rīḫ al-ḥukamā'*. Edição J. Lippert. Leipzig, 1903, p. 42.8-10, cit. por GUERRERO, in AL-FĀRĀBĪ, 2002, p. 18. Na Introdução à sua tradução do *Kitāb al-tanbīh ʿalà sabīl al-saʿāda* (El camino de la felicidad), de Al-Fārābī, Rafael R. Guerrero apresenta um quadro sobre as edições da *Ética Nicomaqueia*. Ver ainda GUERRERO, 1996a, p. 417-430.
42. Cf. ARKOUN, 1982, p. 205; cf. PETERS, 2003^{2}, p. 52. Segundo Peters, o comentário de Porfírio, na tradução árabe, pode ter recebido ou uma divisão especial dos 10 livros da *Ethica Nicomachea* ou uma adição da *Magna Moralia*, cf. ibid., p. 52.
43. Tradução (francesa): AL-FĀRĀBĪ, 1989, p. 78. Tradução (inglesa): AL-FĀRĀBĪ, 2004^{2}b, 147-148.
44. Ver LOMBA FUENTES, 1993, p. 3-46.
45. AVERRÓIS (IBN RUŠD), 1962c, fol. 160H; 160L.
46. Tradução (inglesa) de Muhsin Mahdi: AL-FĀRĀBĪ, 2001^{3}b; tradução (francesa) de Olivier Sedeyn e Nassim Lévy: AL-FĀRĀBĪ, 2005a.

47. AL-FĀRĀBĪ, 2002.

48. Edição e tradução (espanhola): AL-FĀRĀBĪ, 1953. Há uma tradução inglesa de Fauzi M. Najjar do cap. V de *Iḥṣā' al-^{c}ulūm* (Catálogo das Ciências): AL-FĀRĀBĪ, 1972^{2}b.

49. AL-FĀRĀBĪ, 1972^{2}b, p. 24.

50. Cf. BERMAN, 1967, p. 31-59.

51. AVERRÓIS (IBN RUŠD), 1999; BERMAN, 1978, p. 287-321.

52. AVERRÓIS (IBN RUŠD), 1962c, fols. 1-160. A versão latina do *Comentário Médio sobre a Ética Nicomaqueia* foi realizada por Hermann, o Alemão, em 1240, diretamente do árabe e independentemente da versão hebraica de Samuel ben Judah, cf. BERMAN, 1971, p. 438.

Política

53. Ver BADAWI, 1987^{2}: Badawī sustenta que "todas as obras autênticas de Aristóteles foram traduzidas integralmente, ou diretamente do grego ou por intermédio do siríaco" (p. 76). Mais adiante, assinala, como "ponto capital", que "as obras autênticas de Aristóteles foram integral e fielmente traduzidas para o árabe nos séculos III e IV da Hégira (séculos IX e X da era cristã)" (p. 77). Todavia, na lista dos manuscritos árabes das traduções das obras de Aristóteles que o autor apresenta na seção "Livros de moral e de política", não há menção ao manuscrito da *Política*.

54. STEINSCHNEIDER, Moritz. *Hebräische Übersetzungen des Mittlealters und die Juden als Dolmetscher*. Graz, 1956, p. 219, apud PINES, 1996c, p. 251, n. 1 (= PINES, 2000^{2}a, p. 146, n. 1). Richard Walzer também é de opinião que a *Política* nunca foi traduzida para o árabe, cf. WALZER, 1971, p. 26 (= WALZER, 1970, v. 1, p. 28).

55. Cf. PINES, 1996c, p. 251-261.

56. STEINSCHNEIDER, op. cit., p. 219, apud PINES, 1996c, p. 251, n. 1.

57. Cf. WALZER, 1995^{2}, p. 649: "Os textos que se tornaram mais conhecidos dos leitores árabes foram as lições de Aristóteles – à exceção da *Política* – e um significativo número de comentários da Antiguidade tardia". (Cf. WALZER, 1960b, p. 631).

58. PINES, 1996c, p. 251-261 (= 2000^{2}a, p. 146-156); PINES, 2000^{2}b, p. 157-195 (= 1956, p. 5-43).

59. STRAUSS, 1988c, p. 146.

60. Ibid., p. 147.

61. Na tradução latina de Jacob Mantino, lê-se "nondum enim Arist. Politicos libros vidimus". In AVERRÓIS (IBN RUŠD), 1962b, fol. 336B; cf. trad. ELIA DEL MEDIGO I <I, 7>: "Liber enim Aristotelis in politica nondum pervenit ad nos".

62. Cf. PINES, 1996c, p. 251. Pines tem em mãos um manuscrito em que se lê "de regimine villae". No texto latino apud Iunctas, lê-se "de regimine vitae". Na versão hebraica, para "regimine vitae" há apenas o termo *hanhagah* (governo), que, em geral, corresponde ao árabe *tadbīr*. O mesmo termo hebraico *hanhagah* surge na versão hebraica do *Comentário sobre a República*, que Rosenthal traduz por "Aristotle's *Politica*", cf. trad. Rosenthal I.i.8; Ralph Lerner traduz por "Governance [Politics]", cf. trad. Lerner 22:1-5; trad. Cruz Hernández, p. 5.

63. AVERRÓIS (IBN RUŠD), 1962c, fol. 160G: "Et hic explicit sermo in hac parte hujus scientiae; et est ea quae habet se in scientia civili habitudine notitiae, quid est sanitas et aegritudo in arte medicinae; et illa, quam promisit, est pars quae habet se in hac scientia habitudine effectivae sanitatis et destructivae aegritudinis in medicina. Et est in libros ejus, qui nominatur liber de regimine vitae; et nondum pervenit ad nos, qui sumus in hac insula, [...]. Et fortassis erit aliquis amicorum, qui adducat librum, in quo est complementum hujus scientiae, si Deus voluerit. Apparet autem ex sermone Abyn arrim Alfarabii, quod inventus est in illis villis. Si vero hoc non contingerit, et Deus contulerit inducias vitae, prescrutabimur de hac intentione juxta mensura nostri posse." (Edição de Anna Lia A. de Almeida Prado).

64. Cf. BRAGUE, 1993, p. 423-433.

65. Há um comentário de Abū Dāwud Suleymān ibn Ḥasan ibn Juljul al-Andalusī em sua obra, datada em 377 Hégira (c. 988 d.C.), *Ṭabaqāt al-Aṭṭibā' wa-al-Ḥukamā'* (Gerações dos Médicos e dos Sábios), edição crítica de Fu'ād Sayyid, Cairo, 1955, p. 26; 1.9 et seq., em que ele afirma existir uma epístola (*risāla*) com oito capítulos (*maqālāt*), o livro da Política (*Siyāsa*) sobre o governo do poder, conhecido por *Sirr al-Asrār* (*Secretum Secretorum*), atribuído a Aristóteles, apud BRAGUE, 1993, p. 424, nota 3.

66. MAHDI, 1991, p. 16.

67. Ibid., p. 17-18.

68. STRAUSS, 1945, p. 357-393.

69. O tratado foi editado e traduzido para o inglês por Muhsin Mahdi: AL-FĀRĀBĪ, 2001^{3}a.

70. Cf. STRAUSS, 1945, p. 359.

71. LEAMAN, 1997, p. 195-203.

72. Ibid., p. 196.

73. Ibid., p. 197.

74. Erwin I. J. Rosenthal presume que Averróis se refira ao comentário perdido de Al-Fārābī sobre a *Ética Nicomaqueia*, cf. ROSENTHAL, in AVERRÓIS (IBN RUŠD), 1966 (trad. Rosenthal), p. 258, nota VIII.2-3; R. Lerner, por sua vez, considera que a obra à qual Averróis se refere não pode ser identificada, cf. LERNER, in AVERRÓIS, 1974 (trad. Lerner), p. 12, nota 26.27.

75. Cf. BRAGUE, 1993, p. 430.

76. Cf. PLATÃO. *Teeteto* 176b: "A fuga (para o alto) é igualar-se ao deus tanto quanto possível e igualar-se ao deus é tornar-se justo, santo e sábio" (trad. Anna Lia. A. de Almeida Prado). Cf. WALZER, 1955, p. 203-226. Cf. MELAMED, 2003, p. 1.

77. O termo árabe *ḫalīfa* (pl. *ḫulafā'*) significa sucessor, líder temporal, representante, vicário, lugar-tenente, delegado de Deus na terra e responsável do cumprimento de Seus atos na condição de sucessor do Profeta Muḥammad. "Sucessor do mensageiro de Deus" (*Ḫalīfa rasūl Allāh*) é o título adotado por Abū Bakr, o primeiro na linha da sucessão de Muḥammad a liderar os muçulmanos entre 632 e 634. Abū Bakr recusou o título *Ḫalīfa*, sem predicação, porque, a seu juízo, ninguém é sucessor de Allāh, podendo ser apenas o sucessor do Profeta enviado de Deus.

78. AL-FĀRĀBĪ. *The Attainment of Happiness* §§57-58, in AL-FĀRĀBĪ, 2001^{3}b, p. 46-47.

79. Sobre a possível correspondência do termo "sacerdote", na versão latina de Elia del Medigo, com o árabe *imām*, ver nossa explicação no capítulo "A voz política de Averróis", seção "Os regimes políticos"; no capítulo "Sobre as qualidades essenciais ao governante", ver a seção "O governante no *Comentário sobre a República*".

80. Trad. ELIA DEL MEDIGO II <I, 6>; trad. Rosenthal II.i.6; trad. Lerner 61:14-17; trad. Cruz Hernández, p. 72. Na tradução latina de Jacob Mantino lê-se: "Quocirca videri haec omnia possunt eiusdem sensus nomina, scilicet Philosophus, Rex, Legislator, atque Sacerdos. Siquidem et lingua nostra Arabica sacerdotis nomen pro eo interpretatur, cuius operationibus fides est adhibenda. Hic igitur, cui fides habenda est, propter actiones eius, quibus Philosophus est, sacerdos simpliciter est." ("A respeito disso, parece que todos esses nomes admitem o mesmo sentido, a saber, filósofo, rei, legislador e sacerdote. Visto que o nome sacerdote, em nossa língua árabe, é interpretado em referência àquele para cujas ações a confiança é oferecida, este, portanto, em quem há confiança por causa de suas ações, é filósofo, é sacerdote pura e simplesmente."). Cf. AVERRÓIS (IBN RUŠD), 1962b, fol. 353B-C. (Edição latina de Anna Lia A. de Almeida Prado).

81. AL-FĀRĀBĪ. *The Enumeration of Sciences* (*Iḥṣā' al-^{c}ulūm*). In AL-FĀRĀBĪ, 1972^{2}b, p. 24. Cf. MELAMED, 2003, p. 2: em *O Início da Sabedoria* (*Reshit Hokhmah*), Falaquera traduz para o hebraico a definição de Al-Fārābī de sabedoria política por "a arte real e perfeita".

AL-FĀRĀBĪ E A ARTE REAL

82. A "Arte Real" é definida no diálogo *Político*, de Platão, com o significado de "ciência política". "Arte" pode ter o sentido de "destreza, perícia", diverso do de artes (gr. *tékhnai*; ár. *al-ṣinā^{c}āt*)

produtivas. "Arte real" é tradução de *al-mihna al-malakiyya*. Miriam Galston explica que, de acordo com a classificação da alma em *Siyāsa al-Madaniyya*, para Al-Fārābī "a arte (destreza, perícia) (ingl. craft) é um dos aspectos da parte racional prática da alma; o outro aspecto é a deliberação (*rawiyya*); a arte enquanto aspecto da alma racional inclui duas subdivisões, as artes (*al-ṣinā*ᶜ*āt*) e as artes/destrezas (*al-mihna*)" (GALSTON, 1990, p. 95, nota 1); cf. AL-FĀRĀBĪ. *Siyāsa al-Madaniyya* §33: 3-6 (Regime Político / Livro da Política). Rafael R. Guerrero traduz *mihna* por "técnica" referindo-se à faculdade pela qual adquire-se destreza ou habilidade para realizar uma arte ou ofício, cf. GUERRERO, in AL-FĀRĀBĪ, 1992, p. 8, nota 9.

83. *Epeidè phýsei politikòn hò ánthropos*. ARISTÓTELES. *Ética Nicomaqueia* I, 5, 1097b 11; o mesmo princípio é retomado em *Política* I, 2, 1253a 2.

84. Para Aristóteles, a política é uma ciência "arquitetônica", na medida em que estrutura todas as ações e produções humanas.

85. AL-FĀRĀBĪ. *The Enumeration of the Sciences* (*Iḥṣā' al-*ᶜ*ulūm*). In AL-FĀRĀBĪ, 1972²b, p. 24.

86. Ibid., p. 26.

87. Ibid., p. 24-27.

88. Em Aristóteles, o vínculo entre a ética e a política é complexo. Ética e política formam os grandes domínios de sua filosofia prática e têm por objeto comum a virtude, e no convívio da *pólis* é que são proporcionadas as melhores condições para realizar uma educação que vise à realização da virtude individual.

2. A VOZ POLÍTICA DE AVERRÓIS

O COMENTÁRIO SOBRE A REPÚBLICA

1. As edições do *Comentário sobre a República* que aqui usamos são as seguintes: AVERRÓIS (IBN RUŠD), 1992 (Elia del Medigo); para esclarecer o sentido de passagens obscuras desse texto latino, recorremos à versão de Jacob Mantino: AVERRÓIS (IBN RUŠD), 1962b [1550-1562], in AVERRÓIS (IBN RUŠD) 1962a [1550; 1562-1574]; e às traduções: AVERRÓIS (IBN RUŠD), 1966 (trad. Rosenthal); AVERRÓIS, 1974 (trad. Lerner); AVERRÓIS, 1990² (trad. Cruz Hernández). Doravante esses trabalhos serão citados como segue: trad. ELIA DEL MEDIGO, trad. Rosenthal, trad. Lerner e trad. Cruz Hernández. Como não há divisão em parágrafos no manuscrito latino, os editores italianos adotaram os critérios da divisão da edição crítica de Rosenthal; desse modo, estão assinalados primeiro o Livro a que se refere, em algarismos romanos, e em seguida, entre colchetes, a seção, com outro algarismo romano, e a subseção, com algarismo arábico. As páginas indicadas da edição de Rosenthal referem-se à sua tradução inglesa, que acompanha a edição do texto hebraico. A paginação da tradução inglesa realizada por Ralph Lerner segue a paginação da edição hebraica de Rosenthal, que tem início na p. 21. Nas referências incluímos os números que indicam as marcações da edição latina da versão de Elia del Medigo (que coincidem com as do texto hebraico editado por Rosenthal e de sua tradução inglesa), a divisão da tradução de Lerner e a página da publicação citada da tradução espanhola de Cruz Hernández.

2. Nas primeiras linhas de seu tratado, Averróis declara que "a intenção, nesta exposição, é esclarecer o que contêm os discursos atribuídos a Platão em sua política a partir dos discursos científicos, deixando de lado os discursos célebres e dialéticos (*probabiles*) nela apresentados, buscando sempre a concisão". Trad. ELIA DEL MEDIGO I <I, 1>; trad. Rosenthal I.i.1; trad. Lerner 21:1; trad. Cruz Hernández, p. 3. Rosenthal e Lerner traduziram por "dialéticos" o termo hebraico *nitzuḥīm* (sing. *nitzuaḥ*), que Elia del Medigo traduziu por *probabiles*. O termo hebraico *nitzuḥīm* corresponde a *Topica*, título da obra aristotélica, e ao termo árabe *al-jadal*, "a dialética", cf. KLATZKIN, Jacob. *Thesaurus Philosophicus linguae hebraicae et veteris et recentioris*. Berlin Verlag Eschkol A-G., 1930, 3 v., pars III, p. 62. Agradecemos a indicação dessa fonte ao Prof. Nachman Falbel.

3. Cf. LERNER, in trad. Lerner, p. xiii.

4. Leem-se esses qualificativos no cabeçalho de sua obra *Faṣl al-Maqāl*: "*al-faqīh, al-imām, al-qāḍī al-halāmat al-mūjid*", cf. AVERRÓIS, 2001, p. 1.

5. Referência ao *ḥadīṯ*: "*buᶜiṯtu ilà kulli al-aḥmara wa-al-aswad*" ("Fui enviado a todos, ao vermelho e ao negro"), tradição tornada proverbial e citada para testemunhar a universalidade da missão de Muḥammad. Cf. GEOFFROY, in AVERRÓIS, 1996, p. 189, nota 47. Averróis cita este *ḥadīṯ* no Livro I de seu *Comentário sobre a República*, cf. ELIA DEL MEDIGO I <XXII, 3>: "Et hoc tactum fuit in lege missa ad Rubeos et ad Nigros" ("E isto foi indicado na lei enviada aos vermelhos e aos negros"). Note-se que, na versão latina de Elia del Medigo, a expressão é pluralizada: "vermelhos e negros"; trad. Rosenthal I.xxii.3; trad. Lerner 46:20; trad. Cruz Hernández, p. 46.

6. Ver a esse respeito CRUZ HERNÁNDEZ, 1997, p. 28-33.

7. Cf. ibid., p. 29.

8. ROSENTHAL, 1985, p. 291.

9. A propósito, ver ROSENTHAL, in trad. Rosenthal, p. 10-11; id. 1971, p. 60-92.

10. A passagem em hebraico corresponde a trad. ELIA DEL MEDIGO II <I, 7>: "utrum autem debet esse propheta, habet magnae investigationis necessitatem. Et *considerabimus* de illo in prima parte huius scientiae" (grifo nosso); trad. Rosenthal II.i.7; trad. Lerner 61:16-18; trad. Cruz Hernández, p. 72. A propósito, ver ROSENTHAL, trad. Rosenthal, p. 10, nota 1; id. 1971d, p. 60-92.

11. Cf. ROSENTHAL, in trad. Rosenthal, p. 10.

12. Cf. GEOFFROY, 2005b, p. 733, nota 23.

13. Cf. CRUZ HERNÁNDEZ, in trad. Cruz Hernández, p. XI.

14. Cf. BADAWĪ, 1998, p. 33; id., 1972, v. II, p. 761.

15. Cf. CAMPANINI, 1999, p. 164.

16. Cf. URVOY, 1998, p. 224, nota 3; id., 1996, p. 48.

17. "Antes de 1194, os exércitos dos reinos do norte renovaram suas ofensivas; em 1184, Afonso VIII ocupou Alarcón; Iniesta, em 1186, e Magacela, em 1189. [...] Todas essas conquistas, todavia, foram perdidas depois da batalha de Alarcos em 1195, exceto as do alto Júcar". Em razão desses fatos históricos, Cruz Hernández situa o término do *Comentário* após 1189 e antes de 1195. CRUZ HERNÁNDEZ, in trad. Cruz Hernández, p. 148, nota 72.

18. Cf. URVOY, 1998, p. 224, n. 3.

19. ROSENTHAL, in trad. Rosenthal, p. 11.

20. Sobre a datação do *Comentário sobre a República*, ver VAN DEN BERGH, 1958, p. 409.

POR QUE COMENTAR A REPÚBLICA?

21. Trad. ELIA DEL MEDIGO I <I, 8>; trad. Rosenthal I.i.8; trad. Lerner 22:5; trad. Cruz Hernández, p. 5.

22. ROSENTHAL, E. I. J., 1971d, p. 61.

23. No *Corão* há versículos considerados explícitos (*muḥkamāt*) e versículos considerados ambíguos, obscuros, controvertidos (*mutašābihāt*, lit.: parecidos), por usarem palavras em sentido figurado (*majāz*) e metafórico (*isticāra*). Sem qualquer ambiguidade, o *Corão* invoca esses versículos: "Ele é Quem fez descer sobre ti [Muḥammad] o Livro, em que há os versículos precisos: são estes o fundamento do Livro; e, outros, ambíguos (*mutašābihāt*). Então, quanto àqueles, em cujos corações há deslize (*zayġūn*), eles seguem o que há de ambíguo nele, em busca da sedição (*fitna*) e em busca de sua interpretação (*ta'wīli-hi*) [conforme seus intentos]. E ninguém sabe a sua interpretação senão Allāh. E os de arraigada ciência (*wa-al-rasiḫūna fī al-ᶜilm*) dizem: 'Tudo [vem] de nosso Senhor'. – E não meditam senão os dotados de discernimento –". (*Corão* III:7) (Trad. Helmi Nasr). A frase "E ninguém sabe a sua interpretação [...] os de arraigada ciência [...]" permite duas leituras distintas, conforme a pontuação adotada. Se a pontuação for deslocada para depois da palavra *al-ᶜilm* (ciência), fica "ninguém conhece a sua interpretação senão Allāh e os de arraigada ciência"; nesse caso, os sábios partilham com Allāh a interpretação do Livro. Averróis usa essa pontuação para afirmar sua tese em que defende que apenas os filósofos estão aptos para interpretar os versículos obscuros, já que somente eles

dominam a demonstração silogística, cf. Averróis. *Tratado Decisivo*, §28. Como observa Marc Geoffroy, essa leitura oferece a Averróis uma confirmação no próprio texto sagrado de sua tese, segundo a qual somente uma classe de homens, "os de ciência arraigada", possui a exigência racional para a interpretação da Revelação por meio do *ta'wīl*. A leitura dos tradicionalistas mantém a pontuação depois da referência a Allāh, o que afirma o seu fideísmo. Cf. Averróis (Ibn Rušd), 1996, p. 192, nota 57.

24. Os primeiros quatro califas que sucederam Muḥammad, Abū Bakr (ca. 570-634), ^{c}Umar (ca. 591-644), ^{c}Uṯmān (? – 656) e ^{c}Alī (? – 661), são os chamados "califas retamente guiados" (*ḫulafā' rāšidūn*), porque foram companheiros e sucessores diretos do Profeta. Sob esses califas, formou-se o Império Islâmico, que se estendeu do Maġrib (norte da África) até o rio Oxus, no leste asiático. Sob o reinado deles foram assentadas as bases do Estado islâmico e foram discutidas as primeiras questões concernentes ao *imāmato*/califado; foi estabelecido o texto oficial do *Corão* e foram tomadas as primeiras medidas legislativas a fim de preencher as lacunas jurídicas deixadas pelo *Corão* e pela *sunna*. Nessa época também surgiram as rivalidades internas que resultaram na guerra civil de 656, chamada de "grande desordem" (*fitna*), após o assassinato de ^{c}Uṯmān, engendrando rupturas que geraram movimentos político-religiosos no interior da comunidade, tais quais o xiismo e o *ḫārijismo*. Os muçulmanos conservaram a ideia desse primeiro período, correspondente a uma idade de ouro perdida, com base em um *ḥadīṯ* profético, isto é, atribuído a Muḥammad, que diz: "Minha comunidade permanecerá na via reta durante trinta anos; depois cairá sob o regime da realeza (*mulk*)". Esse *ḥadīṯ* confere um estatuto honroso ao califado dos quatro "bem dirigidos" que governaram em Medina, antes da vitória dos omíadas com Mu^{c}āwiya, quando a capital do império foi então transferida para Damasco.

25. Cf. Rosenthal, E. I. J., 1971d, p. 81.

26. Ibid.

27. Trad. Elia del Medigo II <XVII, 3>; trad. Rosenthal II.xvii.3; trad. Lerner 78:25-79:1; trad. Cruz Hernández, p. 100.

28. Ár. *nawāmīs*; gr. *nomói*.

29. Trad. Elia del Medigo II <XVII, 3>; trad. Rosenthal II.xvii.3; trad. Lerner 79:3-6; trad. Cruz Hernández, p. 100.

30. Sobre a relação da Lei revelada com as leis particulares, ver Pereira, 2007d, p. 52-60; id., 2007c.

31. Averróis. *Tahāfut al-tahāfut* §584: Averróis, 1954 (trad. Van den Bergh), p. 361; Averróis, 1997 (trad. Campanini), p. 535; in Guerrero, 1998, p. 137. O universalismo atribuído ao espírito das religiões é de origem estoica; os estoicos deduziram a ideia de cosmopolitismo de sua doutrina de "noções comuns". Ver Marco Aurélio. *Meditações* IV, 4: "Se a nós homens a inteligência é comum, é também comum a razão pela qual somos seres racionais; e se é assim, é também comum a razão que ordena o que deve e o que não deve ser feito; se é assim, é comum também a lei; se é assim, somos concidadãos; se é assim, participamos de um organismo político. Se é assim, o cosmo é uma cidade. De que outro organismo político comum poder-se-á, de fato, dizer que participa da humanidade inteira? E assim, dessa cidade comum, vem nossa mesma inteligência, razão, lei (*nómos*) [...]". Marco Aurélio, 1993, p. 49-50.

32. Gibb, 1954^{3}, p. 88.

33. Rosenthal, E. I. J., 1971c, p. 80.

A Leitura Peculiar da República

34. Especialmente *Ética Nicomaqueia* I, 13; II, 1, passagens consagradas à definição da virtude.

35. A expressão "artes práticas" pode causar estranheza aos estudiosos da obra de Aristóteles, mas ela traduz o árabe *al-ṣinā^{c}āt al-^{c}amaliyya*. Rafael Ramón Guerrero e Muhsin Mahdi traduzem a expressão diretamente do árabe por "artes práticas" e "practical arts" respectivamente, ver Al-Fārābī, 2002, p. 36; id., 2001^{3}b, p. 13; 36. Outros especialistas, como Miriam Galston e Charles E. Butterworth, também traduzem essa expressão árabe por "artes práticas". No texto

hebraico do *Comentário sobre a República*, lê-se *melaḥōt ma*^{c}*assiōt*, cuja tradução literal é "artes práticas".

36. Trad. ELIA DEL MEDIGO II <XIII, 1>; trad. Rosenthal II.xiii.1; trad. Lerner 73:16-18; trad. Cruz Hernández, p. 91. Na versão hebraica dessa passagem, lê-se *ha-šlemut ha-reḥoq*, "perfeição última" (pl. *šlemuyōt*); o termo hebraico para "virtude" é *ma*^{c}*alá* (sing.), *ma*^{c}*alōt* (pl.), cf. COVIELLO; FORNACIARI, in AVERRÓIS (IBN RUŠD), 1992a, p. 74, nota 1.

37. Trad. ELIA DEL MEDIGO I <I, 10>; trad. Rosenthal I.i.10; trad. Lerner 22:9-12; trad. Cruz Hernández, p. 5.

38. Trad. ELIA DEL MEDIGO II <I, 3>; trad. Rosenthal II.i.3; trad. Lerner 61:1-4; trad. Cruz Hernández, p. 71-72.

39. Trad. ELIA DEL MEDIGO III <IX, 2>; trad. Rosenthal III, ix.2; trad. Lerner 87: 23-25; trad. Cruz Hernández, p. 116.

40. Lembre-se a frustração de Platão, descrita na *Carta VII*, sobre a sua experiência da iniciação do tirano de Siracusa à filosofia.

41. Trad. ELIA DEL MEDIGO II <I, 1>; trad. Rosenthal II.i.1; trad Lerner 60:15-20; trad. Cruz Hernández, p. 71.

42. Trad. ELIA DEL MEDIGO III <I, 8>; trad. Rosenthal III, i.8-9; trad. Lerner 81:5-9; trad. Cruz Hernández, p. 105.

43. LIBERA, in RENAN, 2002, p. 11-12 (grifo do autor).

UM TRATADO POLÊMICO

44. Ver CRUZ HERNÁNDEZ, 1993, p. 105-118.

Críticas à Sociedade

45. Trad. ELIA DEL MEDIGO I <I, 1>; trad. Rosenthal I.i.1; trad. Lerner 21:7; trad. Cruz Hernández, p. 3; Trad. ELIA DEL MEDIGO III <XXI, 1>; trad. Rosenthal III.xxi.1; trad. Lerner 105:5-6; trad. Cruz Hernández, p. 148.

46. Trad. ELIA DEL MEDIGO II <XVII, 5; 6; 8>; I <XXI, 4>; I <XXIV, 11>; III <IX, 2>; III <XIII, 6>; trad. Rosenthal II.xvii.5; 6; 8; I.xxi.4; I.xxiv.11; III.ix.2; III.xiii.6; trad. Lerner 44:30-45:1; 52:21; 79:9-12; 79:19-20; 87:19-20; 93:31-32; trad. Cruz Hernández p. 100-101; 43-44; 56; 115; 127.

47. Trad. ELIA DEL MEDIGO II <IV, 7>; trad. Rosenthal II.iv.7; trad. Lerner 64:25; trad. Cruz Hernández, p. 78.

48. Trad. ELIA DEL MEDIGO I <XXIV, 9>; I <XXIV, 11>; I <XXI, 6>; II <XVII, 6>; II <XVII, 8>; trad. Rosenthal I.xxiv.9; I.xxiv.11; I.xxi.6; II.xvii.6; II.xvii.8; trad. Lerner 52:13-14; 52:22; 45:11; 79:11-18; trad. Cruz Hernández, p. 56; 44; 101.

49. Sobre a argumentação de Averróis em defesa das mulheres, ver BELO, 2009.

50. Trad. ELIA DEL MEDIGO I <XXV, 9>; trad. Rosenthal I.xxv.9; trad. Lerner 54:5-10; trad. Cruz Hernández, p. 59.

51. Trad. ELIA DEL MEDIGO I <XXV, 4-9>; trad. Rosenthal I.xxv.4-9; trad. Lerner 53:14-54:10; trad. Cruz Hernández, p. 57-59.

52. Trad. ELIA DEL MEDIGO III <IV, 9>; trad. Rosenthal III.iv.9; trad. Lerner 84:20, p. 112; trad. Cruz Hernández, p. 110-111. Em nota de rodapé, Cruz Hernández observa que, inicialmente, Averróis parece estar referindo-se aos reinos de Taifas e às dinastias do Maġrib, deixando ambígua a referência ao governo almôada; mas, como depois insere a expressão "em nosso tempo e em nossas cidades", Averróis estaria incluindo também o governo almôada, cf. trad. Cruz Hernández, p. 111, nota 11.

53. Trad. ELIA DEL MEDIGO II <III, 3>; trad. Rosenthal II.iii.3; trad. Lerner 63:6-8; trad. Cruz Hernández, p. 75.

54. Trad. ELIA DEL MEDIGO II <IV, 7>; trad. Rosenthal II.iv.7; trad. Lerner 64:25; trad. Cruz Hernández, p. 78.

Os Regimes Políticos

55. Averróis retoma a discussão de Al-Fārābī sobre "o primeiro chefe" (*al-ra'īs al-awwal*) de *Aforismos*, cf. AL-FĀRĀBĪ, 1992, p. 122, §58 (edição árabe: p. 152); id., 2004^{2}, p. 37, §58 (Butterworth traduz *al-ra'īs al-awwal* por "supreme ruler"). Em *Mabādi' ārā' ahl al-madīnat al-fāḍila* (Princípios acerca das Opiniões dos Habitantes da Cidade Virtuosa), Al-Fārābī sugere que dois governantes podem dividir o poder desde que um deles seja filósofo e o outro tenha as restantes condições necessárias para assumir o cargo, isto é, as mesmas condições necessárias ao "primeiro chefe": deve conhecer toda e qualquer ação para que a felicidade seja atingida; deve ser um bom orador e fazer despertar, com palavras bem escolhidas, a imaginação nos outros; deve saber bem conduzir o povo no reto caminho rumo à felicidade e às ações pelas quais a felicidade é alcançada; deve ser dono de um físico vigoroso para enfrentar as incumbências da guerra, cf. id., 1998^{2}, p. 247, §14 (texto árabe, p. 246).
56. Em *Mabādi' ārā' ahl al-madīnat al-fāḍila* (Princípios acerca das Opiniões dos Habitantes da Cidade Virtuosa), Al-Fārābī propõe o governo de um grupo de homens, cada um deles com uma das condições necessárias para assumir a soberania, cf. nota anterior.
57. AVERRÓIS (IBN RUŠD), 2002a, v. II, p. 69.
58. AL-JĀḤIẒ. *Lettres*, p. 247 et seq., apud TYAN, 1954, v. I, p. 142.
59. TYAN, 1954, v. I, p. 143.
60. Cf. LAMBTON, 1991^{3}, p. 331-333. Em *Mabādi' ārā' ahl al-madīnat al-fāḍila* (Princípios acerca das Opiniões dos Habitantes da Cidade Virtuosa), Al-Fārābī afirma que o soberano supremo é *imām*, cf. AL-FĀRĀBĪ, 1998^{2}, p. 24, §11 (texto árabe, p. 246).
61. ELIA DEL MEDIGO II <XVII, 5>; trad. Rosenthal II.xvii.5: trad. Lerner 79:8-9; trad. Cruz Hernández, p. 100. Lerner e Cruz Hernández traduzem cidade "sacerdotal" por "aristocrática".
62. Não tem sentido traduzir a expressão por "cidade vitoriosa", como está na versão de Elia del Medigo, pois, segundo os tradutores da versão hebraica, confirmando a tradução latina de Mantino, ela corresponde a "cidade tirânica". Em hebraico, o termo que Elia del Medigo traduziu por *victoriosa* é *nitzaḥon*; o verbo *lenatzeiaḥ al* parte do radical *n-tz-ḥ*, que pode formar palavras com cinco sentidos. Um deles, *nitzaḥon*, significa "vitória" e é o sentido mais comum. Todavia, como se trata de um termo bíblico, pode adquirir vários sentidos: *nitzaḥon* é uma vitória que alguém, com sua vontade, impõe à força ao vencido, o qual é derrotado com a vitória absoluta do oponente. *Natzḥan* denota um sujeito agressivo, forte, autoritário, cuja atitude é decorrente da vitória absoluta; o uso mais raro é "tirânico". *Netzaḥ* significa "poder absoluto" em que cabe a ideia de violência, embora, no uso corrente do termo, não caiba a ideia de violência. Na *Epístola ao Iêmen*, a respeito do "tirano" (*natzaḥan*), Maimônides escreve que "ele teima em manter a sua opinião contra a verdade e contra a lógica". O verbo *lenatzeiaḥ al* significa vencer alguém com força e, com vontade autoritária, impor as consequências da vitória ao vencido. Elia del Mendigo fez uma tradução um tanto ingênua em relação ao contéudo do texto, pois usou o significado mais comum de *nitzaḥon*, isto é, "vitória". Cf. GUR, Yehuda. *Milon Ivri (Dicionário Hebraico)*. Tel-Aviv: Dwir, 4. ed. 1950, p. 645. Sobre os significados de *netzaḥ* (= *naeṣaḥ*) na Bíblia Hebraica e na literatura de Qumrān, ver *Theologisches Werterbuch zum Alten Testament*. v. 5. Stuttgart; Berlin; Köhln; Mainz: Verlag Kohlhammer Gmbh, 1986, p. 565-570. Agradecemos ao Prof. Nachman Falbel essas indicações.
63. Segundo E. I. J. Rosenthal, o termo árabe *bayt* (casa) tem aqui o significado de *dawla* (dinastia, Estado, poder temporal). Cf. ROSENTHAL, E. I. J., 1971d, p. 65. Para o significado amplo de *dawla*, ver LAMBTON, 1991^{3}, p. 329.
64. Trad. ELIA DEL MEDIGO III <IV, 11>; trad. Rosenthal III.iv.11; trad. Lerner 85:3-5; trad. Cruz Hernández, p. 111. A versão de Mantino é mais clara quanto à identificação da cidade tirânica [AVERRÓIS (IBN RUŠD), 1962b, fol. 363E]: "Proptereaque videri possit haec civitas tyranicae Reipublicae maxime adversa. Pecuniae vero civiles, quae primo in gente huiusmodi existunt non Reipublicae gratia sed familiares ac privatae potius sunt; transferuntur nam in domos primatum. Et propterea hac tempestate administratio sacerdotum est mere tyrannica." ("Por causa disso, esta cidade pode ser considerada oposta ao extremo à cidade tirânica. De fato, os recursos pecuniários civis,

que a princípio existem numa população desse gênero, existem não em vista da cidade, mas são antes recursos familiares e privados, já que são transferidos para as casas dos poderosos [= primazes]"). (Edição latina de Anna Lia A. de Almeida Prado). Segundo Cruz Hernández, visando as classes aristocráticas islâmicas, a crítica de Averróis atinge de fato o *imāmato*. Embora respeite sempre o *imāmato* de Ibn Tūmart, o alvo de sua crítica são os ulemás e alfaquis, isto é, os doutores teólogos e os jurisconsultos, cf. trad. Cruz Hernández, p. 111, nota 12.

65. Trad. ELIA DEL MEDIGO III <v, 6>; trad. Rosenthal III.v.6; trad. Lerner 86:5-12; trad. Cruz Hernández, p. 111.

66. Como observou Lerner a propósito de outras passagens da versão hebraica do *Comentário sobre a República*, cf. LERNER, in trad. Lerner 91:3-4; 93:30 e notas correspondentes.

67. A referência é ambígua, ver nota infra.

68. Este "primeiro" pode ser ou Muḥammad, o fundador do Islã, ou Ibn Ṭumart, fundador da dinastia dos almôadas.

69. Aqui surge um problema, pois as traduções inglesas diretas do hebraico, em lugar de "zelar [pelas leis e instituições]", consignam a expressão "capacidade para a guerra" e, em lugar de "zeloso", a expressão "guerreiro". Na versão hebraica, há uma única palavra correspondente a *comminandi vel studendi*, a saber, *ha-škidá*, que significa "vigilância, assiduidade, perseverança, diligência"; a *studens*, o termo hebraico correspondente é *ha-šoked*, que significa "perseverante, diligente, vigilante" etc. Agradecemos ao Prof. Nachman Falbel essas informações. Rosenthal e Lerner optaram por traduzir *ha-škidá* por "capacidade para a guerra" e *ha-šoked* por "guerreiro", com base em um texto de Al-Fārābī, *Al-Fuṣūl al-madanī*, e conjecturaram que o tradutor hebraico enganou-se ao ler o original árabe *jihād*, cf. trad. Rosenthal, p. 208, nota 1; trad. Lerner, p. 105-106, nota 80.24,29. Na verdade, o termo árabe *jihād* significa "esforço", portanto sua tradução por "guerra" e "guerra santa" é mais uma interpretação que propriamente uma tradução.

70. Trad. ELIA DEL MEDIGO III <I, 8-9>; trad. Rosenthal III.i.8-9; trad. Lerner 81:5-9; trad. Cruz Hernández, p. 105. AVERRÓIS (IBN RUŠD), 1962b, fol. 361G-H (trad. MANTINO): "Praeterea etiam hac Republica contingere potest, ut princeps sit aliquis unus, qui usque ad dignitatem regiam non parvenerit, sed tamem se legibus exercuerit, quas primus instituerit legislator, perspicacitatemque coniiciendi, atque intelligendi adhibuerit: ad id etiam ex legibus eliciendum, quod non ab illo conditore legis satis diserte expressum est, potissimumque in contractibus, seu sanctionibus, causisque privatis, et iuribus: cuius certae scientiae genus est ea, quod apud nos ars iudicandi nuncupatur. Insuper etiam ille habebit ad perpetuanda instituta facultatem, et potentiam. Is inquam rex legum appellabitur. Neque id fere contingit, ut duo scilicet ista novissima in quempiam unum concurrant: quin potius in diversis semper sunt illae duae facultates, continuandi scilicet et iudicandi: necessarioque uni cum altera rerum dominium communicabitur. Id, quod nos in compluribus Mahomettanorum regnis intuemur." ("Além disso, nessa cidade também pode ocorrer que o príncipe seja alguém que até então não tenha chegado à dignidade real, embora se tenha exercitado nas leis que o primeiro legislador instituiu e use da perspicácia de coagir e de compreender (*intelligendi*) e também de extrair das leis aquilo que não foi expresso por aquele legislador de maneira suficientemente clara, principalmente nos contratos, sanções, causas privadas e constitucionais, e cujo gênero de determinada ciência é aquele que entre nós é chamado a arte de julgar. Além disso, ele terá a faculdade e o poder de perpetuar as instituições. Ele, digo eu, será chamado rei de leis. E quase não acontece que as duas [qualidades], isto é, essas duas últimas, coincidam em uma única pessoa. Ao contrário, essas duas faculdades ocorrem sempre em pessoas diferentes, isto é, essas duas capacidades de continuar e de julgar; e necessariamente o poder das coisas será partilhado com uma e outra capacidade. Isso é o que nós vemos em muitos reinos maometanos (*sic*)."). (Edição latina de Anna Lia A. de Almeida Prado).

71. Cf. trad. Cruz Hernández, p. 105, nota 3.

72. Ver AVERRÓIS. *Tratado Decisivo*, principalmente: trad. Hanania; trad. Geoffroy §§58, 61, 64, 65, 66, 68, 70, 72; trad. Butterworth §§47, 50, 52, 53, 54, 56, 58, 60.

73. Ver trad. Rosenthal, p. 208, nota 6: segundo Rosenthal, a palavra hebraica *šoked* pode traduzir o árabe *mujāhid*, versão possivelmente correta, posto que a palavra árabe *jihād* significa "esforço"; *mujāhid* é aquele que se esforça por cumprir algo, não necessariamente na guerra contra os infiéis; a propósito de *šoked*, ver nota 69 infra.

74. Trad. Rosenthal III.i.9; trad. Lerner 81:6-7; trad. Cruz Hernández, p. 105.
75. Trad. Rosenthal III.i.9; trad. Lerner 81:6-7; trad. Cruz Hernández, p. 105. Para a fonte de Averróis sobre a divisão do poder entre dois homens, ver AL-FĀRĀBĪ, 1998[2] (*Mabādi' ārā' ahl al-madinat al-fāḍila* 61. 7-9), p. 253: "Quando não pode ser encontrado um único homem que preencha todas essas condições, mas há dois, um deles é filósofo e o outro preenche as restantes condições, os dois serão os soberanos dessa cidade". Para Averróis, a liderança dual tem um caráter especificamente islâmico, pois, se para Al-Fārābī um dos dois governantes deve necessariamente ser filósofo, para Averróis um deve ser especialista em *Fiqh*, e o outro, capaz de empreender o *jihād* (nas traduções da versão hebraica). Averróis modifica as seis condições exigidas ao governante supremo (o primeiro chefe), descritas por Al-Fārābī em *Artigos/Aforismos da ciência política* (*Fuṣūl [al-^{c}ilm] al-madanī*): "sabedoria, prudência perfeita, excelência em persuadir, excelência em poder invocar imagens, capacidade física para participar pessoalmente na guerra, nenhum impedimento para participar dos assuntos da guerra" (AL-FĀRĀBĪ, 1992, p. 122-123; id. 2004[2]a, p. 37). Al-Fārābī não menciona a corregência nos *Aforismos*. A segunda e a terceira condições (métodos retórico / persuasivo e poético) referem-se à capacidade para instituir uma religião, cf. GUERRERO, in AL-FĀRĀBĪ, 1992, p. 122, nota 88.

Críticas ao Poder Governante

76. ELIA DEL MEDIGO III <XI, 5>; trad. Rosenthal III.xi.5; trad. Lerner 92:4-8; trad. Cruz Hernández, p. 124. O primeiro governante dos almorávidas, Yūsuf ibn Tāšfīn, respeitou as leis estabelecidas; seu filho e seu neto distanciaram-se do modelo inicial.
77. ELIA DEL MEDIGO III <XIX, 5>; trad. Rosenthal III.xix.5; trad. Lerner 103:5-10; trad. Cruz Hernández, p. 144.
78. Elia del Medigo usa o termo *colligati* em clara alusão ao significado da palavra árabe *al--murābiṭūn* (almorávidas), derivada da raiz *r-b-ṭ* cujo verbo *rabaṭa* significa "ligar, atar, unir", ver nota 3 no capítulo "Averróis: o Homem e a Época".
79. Yūsuf ibn Tāšfīn foi o primeiro soberano almorávida e reinou de 1061 a 1106; fez de Marrakesh a sua capital, conquistou o Maġrib e, promovendo uma incursão na Península Ibérica, impediu a reconquista cristã na vitória de Zallaqa em 1106.
80. ^{c}Alī ibnYūsuf (reinou de 1106 a 1142).
81. Tāšfīn (reinou de 1142 a 1146).
82. A dinastia ainda teve dois soberanos até 1147, quando então foi substituída pela dinastia dos almôadas.
83. A referência parece ser aos almôadas Ibn Tūmart e ^{c}Abd al-Mu'min, cf. ROSENTHAL, 1971d, p. 63.
84. Trad. ELIA DEL MEDIGO III <XI, 4-5>; trad. Rosenthal III.xi.4-5; Trad. Lerner 92:4-9; trad. Cruz Hernández, p. 124.
85. Trad. ELIA DEL MEDIGO III <XXI,1>; trad. Rosenthal III.xxi.1; trad. Lerner 105:5; trad. Cruz Hernández, p. 148.
86. Trata-se do califa Mu^{c}āwiya, fundador da dinastia dos omíadas.
87. A referência parece ser aos dois regentes almôadas sob cujo governo Averróis viveu, Abū Ya^{c}qūb Yūsuf e Abū Yūsuf Ya^{c}qūb al-Manṣūr, cf. ROSENTHAL, 1971d, p. 63.
88. Trad. ELIA DEL MEDIGO III <IX, 13>; trad. Rosenthal III.ix.13; trad. Lerner 89:25-30; trad. Cruz Hernández, p. 120. O nome árabe da Península Ibérica é *Al-Jazīrat al-Andalus* (Ilha Andalus), por isso a referência às "ilhas".
89. Abū Bakr, ^{c}Umar, ^{c}Uṯmān e ^{c}Alī.
90. O sentido corrente atribuído a *fitna* é "revolta", "distúrbio", "guerra civil"; a série de eventos que resultaram no assassinato do califa ^{c}Uṯmān, a designação de ^{c}Alī como *imām*, a batalha de Ṣiffīn, o desenvolvimento dos cismas xiismo e *ḫārijismo* e, no final, a tomada do poder por Mu^{c}āwiya, constituem a "grande *fitna*", ou a "primeira *fitna*", ou a *fitna* por excelência, ver GARDET, 1965, p. 930-931.

91. Trad. Cruz Hernández, p. 120, nota 22.

92. Segundo os dicionários, o termo no plural tem o significado de "tiranos".

93. Trad. ELIA DEL MEDIGO III <XIX, 4-5>; trad. Rosenthal III.xix.4-5; Lerner 103:5-10; trad. Cruz Hernández, p. 144. O texto latino informa que a Lei foi dada "aos profetas", o que vem a ser um erro, pois no Islã a Lei foi dada a um único profeta, Muḥammad. Com toda certeza, Averróis, um muçulmano, não escreveu que a Lei foi dada "aos profetas". Nas traduções inglesas da versão hebraica, não há menção alguma a "profetas".

94. Na trad. Rosenthal III.xix.5: "You can discern this in the qualities and morals that have sprung up among us after the year 40 among the rulers and dignitaries". Na trad. Lerner 105:5-10: "You can make this clear from what – after forty years – has come about among us in the habits and states of those possessing lordship and status". Trad. Cruz Hernández, p. 144: "Podéis ver esto claramente, después de los años quarenta [540 H./1146 d.C.], en las costumbres y el comportamiento de los gobernantes y dignatarios andalusíes [...]".

95. Ver CRUZ HERNÁNDEZ, 1993, passim.

96. Segundo J.-L. Teicher, autor de uma resenha crítica da tradução de E. I. J. Rosenthal, essa passagem é "desorientadora" e decorrente de uma interpretação do tradutor que é "contestada pela História e por Averróis", a saber, a de que Averróis identificou o governo ideal de Platão com o governo religioso da Lei religiosa (*Šarīᶜa*) e, com isso, teria sido um crítico do regime almôada de seus dias, porque havia um declínio moral entre os seus dignatários e governantes. Teicher afirma que Averróis se posiciona contra os almorávidas. É necessário levar em consideração que essa resenha crítica ao trabalho de Rosenthal é feita em linguagem mordaz e agressiva, o que faz supor que pode haver algo mais além do propósito de apenas resenhar o livro. Cf. TEICHER, 1960, p. 193:

97. Ver ROSENTHAL, 1971d, p. 63-64.

98. Na versão latina de Jacob Mantino, as expressões que correspondem a essa passagem são *imperium tyrannicum* e *tyrannidem*, cf. AVERRÓIS (IBN RUŠD), 1962b, 368F.

99. A conquista da Península Ibérica pelos árabes ocorreu entre 711 e 716. O emirado independente em Al-Andalus foi fundado em 756 d.C. pelo omíada ᶜAbd al-Raḥmān I, que escapou da matança de sua família no Oriente, cf. WATT, 1995, p. 10; 36. São, portanto, quase 400 anos até a data que Averróis determina como início da tirania, isto é, 1145/1146 (540 H.). Logo, é possível que ele esteja referindo-se aos anos 500 da Hégira.

100. Trad. ELIA DEL MEDIGO III <XV, 13>; trad. Rosenthal III.xv.13; trad. Lerner 96:24-26; trad. Cruz Hernández, p. 132; AVERRÓIS (IBN RUŠD), 1962b, fol. 368F-G (trad. MANTINO).

101. Cf. CRUZ HERNÁNDEZ, trad. Cruz Hernández, p. 132, nota 42.

102. Os Banū Ġāniyya representaram a maior oposição aos almôadas. Entre 1127 e 1147, as oligarquias andaluzas combateram-se e arruinaram a região com guerras, saques e impostos. Um dos chefes de clã, Sayf al-Dawla, chamado Safadola pelos cristãos, combateu os Banū Ġāniyya. Seu principal representante, Ibn Ġāniyya, teve de ausentar-se de Córdova em virtude de uma rebelião a ser contida, e Safadola, chamado para substituí-lo no governo da cidade, apropriou-se do poder. Mas os cordoveses se rebelaram contra Safadola. Não se sabe ao certo se os Banū Rušd, e particularmente o pai de Averróis, eram, ou não, partidários de Safadola, já que apoiavam os almôadas. Cf. CRUZ HERNÁNDEZ, 1993, p.115-116.

103. Trad. ELIA DEL MEDIGO III <XVI, 2>; trad. Rosenthal III.xvi.2; trad. Lerner 97:5; trad. Cruz Hernández, p. 133.

104. BUTTERWORTH, 1992b, p. 199.

105. Trad. ELIA DEL MEDIGO III <XIX, 5>; trad. Rosenthal III.xix.5; trad. Lerner 103:10-12; trad. Cruz Hernández, p. 144.

106. Trad. ELIA DEL MEDIGO III <XVI, 7>; trad. Rosenthal III.xvi.7; trad. Lerner 98:3-4; trad. Cruz Hernández, p. 135. Na tradução de E. I. J. Rosenthal, lê-se: "All these acts of tyrants are, indeed, evident to the men of our own time, not through a dissertation alone but also through the perception and evidence of their senses"; na de Lerner, lê-se: "All these actions of the tyrants are manifest in this time of ours not only through argument but also through sense and evidence". Esta última

não faz menção à evidência da tirania "para os homens de nosso tempo", mas afirma que "as ações dos tiranos são manifestas *neste* nosso tempo" (grifo nosso), o que muda sensivelmente o significado da frase. Cruz Hernández observa que a exposição de Platão foi muito apropriada para que Averróis pudesse constatar fatos na História de Al-Andalus, desde a queda dos omíadas, cf. trad. Cruz Hernández, p. 135, nota 47.

107. Trad. ELIA DEL MEDIGO III <XVII, 10>; trad. Rosenthal III.xvii.10; Lerner 100:5-7; trad. Cruz Hernández, p. 139.

108. Trad. ELIA DEL MEDIGO III <XVIII, 3>; trad. Rosenthal III.xviii.3; trad. Lerner 101:16-18; trad. Cruz Hernández, p. 141.

109. BUTTERWORTH, 1992b, p. 199.

110. Trad. ELIA DEL MEDIGO III <XXI, 1>; trad. Rosenthal III.xxi.1; trad. Lerner 105:5-6; trad. Cruz Hernández, p. 148.

111. Cf. BUTTERWORTH, 1992b, p. 200.

112. Cf. URVOY, 1996, p. 13.

113. "A prática especulativa tardiamente implementada e tentada por um 'sincretismo cultural' é parcialmente disciplinada por Ibn Bājjah (Avempace), que fixa uma problemática; a *falsafa* oriental foi elaborada de tal modo que Al-Ġazālī pôde fazer uma síntese antes de refutá-la em bloco, o que permite retomar a questão do 'ponto zero'; Ibn Bājjah igualmente orientou a prática científica, acentuando uma tendência que já surgia, embora difusa. A confluência com um quadro religioso racionalizante, como o almoadismo, seguiria, portanto, por si só". URVOY, 1996, p. 33.

114. URVOY, 1996, p. 37 (grifo do autor).

3. A LEITURA ARISTOTELIZANTE DA *REPÚBLICA*

1. Cf. GERBIER, 2003, p. 14.

DEFESA DOS ARGUMENTOS DEMONSTRATIVOS CONTRA OS DIALÉTICOS

2. A base teorética da ciência política é anunciada no início e confirmada no final do tratado: Início (Preâmbulo): Trad. ELIA DEL MEDIGO I <I, 1>; trad. Rosenthal I.i.1; trad. Lerner 21.1; trad. Cruz Hernández, p. 3 – Trad. ELIA DEL MEDIGO I <I, 9>; trad. Rosenthal I.i.9; trad. Lerner 22.9; trad. Cruz Hernández, p. 3; Final: Trad. ELIA DEL MEDIGO III <XXI, 2>; trad. Rosenthal III.xxi.2; trad. Lerner 105.9; trad. Cruz Hernández, p. 148 – Trad. ELIA DEL MEDIGO III <XXI, 5>; trad. Rosenthal III.xxi.5; trad. Lerner 105.25; trad. Cruz Hernández, p. 149.

3. Trad. ELIA DEL MEDIGO III <XXI, 2>; trad. Rosenthal III.xxi.2; trad. Lerner 105:12; trad. Cruz Hernández, p. 148.

4. Trad. ELIA DEL MEDIGO III <XXI, 5>; trad. Rosenthal III.xxi.5; trad. Lerner 105:25; trad. Cruz Hernández, p. 149: nesta última tradução, a espanhola, há um erro: está escrito que o "terceiro tratado dessa obra [de Platão]" é composto de "argumentos puramente dialéticos, que não são demonstrativos, salvo acidentalmente", quando, na realidade, trata-se do primeiro livro da *República*.

5. Na versão hebraica lê-se o termo *ma^{c}amar* (sing. fem), *ma^{c}amarot* (pl. fem.), que corresponde a "argumento, argumentos".

6. Sobre a correspondência de *probabiles* com o termo hebraico *nitzuḥīm*, que significa "dialéticos", ver a nota 2 no capítulo "A voz política de Averróis".

7. Trad. ELIA DEL MEDIGO I <I, 1>; trad. Rosenthal I.i.1; trad. Lerner 21:1-4; trad. Cruz Hernández, p. 3.

8. Rosenthal e Lerner traduzem o termo hebraico *nitzuḥīm* (sing. *nitzuaḥ*), correspondente a *probabiles*, por "dialetical", ver trad. Rosenthal I.i.1; trad. Lerner 21:1-4.

9. Igualmente, no final da obra (Livro III <XXI, 5>), há menção a *sermones probabiles*. As considerações sobre *probabiles*, que tecemos em relação ao parágrafo inicial da obra, valem também para o significado desse termo nas linhas finais.

10. *Probabiles* pode significar tanto "digno de aprovação, louvável" quanto "provável, verossímil, aceitável", ou "fácil de ser demonstrado, rico de provas ou com capacidade de persuadir", cf. CASTIGLIONI, Luigi; MARIOTTI, Scevola. *Vocabolario della lingua latina*. Nuova edizione com appendice antiquaria. Milano: Loescher Editore, 1994. A versão latina de Jacob Mantino traz *probabilia*: "Praesentis operis propositum est summatim excerpere ea, quae Plato sub demonstrandi ratione in libro de Republica explicavit: his tamen praetermissis, que probabilia videntur [...]". ("O propósito da presente obra é extrair de modo sumário o que Platão explicou com a razão demonstrativa no livro da República, negligenciadas as [proposições] que parecem dialéticas [...]"). Edição Venetiis, apud Iunctas, tomo III, 335H. No entanto, como já mencionado, pudemos constatar que o termo que aparece na versão hebraica é *nitzuḥīm* (sing. *nitzuaḥ*), que corresponde a "dialéticos"; ver a nota 2 no capítulo "A voz política de Averróis").

11. ARISTÓTELES. *Tópicos* I, 1, 100a.

12. Ibid. I, 1, 100b.

13. *Eristikós syllogismós* (lit. silogismo contencioso).

14. ARISTÓTELES. *Tópicos* I, 1, 100a – 101a; tradução (portuguesa), 2007, p. 234.

15. Ibid., p. 233: "O objetivo desta exposição (*pragmateía*) é encontrar um método que permita raciocinar (*syllogízesthai*) sobre todo e qualquer problema proposto, a partir de proposições geralmente aceitas, e bem assim defender um argumento (*lógos*) sem nada dizermos de contraditório". Cf. ARISTÓTELES. *Refutações Sofísticas* 2, 165 b; tradução (portuguesa), 1986. No silogismo científico ou demonstrativo (*apódeixis*), as premissas são verdadeiras, isto é, irrefutáveis; no silogismo dialético, as premissas são as opiniões aceitas pelos debatedores (*éndoxoi*).

16. PLATÃO. *República* VII, 533d (Trad. Anna Lia A. de Almeida Prado, 2006, p. 294).

DISTINÇÃO ENTRE AS CIÊNCIAS PRÁTICAS E AS CIÊNCIAS TEORÉTICAS

17. Trad. ELIA DEL MEDIGO I <I, 2-4>; trad. Rosenthal I.i.2-4; trad. Lerner 21:8-18; trad. Cruz Hernández, p. 4.

18. Trad. ELIA DEL MEDIGO I <I, 1>; trad. Rosenthal I.i.1; trad. Lerner 21:5-7; trad. Cruz Hernández, p. 3.

19. Ver referências na nota 38 do capítulo "Ética e Política na *Falsafa*".

20. AL-FĀRĀBĪ. *Kitāb al-Milla* (Livro da Religião). Acompanhando a tradução (espanhola) de Rafael Ramón Guerrero. In AL-FĀRĀBĪ, 1992, §6, p. 87; Id. 2004²a, §15, p. 106.

21. BODÉÜS, 2002, p. 22 (grifo do autor).

22. ARISTÓTELES. *Tópicos* VIII, 1, 157a 11; com relação à atividade intelectual, ver id. *Metafísica* VI, 1, 1025b 5 et seq.: "Toda operação do pensamento (*diánoia*) é prática (*praktiké*), produtiva (*poietiké*) ou teorética (*theoretiké*)".

23. Cf. BODÉÜS, 2002, p. 23.

24. ARISTÓTELES. *Ética Nicomaqueia* X, 10, 1181b 15. Em *Et.Nic.* VIII, 2, 1155b 9-10, Aristóteles afirma que investiga "as questões relativas ao homem (*tà anthropiká*), que têm a ver com os caracteres (*tà héthe*) e as paixões (*tà páthe*)". Doravante, as passagens citadas da *Ética Nicomaqueia* acompanham, com algumas modificações feitas em parceria com Anna Lia A. de Almeida Prado, a tradução italiana de Carlo Natali em: ARISTÓTELES, (1999¹), 2005.

25. ARISTÓTELES. *Retórica* I, 7, 1356a 26-27: "A retórica é algo afim à dialética e ao estudo da ética e é correto denominá-la política". (Tradução de Anna Lia A. de Almeida Prado).

26. ARISTÓTELES. *Ética Nicomaqueia* I, 1, 1094a 25 – 1094b 8.

27. AL-FĀRĀBĪ. *Enumeration of the Sciences*. In AL-FĀRĀBĪ, 2004²a, §3, p. 79.

28. Sobre a correspondência dos significados do termo "magistério", ver a nota 278 no capítulo "A virtude do governante".

29. "Dixit: Instructio vero particularis et communis civilis etiam habent adinvicem diversitatem; ut quod accidit in arte medicinae, et in ceteris artibus operativis. Et quod dicitur in medicina, quod dimissio nutrimenti et quies, intendo privationem exercitii, competunt | febricitantibus: fortassis tamen quibusdam non convenit. Et similiter in epilepticis fortassis non competit omnibus cura una. Et dignius est putari quod particulare exquisitum est certitudinaliter, quando fuerit regimen et provisio propria singulis hominum: intendo ut memoria habeatur cuiuslibet hominis, et provideatur ei sibi (apud Junctas *per sibi*) proprium, secundum quod tale individuum signatum. Verumtamen unumquemque regit regimine decenti et bono, et visitat visitatione propria in medicina, et in reliquis artibus activis ille, apud quem fuerit ex illa arte commune universale, intendo quod pertinet universo. | Et universaliter melius est regimen regimine illius, apud quem est quod pertinet particularibus tantum, eo quod scientiae sunt quid rei universalis, et istae artes sunt artes activae a scientia: nisi quod forsan non prohibetur, quod regat homo regimine bono individua multa, quando iam certificatum fuerit quod convenit per experientiam tantum, sicut accidit hoc in arte medicinae. Putant ergo multi medicorum, qui sunt cum hac dispositione, quod bene et certe operantur in se ipsos, et non possunt in aliis perficere quicquam propter ignorantiam eorum naturae communis. Et propter hoc videtur (apud Junctas: *vi*), quod oportet eum qui vult esse magister, et artifex | perfectus in huiusmodi artibus activis, ut habeat scientiam rei universalis non minus quam scientiam particularis, ut sit scientia eius rei universalis in tali arte secundum mensuram possibilem in ea. Et ex quo necessarium est ei, qui vult efficere per regimen et gubernationem aliquos meliores quam sint sive multos, sive paucos, ut sit lator legum: cum per legem quidem bonum faciamus. Et tunc manifestum est, quod non est potens unusquisque, ut ponat ex ipsis positionem bonam, neque si sit vir experientiae tantum. Sed si fuerit aliquis, erit ille qui scit, universale, sicut se habet res in medicina, et in | ceteris magisteriis, in quibus est usitatio, retificatio ab intellectu et scientia". AVERRÓIS (IBN RUŠD), 1962c, folio 159 F-K. A tradução latina direta do árabe desse comentário foi feita por Hermann, o Alemão, e terminada em 3 de junho de 1240 (cf. ibid., folio 160 M). Consideramos importante transcrever esse longo trecho em latim porque não existe nenhuma edição nem tradução em língua moderna da versão latina do *Comentário Médio sobre a Ética Nicomaqueia*. Tampouco existe uma tradução em língua moderna da versão hebraica, embora essa versão tenha sido editada por Lawrence V. Berman. O texto latino publicado em Veneza no século XVI serviu para a edição e a tradução dessa passagem (Edição de Anna Lia A. de Almeida Prado; tradução de Anna Lia A. de Almeida Prado e Rosalie Helena de Souza Pereira).

ANALOGIA DA CIÊNCIA POLÍTICA COM A MEDICINA

30. Trad. ELIA DEL MEDIGO I <I, 4>; trad. Rosenthal I.i.4; trad. Lerner 21:10-21; trad. Cruz Hernández, p. 4.
31. Trad. ELIA DEL MEDIGO I <II, 5-6>; trad. Rosenthal I.ii.5-6; trad Lerner 22:30-23:7; trad. Cruz Hernández, p. 6-7.
32. ARISTÓTELES. *Ética Nicomaqueia* I, 13, 1102 a 21-22: "a política é superior à medicina e mais digna de honra".
33. AL-FĀRĀBĪ. *Fuṣūl al-Madanī* (Artigos/Aforismos da Ciência Política) §3. In AL-FĀRĀBĪ, 1992, p. 98.
34. No entanto, no mesmo parágrafo, Al-Fārābī estabelece a diferença entre o rei e o político: "O político segundo a arte (*ṣinā^{c}a*) política e o rei segundo a arte real". Sobre a diferença entre a ciência política e a arte real, ver AL-FĀRĀBĪ. *Kitāb al-Milla* (Livro da Religião), passim. In AL-FĀRĀBĪ, 1992, p. 82-93, cujas páginas são dedicadas à ciência política.
35. Não é na *República* que Platão apresenta os aspectos mais significativos da analogia entre a política e a medicina, mas em *Político* 293a-c; 295c-d; 296b; 298a. Em *República* III, 405c - 408e, Platão alude à analogia entre medicina e política, principalmente ao referir-se a Asclépio (407e-408a).
36. Trad. ELIA DEL MEDIGO I <I, 5-8>; trad. Rosenthal I.i.5-8; trad. Lerner 21:18-22:5; trad. Cruz Hernández, p. 4-5.

37. *Libri sanitatis et aegritudinis*, cf. trad. ELIA DEL MEDIGO I <I, 7>.

38. *Librum conservationis sanitatis et remotionis aegritudinis*, in ibid.

39. Cf. GERBIER, 2003, p 15.

40. Trad. ELIA DEL MEDIGO I <IV, 4>; trad. Rosenthal I.iv.4; trad. Lerner 24:20; trad. Cruz Hernández, p. 9.

41. Trad. ELIA DEL MEDIGO I <IV, 5>; trad. Rosenthal I.iv.5; trad. Lerner 24:23-25; trad. Cruz Hernández, p. 9-10.

42. Texto corrupto? Na tradução de Rosenthal, lê-se: "the <ultimate> purpose of these several perfections"; na tradução de Lerner, lê-se: "the ends of all these perfections". Conhecer o fim (*télos*) das perfeições está de acordo com a doutrina de Aristóteles, cf. ARISTÓTELES. *Ética Nicomaquéia* I, 1094 a 18: "Se, portanto, há um fim (*télos*) naquilo que fazemos"; a versão latina, no entanto, corresponderia à seguinte passagem: *Et.Nic.* I, 1098 a 15: "o bem humano é resultado da atividade da alma segundo a virtude e, se as virtudes são mais de uma, segundo a melhor e a mais perfeita". "Perfeição" aqui corresponde melhor ao termo grego *areté*, que é comumente traduzido por "excelência" ou por "virtude". Preferimos manter aqui o termo "perfeição" de acordo com a tradução de Elia del Medigo, mas, ao longo de nosso trabalho, usamos os termos "virtude" e "perfeição" no sentido de ARISTÓTELES. *Metafísica* Δ, 16, 1021b: "*kaì hé aretè teleíosís tis*" (A virtude [que é própria de cada coisa] é uma perfeição); Id. *Ét. Nic.* II, 5, 1106a 15. No sentido de "virtude moral", *Ét.Nic.* I, 13, 1102a 6: *hé eudaimonía psykhês enérgeiá tis kat' aretèn teleían*. Cf. LIDDELL & SCOTT, 1996, p. 238. Todavia, no Livro II <IX, 3>, Elia del Medigo usa *perfectiones*, equivalente a *virtutes*. Sobre as correspondências desses termos latinos com os hebraicos, ver a nota 2 no capítulo "A virtude do governante"; ver nota 36 no capítulo "A voz política de Averróis".

43. Trad. ELIA DEL MEDIGO I <IV, 6-7>; trad. Rosenthal I.iv.6-7; trad. Lerner 24:26-35; trad. Cruz Hernández, p. 10.

44. GERBIER, 2003, p. 16.

45. Ibid.

46. Trad. ELIA DEL MEDIGO I <XXVII, 2-4>; trad. Rosenthal I.xxvii.2-4; trad. Lerner 57:19-58;2; trad. Cruz Hernández, p. 65.

47. Ver PLATÃO. *República* 439d: *logistikós* (racional), *epithymetikós* (concupiscente); *Rep.* 439e: *toû thymoû* ("ímpeto", na tradução de Anna Lia A. de Almeida Prado, cf. PLATÃO, 2006, p. 165).

48. Trad. ELIA DEL MEDIGO I <XXIV, 2>; trad. Rosenthal I.xxiv.2; trad. Lerner 51:10-16; trad. Cruz Hernández, p. 54.

49. Trad. ELIA DEL MEDIGO I <XXIV, <8-9>; trad. Rosenthal I.xxiv.8-9; trad. Lerner 52:12-20; trad. Cruz Hernández, p. 56. Ver AL-FĀRĀBĪ. *Fuṣūl al-Madanī* (Artigos/Aforismos da Ciência Política) §§1; 3; 4; 5; no §3, lê-se: "Do mesmo modo que a saúde e a enfermidade do corpo se devem ao equilíbrio e ao desequilíbrio de seus humores (*mizāj*), assim também a saúde e o bom estado da cidade se devem ao equilíbrio e ao desequilíbrio dos hábitos morais (ár. *aḫlāq* = gr. *éthos hethikè*) de seus habitantes, ao passo que a sua enfermidade procede da desproporção que há em seus hábitos morais". A partir da tradução (espanhola) de Rafael Ramón Guerrero, in AL-FĀRĀBĪ, 1992, p. 98.

50. A teoria dos humores consta de dois postulados básicos: 1. o corpo humano é composto de um número variável e finito, quase sempre quatro, de líquidos ou humores diferentes; 2. a saúde é o equilíbrio (*eukrasía*) entre eles, e a enfermidade deriva do predomínio de um deles sobre os demais (*dyskrasía*). A doutrina humoral, considerada, depois de Galeno, a pedra angular do ensinamento hipocrático, pressupõe que o corpo humano contém sangue (*haíma*), fleuma (*phlégma*), bílis amarela (*xantè kholé*) e bílis negra (*mélaina kholé*), e atribui quatro qualidades essenciais a esses humores: quente, frio, seco e úmido. Essa doutrina foi, para os diagnósticos e curas, dominante até o século XVII. Sobre a doutrina humoral na medicina e em Avicena, ver PEREIRA, 2007e, p. 379-410.

51. O domínio de um dos humores sobre os demais (*monarkhía*) é causa de enfermidade.

52. A ideia de dois soberanos tem ressonâncias platônicas, pois Platão também pensou na possibilidade de o rei governar em conjunto com o filósofo, quando refletiu sobre a sua experiência em Siracusa, relatada na *Carta VII*. PLATÃO, 1950, p. 315-354.

53. Sobre esse problema na tradução inglesa, ver notas 69; 73 e 75 no capítulo "A voz política de Averróis".

54. Trad. ELIA DEL MEDIGO III <I, 8-9>; trad. Rosenthal III.i.8-9; trad. Lerner 81:5-9; trad. Cruz Hernández, p. 105.

A ÉTICA, A PARTE TEÓRICA DA CIÊNCIA POLÍTICA

55. Trad. ELIA DEL MEDIGO I <I, 10>; trad. Rosenthal I.i.10: "We say: it has been explained in the first part of this science that the human perfections are, in general, of four kinds: speculative virtues, intellectual virtues, ethical virtues and practical conduct [...]"; trad. Lerner 22:10: "theoretical virtues, cogitative virtues, moral virtues and [proficiency in the] practical [arts]"; trad. Cruz Hernández, p. 5: "virtudes teoréticas, virtudes dianoéticas, virtudes éticas e pericia en las artes prácticas". Ver ARISTÓTELES. *Ética Nicomaqueia* I, 13, 1103a 3-7: "De fato dizemos que algumas virtudes são intelectuais e outras, morais [...]". Id. *Ét.Nic.* VI, 2, 1138b 35–1139a 15: "Então, ao distinguirmos a virtude da alma, dissemos que algumas são virtudes morais e outras, virtudes intelectuais". Ver AL-FĀRĀBĪ. *Taḥṣīl al-Saᶜāda* (Obtenção da Felicidade) §1: "As coisas humanas pelas quais nações e cidadãos alcançam a felicidade terrestre nesta vida e a felicidade suprema na vida futura são de quatro tipos: virtudes teoréticas, virtudes reflexivas (ou deliberativas) (*fikrīyat*), virtudes morais e artes práticas".

56. Ver ARISTÓTELES. *Ética Nicomaqueia* X, 7, 1177a 12–1177b 4: "Se a felicidade (*eudaimonía*) é atividade segundo a virtude, é razoável que o seja segundo a mais excelente. Que o intelecto (*noûs*) seja considerado o que comanda e domina segundo a natureza e tem noções das coisas belas e divinas [...] ou que o intelecto seja divino, ou que seja a coisa mais divina em nós, a sua atividade (*enérgeia*) segundo a virtude própria será a felicidade perfeita. Que é uma atividade teorética, já o dissemos. [...] a atividade que deriva da sabedoria (*sophía*) é a mais prazerosa dentre as atividades que derivam das virtudes [...]".

57. Trad. ELIA DEL MEDIGO I <I, 10>; trad. Rosenthal I.i.10; trad. Lerner 22:12-13; trad. Cruz Hernández, p. 5.

58. A argumentação de Averróis vai contra a tese pregada por Ibn Ṭufayl, cuja obra *Epístola de Ḥayy ibn Yaqẓān* descreve o conhecimento como uma longa e difícil estrada a ser percorrida em confinamento solitário. IBN ṬUFAYL, 1995; ver PUIG MONTADA, 2007a, p. 145-177.

59. Trad. ELIA DEL MEDIGO I <II, 1>; trad. Rosenthal I.ii.1; trad. Lerner 22:13-17; trad. Cruz Hernández, p. 5-6.

60. ARISTÓTELES. *Ética Nicomaqueia* I, 5, 1097b 11; *Política* I, 2, 1253a 2. Trad. ELIA DEL MEDIGO I <II, 1>; trad. Rosenthal I.ii.1; trad. Lerner 22:18; trad. Cruz Hernández, p. 6.

61. Princípio que Aristóteles repete numerosas vezes: *he phýsis oudèn poieî máten*, cf. ARISTÓTELES. *De Caelo* I, 4, 271a 33; II, 11, 291b 13; *De Partibus Animalium* II, 13, 658a 8; III, 1, 661b 23; IV, 11, 691b 4; 12; 694a 15; 13, 695b 19; *De Generatione Animalium* II, 4, 739b; 5, 741b 4; 6, 744a 36; V, 8, 788b 21; *De Incessu Animalium* 2, 704b 15; *De Anima* III, 9, 432b 21; 12; 434a 31; *Politica* I, 2, 1253a 9; I, 8, 1256b 21-22.

62. Trad. ELIA DEL MEDIGO I <II, 5-6>; trad. Rosenthal I.ii.5-6; trad. Lerner 23:3-5; trad. Cruz Hernández, p. 6-7. Ver ARISTÓTELES. *Física* III, 1, 201b.

63. Cf. ARISTÓTELES. *Ética Nicomaqueia* I, 1, 1094a 9-13: o exemplo de Aristóteles é mais completo, pois a equitação depende da arte de fabricar tanto freios como todos os outros utensílios para o cavalo; contudo, a equitação em si, e qualquer atividade guerreira, depende da arte militar, assim como todas as artes dependem de outras.

64. Trad. ELIA DEL MEDIGO I <III, 1>; trad. Rosenthal I.iii.1; trad. Lerner 23:15; trad. Cruz Hernández, p. 7.

65. Trad. ELIA DEL MEDIGO I <III, 1>; trad. Rosenthal I.iii.1; trad. Lerner 23:16; trad. Cruz Hernández, p. 7.

66. Trad. ELIA DEL MEDIGO I <III, 2>; trad. Rosenthal I.iii.2; trad. Lerner 23:18-23; trad. Cruz Hernández, p. 7-8.

67. Trad. ELIA DEL MEDIGO I <III, 6-7>; trad. Rosenthal I.iii.6-7; trad. Lerner 23:32-24:5; trad. Cruz Hernández, p. 8-9. Nas versões inglesas, a partir do texto hebraico, não há menção explícita

ao termo "filósofo", mas "àqueles que dominam as ciências 'teoréticas'" (trad. Lerner) ou "especulativas" (trad. Rosenthal).

68. Trad. ELIA DEL MEDIGO I <III, 2>; trad. Rosenthal I.iii.2; trad. Lerner 23:22-23; trad. Cruz Hernández, p. 8.

69. O primeiro livro da *República* trata das concepções tradicionais e sofísticas da justiça. Averróis não se detém em comentá-lo.

70. Trad. ELIA DEL MEDIGO I <III, 6>; trad. Rosenthal I.iii.6; trad. Lerner 23:30; trad. Cruz Hernández, p. 8.

71. Trad. ELIA DEL MEDIGO I <III, 6>; trad. Rosenthal I.iii.6; trad. Lerner 23:30-24:1; trad. Cruz Hernández, p. 8.

72. No texto latino lemos *perfectiones*, mas, como já explicamos na nota 42 supra, a noção de "perfeição" se justapõe à de "virtude", correspondendo ao sentido do grego *aretè teleíosis*.

73. Trad. ELIA DEL MEDIGO I <IV, 1>; trad. Rosenthal I.iv.1; trad. Lerner 24:7-9; trad. Cruz Hernández, p. 9.

74. Trad. ELIA DEL MEDIGO I <IV, 2>; trad. Rosenthal I.iv.2; trad. Lerner 24:10-13; trad. Cruz Hernández, p. 9. Cf. ARISTÓTELES. *Ética Nicomaqueia* II, 7, 1107b 8-15: Aristóteles discorre em linhas gerais sobre a generosidade e anuncia que posteriormente dará uma definição mais exata. O termo grego *eleutheriótes* pode ser traduzido por "generosidade" ou "liberalidade", mas se refere ao uso da riqueza.

75. Cf. BUTTERWORTH, 1986, p. 21.

76. Trad. ELIA DEL MEDIGO II <IX, 3-5>; trad. Rosenthal II.ix.3-5; trad. Lerner 68:30-69:7; trad. Cruz Hernández, p. 84-85.

77. Cf. BUTTERWORTH, 1986, p. 21. Cf. ARISTÓTELES. *Ética Nicomaqueia* I, 6, 1098a 14-15: "cada coisa singular atinge o bem no modo mais completo de sua própria virtude (*hékaston dè eû katà tèn oikeían aretèn apoteleîtai*)".

78. Cf. BUTTERWORTH, 1986, p. 21.

79. Trad. ELIA DEL MEDIGO I <III, 6-7>; trad. Rosenthal I.iii.6-7; trad. Lerner 23:30-24:5; trad. Cruz Hernández, p. 8-9.

80. Trad. ELIA DEL MEDIGO I <III, 7>; trad. Rosenthal I.iii.7; trad. Lerner 24:2-9; trad. Cruz Hernández, p. 8-9.

81. Trad. ELIA DEL MEDIGO I <IV, 4>: "[...] sicut dicit Aristoteles, facere, non scire." Trad. Rosenthal I.iv.4; trad. Lerner 24:19-20; trad. Cruz Hernández, p. 9.

82. Trad. ELIA DEL MEDIGO I <V, 1>; trad. Rosenthal I.v.1-vi.1; trad. Lerner 25:3-9; trad. Cruz Hernández, p. 10. Sobre a correspondência entre virtude cogitativa e *phrónesis*, apresentamos a explicação no capítulo "A Virtude do Governante".

83. Cf. BUTTERWORTH, 1986, p. 23.

84. Cf. Ibid. A propósito dessa questão, ver o interessante artigo de BUTTERWORTH, 1975.

EXCURSUS

Sobre Mitos, Fábulas, Mentiras e Artifícios

85. Trad. ELIA DEL MEDIGO III <XXI, 2-3>; trad. Rosenthal III.xxi.2-3; trad. Lerner 105:11-22; trad. Cruz Hernández, p. 148-149.

86. Trad. ELIA DEL MEDIGO II <XIV, 4>; trad. Rosenthal II.xiv.4; trad. Lerner 74:23-75:1; trad. Cruz Hernández, p. 94.

87. Tese defendida no *Tratado Decisivo* e aqui exposta na Parte I, capítulo "O pensador versátil", seção "A defesa da filosofia".

88. A questão do silogismo prático será abordada mais adiante, na seção "Aristóteles: sabedoria prática, deliberação e escolha deliberada".

89. AVERRÓIS (IBN RUŠD). *Faṣl al-Maqāl* 22:9-13 (Tratado Decisivo); trad. Hanania §59; trad. Geoffroy §59; trad. Butterworth §48.

90. Averróis cita o célebre *ḥadīṯ* que confirma a universalidade da missão profética de Muḥammad de que fora "enviado ao vermelho e ao negro", cf. trad. ELIA DEL MEDIGO I <XXII, 3>; trad. Rosenthal I.xxii.3; trad. Lerner 46:20; trad. Cruz Hernández, p. 46.

91. Trad. ELIA DEL MEDIGO II <XIV, 1-4>; trad. Rosenthal II.xiv.1-4; trad. Lerner 74:14-25; trad. Cruz Hernández, p. 93.

92. Trad. ELIA DEL MEDIGO II <XIV, 4>; trad. Rosenthal II.xiv.4; trad. Lerner 74:24-26; trad. Cruz Hernández, p. 94.

93. LEAMAN, 1980, p. 176.

94. GADAMER, 1994, p. 70 et seq.

95. Ibid., p. 70.

96. Ibid., p. 72.

97. O que Platão chama de *tà tôn anthrópon* em *República* 517c 8, ou de *tà anthrópeia* em *Rep.* 517d 5, cf. ibid., p. 73.

98. Ibid., p. 73.

99. Trad. ELIA DEL MEDIGO I <XIX, 1-5>; trad. Rosenthal I.xix.1-5; trad. Lerner 40:11-41:4; trad. Cruz Hernández, p. 36-37.

100. PLATÃO. *República* III, 414d- 415c.

101. Substitui o grego *chresmós* (resposta do oráculo) da *República*.

102. Cf. PLATÃO. *República* III, 389b-c: "se realmente para os deuses a mentira é inútil, enquanto aos homens é útil à guisa de remédio, evidentemente tal remédio deve ser entregue a médicos e ficar fora do alcance de quem não é da profissão. [...] Aos que governam a cidade, mais que a outros, convém mentir ou para beneficiar a cidade ou por causa de inimigos ou de cidadãos, mas tal recurso não deve ficar ao alcance dos demais". (Trad. Anna Lia A. de Almeida Prado). Ver id. *Leis* 916 et seq.

103. Trad. ELIA DEL MEDIGO I <XII, 5-6>; trad. Rosenthal I.xii.5-6; trad. Lerner 32:17-22; trad. Cruz Hernández, p. 23.

104. No Islã, o Corão é a Palavra divina transmitida por intermédio de Muḥammad. As Tradições (*Ḥadīṯ*) formam o *corpus* de relatos acerca dos atos e palavras do Profeta e constituem a *sunna*, a norma de conduta dos muçulmanos. O Profeta Muḥammad é o mensageiro de Allāh. Seus atos e palavras (e ainda seus silêncios) servem de paradigma para a vida do muçulmano e, com isso, não podem, de modo absoluto, indicar qualquer falsidade. É no "costume do Profeta" (que funda a *sunna*) que se baseiam os jurisconsultos e teólogos para determinar o conteúdo da Lei islâmica (*Šarīʿa*).

105. Trad. ELIA DEL MEDIGO I <XXVI, 3>; trad. Rosenthal I.xxvi.3; trad. Lerner 55:23; trad. Cruz Hernández, p. 62.

106. Trad. ELIA DEL MEDIGO I <XXVI, 7>; trad. Rosenthal I.xxvi.7; trad. Lerner 56:22-24; trad. Cruz Hernández, p. 63.

107. Cf. BUTTERWORTH, 1986, p. 31.

108. ARISTÓTELES. *Ética Nicomaqueia* III, 7, 1113b 3-13; sobre virtudes e vícios voluntários, ver ibid. 1114b 17-25.

109. ROSENTHAL, E. I. J., 1985, p. 176.

110. ROSENTHAL, E. I. J., 1971d, p. 78.

111. Cf. ibid., p. 89.

112. Cf. LEAMAN, 1980, p. 177. Em *República* 414c, Platão se refere às "mentiras" necessárias como *pseûdos* e dá o exemplo da história fenícia.

4. A VIRTUDE DO GOVERNANTE

SOBRE VIRTUDES, ARTES E PARTES DA ALMA

Averróis, Leitor de Al-Fārābī?

1. Trad. ELIA DEL MEDIGO I <I, 9>: "Antes de começarmos a explicar qualquer um dos discursos contidos neste livro, devemos apresentar as coisas que realmente são desta parte, já explicadas na primeira parte como que fundamento e apoio para aquilo que aqui pretendemos dizer". Trad. Rosenthal I.i.9; trad. Lerner 22:6-8; trad. Cruz Hernández, p. 5.
2. Na versão hebraica aparece "perfeições": *šlemuyōt enošiōt* (perfeições humanas) [*šlemuyōt* (pl.), *šlemut* (sing.)] no lugar de "virtudes": *maᶜalōt* (pl.), *maᶜalá* (sing.). Há, pois, em hebraico, dois termos distintos para significar "virtude" e "perfeição" (ver a nota 36 no capítulo "A voz política de Averróis"). Para Aristóteles, há dois tipos de perfeição: *entelékheia* e *teleiótes*, ambos traduzidos em árabe por *istikmāl* (ou *kamāl*). Para Al-Fārābī, a "primeira perfeição (*al-istikmāl al-awwal*)" consiste no fato de alguém estar munido dos primeiros inteligíveis, que, segundo se supõe, são usados para alcançar a "perfeição última" (*al-istikmāl al-aḫīr*), cf. WALZER, in AL-FĀRĀBĪ, 1998², p. 408. Lembremos que, segundo seu primeiro sentido, o termo grego *areté* (em geral traduzido por "virtude") significa "excelência" e pode ter um sentido que não se refere diretamente à moral (ver notas 42 e 72 no capítulo "A leitura aristotelizante da *República*").
3. No texto hebraico, lê-se *melaḥōt maᶜasiōt*, que significa "artes práticas". Elia del Medigo preferiu traduzir por *perfectiones operativae.*
4. Trad. ELIA DEL MEDIGO I <1, 10>; trad. Rosenthal I.i.10; trad. Lerner 22:10; trad. Cruz Hernández, p. 5. Em parte, corresponde a ARISTÓTELES. *Ética Nicomaqueia* I, 13, 1103 a 3-7: "Dizemos que algumas virtudes são intelectuais (*dianoétikas*) e outras, morais (*éthikás*): sabedoria (*sophía*), julgamento/juízo (*sýnesis*) e sabedoria prática/prudência (*phrónesis*) são intelectuais; generosidade (*eleutheriótes*) e temperança/moderação (*sophrosýne*), no entanto, são morais". Ver ARISTÓTELES. *Ética Nicomaqueia* I, 2, 1095a 30: "Mas não devemos deixar de ter presente que são diferentes entre si os arrazoados (*lógoi*) que procedem dos princípios e os que conduzem aos princípios". As subdivisões dos capítulos de *Ética Nicomaqueia* que adotamos são da edição greco-italiana de Carlo Natali: ARISTÓTELES, 2005.
5. A expressão *al-faḍā'il al-fikriyya* algumas vezes é traduzida por "virtudes deliberativas"; ver a tradução (inglesa) de Musin Mahdi de *Taḥṣīl al-Saᶜāda* (*Obtenção da Felicidade*), in AL-FĀRĀBĪ, 2002²a, p. 13, e nota (26) 2, p. 136, em que a faculdade *fikriyya* tem também as seguintes traduções: "rationative", "thinking", "calculative", ou "reflective". Entendemos que as virtudes que dizem respeito a *fikriyya* compreendem a *phrónesis* aristotélica e as correlativas "deliberação" e "escolha deliberada", questão que será desenvolvida no corpo do texto. De conformidade, portanto, com a teoria aristotélica (*Ét.Nic.* VI), preferimos traduzir *al-faḍā'il al-fikriyya* por "virtudes reflexivas" ou "cogitativas" (conforme o texto latino), mas às vezes também por "reflexivas/deliberativas", já que a virtude "dianoética" *phrónesis* compreende a deliberação (gr. *boúleusis*, ár. *rawiyya*), que, para Aristóteles, é um raciocínio que faz parte do estado virtuoso. Para corroborar a tradução de *fikriyya* por "reflexivas", ver GOICHON, 1938, p. 280, §§521; 522. Em artigo em que compara as virtudes arroladas por Maimônides com as de Ibn Bājjah (Avempace), Alexander Altmann afirma que a expressão *al-faḍā'il al-fikriyya* é usada para denotar ambas as virtudes, as práticas e as teoréticas, cf. ALTMANN, 1981, p. 75, nota 29. Isso talvez signifique as virtudes relacionadas à política propriamente (a parte prática) e as relacionadas à ética (a parte teórica da política).
6. AL-FĀRĀBĪ, 1995 (texto árabe), p. 25; AL-FĀRĀBĪ, 2001³b, p. 13. Comparar com ARISTÓTELES. *Ética Nicomaqueia* I, 13, 1103a 3-10; VI, 1138b 35 – 1139a 1: as virtudes dividem-se em virtudes intelectuais e virtudes morais.
7. PLATÃO. *República* IV, 427e: "a nossa cidade, se corretamente fundada, [...] será sábia, corajosa, moderada e justa", primeira menção às quatro virtudes cardinais: sabedoria (*sophía*), coragem (*andreía*), temperança/moderação (*sophrosýne*) e justiça (*dikaiosýne*); ver também *Fédon* 69c; *Leis* I, 630d–631c. *Leis* I, 631b é a única passagem em que Platão menciona *phrónesis*, em vez de *sophía*, com o significado de "sabedoria", cf. AUBENQUE, 1976², p. 36.

8. AL-FĀRĀBĪ. *Taḥṣīl al-Saʿāda* (Obtenção da Felicidade), 1995 (texto árabe), p. 25.
9. Cf. RODRIGO, 2006, p. 41-42.

Aristóteles, o Primeiro Mestre

10. Aristóteles separa as virtudes morais das intelectuais em *Ética Nicomaqueia* VI, 2, 1139a 1: "afirmamos que umas são dos caracteres e as outras são do pensamento" (*tàs mèn einai toû éthous éphamen tàs dè tês dianoías*).
11. Cf. BODÉÜS, 2002, p. 172-174. Como assinala Enrico Berti, *sophía* é um saber teorético, "é a melhor das ciências, pois conhece os princípios de todas as coisas"; *phrónesis* "não é uma ciência, mas um saber prático, pois tem como objeto e como fim a prática humana". BERTI, E. La Prudenza. Disponível em: <http://lgxserver.uniba.it/lei/sfi/bollettino/159_berti.htm>. (Acesso em: agosto de 2007).
12. ARISTÓTELES. *Analíticos Posteriores* I, 33, 89b 7-9: "Como convém estabelecer as distinções no pensamento discursivo (*diánoia*), a intelecção/inteligência (*noûs*), a ciência (*epistéme*), a arte (*tékhne*), a sabedoria prática (*phrónesis*) e a sabedoria (*sophía*) serão objeto em parte da física em parte da ética".
13. ARISTÓTELES. *Ética Nicomaqueia* VI, 3, 1139 16.
14. *Tékhne* (arte) (*Ét.Nic.* VI, 4, 1140a 9-10): estado da parte pensante da alma que torna alguém disposto a produzir bens de um certo tipo por meio da reta razão (*metà lógou poietiké héxis estín* [...] *tékhne kaì héxis metà lógou alethoûs poietiké*). Tomamos emprestadas essa definição e as que seguem de PAKALUK, 2005, p. 221-222.
15. *Epistéme* (ciência) (*Ét.Nic.* VI, 5, 1139b 31-32): estado da parte pensante da alma que torna alguém disposto, em ato, a obter a verdade por meio das provas demonstrativas (*hóst'eíper epistéme mèn metà apodeíxeos*).
16. *Phrónesis* (sabedoria prática ou prudência) (*Ét.Nic.* VI, 5, 1140b 5-6): estado da parte pensante da alma que torna alguém disposto, em ato, a obter na prática, por meio da razão, a verdade em relação às coisas boas e más para o ser humano (*eînai héxin alethê metà lógou praktikèn perì tà anthrópo agathà kaì kaká*).
17. *Sophía* (sabedoria) (*Ét.Nic.* VI, 7, 1141a 19-20; 1141b 3): sabedoria acerca de coisas que, por natureza, são as melhores (*hé sophía estìn kaì epistéme kaì noûs tôn timiotáton tê phýsei*).
18. *Noûs* (nomeia tanto a faculdade do intelecto como a virtude da inteligência) (*Ét.Nic.* VI, 6, 1140b 33-35; 1141a 7-8): uma disposição em ato para apreender os primeiros princípios de uma dada ciência (*eisìn d'arkhaì tôn apodeiktôn kaì páses epistémes – metà lógou gàr he epistéme –* [...] *leípetai eînai tôn arkhôn*).
19. Cf. TRICOT, in ARISTÓTELES, 1987, p. 2, nota 1.
20. ARISTÓTELES. *Ética Nicomaqueia* VI, 4, 1140a 10-15.
21. Sobre essa questão, ver PUENTE, 2001, p. 309-313, embora o autor insira essa temática em sua análise sobre o tempo em Aristóteles. Sobre a *prâxis* em Aristóteles, ver CHARLES, 1984; sobre a distinção entre a prática (*prâxis*) e a produção (*poíesis*), ver BESNIER, 1996.
22. Cf. ARISTÓTELES. *Ética Maior* 1211b 27, apud ARISTÓTELES, 1992, p. 213, nota 4. Embora atribuído ao próprio Aristóteles, o exemplo de tocar flauta como atividade que tem em si o próprio fim parece discutível, uma vez que podemos encontrar um fim no efeito produzido na alma pela sonoridade resultante do ato de tocar flauta.
23. Sobre as partes da alma, ver ARISTÓTELES. *De Anima* II, 3, 414a 25 – 414b: Aristóteles nomeia "as potências (*dynámeis*) nutritiva (*tò threptikón*), sensitiva (*tò aísthetikón*), desiderativa (*tò orektikón*), locomotora (*tò kinetikòn*) e racional (*tò dianoetikòn*)". Em *De Anima* III, 10, 433b 4-5, há uma pequena mudança: as potências nomeadas são a nutritiva (*tò threptikón*), a sensitiva (*tò aísthetikón*), a intelectiva (*tò noetikón*), a deliberativa (*tò bouleutikón*) e a desiderativa (*tò orektikón*), que diferem em pouco das anteriores, pois não é mencionada a locomotora e é acrescentada a deliberativa.

24. ARISTÓTELES. *Ética Nicomaqueia* I, 13, 1102a 28.
25. ARISTÓTELES. *De Anima* III, 5, 430a 10-17.
26. ARISTÓTELES. *Ética Nicomaqueia* VI, 2, 1139a 4-10.
27. Ou seja, dos entes cujos princípios não podem ser atingidos pela ação humana e que são estudados na metafísica, na física e nas matemáticas.
28. Consideradas ciências práticas porque estudam campos em que prevalece a ação humana.
29. ARISTÓTELES. *Ética Nicomaqueia* VI, 2, 1139a 8.
30. Embora não dicionarizada na língua portuguesa, optamos por usar essa palavra para traduzir *tò logistikón* por estar mais de acordo com o sentido proposto por Aristóteles.
31. ARISTÓTELES. *Ética Nicomaqueia* I, 13, 1102b 31.
32. *Órexis* é um termo genérico para tudo que é desiderativo; pode significar a "capacidade de desejar" ou o próprio "desejo" (Sobre *órexis*, ver ARISTÓTELES. *De Anima* II, 3, 414b 1 et seq; III, 9, 432b 4-7; *Rhetorica* I, 10, 1368b 37-1369a 4). Para Aristóteles, há três estados de *órexis*: *epithymía* (apetite), *thymós* (mais bem traduzido por "ímpeto" que por "impulso", pois este último tem um significado mais físico) e *boúlesis*: "O desejo (*órexis*) compreende o apetite (*epithymía*), o ímpeto (*thymós*) e o querer/volição/vontade (*boúlesis*), [por exemplo,] o apetite (*epithymía*) é o desejo (*órexis*) do que agrada" (*De Anima* II, 3, 414b 1 et seq). Alguns traduzem *órexis* por "apetite", que, em geral, é mais usado para traduzir *epithymía*. Segundo Jonathan Lear, não se deve identificar "apetite" com "desejo", o qual traduz o grego *órexis*. Traduzir *órexis* por "apetite" "faz com que pareça que os apetites atravessam a alma do homem. Essa não é a questão, para Aristóteles. Ele reconhece que há muitas espécies diferentes de *desejo*: há os apetites básicos por alimento e por sexo, e há também desejos de 'ordem mais elevada', desejo de entendimento, de virtude etc. É o *desejo*, e não o apetite, que atravessa a alma humana". LEAR, 2006, p. 214, nota 110 (grifo do autor).
33. Alguns traduzem *proaíresis* por "decisão" (Bodéüs, Gauthier & Jolif), outros, por "escolha" (Hardie, Alonso Muñoz), por "escolha racional" (Broadie), por "propósito deliberativo ou escolha" (Pakaluk), por "escolha deliberada" (Zingano).
34. [...] *aretè héxis proairetiké, hé dè proaíresis órexis bouleutiké* [...]. ARISTÓTELES. *Ética Nicomaqueia* VI, 2, 1139a 22-23.
35. *Boúlesis* é um querer associado ao desejo (*órexis*) (difere de *boúleusis*, que significa "deliberação"; *tò bouleutikón* é a faculdade que delibera). Ver ARISTÓTELES. *De Anima* III, 9, 433a 23-24: *boúlesis* é uma forma de desejo (*he gàr boúlesis órexis*). O termo grego *boúlesis* é mais bem traduzido por "o querer". Também se costuma traduzir *boúlesis* por "vontade" ou por "volição". Quando *boúlesis* se estende a coisas que não dependem de nós, a expressão "fazer votos de" poderia também servir de tradução. Em *Ética Nicomaqueia* III, 6, 1113a 14-15 – 7, 1113b 5, *boúlesis* concerne ao fim almejado, e os modos de atingi-lo são deliberados e escolhidos (*óntos dè bouletoû mèn toû télos, bouleutôn dè kaì proairetòn tôn pròs tò télos*). O termo árabe *irāda* traduz *boúlesis*, ver GOICHON, 1938, §282.
36. ARISTÓTELES. *Ética Nicomaqueia* VI, 2, 1139a 23-30.
37. Cf. ARISTÓTELES. *De Anima* III, 10, 433a: as causas do movimento (na alma) são duas, o desejo (*órexis*) e o intelecto (*noûs*); esse intelecto (*noûs*), que é causa de movimento e pensa (*logizómenos*) em vista de algo, é o intelecto prático (*praktikós*) e difere do teorético (*theoretikón*) pelo fim (*tô télei*). Mas o desejo (*órexis*) também é em vista de algo, uma vez que o objeto do desejo é o princípio (ponto de partida) (*he órexis autè arkhè*) da inteligência prática (*toû praktikoû noû*) e o último termo (do raciocínio do pensamento prático) é o princípio (ponto de partida) da ação (*tò d'hékaston arkhè tês práxeos*). Assim, desejo (*órexis*) e pensamento prático são causas do movimento, e o objeto do desejo é o ponto de partida, o que move o pensamento prático. Como o *noûs* não move sem desejo (*órexis*) – porque o querer (*boúlesis*) é um desejo (*órexis*) –, quando move em conformidade à razão (*katà tòn logismòn*), move também em conformidade à vontade (*katà boúlesin*); o desejo (*órexis*) move também contra a razão (*parà tòn logismòn*), porque o apetite (*epithymía*) é uma forma de desejo (*he gàr epithymía orexís tís estin*). O objeto do desejo (o que move) é o bem ou o que aparece como bem (*tò phainómenon*

agathón); não se trata de qualquer bem, mas do bem que é objeto da ação (*tò praktón agathón*), um bem que pode variar nas diversas circunstâncias (*praktòn d'estì tò endekhómenon kaì állos ékhein*). A potência desiderativa (*tò orektikón*) é o meio pelo qual o desejo move a alma. Sobre essa questão, ver *Excursus*. Questões de vocabulário I: desejo e apetite, infra.

Al-Fārābī, o Segundo Mestre

38. Nessa passagem, "artes" correspondem a "disciplinas".
39. AL-FĀRĀBĪ, 2002, p. 67.
40. Ibid., p. 66.
41. Cf. GUERRERO, in ibid, p. 67, nota 7.
42. Ibid., p. 67.
43. Sobre a crítica à expressão "filosofia prática" em relação à filosofia de Aristóteles, ver a seção "Distinção entre as ciências práticas e as ciências teoréticas" no capítulo "A leitura aristotelizante da *República*".
44. Árabe: *ᶜilm mā baᶜd al-ṭabīᶜa*, literalmente "ciência do que está depois da física".
45. Cf. GUERRERO, in AL-FĀRĀBĪ, 2002, p. 67, nota 10.
46. Ibid., p. 68, nota 13. A ideia de que a ética é parte da política está em ARISTÓTELES. *Ética Nicomaqueia* I, 13, 1102a 7-25: "o verdadeiro político (*ho kath'alétheian politikós*) cumpre qualquer esforço em vista da virtude; de fato, ele quer tornar os cidadãos bons e cumpridores das leis. [...] é evidente que o político deve ter conhecimento sobre o que se refere à alma [...] caberá ao político estudar a alma [...]". Cf. *Ética Nicomaqueia* X, 9, 1179b-1181b: sobre a importância do legislador no estabelecimento de leis para uma educação na virtude.
47. AL-FĀRĀBĪ. *Fuṣūl Muntazaᶜa* (Selected Aphorisms) (trad. Butterworth). In AL-FĀRĀBĪ, 2004²a, §7, p. 14 et seq.; AL-FĀRĀBĪ. *Artículos de la ciencia política* (trad. Guerrero). In AL-FĀRĀBĪ, 1992, §7, p. 100 et seq.
48. Al-Fārābī usa indistintamente os termos árabes que correspondem a "parte" e a "faculdade" da alma, cf. AL-FĀRĀBĪ, 2005b, p. 379: "o intelecto em potência é uma parte da alma ou uma faculdade da alma".
49. Passagem calcada em ARISTÓTELES. *De Anima* III, 9, 432a 29–432b 7, cujos termos gregos equivalentes são: *tò threptikón, tò aísthetikón, tò phantastikón, tò orektikón*, para as quatro iniciais; nesse passo, Aristóteles não nomeia *tò noetikón*, mas menciona a parte racional "calculativa" (*tò logistikón*), em que tem origem a *boúlesis* (o querer, a volição, a vontade), assim como a parte irracional (*álogon*), em que têm origem o apetite (*epithymía*) e o ímpeto (*thymós*).
50. Cf. ARISTÓTELES. *Ética Nicomaqueia* I, 1102b 13-25: diversa da razão, essa parte refere-se aos desejos e participa da razão; embora lute e se oponha à razão, ela obedece à razão, que a domina.
51. AL-FĀRĀBĪ (trad. Butterworth), 2004²a, §7, p. 15; AL-FĀRĀBĪ (trad. Guerrero), 1992, §7, p. 101.
52. Essa distinção está calcada em ARISTÓTELES. *Ética Nicomaqueia* VI, 1, 1139a 5-16; 1139a 26-29: os termos árabes *ᶜilmī* e *taqdīrī* correspondem aos termos gregos *tò epistemonikón* e *tò logistikón*, as subdivisões da parte racional da alma (Cf. GUERRERO, in AL-FĀRĀBĪ, 1992, p. 102, nota 17). Para Aristóteles, uma é a parte científica, que serve para contemplar (*theoreîn*), e a outra é a parte "calculativa", que serve para deliberar (*bouleúesthai*) e calcular (*logízesthai*), verbos que, como afirma o Estagirita, têm o mesmo significado. Cada uma dessas partes tem sua virtude própria com seu modo próprio de operar. O pensamento prático (*diánoia praktiké*) é o que escolhe e delibera sobre o bem-estar de acordo com o desejo correto, que deve perseguir o bem e fugir do mal. Contudo, é em *Política* VII, 14, 1333a 25 que Aristóteles faz esta divisão mais explicitamente: *ho mèn gàr praktikós esti lógos ho theoretikós* (de um lado, há a razão prática, de outro, a teorética).
53. Para essa parte da faculdade prática, o termo "técnica" traduz o árabe *mihniyya*, e foi assim estabelecido por Rafael Ramón Guerrero, cf. GUERRERO, in AL-FĀRĀBĪ, 1992, p. 8, nota 9. Guerrero afirma que "*mihniyya* concerne à faculdade por meio da qual ganha-se destreza ou habilidade

para adquirir uma arte ou ofício. Embora raramente, o termo *mihna* algumas vezes traduz o grego *tékhne*". Mantivemos a tradução "técnica" para significar a parte da faculdade racional que habilita o ser humano a aprender e especializar-se em uma arte ou ofício, e "reflexiva" para significar a parte que delibera sobre o que deve ou não ser feito quando há alternativas acerca de um assunto qualquer. Em *Kitāb al-Siyāsa al-Madaniyya* (Livro da Política), Al-Fārābī também faz essa distinção, ver AL-FĀRĀBĪ (trad. Guerrero), 1992, p. 7-8.

54. AL-FĀRĀBĪ. *Fuṣūl Muntaza*^{c}*a* §7: AL-FĀRĀBĪ (trad. Butterworth), 2004^2a, p. 16; AL-FĀRĀBĪ (trad. Guerrero), 1992, p. 102.

Averróis, o Comentador

55. Trad. ELIA DEL MEDIGO II <IX, 1>; trad. Rosenthal II.ix.1; trad. Lerner 68:11-14; trad. Cruz Hernández, p. 84. Nesse excerto, "virtudes" está para "faculdades", ver nota seguinte.

56. Trad. ELIA DEL MEDIGO II <VIII, 7>: "É manifesto, portanto, que o que define o homem e lhe é próprio é necessariamente a virtude (= faculdade) intelectiva e que essa virtude (= faculdade) divide-se em dois modos: um é relativo à intelectiva operativa (= racional prática) e o outro, à intelectiva especulativa (= racional teórica)". Trad. Rosenthal II.viii.7; trad. Lerner 68:3; trad. Cruz Hernández, p. 83. No texto hebraico, a "virtude intelectiva" (*virtus intellectiva*) é expressa pelo termo *koah*, que significa "faculdade" e corresponde ao árabe *quwwa* (heb. *koah ha-medaber* = *virtus intellectiva*). Ver ARISTÓTELES. *De Anima* III, 5, 430a 10-17; *Ética Nicomaqueia* VI, 2, 1139a 8.

57. No texto latino: *intellectum speculativum*; na versão hebraica, porém, lê-se *madā*^{c}*it*, que significa "científico, epistêmico".

58. Hebraico: *šlemuyōt*.

59. Na versão hebraica lê-se *y*^{e}*uniim*, cujos significados podem ser: "teóricas, intelectuais, especulativas, contemplativas".

60. Hebraico: *ha-dibur*.

61. Hebraico: *šlemuyōt*.

62. Hebraico: *ma*^{c}*alōt*.

63. Hebraico: *y*^{e}*uniōt* (teóricas, intelectuais, especulativas, contemplativas).

64. AVERRÓIS (IBN RUŠD), 1962b, fol. 356D-E (trad. MANTINO): "Alterum, quod ad agendum alia quadam virtute adventitia, et coniectura propter haec universalia praecepta indiget [...]". ("O outro [gênero], que é para a ação, necessita de uma outra virtude suplementar e de uma conjectura em vista desses preceitos universais [...]").

65. Hebraico: *ha-dibur*.

66. Hebraico: *ma*^{c}*alōt*.

67. Hebraico: *y*^{e}*uniōt* (teóricas, intelectuais, especulativas, contemplativas).

68. Hebraico: *maḫshaviōt*, que corresponde ao grego *dianoetikaí*.

69. Trad. ELIA DEL MEDIGO II <IX, 2-3>; trad. Rosenthal II.ix.2-3; trad. Lerner 68:12-25; trad. Cruz Hernández, p. 84.

70. ARISTÓTELES. *Ética Nicomaqueia* VI, 2, 1139a 8-11.

71. Trad. ELIA DEL MEDIGO I <I, 7-8>; trad. Rosenthal I.i.7-8; trad. Lerner 22:1-5; trad. Cruz Hernández, p. 5. Ver a discussão sobre a relação entre teoria e prática e sobre a analogia entre a política e a medicina no capítulo "A leitura aristotelizante da *República*".

72. Trad. ELIA DEL MEDIGO II <XI, 3>; trad. Rosenthal II.xi.3; trad. Lerner 70:12-13; trad. Cruz Hernández, p. 87.

73. Trad. ELIA DEL MEDIGO II <XI, 4-5>; trad. Rosenthal II.xi.4-5; trad. Lerner 70:15-23; trad. Cruz Hernández, p. 87.

74. "Vontade" aqui tem o sentido de *boúlesis*, a ação de querer, que move o animal em conformidade com a razão, ver ARISTÓTELES. *De Anima* III, 10, 433a 20-25. Usamos o termo "vontade"

de acordo com a versão latina, cf. trad. ELIA DEL MEDIGO II <XI, 7>; trad. Rosenthal II.xi.7; trad. Lerner 70:28-71:2; trad. Cruz Hernández, p. 87. Sobre essa questão, ver *Excursus*. Questões de vocabulário I: desejo e apetite, infra.

75. Segundo a interpretação de MAHDI, 2005[2], p. 51.

76. Ibid.

77. Trad. ELIA DEL MEDIGO II <X, 1>; trad. Rosenthal II.x.1; trad. Lerner 69:10-15; trad. Cruz Hernández, p. 85.

78. Conforme trad. Cruz Hernández, p. 85.

79. Trad. ELIA DEL MEDIGO II <X, 2>: "Digamos, portanto, que se vê pela disposição das artes operativas que elas sejam antes ordenadas por causa da necessidade e da deficiência que ocorre ao homem em seu ser, e que não lhe é possível ser sem elas, como muitos animais não podem ser, a não ser que haja as propriedades e os hábitos naturais deles, como a construção das abelhas e o tecer da aranha". Trad. Rosenthal II.x.2; trad. Lerner 69:16-20; trad. Cruz Hernández, p. 85.

80. Sobre o uso dos termos "reflexiva/deliberativa" nesse contexto, ver mais adiante a nossa explicação no capítulo "Al-Fārābī e a sabedoria prática". Sobre a tradução do correspondente termo árabe (*fikriyya*), ver nota 5 supra.

81. Trad. ELIA DEL MEDIGO II <IX, 3>; trad. Rosenthal II.ix.3; trad. Lerner 68:24-26; trad. Cruz Hernández, p. 84.

82. Sobre as partes da filosofia relacionadas com os tipos de substância em Aristóteles, ver PUENTE, 2001, p. 107-117.

83. Trad. ELIA DEL MEDIGO II <XI, 10>: "De fato, eles próprios disseram que os inteligíveis dessas artes não são – conforme a primeira intenção – por causa das operações delas, mas a intenção que há nelas é a boa cognição e sua perfeição, e que as operações que delas provêm e as coisas produzidas são coisas consequentes, como viram isto ser no movimento dos corpos celestes". Trad. Rosenthal II.xi.10; trad. Lerner 71:10-15; trad. Cruz Hernández, p. 88. A versão latina de Elia del Medigo tem na expressão *prima intentione* uma clara influência da Escolástica, que separa as "primeiras intenções", que se referem a objetos reais, das "segundas intenções", que se referem a objetos lógicos. Quanto ao termo latino *cognitio*, os tradutores da versão hebraica traduzem o termo hebraico equivalente por "discernment".

84. Trad. ELIA DEL MEDIGO II <VII, 4>: "Ora, as opiniões dos filósofos serão mencionadas posteriormente, no lugar em que se examinará a intenção em que se contradizem. Na verdade, a dissensão deles está, dentre as partes da alma, na parte racional". Trad. Rosenthal II.vii.4; trad. Lerner 67:4-5; trad. Cruz Hernández, p. 82.

85. Trad. ELIA DEL MEDIGO II <X, 5>: "E, por isso, tais [partes] estão a serviço de acordo com a natureza e são passíveis de dominação, porque a relação de uma dessas partes da alma com o restante é necessariamente esta relação, isto é, a relação do senhor com os passíveis de dominação". Trad. Rosenthal II.x.5; trad. Lerner 69:30-70:1; trad. Cruz Hernández, p. 86.

86. Trad. ELIA DEL MEDIGO II <XI, 1-2>; trad. Rosenthal II.xi.1-2; trad. Lerner 70:1-11; trad. Cruz Hernández, p. 86.

87. Cf. ARISTÓTELES. *De Anima* III, 8, 431b 22 – 432a 15; id. *Metafísica* Z, 10, 1036a 2-12; sobre a doutrina das causas, ver id. *Física* II, 2, 194a 13 – 3, 195b 30; id. *Metafísica* Δ, 5, 1012b 34 – 1014a 34; id. *Metafísica* A, 982a 1 – 982b 10: "esta ciência (i.e., a metafísica) deve especular sobre os princípios primeiros e as causas, pois o bem, e o fim, das coisas é uma causa".

88. Trad. ELIA DEL MEDIGO II <XI, 8>: "E posto isto assim, então o domínio dele (isto é, do ser inteligível) sobre as coisas voluntárias é o primado do ser inteligível em relação ao ser sensível; e dando aos entes voluntários os princípios deles, por meio dos quais consiste o ser deles, é o modo que o ser intelectual atribui ao ser sensível aquilo de que este consiste". Trad. Rosenthal II.xi.8; trad. Lerner 70:25-71:5; trad. Cruz Hernández, p. 88.

89. Trad. ELIA DEL MEDIGO II <XI, 11>: "E, conforme este ser, estas artes operativas serão virtudes. E mais ainda estima-se isso quanto às artes operativas que usam o silogismo. [...] <12> Mas, a verdade é que as intelecções dessas artes estão ordenadas principalmente para a operação e, se lhes ocorre um acidente, é por acidente. E, por isso, quando se supõe esse acidente como fim da

arte, [a arte] é de outro gênero, e o nome dado a ela é dito por equivocidade, como ocorre com o nome 'música', que é dito, às vezes, para a arte operativa e, às vezes, para a teórica". Trad. Rosenthal II.xi.11-12; trad. Lerner 71:16-24; trad. Cruz Hernández, p. 88-89.

90. Trad. ELIA DEL MEDIGO II <XI, 10>: "e que o primado dessa parte em relação às restantes partes da cidade é como o primado do ser inteligível em relação ao ser sensível; está patente, portanto, que, quanto às artes, quer sejam virtudes ou artes principais, quer [sejam] servientes, o ser delas é em vista das ciências especulativas". Trad. Rosenthal II.xi.10 (quase conforme à latina): "be they faculties, master or serving crafts". Trad. Lerner 71:10: "be they faculties, or ruling or ministerial arts"; trad. Cruz Hernández, p. 88: "sean facultades, disposiciones de gobierno u oficios ministeriales".

91. Trad. ELIA DEL MEDIGO II <IX, 5>: "E, por isso, vê-se necessariamente que estes gêneros de homens são classificados de acordo com a ordem dessas espécies de virtudes. Haverá, portanto, dentre eles, alguém menos nobre por causa de alguém mais nobre. De fato, assim como há uma ordem delas (isto é, das virtudes) em um único homem, deve haver também uma ordem delas em muitos homens". Trad. Rosenthal II.ix.5; trad. Lerner 68:34-69:1; trad. Cruz Hernández, p. 84-85.

EXCURSUS

Questões de Vocabulário I: Desejo e Apetite

92. "Físico" corresponde ao estudioso das ciências da natureza.

93. Trad. ELIA DEL MEDIGO II <VIII, 1>; trad. Rosenthal II.viii.1; trad. Lerner 67:6-9; trad. Cruz Hernández, p. 82.

94. Lembremos que, no *corpus* aristotélico, o *De Anima* faz parte das ciências da natureza.

95. Trad. ELIA DEL MEDIGO II <VIII, 4-5>; Trad. Rosenthal II.viii.4-5; trad. Lerner 67:20-27; trad. Cruz Hernández, p. 82-83. Rosenthal adverte que a palavra hebraica *netiá* equivale à grega *órexis*, por isso ele preferiu "appetence" à "inclination"; em sua tradução, os termos "appetite" e "desire" foram evitados, já que são usados para traduzir outros termos hebraicos e seus equivalentes gregos, cf. trad. Rosenthal, p. 187, nota 3.

96. O tradutor italiano de *De Anima* usa "tendenza" para traduzir *órexis*, cf. ARISTÓTELES, 2001, passim.

97. ARISTÓTELES. *De Anima* III, 9, 432b 5.

98. Aristóteles estabelece que são dois os princípios do movimento local, o desejo (*órexis*) e o intelecto (*noûs*): *phaínetai dé ge dúo taûta kinoûnta he órexis he noûs*. ARISTÓTELES. *De Anima* III, 10, 433a 9.

99. ARISTÓTELES. *De Anima* III, 10, 433b 10. Por exemplo: a casa própria é meu objeto de desejo (*tò orektón*), que move a minha potência desiderativa (*tò orektikón*) sem ser movido (a casa própria não se move); o que move é a minha potência desiderativa.

100. O desejo em si não é busca, e *tò orektikón* é apenas responsável pela locomoção, mas não é a própria locomoção; é a capacidade de desejar que é causa da capacidade de locomover a si mesmo (cf. *De Anima* III, 10, 433b 27-28). *Epithymía* aplica-se a seres que não são capazes de se locomover (*De Anima* III, 11, 434a 1-5).

101. ARISTÓTELES. *De Anima* III, 10, 433b 19: *ô dè kineî orgáno he órexis éde toûto somatikón estin*.

102. ARISTÓTELES. *De Anima* III, 10, 433b 15-20: *he órexis kínesis tís estin, hé enérgeia*.

103. ARISTÓTELES. *De Anima* III, 12, 434b 12 et seq.; *Ética Nicomaqueia* III, 13, 1118a 26.

104. ARISTÓTELES. *De Anima* III, 12, 434b 24 et seq.; Aristóteles discute os sentidos da visão, da audição e do olfato em *De Anima* II, 7, 418a 26 – 9, 422a 7.

105. Em *Ética Nicomaqueia* VII, 7, 1149a 25, ao discorrer sobre a falta de autocontrole (*akrasía*), Aristóteles afirma que ela é menos torpe quando despertada pelo ímpeto (*thymós*) que quando despertada pelo apetite (*epithymía*), já que a impetuosidade (movida pelo *thymós*) parece ouvir alguma coisa que provém do raciocínio (*lógos*), ainda que ouça mal, ao passo que a falta de controle de quem cede à *epithymía* é mais torpe porque não atende ao raciocínio. Essa discussão

é por demais complexa e a deixamos aos especialistas. O que importa aqui é distinguir os termos para que se tenha uma melhor compreensão do texto de Averróis.

106. ARISTÓTELES. *Retórica* I, 10, 1369a 2-3.

107. AVERRÓIS (IBN RUŠD), 2002a, v. II, p. 87.

108. Maroun Aouad traduz *šahwa* por "desejo" e *šawq* por "apetite", cf. ibid., p. 87 da edição árabe. No léxico aviceniano, segundo GOICHON, 1938, e seu suplemento, GOICHON, 1939, *šahwa* significa "apetite" (corresponde a *epithymía*), mas concerne especificamente à concupiscência (*Lexique* §338), um dos dois ramos da faculdade apetitiva (*quwwa šawqiyya*), sendo o outro a faculdade irascível (*quwwa ġaḍabiyya*); *quwwa šahwāniyya* corresponde a *tò epithymetikón* e é traduzida por "faculdade concupiscível" (*Lexique* §610 [12]). *Quwwa šawqiyya* (*Lexique* §610 [13]) é a "faculdade apetitiva", uma "vontade sensível", que compreende o concupiscível e o irascível; *šawq*, por sua vez, tem um sentido amplo de "atração", o que em latim pode ser traduzido para *desiderium* e não corresponde necessariamente ao que é material: como afirma Goichon, "*šawq* tem o sentido amplo de qualquer *atração* e exprime os sentimentos que vão desde o apetite pelo alimento até o *desejo* da vontade". (*Lexique* §345 [grifo da autora]); corresponde ao grego *órexis* (*Vocabulaires*, p. 46). Richard Walzer afirma que Al-Fārābī também usa *šahwa* como "desejo" no sentido de *epithymía*, embora afirme que *šahwa* pode também corresponder a *órexis*; ver sua tradução com notas em AL-FĀRĀBĪ, 1998², p. 391, e a nota 352.

109. No texto árabe lê-se *šawq maẓnūn nuṭqiyya*, cf. AVERRÓIS (IBN RUŠD), 2002a, v. II, p. 87. O tradutor optou por "appétit de l'ordre de l'opinion et de la raison", o que não condiz com o texto. Sobre o conceito de opinião, ver ARISTÓTELES. *Analíticos Posteriores* I, 33, 89a et seq.: "A opinião se refere ao que, sendo verdadeiro ou falso, pode ser de outro modo. [...] a opinião é a apreensão de uma premissa imediata e não necessária (= contingente). [...] a opinião é instável, e tais são também os seus objetos". Em *Tópicos* I, 100a-b, contudo, Aristóteles discorre sobre as premissas fundadas em opiniões geralmente aceitas (*éndoxoi*) e plausíveis, e a esse raciocínio chama de "silogismo dialético". Talvez Averróis tenha em mente esse tipo de arrazoado quando escreve "opinião racional".

110. Cf. ARISTÓTELES. *De Anima* III, 10, 433b 28-30: o animal (homem) não possui a capacidade desiderativa (*tò orektikón*) sem a imaginação (*phantasía*); a imaginação pode ser racional (*logistiké*) ou sensitiva (*aísthetiké*); id. *De Anima* III, 10, 433 25-27: *boúlesis* é uma forma de *órexis* que move conforme a razão, e *epithymía* é uma forma de *órexis* que move contrária à razão; enquanto o intelecto (*noûs*) é sempre reto, desejo (*órexis*) e imaginação (*phantasía*) podem ser retos ou não.

111. Para *ġaḍab*, ver GOICHON, 1938, §481; corresponde a *thymós*, cf. GOICHON, 1939, p. 44; *quwwa ġaḍabiyya* (faculdade irascível), cf. GOICHON, 1938, §610 [19].

112. Em CORTÉS, 1996, *šawq* é traduzido por "paixão, atração, simpatia", e *šahwa* por "desejo ardente, libido, apetite", o que condiz com a correspondência que fazemos de *órexis* com *šawq* e de *epithymía* com *šahwa*.

113. Aristóteles afirma em *De Anima* III, 8, 432b 5 que "é um absurdo dividir a alma já que na parte racional (*tô logistikô*) estaria o querer/volição (*hé boúlesis*) e, na parte irracional (*en tô alógo*), o apetite (*epithymía*) e o ímpeto (*thymós*). Se a alma, contudo, é composta de três partes, o desejo (*órexis*) estará presente em cada uma delas". Sobre as três formas de desejo em Aristóteles, ver VELOSO, 2005, p. 11-46. Veloso retoma a questão de maneira mais aprofundada e com uma posição um pouco diferente em seu livro *Pour relire la* Poétique *d'Aristote. Pourquoi la* Poétique*?*, que será publicado proximamente. Agradecemos-lhe as precisões sobre esse tema.

114. ARISTÓTELES. *Ética Nicomaqueia* III, 6; *Retórica* I, 10, 1368b 37 – 1369a 4.

115. ARISTÓTELES. *Metafísica* Λ, 7, 1072a 27-30.

116. Em *Retórica* II, 2, 1378a 30, Aristóteles define o "desejo de vingança (*órexis timorías*)" quando define a cólera. *Orgé* pode ser também sinônimo de *thymós*, daí Averróis usar *šawq ġaḍabiyya* para designar o desejo vinculado à cólera, que, na tradição filosófica medieval latina, passou a ser o irascível.

117. Para Aristóteles, as potências irracionais são a apetitiva (*tò epithymetikón*) e a desiderativa (*tò orektikón*). Lembre-se que as potências racionais dividem-se em duas: a potência com que contemplamos (*theoroûmen*) os entes que não admitem mudança e a potência com que

consideramos os entes que a admitem, cf. ARISTÓTELES. *Ética Nicomaqueia* VI, 2, 1139a 4-14. Nessa passagem, Aristóteles opõe o conhecimento teorético ao prático com base na diferença fundamental de dois tipos de entes, o eterno e o contingente. As partes da alma racional, portanto, estão relacionadas ao tipo de conhecimento que cada uma delas desfruta.

118. Cf. ARISTÓTELES. *De Anima* II, 3, 414b 6: "*epithymía* é *órexis* pelo prazeroso (*hedéos*)".

119. Em *De Anima* III, 3, 429a, Aristóteles define a imaginação como "um movimento originado da sensação em ato (*he phantasía àn eín kínesis hypò tês aísthéseos tês kat'enérgeian gignoméne*)".

120. ARISTÓTELES. *Ética Nicomaqueia* III, 11.

121. ARISTÓTELES. *Ética Nicomaqueia* III, 13, 1118a 25.

122. AVERRÓIS (IBN RUŠD), 2002b. Ivry apoiou-se em dois manuscritos escritos na língua árabe com caracteres hebraicos: "The text was established primarily on the basis of two extant Judeo--Arabic manuscripts of this work, transliterated back into Arabic letters for the convenience of most readers. No purely Arabic manuscripts are extant". Cf. IVRY, ibid., p. 149, nota 68. O texto transliterado em caracteres árabes foi editado por Ivry: IBN RUŠD, Abū al-Walīd. *Talḫīṣ kitāb al-nafs*. Revised by Muhsin Mahdi; Preface by Ibrahim Madkour. Cairo, 1994.

123. AVERRÓIS (IBN RUŠD), 2002b, p. 123.

124. *Muštahiyya* vem da raiz *š-h-y* e aparece, na edição árabe de Badawī, p. 25, como tradução de *tò orektikón* de ARISTÓTELES. *De Anima* 414a 31-32.

125. Cf. AVERRÓIS (IBN RUŠD), 2002b, p. 124-126. Com esse argumento, Averróis quer mostrar que a faculdade desiderativa *é* intelecto e imaginação e não está apenas relacionada a eles. Com isso, Averróis segue Aristóteles na doutrina da unidade das faculdades da alma.

126. ARISTÓTELES. *De Anima* III, 10, 433b 27-29.

127. Sobre a história da tradução árabe da *Retórica*, ver AOUAD, in AVERRÓIS (IBN RUŠD), 2002a, v. I, p. 1-2. Segundo Aouad, conservou-se apenas um manuscrito da versão árabe da *Retórica*, que parece ser cópia da edição em árabe realizada por Ibn Samḥ (m.1027), que teria estabelecido seu texto a partir de uma cópia árabe que teria sido colacionada com uma outra cópia árabe e uma tradução siríaca. Essa edição árabe da *Retórica* feita por Ibn Samḥ parece estar baseada em uma antiga tradução mencionada pelos biobibliógrafos, a qual seria anterior à época de Ḥunayn ibn Isḥāq (808-873) e possivelmente teria sido feita a partir de um intermediário siríaco. A cópia da edição de Ibn Samḥ serviu a Al-Fārābī, a Avicena e a Averróis em seus comentários, como atesta a dependência que eles têm em relação a formulações e contrassensos decorrentes da obscuridade do texto árabe.

128. O termo para a ação de sentir é *iḥsās*, ao passo que *ḥiss* (pl. *ḥawāss*) é a faculdade de sentir, isto é, o próprio sentido (os cinco sentidos) [ver GOICHON, 1938, §§150-151], e é equivalente à *aísthesis*, cf. GOICHON, 1939, p. 7.

129. Segundo Alfred L. Ivry, "Averróis substitui o bem prático (*tò agathón praktón*) de Aristóteles (*De Anima* III, 10, 433b 16) pelo bem inteligível (*bonum intellectum*), pois como ele explica em *Grande Comentário*, 524 [54.41], esse é o bem inteligível que compreende a alma apetitiva e, por isso, é equivalente ao intelecto prático", cf. IVRY, in AVERRÓIS (IBN RUŠD), 2002b, p. 209, nota 15.

130. No Glossário da edição bilíngue árabe-inglês do *Comentário Médio ao De Anima*, o grego *hélxis* (*Physica* VII, 2, 243a 15) é traduzido para o árabe por *jaḏb*; na versão latina do *Grande* e do *Médio Comentário sobre De Anima* III.55.10,27, além de seguir também a paráfrase de Temístio, é traduzido por *attractio*, cf. IVRY, in AVERRÓIS (IBN RUŠD), 2002b, p. 222.

131. Com efeito, em *De Motu Animalium*, 7, 701a, Aristóteles afirma que o desejo (*órexis*) é a causa determinante do movimento e é formado sob a influência da sensação (*aísthesis*), da imaginação (*phantasía*) ou da reflexão (*noésis*). Quando, porém, "aspira-se à ação, o movimento poderá ocorrer tanto sob a influência do apetite (*epithymía*) e do ímpeto (*thymós*) quanto sob a influência do desejo (*órexis*) e do querer/volição (*boúlesis*), seja que se produza (*tà mèn poioûsi*), seja que se aja (*tà dè prấttousin*)".

132. Ver ARISTÓTELES. *De Anima* II, 12, 424a 24-25: órgão e capacidade (*dýnamis*) são a mesma coisa: "*aisthetérion* é aquilo em que está tal capacidade (*dýnamis*). Órgão e capacidade são, portanto, a mesma coisa, mas o seu ser é diverso (*tò d'einai héteron*)".

133. AVERRÓIS (IBN RUŠD), 2002b, p. 129-130.

134. Trad. ELIA DEL MEDIGO II <XII, 3-4>; Trad. Rosenthal II.xii.3-4; trad. Lerner 72:2-10; trad. Cruz Hernández, p. 89.

135. AVERRÓIS (IBN RUŠD), 2002b, p. 129-130.

136. Cf. ARISTÓTELES. *De Anima* III, 10, 433b 28-29: o movimento de busca e fuga, assim como o próprio desejo, seriam impossíveis sem a imaginação.

137. Ver ARISTÓTELES. *Ética Nicomaqueia* VI, 2, 1139a 21-22: "o que no pensamento (*diánoia*) é afirmação e negação, no desejo (*órexis*) é busca e fuga".

138. A imaginação (*phantasía*) opera na forma de imagens (*phantásmata*) que o animal tem e usa como lembrança (*mnéme*) e expectativa (*elpís*), cf. ARISTÓTELES. *De Memoria et Reminiscentia* 1, 449b 9 et seq.

139. No texto árabe aparece a palavra *ra'y*, que, na terminologia jurídica islâmica, significa "opinião ou juízo individual com discernimento".

140. AVERRÓIS (IBN RUŠD), 2002b, p. 130.

141. Em *De Anima* III, 13, 435b 13: o excesso dos tangíveis destrói o animal como, por exemplo, o excesso de calor é prejudicial ao animal.

142. No texto latino lê-se: "Appetitus autem qui est ab imaginatione est de necessitate non proprius homini. Appetitus autem qui est a cogitatione et discursu est proprius homini". Trad. ELIA DEL MEDIGO II <XII, 4>; trad. Rosenthal II.xii.4; trad. Lerner 72:7-11; trad. Cruz Hernández, p. 89.

143. Cf. DE LIBERA, in AVERRÓIS, 1998[2], p. 22.

144. Cf. Ibid., p. 22-23.

145. Cf. ibid., p. 24.

146. Cf. ibid., p. 33. A propósito da evolução da terminologia filosófica na língua árabe, ver JÉHAMY, 1999.

147. Cf. CRUZ HERNÁNDEZ, 1997, p. 58-59. A data da redação do *Comentário Médio sobre a Retórica* é confirmada por Maroun Aouad, cf. AVERROÈS (IBN RUŠD), 2002a, V. I, p. 7.

148. AVERRÓIS (IBN RUŠD), 2002b, p. 148, nota 50.

149. Cf. IVRY, Introduction. In ibid., p. xv.

150. Ibid.

151. Ibid.

152. Cf. IVRY, in AVERRÓIS (IBN RUŠD), 2002b, p. xxiv: Ivry defende a tese de que o *Grande Comentário ao De Anima* é anterior ao *Comentário Médio*; sobre essa tese, ver também IVRY, 1995, p. 75-92; a tese de Ivry foi definitivamente refutada por ELAMRANI-JAMAL, 1997, p. 292-307.

153. Cf. IVRY, in AVERRÓIS (IBN RUŠD), 2002b, p. xviii. Como lembra Josep Puig, "*el transfondo griego* es algo natural en todo el lenguaje filosófico árabe, pues la filosofía musulmana no sólo hereda el contenido de la helenística sino que según ella modela por primera vez un lenguaje adecuado. En el caso de un comentario esta influencia se extiende más allá del vocabulario y es semejante a la de una traducción" (grifo do autor). In AVERRÓIS (IBN RUŠD), 1983/1987, V. II, p. 98.

Questões de Vocabulário II: Desejo (*Šawq*) Equivalente a *Órexis* em Al-Fārābī

154. Em GOICHON, 1938, §151: "a ação de sentir, a sensação (*iḥsās*) por oposição à faculdade de sentir (*ḥiss*)".

155. Não concordamos com a tradução de *iḫtiyār* por "livre-arbítrio" (conforme a tradução de Rafael Ramón Guerrero) porque o termo árabe equivale aqui ao grego *proaíresis*, cujo sentido é "escolha deliberada", e porque consideramos o termo "livre-arbítrio" mais apropriado para a filosofia que seguiu a Patrística.

156. A tradução (espanhola) é de Rafael Ramón Guerrero in AL-FĀRĀBĪ, 1992, p. 43. O texto árabe está na segunda parte do livro, p. 44.

157. Cf. ARISTÓTELES. *De Anima* III, 10, 432b 5: "É absurdo dividir a faculdade desiderativa (*tò orektikón*), uma vez que na parte racional (*tô logistikô*) origina-se a volição (*boúlesis*) e na irracional, o apetite (*epithymía*) e o ímpeto (*thymós*)".

158. Cf. ARISTÓTELES. *De Anima* III, 10, 433a 21: "Também a imaginação, ao mover, não move sem desejo (*Kaì he phantasía dè hótan kinê ou kineî áneu oréxeos*)". O motor é sempre a faculdade desiderativa (*tò orektikón*), cf. *De Anima* III, 10, 433b 28: porque tem a faculdade desiderativa (*tò orektikón*), o animal é capaz de se mover e não possui esta faculdade sem a imaginação. Em *De Anima* III, 10, 433a 10 et seq., Aristóteles menciona o fato de que alguns homens – tal qual os animais – seguem a imaginação, quando esta é considerada uma espécie de pensamento (*nóesis*).

159. Segundo Aristóteles, no entanto, esses dois tipos de desejo também podem existir no homem.

160. Cf. ARISTÓTELES. *De Anima* III, 10, 434a 6-7: a deliberativa (*bouleutiké*) existe apenas nos animais racionais. Ver id., *Ética Nicomaqueia* III, 5, 1112a 17 et seq. sobre a deliberação (*bouleúsis*).

161. Ver ARISTÓTELES. *Ética Nicomaqueia* VI, 10, 1142b 12-13: a boa deliberação não ocorre sem o raciocínio (*allà mèn oud'áneu lógou he euboulía*).

162. Embora existam outras edições desse tratado de Al-Fārābī (ver referências bibliográficas), seguimos a edição bilíngue árabe-inglês de Richard Walzer: AL-FĀRĀBĪ, 1998².

163. As edições de Campanini e de Karām/Chlala/Jaussen traduzem o termo por "visão" em virtude da falta de sinais diacríticos. Isso, porém, não faz sentido, pois, no cap. XX da edição francesa de Karām et al., na passagem em que Al-Fārābī disserta sobre a faculdade reflexiva (*al-quwwat al-fikriyya = dianoetiké*), ele menciona que esta produz a reflexão (*fikra = diánoia*), a deliberação (*rawiyya*), a perscrutação (*ta'ammul*) e a descoberta [dos meios apropriados por dedução] (*istinbāṭ*, cf. GOICHON, 1938, §687); as traduções italiana e francesa desses termos não coincidem com a nossa, cf. AL-FĀRĀBĪ, 1980, p. 63, e a nota 1 para a explicação da leitura de "visão"; cf. AL-FĀRĀBĪ, 1996, p. 157.

SOBRE A VIRTUDE ESSENCIAL AO GOVERNANTE

Aristóteles: Sabedoria Prática, Deliberação e Escolha Deliberada

164. AL-FĀRĀBĪ, 2001³b. Desse tratado farabiano, há uma edição parcial na tradução de Mahdi: AL-FĀRĀBĪ, 1972²a, p. 58-82. "Vertu délibérative" também é a expressão usada pelos tradutores franceses em AL-FĀRĀBĪ, 2005a.

165. Cf. AUBENQUE, 1976². Ver tradução portuguesa: ARISTÓTELES, 2006³, p. 125 (*Ret.* I, 9, 1366b).

166. Cf. tradução francesa de Richard Bodéüs de *Ética Nicomaqueia*: ARISTÓTELES, 2004a, p. 291, nota 2.

167. Carlo Natali traduz *phrónesis* por "saggezza" e *sophía* por "sapienza", cf. ARISTÓTELES, 2005; cf. tradução francesa de Gauthier e Jolif: ARISTÓTELES, 1958-1959.

168. "Practical wisdom", cf. BROADIE, 1991, p. 179 et seq.

169. *Phrónesis* é uma palavra da mesma raiz de *phrén* e aqui tem o sentido de "mente, tino ou faculdade de avaliar, de discernir".

170. Ver PAKALUK, 2005, p. 215: em razão das várias traduções que o termo grego recebe em inglês, Pakaluk optou por traduzi-lo por "administrative virtue", pois, segundo ele, já que Aristóteles entende a *phrónesis* como uma virtude que traz à existência importantes bens de modo ordenado e eficiente, com o intuito de praticar uma justiça plena, compreende-se que é com *phrónesis* que se pratica a boa e excelente administração. O autor acrescenta que, embora se considere a *phrónesis* uma virtude que se aplica a uma instância da administração social e política, o sentido grego diz respeito também a uma boa administração dos assuntos domésticos.

171. Cf. BROADIE, 1991, p. 179, cap. 4.

172. Para a compreensão da *phrónesis*, servimo-nos dos artigos de BERTI, 1993, p. 435-459; BERTI, s/d.

173. CHATEAU, 1997, p. 185.

174. ARISTÓTELES. *Ética Nicomaqueia* VI, 3, 1139b 15-17; VI, 5.

175. CHATEAU, 1997, p. 190.

176. GAUTHIER in ARISTÓTELES, 1958-1959, Tome II, Deuxième Partie, p. 563-578.

177. ARISTÓTELES. *Ética Nicomaqueia* I, 1, 1094a 1-2: "Toda arte (*tékhne*) e toda pesquisa (*méthodos*) assim como toda ação (*prâxis*) e toda escolha (*proaíresis*) visam a algum bem".

178. AUBENQUE, 1976.

179. BERTI, 1993, p. 446-447.

180. Observe-se que em *Ética Nicomaqueia* VI, 3, 1139b 15-17, Aristóteles apresenta as virtudes dianoéticas nessa ordem e a *phrónesis* ocupa o lugar central do elenco, depois de *epistéme* e antes de *sophía*.

181. ARISTÓTELES. *Ética Nicomaqueia* VI, 3, 1139b 15-17.

182. O fim da produção é diverso da própria produção, enquanto o fim da ação (*prâxis*) é o próprio agir, cf. ARISTÓTELES. *Ética Nicomaqueia* VI, 5, 1140b 1-7.

183. ARISTÓTELES. *Ética Nicomaqueia* VI, 5, 1140a 25-28. A definição de "deliberação" como *zétesis* (investigação, exame, perscrutação) está em *Ét.Nic.* III, 5, 1112b 20-24.

184. ARISTÓTELES. *Ética Nicomaqueia* VI, 13, 1144a 23-29.

185. ARISTÓTELES. *Ética Nicomaqueia* VI, 5, 1140a 28-30.

186. ARISTÓTELES. *Ética Nicomaqueia* VI, 5, 1140a 33 - 1140b 2-5.

187. ARISTÓTELES. *Ética Nicomaqueia* VI, 3, 1140a 1-24.

188. Ver supra a seção "Aristóteles, o Primeiro Mestre".

189. ARISTÓTELES. *Ética Nicomaqueia* VI, 5, 1140b 8-9.

190. Trata-se de um jogo de palavras, pois *sózein* significa "salvar", e Aristóteles interpreta o termo *sophrosýne* como a virtude que salvaguarda a prudência, cf. BERTI, s/d, p. 5.

191. *Hóst' anánke tèn phrónesin héxin eînai metà lógou alethoûs perì tà anthrópina agathà praktikén.* ARISTÓTELES. *Ética Nicomaqueia* VI, 5, 1140b 20-21.

192. "Inúteis" aqui tem o sentido de coisas que não entram no domínio da prática, isto é, das ações humanas.

193. ARISTÓTELES. *Ética Nicomaqueia* VI, 7, 1141b 1-7.

194. ARISTÓTELES. *Ética Nicomaqueia* VI, 8, 1141b 15.

195. ARISTÓTELES. *Ética Nicomaqueia* VI, 5, 25-26.

196. ARISTÓTELES. *Ética Nicomaqueia* VI, 8, 1141b 9-10.

197. ARISTÓTELES. *Ética Nicomaqueia* VI, 8, 1141b 8-9.

198. Cf. BODÉÜS, in ARISTÓTELES, 2004a, p. 147, nota 1.

199. ARISTÓTELES. *Ética Nicomaqueia* III, 2, 1111a 18 - 3, 1111a 35; ver também *Retórica* I, 1357a 4-7.

200. ARISTÓTELES. *Ética Nicomaqueia* III, 5, 1112 a 20-35.

201. ARISTÓTELES. *Ética Nicomaqueia* III, 5, 1112b 22-23.

202. ARISTÓTELES. *Ética Nicomaqueia* III, 5, 1112b 8-9.

203. AUBENQUE, 1976[2], p. 95.

204. ARISTÓTELES. *Ética Nicomaqueia* III, 5, 1112 b 27-28.

205. ARISTÓTELES. *Ética Nicomaqueia* III, 5, 1112 b 32: *ánthropos eînai arkhè tôn práxeon.*

206. ARISTÓTELES. *Ética Nicomaqueia* III, 5, 1112 b 32-34.

207. ARISTÓTELES. *Ética Nicomaqueia* X, 7, 1177a 15-18. Essa aporia surge desenvolvida nas obras de Al-Fārābī. Sobre essa questão, ver o interessante artigo de PEFFLEY, s/d.

208. ARISTÓTELES. *Ética Nicomaqueia* III, 1, 1109b 30-36.

209. ARISTÓTELES. *Ética Nicomaqueia* III, 1, 1110a 17-18.

210. ARISTÓTELES. *Ética Nicomaqueia* II, 6, 1106b 39: *Éstin ára hé aretè héxis proairetiké.*

211. ARISTÓTELES. *Ética Nicomaqueia* II, 6, 1107a 1-6.

212. ARISTÓTELES. *Ética Nicomaqueia* III, 2; *Ética a Eudemo* II, 10; *Grande Moral* I, 19; diversas passagens na *Política* e na *Retórica* e duas vezes na *Poética* (VI, 50b 9; XV, 54a 18).

213. ARISTÓTELES. *Ética Nicomaqueia* I, 1, 1094a 1-2.

214. Cf. LIDDELL & SCOTT, 1996, p. 1466.

215. ARISTÓTELES. *Ética Nicomaqueia* III, 16-17. O termo grego *proaíresis* significa a ação que indica o que foi preferido, o ato que externa ou realiza uma preferência. Richard Bodéüs explica em nota de rodapé: "No termo *proaíresis* (decisão) encontra-se o mesmo prefixo *pro-* que no termo *probebouleuménon* (previamente deliberado), cujo significado é antes temporal; mas, quando [o prefixo é] aplicado a 'escolha', parece significar 'de preferência a' e marca a prioridade na ordem dos valores. É assim que [aqui] é preciso compreender [o significado como] 'antes de qualquer outra coisa'. Há aqui, portanto, uma espécie de jogo de palavras que permite apresentar 'decisão' como uma escolha *preferencial* que resulta de uma deliberação *prévia*". BODÉÜS, 2004, p. 144, nota 1 (grifo do autor). Marco Zingano informa que "Aristóteles recorre à expressão corrente de agir *katà proaíresin*, agir *com reflexão, com premeditação*. No mesmo sentido, ele explica o objeto de escolha deliberada através do objeto de reflexão, *probebouleuménon* (*EN* III 4 1112a 15), expressão na qual o *pro-* tem prioritariamente um sentido temporal, enquanto, em *proaíresis*, o sentido temporal fica dependente do sentido, mais importante, de *escolher isto de preferência àquilo* (embora o sentido temporal de reflexão anterior à ação não desapareça por inteiro)". ZINGANO, 2007, p. 195 (grifos do autor).

216. ARISTÓTELES. *Ética Nicomaqueia* II, 6, 1106b 36: "a virtude é um estado habitual que produz escolhas" (*aretè héxis proairetiké*). Segundo Liddel & Scott, *proaíresis* aqui tem o sentido de "purposive, concerned with purpose" ("intencional, que diz respeito a um propósito").

217. *Tês aretês gàr kaì toû éthous én tê proairései tò kýrion.* ARISTÓTELES. *Ética Nicomaqueia* VIII, 15, 1163a 22-23; *Auté* (isto é, *hé proaíresis*) *gàr toû phílou kaì tês aretês, Ét.Nic.* IX, 1, 1164b 2.

218. ARISTÓTELES. *Ética Nicomaqueia* III, 5, 1113a 10: "a escolha é um desejo deliberado que depende de nós" (*hé proaíresis àn eíen bouleutikè órexis tôn eph' hemîn*)

219. Cf. LIDDELL & SCOTT, 1996, p. 1466.

220. ARISTÓTELES. *Ética Nicomaqueia* V, 14, 1137b 35: "o que escolhe e põe em prática (*proairetikòs kaì praktikós*) tais coisas" (isto é, o que vem de ser descrito).

221. ARISTÓTELES. *Ética Nicomaqueia* X, 1, 1172a 25.

222. ARISTÓTELES. *Ética Nicomaqueia* VII, 6, 1148a 5-9.

223. ARISTÓTELES. *Ética Nicomaqueia* VI, 2, 1139a 30-31: *Práxeos mèn oûn arkhè proaíresis, hóthen hé kínesis all' oukh oû éneka* [...].

224. ZINGANO, 2007, p. 195.

225. Ibid., p. 195 (grifo do autor).

226. *Tò gàr pséphisma praktòn hos tò éskhaton.* ARISTÓTELES. *Ética Nicomaqueia* VI, 8, 1141b 27.

227. [...] *arkhitektonikè [phrónesis] nomothetiké.* ARISTÓTELES. *Ética Nicomaqueia* VI, 8, 1141b 25.

228. ARISTÓTELES. *Ética Nicomaqueia* VI, 9, 1142a 7-10.

229. Cf. ARISTÓTELES. *Ética Nicomaqueia* X, 1180b 11-20.

230. ARISTÓTELES. *Ética Nicomaqueia* VI, 9, 1142a 11-20; id. I, 1, 1095a 2-4: "por isso o jovem não está apto a receber o ensinamento da política, pois não tem experiência das ações cujo campo é a nossa vida [...]".

231. ARISTÓTELES. *Ética Nicomaqueia* VI, 13, 1144a 6-8; id., VI, 13, 1145a 5.

232. ARISTÓTELES. *Ética Nicomaqueia* VI, 13, 1144a 27.

233. ARISTÓTELES. *Ética Nicomaqueia* VI, 9, 1142a 11-25.

234. Cf. BERTI, 1993, p. 449, nota 21: "A afirmação de que a *phrónesis* comanda em vista da *sophía* corresponde a *Ética Eudemia* VIII, 3, 1249 b 12-20, segundo a qual a *phrónesis* comanda o que deve ser feito e o que deve ser evitado para 'servir e contemplar a divindade'".

235. ARISTÓTELES. *Ética Nicomaqueia* VI, 12, 1143a 35-1143b 10. Cf. BODÉÜS, 2002, p. 195-196.

236. *Diò kaì arkhè kaì télos noûs.* ARISTÓTELES. *Etica Nicomaqueia* VI, 12, 1143b 9-10.

237. BODÉÜS, in ARISTÓTELES, 2004a, p. 333, nota 3.

238. ARISTÓTELES. *Ética Nicomaqueia* VI, 5, 1140b 8-11.

239. BODÉÜS, 2002, p. 200.

Al-Fārābī e a Sabedoria Prática

240. Nome de ação da quinta forma que alude ao "ato de intelecção", cf. GUERRERO, 1992, p. 113, nota 52. Contudo, o termo *fiṭna* traduz *phrónesis* na versão árabe de *Ética Nicomaqueia*: ARISTÓTELES. *Al-Aḫlāq*. ed. A. Badawi. Kuwait, 1979, p. 211:7 passim, apud GUERRERO, 1992, p. 114, nota 52.

241. AL-FĀRĀBĪ (trad. Guerrero), 1992, p. 113, §33; p. 117, §39; AL-FĀRĀBĪ (trad. Butterworth), 2004²a, p. 28, §33; p. 31, §39.

242. "Practical wisdom", cf. GALSTON, 1990, p. 99; p. 112 passim.

243. Cf. BADAWĪ, 1972, v. II, p. 546-547. Majid Fakhry aponta os seis sentidos dados por Al-Fārābī ao termo "intelecto" (*al-ᶜaql*) em sua *Epístola sobre o Intelecto* (*Risāla fī al-ᶜaql*): o primeiro sentido "é em geral afirmado do racional e do virtuoso na língua corrente, que Aristóteles denomina *phrónesis*" (= *al-taᶜaqqul*); o quarto sentido dado ao termo "intelecto" "é mencionado em *Ética* VI como *habitus* e enraizado na experiência. Esse intelecto nos permite julgar de modo infalível, com uma certa sagacidade intuitiva, os princípios do verdadeiro e do falso", cf. FAKHRY, 1989, p. 143. A propósito desse mesmo tratado de Al-Fārābī, Badawī nota que, dentre as seis diferentes significações dadas ao termo *intelecto* (*al-ᶜaql*), a primeira e a quarta coincidem. A primeira (faculdade *taᶜaqqul*) é característica de quem age para o bem; a quarta, segundo a terminologia usada por Badawī, "prudência moral", é a que permite discernir o bem e o mal, e sua capacidade deriva da experiência. Ver NETTON, 1992, p. 46-47.

244. Butterworth traduz por "discerniment", in AL-FĀRĀBĪ, 2004²a, p. 28.

245. Aristóteles divide a alma em duas partes: racional e não racional; a parte racional, por sua vez, se subdivide em duas partes, científica e calculadora, cf. ARISTÓTELES. *Ética Nicomaqueia* VI, 2, 1139a 5-16: Aristóteles quer investigar qual é o melhor estado de cada uma dessas partes, pois cada uma delas terá a sua virtude própria referente ao seu modo próprio de operar. É a essa subdivisão que Al-Fārābī se refere ao mencionar as partes racional teorética e racional reflexiva.

246. Termo de tradução complicada, cf. GOICHON, 1938, §263. Mantivemos "discernimento" segundo a tradução de Rafael Ramón Guerrero, cf. AL-FĀRĀBĪ, 1992, p. 113-114.

247. Tem o sentido de "conhecimento" por oposição a *ágnoia*, cf. ARISTÓTELES. *De Anima* 410b 3; cf. LIDDELL & SCOTT, 1996, p. 1712. No entanto, é um conhecimento cujo sentido abrange uma certa sagacidade. Aristóteles afirma que "*sýnesis* tem os mesmos conteúdos de *phrónesis*, mas não são a mesma coisa; a *phrónesis* ordena (de fato, o seu fim é a ação a ser, ou não, cumprida), enquanto a *sýnesis* se limita a julgar (*hé dè sýnesis kritikè mónon*)", cf. ARISTÓTELES. *Ética Nicomaqueia* VI, 11, 1143a 8-9. Em *Fuṣūl Muntazaᶜa* (Aforismos Selecionados), no §44, Al-Fārābī afirma que "*ḏihn* é uma das espécies da prudência".

248. ARISTÓTELES. *Ética Nicomaqueia* VI, 10, 1142b 11.

249. ARISTÓTELES. *De Anima* III, 3, 427b 9-10: a reflexão (*tò noeîn*) pode ser reta (*orthós*) ou não; a reta é a sabedoria prática (*phrónesis*), a ciência (*epistéme*) e a opinião verdadeira (*dóxa alethés*).

250. AL-FĀRĀBĪ, 2001³b, p. 27-31, §§26-31; id., 2005a, p. 48-57, §§26-31.

251. Cf. MAHDI, 2005², p. 55: "the deliberative virtue or the virtue of prudence" ("a virtude deliberativa ou a virtude da prudência").

252. Muhsin Mahdi, Christopher Colmo, Joshua Parens, entre outros, traduzem por "deliberative virtue". O mesmo se aplica aos tradutores franceses de *Taḥṣīl al-Saᶜāda* (Obtenção da Felicidade). Sobre a dificuldade de uma tradução uniforme dos termos farabianos, ver GALSTON, 1990, p. 110-111, nota 30.

253. Majid Fakhry traduz *al-quwwat al-fikriyya* por "power reflective or deliberative" ("potência raciocinativa ou deliberativa"), cf. FAKHRY, 1994a, p. 80.

254. Cf. AL-FĀRĀBĪ, 1998², p. 172 (texto árabe IV.10.8, linha 4); cf. WALZER, in ibid., p. 390, notas 343 e 344.

255. Nessa exposição preferimos manter a palavra árabe usada por Al-Fārābī, a fim de destacar o problema de traduzi-la por "virtude deliberativa". Faculdade *fikriyya* corresponde a *tò logistikón*

e talvez fosse mais apropriado traduzi-la por "faculdade 'calculativa'", como fazem os estudiosos de Aristóteles, ainda que o próprio Aristóteles afirme que "calcular" (*logízesthai*) e "deliberar" (*bouleúesthai*) chegam a ser a mesma coisa, embora *tò logistikón* corresponda a "uma certa parte da alma racional" (*Ét.Nic.* VI, 2, 1139a 12-14). Convém lembrar que a *phrónesis* de Aristóteles compreende o ato de deliberar (*bouleúsis*) e o ato de escolher a decisão deliberada (*proaíresis*).

256. Cf. tradução francesa: AL-FĀRĀBĪ, 2005a, p. 49.

257. Cf. ARISTÓTELES. *Ética Nicomaqueia* VI, 8, 1141b 23-26. Mas também pode estar se referindo à parte judiciária (*dikastiké*) da política, cf. *Ét.Nic.* VI, 8, 1141b 30.

258. Cf. ARISTÓTELES. *Ética Nicomaqueia* VI, 8, 1141b 22-30. Aristóteles afirma que a política e a *phrónesis* têm a mesma disposição habitual (*héxis*), mas suas essências são distintas: a *héxis* que concerne à cidade tem duas partes: uma é legislativa (*nomothetiké*) e é denominada "arquitetônica"; a outra tem o nome comum de política (*politiké*), sendo prática (*praktiké*) e deliberativa (*bouleutiké*), e é dirigida aos particulares, pois diz respeito aos decretos (*pséphisma*) que se aplicam aos casos particulares.

259. A *oikonomía* diz respeito à administração doméstica, cf. *Ét.Nic.* VI, 8, 1141b 30.

260. O termo árabe *mašwara* corresponde ao grego *euboulía*, a boa deliberação (cf. trad. Rosenthal, p. 156, nota 4). Muhsin Mahdi traduz por "consultative deliberative virtue", tradução em que *fikriyya* corresponde a "deliberative", e *mašūriyya*, a "consultative".

261. Cf. ARISTÓTELES. *Ética Nicomaqueia* VI, 8, 1141b 29-30. Nos casos de indivíduos particulares, Aristóteles afirma que se trata do nome *phrónesis* em geral. Mas Al-Fārābī possivelmente está se referindo à virtude deliberativa (*bouleutiké*) que concerne aos decretos particulares, cf. nota anterior.

262. Cf. ARISTÓTELES. *Ética Nicomaqueia* VI, 9, 1142a 1-10. Ver a análise sobre a função da "virtude deliberativa" em *Taḥṣīl al-Saᶜāda* (Obtenção da Felicidade) in PARENS, 2006, p. 85 et seq.

263. Péricles é o exemplo dado por Aristóteles em *Ética Nicomaqueia* VI, 5, 1140b 8-11.

264. Cf. ARISTÓTELES. *Ética Nicomaqueia* VI, 5, 1140b 16-21; VI, 10, 1142b 18-23; VI, 13, 1144a 6-36.

265. Cf. ARISTÓTELES. *Ética Nicomaqueia* I, 13; V, 1, 1129b 25-1130a 13.

266. Cf. ARISTÓTELES. *Ética Nicomaqueia* IV, 1, 1119b 19-1121a 7: sobre a generosidade/liberalidade (*eleutheriótes*).

267. ARISTÓTELES. *Ética Nicomaqueia* I, 1, 1094a 26-27.

268. Segundo Aristóteles, é a política que estabelece as ciências de que a cidade necessita, bem como as ciências a que as diversas classes de cidadãos devem se dedicar. Atividades como a arte militar, a administração domiciliar e a retórica lhe são subordinadas. Como a política se serve das outras ciências práticas e legisla sobre o que deve ser feito e o que deve ser evitado, o seu fim compreende o fim de cada uma das outras ciências, de modo que é a política que visa ao bem humano, porque "colher e preservar o bem da cidade é a coisa melhor e mais perfeita [...] pois é melhor e mais divino realizá-lo para um povo e para a cidade". ARISTÓTELES. *Ética Nicomaqueia* I, 1, 1094a 25 – 1094b 10.

269. Cf. ARISTÓTELES. *Ética Nicomaqueia* I, 1, 1094a 10-14: da equitação depende a arte (*tékhne*) de fabricar selas e todas as outras artes que fabricam equipamentos para a arte da equitação; mas a arte da equitação e a atividade da guerra dependem da arte militar. Do mesmo modo, a arte de fabricar navios depende da arte da navegação.

270. Cf. AL-FĀRĀBĪ, 2005a, p. 81; AL-FĀRĀBĪ, 2001[3]b (trad Mahdi), p. 43.

271. ARISTÓTELES. *Ética Nicomaqueia* X, 7, 1177a 12 – 1178a 7.

Averróis e a Sabedoria Prática

272. *Phrónesis d'estìn aretè dianoías, kath'en eû bouleúesthai dýnantai perì agathôn kaì kakôn tôn eireménon eis eudaimonían.*

273. AVERRÓIS (IBN RUŠD), 2002a, V. II, p. 74.

274. Ibid. Maroun Aouad traduz *al-lubb* por “sagesse pratique”.

275. Cf. CORRIENTE, 1991, p. 680-681.

276. AVERRÓIS (IBN RUŠD), 1962, fol. 85. A tradução (portuguesa) foi feita em parceria com a Profª. Anna Lia A. de Almeida Prado. Em Anexo, publicamos a tradução integral do Livro VI do *Comentário Médio sobre a Ética Nicomaqueia*, de Averróis.

277. ARISTÓTELES. *Ética Nicomaqueia* VI, 5, 1140a 25-28: embora a boa deliberação deva ser para com aspectos particulares, é preciso saber deliberar sobre o que é bom para o conjunto da vida (*tò eû zên hólos*), pois a vida como um todo deve ser boa, e não apenas alguns setores dela. A *phrónesis* propriamente é uma capacidade de saber aplicar certos preceitos úteis e retos a casos particulares, isto é, concretos, individuais e que dependem do próprio indivíduo, mas ela não é a própria arte, tampouco a série de preceitos ou máximas aplicada, cf. ARISTÓTELES. *Ética Nicomaqueia* II, 2, 1104a 5-9: “de fato, o arrazoado acerca dos casos particulares (*kath' hékasta lógos*) não pertence a nenhuma arte nem a uma série de preceitos (*parangelían*), mas é sempre necessário que quem age examine as circunstâncias da ocasião, exatamente como ocorre na medicina e na arte da pilotagem”. Enquanto a *phrónesis* se aplica a casos particulares, *epistéme* e *tékhne* tratam dos universais. A *phrónesis* se limita a certos casos particulares que dependem da vontade, mas não a todos, pois, como ocorre na prática médica, há casos particulares em que a vontade do médico não age sobre a evolução da doença. A “medida justa do viver” a que alude Averróis parece remeter-se ao que ele afirma no *Tratado Decisivo* (trad. Hanania §49; trad. Geoffroy §49; trad. Butterworth §38): “A prática verdadeira (*al-ᶜamal al-ḥaqq*) consiste em realizar ações que tragam felicidade (*al-saᶜāda*) e evitar ações que tragam infortúnio. O conhecimento dessas ações chama-se ‘ciência prática’ (*al-ᶜilm al-ᶜamaliyya*)”. A medida justa do viver é a própria prática verdadeira, isto é, o saber deliberar e escolher os meios corretos que conduzam à felicidade.

278. No latim clássico, *magisterium*, *-i* significa a dignidade do mestre ou do ofício, do que é o mais, do que está em posição superior. Refere-se à autoridade doutrinal, moral e intelectual que se impõe de maneira absoluta. Essa correspondência poderia estar baseada em ARISTÓTELES. *Metafísica* A, 1, 980a 30: “Por isso consideramos os que têm a direção (*arkhitéctones*) nas diferentes artes mais dignos de honra e os possuidores de maior conhecimento e mais sábios [...]”. Aqui, no entanto, optamos por traduzir o termo *magisterio* por “ensinamento” – o sentido por extensão –, porque está mais de acordo com a teoria exposta, embora não haja nenhuma referência a esse termo na passagem comentada. Contudo, ao ensinar, não se delibera, ensina-se o que já está dado na ciência e na arte. Como a *phrónesis* é uma virtude que acompanha o ato de deliberar, certamente não é necessária para o ensino nem da arte nem da ciência, em que não há necessidade de deliberação, uma vez que arte e ciência tratam de princípios universais, e a deliberação concerne ao particular. Cf. ARISTÓTELES. *Ética Nicomaqueia* VI, 3, 1139b 25 et seq.: “toda ciência é objeto de ensinamento [...] cada ensinamento deriva de conhecimentos precedentes, como já foi dito nos *Analíticos* (*An. Post.* 71a 1-2), em parte por indução, em parte por dedução. A indução concerne ao princípio e ao universal, enquanto a dedução parte de premissas universais”. Cf. ARISTÓTELES. *Metafísica* A, 1, 981b 7-10: “Em geral, o que distingue quem sabe de quem não sabe é a capacidade de ensinar (*didáskhein*): por isso consideramos que a arte seja sobretudo ciência e não experiência; de fato, os que possuem a arte são capazes de ensinar, enquanto os que possuem a experiência não o são”. Em *Ética Nicomaqueia* II, 1, 1103a 15-16, Aristóteles, no entanto, afirma que a virtude intelectual nasce e desenvolve-se a partir de um ensinamento (*tò pleîon ex didaskhalías*), o que significa, segundo Richard Bodéüs, que, no mínimo, ela tem necessidade de um *didáskhalos*. Isso não significa, porém, que discursos e lições orais de um mestre sejam o meio verdadeiro de transmitir a virtude *phrónesis* (o verbo *didáskhein* é também usado para a instrução prática, como, por exemplo, o ensino da equitação), já que Aristóteles enfatiza a necessidade imperativa da experiência. Esse *didáskhalos*, portanto, no âmbito da *phrónesis* pode bem ser um guia, um conselheiro experiente nas matérias práticas. Lições, tais quais as que professava Aristóteles em seus escritos, enunciam as regras gerais, as leis universais do agir. Esse tipo de ensinamento, no entanto, não basta para tornar o discípulo um *phrónimos*. Cf. BODÉÜS, 1982, p. 66.

279. É impossível que o que é conhecido pela ciência seja conhecido por outro meio afora a ciência.

280. Nessa passagem surge o problema da identificação de *magisterium* com arte. Mas, conforme já foi dito, a arte lida com princípios universais e, portanto, pode ser ensinada. Cabe lembrar que o

termo árabe *ṣināᶜa* (sing.), *ṣanā'iᶜ* (pl.) não se refere apenas à prática das artes como navegação, agricultura, escrita etc., mas é também usado no sentido de "disciplinas" como a medicina e a lógica, em que "arte" se encontra a par de "ciência". Cf. GOICHON, 1938, §367. Segundo já foi assinalado, o grego *tékhne* tem a mesma característica, isto é, uma extensão mais ampla da que o termo "arte" possui na linguagem moderna. "Arte" (*tékhne*) não é ciência, mas é algo que se aproxima da ciência, já que ambas implicam o conhecimento dos universais: "arte" designa qualquer prática baseada em determinadas regras gerais e conhecimentos sólidos. Todavia, enquanto a ciência é conhecimento demonstrativo do que é necessário e eterno, a arte é uma disposição acompanhada de razão que visa à produção e, portanto, tem como objeto as coisas que podem tornar-se diferentes do que são, cf. ARISTÓTELES. *Ética Nicomaqueia* VI, 3, 1139b 14 – 1140a 23; cf. id. *Metafísica* A, 1, 981a 15 – 981b 3: acerca da primazia da arte (que é como uma ciência) com relação à experiência (*empeirías*).

281. Novamente, o campo de conhecimento da *phrónesis* são as coisas mutáveis, circunstanciais e que dizem respeito ao particular; ciência e arte se baseiam no conhecimento de regras gerais (ou universais).

282. Quando se traduziram as obras gregas para o árabe, o *pneûma zotikón* (espírito vital) tornou-se em árabe *rūḥ ḥayawānī*, que significa "espírito animal", porque o adjetivo *zootikós*, "vital", foi confundido com *zoôdes*, "como um animal". Cf. ULLMANN, 1995, p. 36. É possível que um erro análogo tenha ocorrido na tradução latina, *animalis*, se porventura o tradutor tiver encontrado alguma palavra no original árabe com a raiz *ḥyū* remetendo-se a "animal".

283. ARISTÓTELES. *Ética Nicomaqueia* VI, 5, 1140b 4-5.

284. No texto aristotélico, a *phrónesis* é qualificada como *praktiké*, adjetivo verbal do verbo *prátto*, verbo intransitivo determinado no texto por um adjunto adverbial, *perì tà anthrópina agatá* (a respeito dos bens humanos). A tradução latina dá como equivalente de *praktikén* (seguindo a teoria de Aristóteles) a palavra *efficiens*, particípio presente de *efficere*, isto é, "eficiente", com uma regência de substantivo no genitivo. Contudo, o texto nos leva a pensar no ato da vontade como causa da efetuação de uma ação, isto é, a causa eficiente que, segundo Aristóteles, é a condição necessária para que se ponha em movimento e se efetue qualquer processo de transformação, cf. ARISTÓTELES. *Metafísica* A, 3, 983a 25-30; Z 7-9; Id. *Física* II, 3, 194 b 25 et seq.: causa eficiente é por onde começa o movimento de transformação (*tò metabállon*), como, por exemplo, "o autor de uma decisão é causa, o pai é causa do filho, e, em geral, o agente é causa do que é feito, o que produz a transformação do que é transformado".

285. Parece que Averróis entende os meios da ação descobertos; de fato, os meios da ação dizem respeito a como conseguir realizar a ação para obter um determinado fim.

286. O texto que traduzimos apresenta uma dificuldade de versão que será resolvida se supusermos um erro do tipógrafo (ou do copista), isto é, se ele tiver consignado *pro consiliationem* em lugar de *pro consiliatione*. Essa correção atende às exigências do conteúdo da doutrina aristotélica.

287. O texto latino é um tanto ambíguo. *Magisterio* aqui parece associar-se mais a "arte", como afirma a conclusão. Lembre-se que, para Aristóteles, o fim da ação é a própria ação; o fim da deliberação é descobrir os meios corretos de realizar a ação; o fim da arte (*tékhne* = *ṣināᶜa*) é o produto. A passagem corresponde a ARISTÓTELES. *Ética Nicomaqueia* VI, 5, 1140b 1-6: "a *phrónesis* não é nem ciência nem arte porque ação e produção pertencem a gêneros diversos. De fato, o fim da produção é diverso da própria produção, enquanto o fim da prática não o é, pois o próprio agir com sucesso é fim".

288. ARISTÓTELES. *Ética Nicomaqueia* VI, 5, 1140b 6-7.

289. ARISTÓTELES. *Ética Nicomaqueia* VI, 5, 1140b 24-25: "É evidente, portanto, que a *phrónesis* é um certo tipo de virtude, e não uma arte". Na passagem comentada, Averróis novamente identifica *magisterium* com a arte.

290. ARISTÓTELES. *Ética Nicomaqueia* VI, 5, 1140b 20: "*phrónesis* é um estado habitual (*héxis*) unido ao raciocínio verdadeiro (*metà lógou alethoûs*)".

291. ARISTÓTELES. *Ética Nicomaqueia* VI, 5, 1140b 25-27: "Como há duas partes racionais da alma, a *phrónesis* será virtude de uma delas, daquela que é a sede da opinião (*toû doxastikoû*); de fato, tanto a opinião quanto a *phrónesis* concernem ao que pode ser diversamente".

292. ARISTÓTELES. *Ética Nicomaqueia* VI, 5, 1140b 27-30.

293. Passagem que não coincide com o texto original de Aristóteles. Com efeito, Aristóteles afirma que, quando alguém possui a virtude *phrónesis*, não se esquece de seu estado de *phrónimos*, mas, nos outros estados verdadeiros, pode haver esquecimento, cf. ARISTÓTELES. *Ética Nicomaqueia* VI, 5, 1140b 28-30. Os outros "hábitos verídicos" (*héxeis aletheîs*) a que se refere Averróis parecem ser as outras quatro virtudes dianoéticas: ciência (*epistéme*), sabedoria (*sophía*), intelecto (*noûs*) e arte (*tékhne*).

294. AVERRÓIS (IBN RUŠD), 1962, fol. 87.

295. Cruz Hernández traduz por "previa deliberación y conocimiento" (trad. Cruz Hernández, p. 84); Lerner, por "cogitation and thought" (trad. Lerner, p. 85); e Rosenthal, por "judgment and conjecture" (trad. Rosenthal, p. 189). Em nota de rodapé, Rosenthal questiona se os termos hebraicos correspondem a *phrónesis* (trad. Rosenthal, p. 189, nota 1). No glossário hebraico-grego, Rosenthal registra a correspondência de *phrónesis* a *maḥšavah* (pensamento), a *koaḥ maḥšavih* (faculdade de pensamento), a *haṣagah* (apreensão, reflexão), cf. ROSENTHAL, in AVERRÓIS (IBN RUŠD), 1966, p. 332.

296. Trad. ELIA DEL MEDIGO II <IX, 3>; trad. Rosenthal II.ix.3; trad Lerner 68:18-16; trad. Cruz Hernández, p. 84. Note-se que na primeira vez em que as virtudes são arroladas, no lugar de *virtutes speculativae*, Elia del Medigo escreve *virtutes intellectivae*. Essa diferença não aparece nas traduções inglesas a partir da versão hebraica, pois em ambas lemos "theoretical virtues" nos dois enunciados das virtudes.

297. O termo latino *doctrina, -ae* pode ser traduzido por arte (no sentido de disciplina), ciência, teoria e doutrina. Preferimos manter "doutrina" no sentido amplo de "sistema formulado por princípios que servem de fundamento para as ações de determinada política", pois a frase seguinte indica que se trata de uma sabedoria relativa à promulgação de leis e constituições do bom regime. E a própria sequência do texto, como veremos, indica ser este o sentido. Trad. Lerner 48:14: "this city is wise, possessing knowledge"; trad. Rosenthal I.xxiii.5: "wise, and possessing knowledge and wisdom"; Cruz Hernández, p. 49: "sabia y poseedora de conocimientos".

298. Ou seja, o conhecimento prático (que tem a parte teórica e a parte prática, isto é, a ética e a política).

299. Trad. ELIA DEL MEDIGO I <XXIII, 4-6>; trad. Rosenthal I.xxiii.4-6; trad. Lerner 48:10-30; trad. Cruz Hernández, p. 49-50. Cruz Hernández identificou a "prudência" nessa passagem, já que põe no subtítulo do §29 *La prudencia* e cita essa virtude, em vez da sabedoria, dentre as virtudes da cidade de Platão, cf. trad. Cruz Hernández, p. 49.

300. Segundo trad. Lerner 48:15.

301. No sentido de "opinião, juízo". Na trad. Rosenthal, p. 156, nota 4, o tradutor esclarece que verteu de uma palavra árabe hebraizada, *mašwara*, que corresponde a *euboulía*, a boa deliberação.

302. Segundo trad. Lerner 48:15-20.

303. ARISTÓTELES. *Ética Nicomaqueia* I, 6, 1098a 15.

304. ARISTÓTELES. *Ética Nicomaqueia* I, 13, 1102a 5.

305. ARISTÓTELES. *Ética Nicomaqueia* I, 5, 1097b 20-21: "*Téleion dé ti phaínetai kaì aútarkes he eudaimonía, tôn praktôn oûsa télos*".

306. Trad. ELIA DEL MEDIGO I <I, 6-8>; trad. Rosenthal I.i.6-8; trad. Lerner 21:21-29; trad. Cruz Hernández, p. 4.

307. AUBENQUE, 1976^2, p. 39 (grifo do autor).

308. ARISTÓTELES. *Ética Nicomaqueia* II, 6, 1106b 36 - 1107a 1.

309. AUBENQUE, 1976^2, p. 40-41. Cf. ARISTÓTELES. *Ética Nicomaqueia* III, 6, 1113a 33: "o homem excelente (*spoudaîos*) distingue-se sobretudo por ser capaz de ver o verdadeiro nos casos particulares e por ser uma regra de excelência e uma medida (*ósper kanòn kaì métron autôn ón*)".

310. Cf. BODÉÜS, 1982, p. 77; cf. AUBENQUE, 1976^2, p. 40-51.

311. Cf. AUBENQUE, 1976^2, p. 41.

312. Trad. ELIA DEL MEDIGO II <I, 3>; trad. Rosenthal II.i.3; trad. Lerner 61:1-4; trad. Cruz Hernández, p. 71-72.

5. SOBRE AS QUALIDADES ESSENCIAIS AO GOVERNANTE

1. STRAUSS, 1988b, p. 102.

AS QUALIDADES ESSENCIAIS AO GOVERNANTE NO ISLÃ

2. Parte deste capítulo foi publicada na *Revista de Filosofia Trans/Form/Ação*, 2011, v. 34, n. 1, p. 1-20, sob o título "Platão, Al-Fārābī e Averróis. As qualidades essenciais ao governante".
3. REDISSI, 1998, p. 13.
4. Ver GABRIELI, 1971, p. 883-885.
5. CHALLITA, 1975, p. xviii.
6. Cf. GABRIELI, 1971, p. 884.
7. AL-FĀRĀBĪ. *Taḥṣīl al-Sa^{c}āda* §20, in AL-FĀRĀBĪ, 2001^{3}b, p. 24.

A Tradição Religiosa Islâmica

8. Apud WILLIAMS, 1994, p. 66.
9. O primeiro califa, Abū Bakr (c. 570-634), e seus sucessores ^{c}Umar ibn Ḫaṭṭāb (c. 591-644), ^{c}Uṯmān ibn ^{c}Affān (m. 656) e ^{c}Alī ibn Abī Ṭālib (m. 661). Esses quatro primeiros califas acompanharam Muḥammad na fundação do Islã e fazem parte do grupo conhecido por Companheiros do Profeta.
10. MAWDŪDĪ, 1999, p. 656-673.
11. *Corão* IV:59 é considerado o fundamento primeiro da constituição do Estado islâmico; *Corão* IV:105; V:44; 45; 47; VII:3; XXXIII:36 são versículos que prescrevem seguir e julgar "conforme o que Allāh fez descer" a Seu mensageiro Muḥammad, sendo o *Corão*, portanto, a Lei que funda e decreta o que deve ser decidido.
12. *Ḥadīṯ*: "Os muçulmanos são irmãos. Ninguém tem preferência sobre ninguém, exceto no nível da piedade". IBN KAṮĪR. *Tafsīr al-Qur'ān al-^{c}Aẓīm*. Cairo: Maṭba^{c}ah Muṣṭafā Muḥammad, 1937, IV, p. 217, apud MAWDŪDĪ, 1999, p. 657, nota 2. Nessa nota, Mawdūdī fornece outras citações das Tradições que corroboram a igualdade entre muçulmanos, sem distinção de qualquer espécie entre eles.
13. *Corão* IV:58: "Por certo, Allāh vos ordena que restituais os depósitos a seus donos. E, quando julgardes entre os homens, que julgueis com justiça. [...]. Ouvi, cada um de vós é um pastor e cada um é responsável por seu rebanho. E o chefe maior (isto é, o Califa) é responsável por seus súditos" (Trad. Helmi Nasr). BUḪĀRĪ. *Kitāb al-Aḥkām*, cap. I, apud MAWDŪDĪ, 1999, p. 657, nota 4.
14. Termo derivado do verbo *ašāra* (designar, indicar, dar um parecer), *šūrà* é o nome dado ao Conselho que, após uma consulta mútua, elege e designa o novo soberano. A prática da consulta entre o chefe da tribo e seus comandantes é pré-islâmica e continuou a existir na eleição do sucessor do califa e de outros homens ligados ao poder, cf. BOSWORTH, 1997b, v. IX, p. 504-505.
15. *Ḥadīṯ*: "^{c}Alī relata que perguntou ao Profeta de Deus (haja paz sobre ele): 'O que faremos se nos defrontarmos, depois de tua morte, com um problema que não é nem mencionado no *Corão* nem ouvimos nada a respeito de teus lábios?'. Ele respondeu: 'De minha comunidade (*umma*), reuni os que verdadeiramente servem a Deus e apresentai-lhes a questão a fim de que façam uma consulta mútua. Não deixais que [a questão] seja decidida por uma opinião individual'". ĀLŪSĪ. *Rūḥ al-Ma^{c}ānī*. Cairo: Idārat al-Ṭabā^{c}at al-Munīriyya, 1926, XXV, p. 42, apud MAWDŪDĪ, 1999, p. 657-658, nota 5.
16. *Ḥadīṯ*: "É dever do muçulmano ouvir seu emir e obedecer a ele, a não ser que lhe seja pedido fazer algo errado; quando lhe for pedido algo errado, que não ouça nem obedeça". BUḪĀRĪ. *Kitāb al-Aḥkām*, cap. IV; MUSLIM. *Kitāb al-Imāra*, cap. VIII, apud MAWDŪDĪ, 1999, p. 658, nota 6 (Nesta nota, Mawdūdī indica outras coleções das Tradições que repetem o mesmo e cita também outras tradições com o mesmo significado, isto é, que o muçulmano deve obediência a Deus, ao que é justo, e que não deve obedecer aos governantes que comandam o que é contrário à Lei divina).

17. *Ḥadīṯ*: "Na verdade, não confiamos um posto nesse nosso governo àquele que o busca e o ambiciona". BUḪĀRĪ. *Kitāb al-Aḥkām*, cap. VII, apud MAWDŪDĪ, 1999, p. 658, nota 7.

18. *Corão* XXII:41: "esses são os que, se os empossamos na terra, cumprem a oração e concedem *al-zakāt* e ordenam o conveniente e coíbem o reprovável. E de Allāh é o fim de todas as determinações" (Trad. Helmi Nasr). Um dos cinco pilares do Islã, *zakāt* é o tributo anual obrigatório do muçulmano, impropriamente traduzido por "esmola".

19. *Ḥadīṯ*: "Quem de vós vir algo mau, que o desfaça com suas próprias mãos; se não puder, que o controle com sua própria língua; se nem isso puder fazer, que o desdenhe com seu coração e deseje que não tivesse sido assim, e esse é o mais baixo grau da fé". MUSLIM. *Kitāb al-Imām*, cap. XX; TIRMIḎĪ. *Abwāb al-Fitan*, cap. XII. A nota de Mawdūdī informa outras obras de autores que contêm essa mesma tradição e indica outras tradições que corroboram o mesmo sentido. Apud MAWDŪDĪ, 1999, p. 658, nota 9.

O Direito Islâmico (*Fiqh*): Al-Māwardī

20. As outras três são: *ḥanīfita*, *mālikita* e *ḥanbalita*, ver nota 10 na Parte I: "Averróis: o Homem e a Obra".

21. Ver WAHBA, 1996, p. xiii et seq.

22. AL-MĀWARDĪ, (trad. Wahba), 1996, p. 1-2; MAWERDI, (trad. Fagnan), 1982, p. 2.

23. Na terminologia xiita, o califado é de preferência designado por *imāmato* (*ḫalīfa* = *imām*). Ver, a esse respeito, TYAN, 1956, t. II, p. 375, nota 1. Al-Māwardī usa o termo *imām* para designar "soberano". O primeiro capítulo tem o título "Sobre a designação do imã".

24. As duas principais obras elaboradas nessa época e que permaneceram como referência para todas as doutrinas posteriores são os tratados de Al-Māwardī e de Abū Ya[c]la al-Farrā' (990-1064). Ambos os tratados trazem o mesmo título, *Al-Aḥkām al-Sulṭāniyya*, e, à exceção de algumas soluções divergentes, uma vez que seus autores pertencem a dois distintos *maḏāhib* (Al-Māwardī foi *šāfi[c]īta*, e Al-Farrā', *mālikita* ou *ḥanbalita*), os dois tratados são quase idênticos e sugerem que um dos autores, segundo um costume muito usado, copiou do outro. Cf. TYAN, 1956, t. II, p. 263. [c]Abd al-Qāhir al-Baġdādī também elaborou uma teoria do califado em seu tratado *Uṣul al-Dīn*, que, no entanto, tem conotações mais teológicas. Cf. QAMARUDDIN KHAN, 1999, p. 719.

25. É oportuno lembrar o tratado de Direito de Averróis, *Bidāyat al-Mujtahid wa-Nihāyat al-Muqtaṣid*. Nessa obra, Averróis aponta, analisa e compara as diferenças entre os juristas muçulmanos e as das diversas escolas de Direito. A intenção de Averróis, contudo, não foi fazer uma compilação entre as várias doutrinas, mas, tal como ele afirma em diversas passagens, foi transmitir a necessária perícia a fim de que o estudante da lei pudesse tornar-se um jurista competente (*mujtahid*).

26. QAMARUDDIN KHAN, 1999, p. 719 et seq.

27. Em 1922 foi publicado um trabalho de Rašīd Riḍā, mestre da Universidade Al-Azhar, no Cairo, e traduzido para o francês por LAOUST, 1986. Rašīd Riḍā, animado por um espírito religioso e apologético, propõe adaptações na teoria clássica para tornar possível a restauração do califado nos Estados islâmicos atuais.

28. AL-MĀWARDĪ, (trad. Wahba), 1996, p. 3; MAWERDI, (trad. Fagnan), 1982, p. 5.

29. Ou seja, a ciência da Lei, o que significa que o califa deva ser um *mujtahid*, isto é, que ele seja capaz de fazer *ijtihād*, termo que significa um julgamento que consiste em retirar as regras do Direito das fontes primárias, a saber, o *Corão* e a *sunna*, cf. TYAN, 1956, v. II, p. 359.

30. A palavra árabe aqui usada é *ra'y*, que significa "juízo sólido com espírito de reflexão para assegurar um bom governo da comunidade e uma sábia gestão dos interesses gerais", cf. TYAN, 1956, v. II, p. 360. O tradutor inglês a traduz por "prudence", e o francês, por "jugement". O conceito de *ra'y* pertence à História do *Fiqh*; significa "opinião ou juízo pessoal" e foi uma prática legal muito difundida nas questões legais nos primórdios do Islã, durante o século VIII. O jurista Šāfi[c]ī criticou essa prática, substituindo-a pela do raciocínio por analogia (*qiyās*). Al-Māwardī pertenceu à escola *šāfi[c]īta*, o que levanta dúvidas quanto ao real significado do

termo *ra'y* aqui usado. Parece, no entanto, que o contexto indica como mais correta a ideia de "opinião ou juízo pessoal", pois supõe-se que a palavra do soberano seja sempre a definitiva, donde as traduções inglesa e francesa da palavra *ra'y* por termos que indiquem um julgamento pessoal. Sobre *ra'y*, ver HALLAQ, 2005b, p. 113-119; WAKIN; ZYSOW, 2004, p. 687-690.

31. Sobre essa exigência, em seus célebres *Prolegômenos* (*Muqaddima*), Ibn Ḫaldūn indica que "alguns legistas pensam que esta regra não se aplica senão a um só país ou a dois países limítrofes; mas, quando existe uma tal distância entre as províncias que a autoridade do imame estabelecido numa não possa fazer-se sentir na outra, declaram ser lícito estabelecer, na mais afastada, um segundo imame, para cuidar das necessidades da comunidade". Ibn Ḫaldūn acrescenta que os doutores de Al-Andalus e do Maġrib tendem a concordar com essa posição. IBN ḪALDŪN, 1958, v. I, p. 346.
32. IBN ḪALDŪN, 1958, v. I, p. 348.
33. O significado mais próximo é "esprit de corps". O conceito de *ᶜaṣabiyya* tem suma importância na teoria social de Ibn Ḫaldūn. Abdelsselam Cheddadi, autor da versão francesa, traduz *ᶜaṣabiyya* por "solidariedade", isto é, com uma acepção mais ampla, como ele próprio afirma. Cf. IBN ḪALDŪN, 2002, p. xxix.
34. IBN ḪALDŪN, 1958, v. I, p. 348.
35. Ibid., p. 349.

A ABORDAGEM FILOSÓFICA

O Filósofo-rei de Platão

36. PLATÃO. *República* II, 368 et seq.
37. GAZOLLA DE ANDRADE, 1994, p. 92: "*tò epithymetikón* é a sede dos desejos relacionados ao baixo-ventre (*Timeu* 70e), símbolo das necessidades mais imediatas do homem, quer da sobrevivência quer daquelas historicamente criadas e configuradas como secundárias".
38. PLATÃO. *República* IV, 442c: "suponho que denominamos um indivíduo corajoso quando o *thymoiedés* que há nele estiver [...] submetido aos ditames da razão (*tôn lógôn*) acerca do que deve ou não ser temido". A parte timocrática, cujas virtudes são a coragem e o senso de dever, recebe da parte racional (*logistikón*) a sua "domesticação" e "configura-se, quanto à sua melhor ação, como aquela parte da alma que todo homem carrega para vigiá-lo relativamente ao que deve ou não temer em si e fora de si [...]". GAZOLLA DE ANDRADE, 1994, p. 101.
39. "Detentor do poder de recolher, nomear, discernir, julgar, imaginar, refletir, arrazoar", o *logistikón* é a "parte que ordena e torna possível o conhecer". Ibid., p. 121.
40. PLATÃO. *República* VI, 485d-e (Tradução de Anna Lia A. de Almeida Prado). Platão sublinha que aquele que é amante do saber (*philomathés*) possui o desejo pelo saber além de ser também inspirado pelo amor à verdade (*Rep.* V, 475c); desde a sua juventude, busca as ciências, e todos os seus desejos são conduzidos apenas nessa direção.
41. PLATÃO. *República* VI, 487a.
42. MELAMED, 2003, p. 14.
43. PLATÃO. *República* VI, 487a-b.
44. PLATÃO. *República* VII, 521b. No mito da caverna (*Rep.* VII, 514a et seq.), Platão afirma que, dentre os prisioneiros, os que detinham o poder e eram aclamados com honra e glória eram os que mais agudamente sabiam discernir as sombras que se projetavam no muro diante deles (*Rep.* VII, 516b-d).
45. PLATÃO. *República* VI, 484d.
46. Sobre a medida, ver ARISTÓTELES. *Ética Nicomaqueia* IV, 8, 1125 a 12-16.
47. PLATÃO. *República* VI, 487a. Em *Rep.* VI, 490b-d, Platão repete as condições necessárias ao filósofo: amor à verdade e à ciência, abominação da mentira, moderação, coragem, magnanimidade, facilidade para aprender, boa memória; em *Rep.* VI, 491b, são mencionadas a coragem e a moderação; em *Rep.* VI, 494b, Platão menciona a facilidade no aprendizado, uma boa memória,

a coragem e a magnanimidade. Sobre as virtudes cardinais, ver *Rep.* IV, 427e: "[...] a nossa cidade, se corretamente fundada [...] será sábia, corajosa, moderada e justa", a primeira menção às quatro virtudes cardinais, temperança/moderação (*sophrosýne*), coragem (*andreía*), sabedoria (*sophía*) e justiça (*dikaiosýne*).

48. PLATÃO. *República* V, 473c-d (Trad. Anna Lia A. de Almeida Prado). Ao propor a união da filosofia com a função política como único poder, Platão funde teoria e prática. Segundo Georges Leroux, essa nova realeza idealizada por Platão rompe com o tipo de governo dos reis da História grega e pode-se questionar por que Platão concebe uma realeza como ideal de uma filosofia politicamente encarnada, cf. LEROUX, in PLATÃO, 2004^2, nota 101, p. 639-640.

49. Trata-se de Dionísio II, ver a *Carta VII*, in PLATÃO, 1950, V. VIII, p. 317-350.

O Soberano Ideal de Al-Fārābī

50. Segundo Charles E. Butterworth, um "primeiro governante" (*al-ra'īs al-awwal*) não é necessariamente o primeiro no tempo. Poderia tratar-se do supremo governante, isto é, do fundador da religião, como também de seu sucessor imediato, que, porém, deve ter o poder de legislar, cf. BUTTERWORTH, in AL-FĀRĀBĪ, 2004^2a, p. 93, nota 1. Sobre o "primeiro governante", Al-Fārābī discorre nas seções 7-9; 14b; 18 do *Livro sobre a Religião*, cf. ibid., p. 98-99; 104, 107. Pensamos, no entanto, que Butterworth seguiu a indicação de Richard Walzer, ver infra, nota 53. Contudo, Al-Fārābī distingue claramente o primeiro governante de seu sucessor, cf. AL-FĀRĀBĪ, (trad. Butterworth), 2004^2a, seção 14b, p. 104; AL-FĀRĀBĪ, (trad. Guerrero), 1992, seção 5, p. 85. O segundo governante é indicado pelo título *al-mālik al-sunna*, diferente do primeiro, que é *al-ra'īs al-awwal*. Ainda, no Islã não há como igualar o fundador da religião, o Profeta Muḥammad, a seus sucessores. O próprio Abū Bakr, o primeiro governante depois de Muḥammad, fez que lhe dessem o título de *Ḫalīfa Rasūl Allāh*, que significa aproximadamente "Vicário/Vice-regente do Mensageiro de Deus".

51. O termo árabe *ārā'* (pl.) (sing. *ra'y*), que significa "opiniões", é parte do título da obra de Al-Fārābī *Mabādi' ārā' ahl al-madīnat al-fāḍila* (Princípios acerca das Opiniões dos Habitantes da Cidade Virtuosa), e diz respeito aos princípios gerais que formam a base das crenças de uma religião, cf. GUERRERO, 1992, p. 73, nota 2. Al-Fārābī examina as "opiniões" no cap. I, seção 2, do *Kitāb al-Milla* (Livro sobre a Religião): AL-FĀRĀBĪ, (trad. Guerrero), 1992, p. 75; AL-FĀRĀBĪ, (trad. Butterworth), 2004^2a, p. 94.

52. AL-FĀRĀBĪ, (trad. Guerrero), 1992, p. 73; AL-FĀRĀBĪ, (trad. Butterworth), 2004^2a, p. 93.

53. AL-FĀRĀBĪ, (trad. Guerrero), 1992, p. 79; AL-FĀRĀBĪ, (trad. Butterworth), 2004^2a, p. 98.

54. Clara alusão à missão do profeta fundador do Islã, Muḥammad, e ao "tempo da ignorância" (*jāhiliyya*), isto é, ignorância da Unicidade de Deus, dos anjos, da profecia, do julgamento final e das bem-aventuranças e tormentos na vida depois da morte.

55. AL-FĀRĀBĪ, (trad. Guerrero), 1992, p. 85; AL-FĀRĀBĪ, (trad. Butterworth), 2004^2a, p. 104. Segundo Richard Walzer, *al-mulk al-sunnī*, o governo de acordo com as leis, poderia ser aplicado a qualquer califa "bom", isto é, o que segue a Tradição (a *sunna* determinada pelo *Corão* e pelas compilações dos *ḥadīṯs*), cf. WALZER, in AL-FĀRĀBĪ, 1998^2, p. 448-449. Contudo, acreditamos que Al-Fārābī se refira a Abū Bakr, primeiro califa e sucessor de Muḥammad.

56. AL-FĀRĀBĪ, 1998, p. 246-249; AL-FĀRĀBĪ, 1980, cap. XXVIII, p. 93-94; AL-FĀRĀBĪ, 1990, cap. XXVIII, p. 109-110.

57. AL-FĀRĀBĪ, (trad. Mahdi), 2001^3b, p. 48; AL-FĀRĀBĪ, (trad. Sedeyn; Lévy), 2005a, p. 91.

58. Em *República* VI, 494b 6, Platão afirma que a saúde e o preparo físico são indispensáveis: "as qualidades naturais do corpo devem corresponder às da alma", ou seja, a perfeição do corpo deve acompanhar a perfeição da alma; em *República* 498b 5, Platão afirma a necessidade de que os jovens cuidem bem de seus corpos. Para Al-Fārābī, a perfeita condição física é condição necessária para o comandante supremo dos exércitos e condutor dos muçulmanos.

59. Ver *República* VI, 486c 3; 490c 11: *eumathês*.

60. Ver *República* VI, 486c-d; 490c 11; 494b 2.

61. *Ḥads* (poderia corresponder ao grego *ankhínoia*?). Não há na *República* um paralelismo óbvio desse conceito que surge na filosofia de expressão árabe. Para Avicena, o intelecto santo recebe os inteligíveis diretamente do mundo celeste, ou melhor, da inteligência agente, porque possui uma intuição/sagacidade (*ḥads*), que lhe permite fazer contato direto com essa inteligência. A intuição/sagacidade (*ḥads*) de Avicena pode estar ancorada no conceito de *ankhínoia* (rapidez do intelecto, sagacidade) de Aristóteles. Cf. ARISTÓTELES. *Analíticos Posteriores* I, 34, 89b 10.

62. Certamente a boa eloquência deriva da *Retórica*, de Aristóteles.

63. Ver *República* VI, 485b.

64. O amor à verdade e o ódio à falsidade estão entre as mais nobres qualidades platônicas, cf. *República* VI, 485c 3; 485d.

65. Não bastam as qualidades intelectuais se as qualidades morais não forem desenvolvidas desde a infância; a intemperança deve ser contida, pois o futuro governante não deve ser dado aos prazeres dos sentidos, deve ser um *sóphron*. Ver *República* VI, 485c 3; 490b 5.

66. Corresponde a *megalopsykhós* e *megalopsykhía*, termos que denotam a mais alta perfeição moral na ética aristotélica; o *megalopsychós* é alguém dotado de uma grande perfeição moral; sobre *megalopsykhía*, ver a definição de Aristóteles em *Ética Nicomaqueia* IV, 7, 1124a 1. Cf. WALZER, in AL-FĀRĀBĪ, 1998², p. 446.

67. Na *República*, Platão usa o termo *megaloprepés*, expressão que no Perípato passou a designar alguém generoso com dinheiro, ver *Ética Nicomaqueia* IV, 4, 1122a 19-30: "(*megaloprépeia*) é um tipo de virtude que diz respeito às riquezas [...] quanto aos gastos [...]". Aristóteles distingue a generosidade com o dinheiro da magnanimidade.

68. Ver *República* VI, 485e 3: dinheiro e bens materiais não devem interessar ao governante-filósofo, ele não deve ser *philokhrématos*.

69. A justiça é tão importante para Al-Fārābī como o é para Platão, e isso fica evidente pelo modo como Al-Fārābī se estende ao descrever essa qualidade essencial ao governante; ver *República* VI, 486b 10; 490b 5.

70. Referência à platônica *andreía* (coragem).

71. É interessante observar que Platão menciona a perfeição física (*Rep*. VI, 494b 6; 498b 5) só depois de alertar sobre a exigência de facilidade do aprendizado, de boa memória, de ser corajoso e magnânimo.

72. AL-FĀRĀBĪ, 2001³b, p. 13-50.

73. DAIBER, 1986, p. 6 [134].

74. AL-FĀRĀBĪ, 2001³b, p. 47, §58.

75. AL-FĀRĀBĪ, 2001³b, p. 48.

76. Cf. LAOUST, 1965, p. 420. Sobre o conceito de profecia em Avicena, ver RAHMAN, 1979²; PEREIRA, 2007b, p. 329-377.

77. LAOUST, 1965, p. 420.

O GOVERNANTE NO *COMENTÁRIO SOBRE A REPÚBLICA*

As Qualidades Essenciais ao Governante

78. Trad. ELIA DEL MEDIGO I <XVIII, 4>; trad. Rosenthal I.xviii.4; trad. Lerner 39:24-28; trad. Cruz Hernández, p. 35.

79. Em árabe seria *imām*, cujo sentido é muito diferente de "sacerdote". O *imām* é alguém cujas ações são o modelo para a reta conduta. Recobre o sentido de líder militar, líder da oração e, mais importante, líder da comunidade islâmica, no caso, o califa. *Imām* significa originalmente aquele que formalizou o conhecimento das normas, da *sunna*. Ver a respeito, no capítulo "A voz política de Averróis", a seção "Os regimes políticos". No xiismo (*šīʿa*), as seitas dos ismaelitas e dos imamitas advogam a hereditariedade do imamato a partir de ʿAlī, por meio de Fátima, filha do Profeta Muḥammad, para seus descendentes. Os ismaelitas reconhecem sete imãs e os imamitas, doze, sendo que o último imã destes entrou em ocultação no ano 873.

80. Trad. ELIA DEL MEDIGO II <I, 5-6>; trad. Rosenthal II.1.5-6; trad. Lerner 61:8-17; trad. Cruz Hernández, p. 72.

81. AL-FĀRĀBĪ, 2001[3]b, p. 46-47; id., 2005a, §§57-58, p. 87-89.

82. Nessa passagem está mais claro o sentido de *phrónesis*, pois é *phrónimos* quem sabe bem deliberar sobre o que é mais útil e bom para si e para os outros, cf. ARISTÓTELES. *Ética Nicomaqueia* VI, 5, 1140a 25 - 1140b 30. É possível que Averróis tenha em mente o Profeta Muḥammad no que se refere à *sunna* profética, o modelo de suas práticas legais que gerou um corpo de doutrinas legais referentes às condutas normativas. Os hábitos do Profeta, transmitidos pelos *ḥadīṯs* e constitutivos da *sunna* profética, serviram de auxílio aos jurisconsultos e teólogos para melhor determinar o conteúdo da Lei dada no *Corão*.

83. Trad. ELIA DEL MEDIGO II <I, 6> trad. Rosenthal II.i.6; trad. Lerner 61:3-4; trad. Cruz Hernández, p. 72.

84. Essa frase, entretanto, é muito ambígua, pois sabe-se que, para os muçulmanos, a Lei revelada foi dada por Allāh, sendo Ele o Legislador supremo. Contudo, o legislador a que se refere Averróis pode ser o jurisconsulto que interpreta a Lei divina e os dizeres do Profeta e contribui para a formação do corpo legal das normas a serem estabelecidas, como é o caso das escolas (*maḏāhib*) ortodoxas.

85. Trad. ELIA DEL MEDIGO II <I, 7>: "Et considerabimus de illo in prima parte huius scientiae"; trad. Rosenthal II.i.7; trad. Lerner 61:17-18; trad. Cruz Hernández, p. 72. Essa passagem é significativa para a datação do *Comentário sobre a República*, como foi exposto no capítulo "A Voz Política de Averróis", seção "O *Comentário sobre a República*".

86. Sobre a profecia em Avicena, ver o nosso estudo: PEREIRA, 2007b.

87. Cruz Hernández observa que "o *filósofo-governante* de Platão é identificado com o *legislador profeta*, que, no Islã, é Muḥammad. Parece, no entanto, que aqui Averróis faz uma ampliação do conceito, possivelmente em razão da própria condição da origem da dinastia almôada *fundada* pelo *imām* Al-Mahdī ibn Tūmart". CRUZ HERNÁNDEZ, in trad. Cruz Hernández, p. 72, nota 2. (Grifos do autor).

88. Comparar com AL-FĀRĀBĪ, 2001[3]b, §§57-58, p. 46-47 (= id., 1972[2]a, p. 79); id., 2005a, §§57-58, p. 87-89.

89. Trad. ELIA DEL MEDIGO II <I, 6>; trad. Rosenthal II.i.6; trad. Lerner 61:14-17; trad. Cruz Hernández, p. 72. *Ele é pura e simplesmente imām* significa que *imām*, na língua árabe, pressupõe as prerrogativas do rei, do legislador e do filósofo. Traduzir *imām* por "sacerdote" não corresponde ao sentido original do termo árabe, porque, na linguagem do Islã, o *imām* tem a função de liderar não apenas as orações das sextas-feiras na mesquita, mas também as pessoas na condução de suas vidas, ver nota 79 supra.

90. Trad. ELIA DEL MEDIGO II <II, 2>; trad. Rosenthal II.ii.2; trad. Lerner 61:23-24; trad. Cruz Hernández, p. 73.

91. Trad. ELIA DEL MEDIGO II <II, 3>; trad. Rosenthal II.ii.3; trad. Lerner 61:25-28; trad. Cruz Hernández, p. 73. AVERRÓIS (IBN RUŠD), 1962b, fol. 353D-E (trad. MANTINO): "Proximum est, ut acri fideli sit memoria, non obliviosus natura. Quod si haec duo ingenii bona non obstineat, videtur ille sane ad discendum minime appositur: quandoquidem continuo labore obruetur, ut tandem prae taedio ominem lectionem, disciplinamque reiiciat." ("A próxima é uma aguda e segura memória e que não seja esquecidiço por natureza, porque, se não obtiver esses dois bens da inteligência, observa-se que se aplica muito pouco de modo correto ao aprendizado: às vezes será acabrunhado por uma labuta contínua, de forma a rejeitar, em razão do cansaço, toda leitura e estudo"). (Edição latina de Anna Lia A. de Almeida Prado).

92. Trad. ELIA DEL MEDIGO II <II, 4>; trad. Rosenthal II.ii.4; trad. Lerner 61:28-35; trad. Cruz Hernández, p. 73.

93. Trad. ELIA DEL MEDIGO II<II, 5>; trad. Rosenthal II.ii.5; trad. Lerner 61:35-62:3; trad. Cruz Hernández, 73.

94. Trad. ELIA DEL MEDIGO II <II, 6>; trad. Rosenthal II.ii.6; trad. Lerner 62:3-6; trad. Cruz Hernández, p. 73.

95. Trad. ELIA DEL MEDIGO II <II, 7>; trad. Rosenthal II.ii.7; trad. Lerner 62:6-7; trad. Cruz Henrández, p. 73.

96. Trad. ELIA DEL MEDIGO II <II, 8>; trad. Rosenthal II.ii.8; trad. Lerner 62:7-11; trad. Cruz Hernández, p. 73-74. Aqui há um erro de copista e deve ser corrigido: *cui non videtur esse [in]sufficiens* (a quem não parece ser suficiente).

97. Trad. ELIA DEL MEDIGO II <II, 9>; trad. Rosenthal II.ii.9; trad. Lerner 62:11-13; trad. Cruz Hernández, p. 74. Acreditamos que Averróis, com essa afirmação, esteja se referindo à necessidade de o soberano saber se opor corajosamente às afirmações dos teólogos, pois a frase que indica que deve saber enfrentar os argumentos não demonstrativos com que cresceu, especialmente se cresceu nessas cidades, remete-se principalmente às teses expostas em seu *Tratado Decisivo* contra os argumentos dos teólogos (*mutakallimūn*) que desvirtuam o ensinamento da Lei revelada e à polêmica tecida em seu *Tahāfut al-Tahāfut* (Demolição da Demolição), obra destinada a refutar as teses que o teólogo Al-Ġazālī defendeu contra os filósofos.

98. Trad. ELIA DEL MEDIGO II <II, 10>; trad. Rosenthal II.ii.10; trad. Lerner 62:13-15; trad. Cruz Hernández, p. 74.

99. Trad. ELIA DEL MEDIGO II <II, 11>; trad. Rosenthal II.ii.11; trad. Lerner 62:16-19; trad. Cruz Hernández, p. 74.

100. Trad. ELIA DEL MEDIGO II <II, 12>; trad. Rosenthal II.ii.12; trad. Lerner 62:19-21; trad. Cruz Hernández, p. 74.

Sobre a Observância das Leis Promulgadas

101. Trad. ELIA DEL MEDIGO I <XXII, 7-8>; trad. Rosenthal I.xxii.7-8; trad. Lerner 47:5-19; trad. Cruz Hernández, p. 47-48. Ver ARISTÓTELES. *Ética Nicomaqueia* V, 14, 1137b et seq.

102. Na Tradição islâmica (*Ḥadīṯ*), o dito de Muḥammad "fui enviado a todos, ao vermelho e ao negro" (*bu^{c}iṯtu ilà kull aḥmar wa-aswad*) é transmitido para testemunhar a universalidade de sua missão profética.

103. Trad. ELIA DEL MEDIGO I <XXII, 3>: "Et hoc tactum fuit in lege missa ad Rubeos et ad Nigros". Trad. Rosenthal I, xxii.3; trad. Lerner 46:20; trad. Cruz Hernández, p. 46; AVERRÓIS. *Tratado Decisivo.* Trad. Hanania §17; Geoffroy §17; trad. Butterworth §11; trad. Campanini, p. 59; trad. Hourani, p. 49; ver trad. Hourani, p. 92, nota 58, a explicação para a tradução de *al-aḥmar* (lit. vermelho) por "branco": o dito se refere aos povos da Europa, da Ásia Ocidental e do Norte da África, povos chamados "brancos"; trad. Guerrero in GUERRERO, 1998, p. 83. Seguindo essa linha de interpretação, Campanini, Geoffroy, Hanania e Guerrero também traduziram *al-aḥmar* por "branco"; AVERRÓIS. *Kašf^{c}an manāhij al-adilla* 220 (Desvelamento dos Métodos de Demonstração), trad. Najjar, p. 103, depois de citar *Corão* VII:158: "Dize, [Muḥammad]: 'Ó humanos! Por certo sou para todos vós o Mensageiro de Allāh'" (trad. Helmi Nasr). Ver GOLDZIHER, *Muhammedanische Studien*, p. 269, com o sentido de "a totalidade da humanidade", cf. apud trad. Rosenthal, p. 265, nota xxii.3.

104. AVERRÓIS. *Tratado Decisivo.* Trad. Geoffroy §49; trad. Hanania §49; trad. Butterworth §38.

105. Trad. ELIA DEL MEDIGO II <VI, 4-5>; trad. Rosenthal II.vi.4-5; trad. Lerner 66:10-20; trad. Cruz Hernández, p. 80-81.

106. Os atos têm diferentes consequências segundo o seu valor: 1. o ato obrigatório é recompensado por Deus, mas, se não realizado, implica punição divina; 2. o ato recomendável é recompensado por Deus, mas, se omitido, não implica punição divina; 3. o ato é permissível se não for nem benéfico nem danoso ou se nele houver equilíbrio de benefício e dano; 4. o ato é repreensível se, ao ser omitido, implicar recompensa divina, mas, ao ser realizado, não implicar punição; 5. o ato é proibido se for absolutamente corrupto.

107. AVERRÓIS, 2002^{3}, V. II, p. 572.

108. Ibid.

109. Ibid.

110. Trad. ELIA DEL MEDIGO II <III, 1-2>; trad. Rosenthal II.iii.1-2; trad. Lerner 62:28-63:5; trad. Cruz Hernández, p. 74-75.

111. A ideia do condutor do povo remonta à antiga imagem semita do pastor condutor de seu rebanho.

112. AVERRÓIS. *Tratado Decisivo*. Trad. Geoffroy §18; trad. Hanania §18; trad. Butterworth §12.

EXCURSUS

Questões Conceituais I: *Philosophus secundum primam intentionem*

113. Trad. ELIA DEL MEDIGO II <II, 2>; trad. Rosenthal II.i:2; trad. Lerner 60:22-23; trad. Cruz Hernández, p. 71.

114. Trad. ELIA DEL MEDIGO II <I, 2>; trad. Rosenthal II.i.2; trad. Lerner 60:23-25; trad. Cruz Hernández, p. 71. As traduções de Rosenthal e de Lerner mencionam "no livro das demonstrações".

115. A versão hebraica traz a expressão *hakavaná harishoná*, que, literalmente, significa "segundo a primeira intenção". Elia del Medigo partiu dessa versão hebraica e traduziu a expressão *hakavaná harishoná* literalmente. Essa versão, no entanto, já é do século XIV (foi concluída em 24 de novembro de 1320); é possível, portanto, considerar que o tradutor hebraico tenha vertido a expressão árabe que no original poderia ser ^{c}*alà al-qaṣd al-awwal*, que significa "segundo a primeira intenção", mas sem o significado conceitual que a expressão recebeu a partir do século XIII.

116. Ver GOICHON, 1938, p. 304, verbete 583: *maqṣūd*.

117. Cf. JOLIVET, 1995, p. 55.

118. Ibid.

119. PUIG, 2007b, p. 477. Sobre o termo *ma*^{c}*nà* na doutrina dos atributos elaborada no século IX e as críticas dos que a ela se opunham, ver WOLFSON, 1976, p. 147-205.

120. GOICHON, 1938, p. 253, verbete 469: *ma*^{c}*nà* (grifo da autora).

121. GOICHON, 1938, p. 255.

122. AVICENA (IBN SĪNĀ), 1951, p. 366.

123. Os cinco predicados: gênero, espécie, diferença específica, acidente específico, acidente comum: "Por conseguinte, todo termo universal é ou gênero (como *animal*) ou espécie (como *homem* em relação a *animal*) ou diferença específica (como *racional*) ou acidente próprio (como *risonho*) ou acidente comum (como *movente*, *branco*, *negro*)". AVICENA (IBN SĪNĀ), 1986, 1ª parte (Lógica; Metafísica), p. 74.

124. GYEKYE, 1971, p. 32-38.

125. O grego *proegéomai* significa "preceder, ir à frente e liderar o caminho"; o prefixo grego *pro* = árabe *awwal*, e o verbo *egéomai* = árabe *qaṣada* = latim *intendere*, cf. ibid, p. 32. O particípio *proegouménos* significa "aquele que vai na frente, o guia, o líder".

126. Ibid., p. 32.

127. Apud ibid. A expressão também ocorre duas outras vezes em Avicena, na *Metafísica* e no *Kitāb al-Jadal* (Livro da Demonstração), conforme Gyekye, cf. ibid.

128. AL-FĀRĀBĪ. *Risāla fī al-*^{c}*aql*. Ed. M. Bouyges, 1938[1], p. 29 (= Edição F. Dieterici. *Alfārābī's philosophische Abhandlungen*. Leiden, 1890, p. 48), apud GYEKYE, ibid., nota 6.

129. AL-FĀRĀBĪ. Le texte médiéval du *De Intellectu* d'Alfārābī. *Archives d'Histoire Doctrinale et Littéraire du Moyen Âge*, 1920, p. 115-126; p. 118, linha 126; p. 119, linhas 127; 128; 141-143. Apud GYEKYE, 1971, p. 36, nota 18.

130. GYEKYE, 1971, p. 32-33.

131. Ibid., p. 33.

132. Ibid.

133. Ibid.

134. AL-FĀRĀBĪ, 2005c, p. 152. Nossa tradução não coincide com a de Jamil I. Iskandar. Apud DIETERICI, op. cit., p. 87, cit. in GYEKYE, 1971, p. 35.

Questões Conceituais II: As Quatro Condições para Tornar-se Sábio

135. Trad. ELIA DEL MEDIGO II <I, 2>; trad. Rosenthal II.i:2; trad. Lerner 60:24-25; trad. Cruz Hernández, p. 71.
136. Segundo Charles E. Butterworth, não foi possível identificar essas quatro condições tampouco no *Comentário Médio aos* Analíticos Posteriores *de Aristóteles*, cf. BUTTERWORTH, 1986, p. 43-44.
137. Tradução ligeiramente modificada de ARISTÓTELES, 2004b, p. 13.
138. Ibid., p. 29.
139. Cf. AVERRÓIS (IBN RUŠD), 2005, p. 5.
140. Ibid., p. 7.
141. Cf. MADKOUR, 1969², p. 13.
142. Biblioteca Comunale degli Intronati di Siena, G. VII. 32/56, com data de 26 de abril de 1491.
143. ARISTÓTELES, 2002a, v. II, p. 6-7.
144. ARISTÓTELES. *Metafísica* A, 2, 982a 17-19: "De fato, o sábio não deve ser comandado mas comandar, nem deve obedecer a outros, mas a ele deve obedecer quem é menos sábio". (Trad. Reale-Perine, v. II, p. 9).
145. Apud trad. ELIA DEL MEDIGO: *probabiles*. Sobre a correspondência de *probabiles* e "dialéticos", ver a nota 2 no capítulo "A voz política de Averróis".
146. Na versão hebraica: argumentos persuasivos e poéticos.
147. No texto hebraico: *ha ḥoḥma ha maᶜassit*.
148. (= heb. *maᶜalà maḥshavit* = gr. *aretè dianoetiké*), cf. Glossário da trad. Rosenthal, p. 322. Cruz Hernández traduz por "virtud racional" (p. 71), Rosenthal por "intellectual virtue" (II.i.3).
149. O texto hebraico não consigna o termo equivalente a "ciência", mas a "saber", a "conhecimento" (*ha ḥoḥma*).
150. O texto hebraico não consigna o termo "ético", mas "prático" (*ha maᶜassit*).
151. No hebraico, *maᶜalà medutit*, virtude moral/ética.
152. Trad. ELIA DEL MEDIGO II <I, 3>; trad. Rosenthal II.i.3; trad. Lerner 60:25-61:5; trad. Cruz Hernández, p. 71-72.
153. Nenhum dos tradutores faz qualquer comentário sobre essa "grande virtude moral". Na versão latina há o termo *aequalitas*, que tem, além de outros, o significado de "retidão".
154. Cf. ARISTÓTELES. *Ética Nicomaqueia* VI, 3, 1139b 15-17.

EPÍLOGO

1. Trad. ELIA DEL MEDIGO II <I, 3>; trad. Rosenthal II.i.3; trad. Lerner 61:1-4; trad. Cruz Hernández, p. 71-72.
2. Al-Fārābī, por sua vez, tem como fio condutor sobretudo *República* VIII, 543a - IX, 576b, em que Platão discute os quatro tipos de regime imperfeito – timocracia, oligarquia, democracia e tirania – e os indivíduos correspondentes, ver AL-FĀRĀBĪ, 1992, p. 48-70; id., 1998², §§15-20.
3. Trad. ELIA DEL MEDIGO II <IX, 3-4>; trad. Rosenthal II.ix.3-4; trad. Lerner 68:19-26; trad. Cruz Hernández, p. 84.
4. No sentido de um raciocínio cujo movimento se dá com o encadeamento lógico que parte de uma formulação conceitual para chegar à outra.

5. Trad. ELIA DEL MEDIGO II <IX, 3>; trad. Rosenthal II.ix.3; trad. Lerner 68:18-19; trad. Cruz Hernández, p. 84.
6. Trad. ELIA DEL MEDIGO II <XI, 4>; trad. Rosenthal II.xi.4; trad. Lerner 70:15-19; trad. Cruz Hernández, p. 87.
7. Trad. ELIA DEL MEDIGO II <II, 10>; trad. Rosenthal II.ii.10; trad. Lerner 62:13-15; trad. Cruz Hernández, p. 73.
8. Trad. ELIA DEL MEDIGO III <IX, 2>; trad. Rosenthal III, ix.2; trad. Lerner 87:23-25; trad. Cruz Hernández, p. 116.
9. Trad. ELIA DEL MEDIGO II <I, 1>; trad. Rosenthal II.i.1; trad Lerner 60:15-20; trad. Cruz Hernández, p. 71.
10. Trad. ELIA DEL MEDIGO III <I, 8-9>; trad. Rosenthal III.i.8-9; trad. Lerner 81:5-9; trad. Cruz Hernández, p. 105. Ver notas 69; 73 e 75 no capítulo "A voz política de Averróis".

ANEXO
AVERRÓIS.
COMENTÁRIO MÉDIO SOBRE A ÉTICA NICOMAQUEIA. LIVRO VI.

1. O *Comentário Médio sobre a Ética Nicomaqueia* está datado em 1177. Foi traduzido do árabe para o latim por Hermann, o Alemão, em 1240, e publicado em Veneza pelos irmãos Iunctas em *Aristotelis Opera cum Averrois Commentariis*, 1562-1574, vol. III, fols. 1-160. Nessa publicação, o comentário se alterna com passagens recortadas da *Ética Nicomaqueia*. Não há até hoje nenhuma tradução do texto desse comentário, seja do latim seja do hebraico. A tradução do comentário ao Livro VI de *Ética Nicomaqueia*, que damos a público, foi feita com base nessa edição Iunctas, omitindo, porém, as passagens do texto aristotélico. Antes de cada capítulo do comentário, damos as referências, entre colchetes, às passagens da *Ética Nicomaqueia* que correspondem à edição crítica do texto grego feita por Bywater (1894) e revista por Apelt (1912), publicada junto à tradução italiana de Carlo Natali (ARISTÓTELES, 2005).
2. Refere-se sempre a Aristóteles.
3. Khusraw Parvez (Cosroes II, 590-628 d.C.), rei persa da dinastia dos sassânidas que invadiu o Império Romano em 603.
4. Sobre a tradução de *efficiens*, ver a explicação na nota 284 do capítulo "A Virtude do Governante".
5. Cf. ARISTÓTELES. *Ética Nicomaqueia* VI, 4, 1140a 20: "como também diz Agatão, a arte ama a fortuna (*týkhe*), e reciprocamente a fortuna ama a arte."
6. Sobre o termo *magisterium*, ver nota 278 no capítulo "A Virtude do Governante".
7. Ver nota 286 no capítulo "A Virtude do Governante".
8. Corresponde a *sóphrones* (temperante/moderado).
9. Corresponde a *Ética Nicomaqueia* VI, 11, 1143a 1-30.
10. Seguindo Aristóteles, "engenho" deveria estar para *sýnesis*. "Perspicácia", então, seria *eusýnesia*.
11. Em *Ética Nicomaqueia* VI, 13, 1144b 4, Aristóteles insiste na diferença entre *hé physikè areté* e *hé kyría areté*, isto é, entre a *areté* natural e a *areté* soberana ou propriamente dita. O texto latino usa o qualificativo *electiva*, próprio da escolha, o que não faz sentido.

Referências Bibliográficas

Fontes Primárias

Averróis (Ibn Rušd)/(*Averrois Cordubensis*)
Edições Latinas, Árabes e Hebraicas

(1953) *Commentarium magnum in Aristotelis De Anima libros*. Edição de F. Stuart Crawford (*Corpus Commentariorum Averrois in Aristotelem. Versionum Latinarum*. Volumen VI, 1). Cambridge (Mass.): The Mediaeval Academy of America.

(1962a) *Aristotelis omnia quae extant opera. Averrois Cordubensis in ea opera omnes, quid ad haec usque tempora pervenere commentarii*. Venetiis, apud Iunctas, 10 v., 1550; 1562-1574. Reprodução anastática: Frankfurt am Main: Minerva G.m.b.H., 14 v.

(1962b) *Paraphrasis in Libros de Republica Platonis Speculativos: Et est secunda pars scientiae Moralis: Iacob Mantino Hebraeo medico interprete. Venetiis, apud Iunctas* (1550; 1562-1574), tertium volumen, 1562. In *Aristotelis Opera cum Averrois Commentariis*. Reprodução anastática: Frankfurt am Main: Minerva G.m.b.H., v. III, fols. 335H-372M. [cit. como "trad MANTINO"].

(1962c) *Aristotelis Stagiritae, peripateticorum principis Moralium Nicomachiorum cum Averrois Cordubensis expositione*. In *Aristotelis Opera cum Averrois Commentariis. Venetiis, apud Junctas* (1550; 1562-1574), tertium volumen, 1562. Reprodução anastática: Frankfurt am Main: Minerva G.m.b.H., v. III, fols. 1G-160M.

(1966) *Averroes' Commentary on Plato's 'Republic'*. (1956[1]). (Edição bilíngue hebraico-inglês). Edited with and Introduction, Translation and Notes by E. I. J. Rosenthal. Cambridge University Press, reprint with correction. [cit. como "trad. Rosenthal"].

(1983/1987) *Epitome de Física* (*Filosofia de la Naturaleza*). 2 v. v. I: Edição do texto árabe por Josep Puig. Madrid; Granada: CSIC; Instituto Hispano-Árabe de Cultura (1983); v. II: Traducción y estudio por Josep Puig. Madrid; Granada: CSIC; Instituto Hispano-Árabe de Cultura (1987).

(1992a) *Parafrasi della "Repubblica" nella traduzione latina di Elia del Medigo*. Edição do texto latino por Annalisa Coviello e Paolo Edoardo Fornaciari. Firenze: Leo S. Olschki Editore. [cit. como "trad. ELIA DEL MEDIGO"].

(1992b) *Epítome del libro Sobre la generación y la corrupción*. Edição, tradução e comentário de Josep Puig Montada. Madrid: Consejo Superior de Investigaciones Científicas.

(1994a) *Il Trattato Decisivo sull'accordo della religione con la filosofia* (*Kitāb Faṣl al-Maqāl*). (Edição bilíngue árabe-italiano). Introdução, tradução do original árabe e notas de Massimo Campanini. Milano: Rizzoli.

(1996) *Discours décisif*. (Edição bilíngue árabe-francês). Tradução inédita (francesa) de Marc Geoffroy. Introdução de Alain de Libera, Paris: Flammarion.

(1999) *Averroe's Middle Commentary on Aristotle's Nicomachean Ethics in the Hebrew Version of Samuel ben Judah*. (Texto em hebraico). Edição de Lawrence V. Berman. Prefácio de Steven Harvey. Jerusalem: Israel Academy of Sciences and Humanities.

(2001) *The Book of the Decisive Treatise determining the Connection between the Law and Wisdom*. (Edição bilíngue árabe-inglês). Translation, with introduction and notes, by Charles E. Butterworth. Utah: Brigham Young University Press.

(2002a) *Commentaire moyen à la* Rhétorique *d'Aristote*. Édition critique du texte arabe et traduction française par Maroun Aouad. 3 v.; v. I: Introduction génerale; v. II: Édition et traduction; v. III: Commentaire du *Commentaire*. Paris: J. Vrin.

(2002b) *Middle Commentary on Aristotle's* De Anima (*Talḫiṣ kitāb al-nafs al-Ariṣtu*). A Critical Edition of the Arabic Text with English Translation, Notes, and Introduction by Alfred L. Ivry. Provo (Utah): Brigham Young University Press.

(2005) *Discurso decisivo*. (Edição bilíngue árabe-português). Tradução (portuguesa) de Aida Ramezá Hanania. São Paulo: Martins Fontes.

(2006) *Exposição sobre a Substância do Orbe*. Edição do texto latino por Anna Lia A. de Almeida Prado; tradução direta do latim de Anna Lia A. de Almeida Prado; Rosalie Helena de Souza Pereira. Porto Alegre: EDIPUCRS.

Averróis/Traduções

(1954) *Averroes' Tahafut al-Tahafut* (*The Incoherence of the Incoherence*). 2 v. Translated by Simon Van Den Bergh. London: Messrs. Luzac & Co.

(1972[2]) *The Decisive Treatise, determining what the Connection is between Religion and Philosophy*. Translated by George F. Hourani. In: LERNER, Ralph; MAHDI, Muhsin (Org.). *Medieval Political Philosophy*. (1963[1]). Ithaca: Cornell University Press.

(1974) *Averroes on Plato's "Republic"*. Translated, with and Introduction and Notes, by Ralph Lerner. Ithaca: Cornell University Press. [cit. como "trad. Lerner"].

(1976[3]) *On the Harmony of Religion and Philosophy*. A translation, with introduction and notes, of Ibn Rušd's *Kitāb Faṣl al-Maqāl*, with its appendix (*Ḍamīma*) and an extract from *Kitāb al-Kašf 'an Manāhij al-Adilla* by George F. Hourani. (1961[1]). Unesco Collection of great works, arabic series, New Series, XXI. London: Luzac & Co. Ltd.

(1977) *Averroes' Three Short Commentaries on Aristotle's "Topics", "Rhetoric" and "Poetics"*. Edited and Translated by Charles E. Butterworth. Albany: State University of New York Press.

(1988) *L'accord de la religion et de la philosophie: Traité Decisif*. Traduit de l'arabe et annoté par Léon Gauthier. Paris: Sinbad.

(1990[2]) *Exposición de la "República" de Platón* (*Taljīṣ Kitāb al-Siyāsat Aflāṭun*). Estudio preliminar, traducción y notas de Miguel Cruz Hernandez. (1986[1]). Madrid: Editorial Tecnos. [cit. como "trad. Cruz Hernández"].

(1997) *L'incoerenza dell'incoerenza dei filosofi di Averroè*. Tradução (italiana) de Massimo Campanini. Torino: UTET.

(1998²) *L'intelligence et la pensée*. Sur le *De Anima. Grand Commentaire du De Anima*. Livre III (429a 10 – 435b 25). Traduction, introduction et notes par Alain de Libera. Paris: Flammarion (2ème édition corrigée).

(2000²a) *Averroës' Middle Commentary on Aristotle's* Poetics. Tradução (inglesa) e introdução de Charles E. Butterworth. Princeton University Press. (1980¹). Indiana: St. Augustine's Press.

(2000b) *L'Islam et la Raison*. Anthologie de textes juridiques, théologiques et polémiques. Traduction par Marc Geoffroy, précédée de "Pour Averroès" par Alain de Libera. Paris: Flammarion.

(2002³) *The Distinguished Jurist's Primer* (*Bidāyat al-Mujtahid wa Nihāyat al-Muqtaṣid*). 1994¹. 2 v. Tradução (inglesa) de Imran Ahsan Khan Nyazee. Revisão de Mohammad Abdul Rauf. UK: Garnet Publishing Limited; The Center for Muslim Contribution to Civilization.

(2003) *El Libro de las Generalidades de la Medicina* (*Kitāb al-Kulliyyāt fīl-Ṭibb*). Tradução (espanhola) de María de la Concepción Vázquez de Benito; Camilo Álvarez Morales. Madrid: Editorial Trotta.

(2005²) *Faith and Reason in Islam*. Averroes' Exposition of Religious Arguments (*Kašfᶜan Manāhij al-Adilla fī ᶜaqā'id al-Milla*). Tradução (inglesa), notas, index e bibliografia por Ibrahim Najjar; Introdução de Majid Fakhry. Oxford: Oneworld (2001¹).

(2006) *Discurso Decisivo sobre a Harmonia entre a Religião e a Filosofia*. Tradução (portuguesa) do árabe, introdução e notas de Catarina Belo. Lisboa: Imprensa Nacional; Casa da Moeda.

Al-Fārābī

(1953) *Al-Fārābī. Catálogo de las Ciencias*. Edição e tradução (espanhola) de Angel González Palencia. Madrid; Granada: CSIC.

(1972²a) *The Attainment of Happiness* (*Taḥṣīl al-Saᶜāda*). Tradução parcial (inglesa) do árabe de Muhsin Mahdi. In: LERNER, R.; MAHDI, M. (Org.). *Medieval Political Philosophy*. (1963¹). Ithaca: Cornell University Press, p. 58-82.

(1972²b) *The Enumeration of the Sciences* (*Iḥṣā' al-ᶜulūm*). Cap. V: On Political Science, Jurisprudence and Dialectical Theology. Political Science. Tradução (inglesa) de Fauzi M. Najjar. In: LERNER, Ralph; MAHDI, Muhsin. (Orgs.). *Medieval Political Philosophy*: A Sourcebook. New York: The Free Press. (1963¹); reedição Ithaca: Cornell University Press, p. 24-57.

(1980) *Idées des Habitants de la Cité Vertueuse* (*Kitāb Ārā' Ahl al-Madīnat al-Faḍilah*). (Edição bilíngue árabe-francês). Traduit de l'arabe avec introduction et notes par Youssef Karam; J. Chlala; A. Jausse. Beyrouth; Le Caire: Commission libanaise pour la traduction des chefs-d'oeuvre; Institut français d'archéologie orientale.

(1985) *La Ciudad Ideal*. Presentación Miguel Cruz Hernandez. Traducción Manuel Alonso Alonso. Madrid: Tecnos.

(1989) *Deux Traités Philosophiques*: *L'harmonie entre les opinions des deux sages, le divin Platon et Aristote*; *De la Religion*. Damasco: IFEAD.

(1990) *Traités des opinions des habitants de la cité idéale*. Introduction, traduction et notes par Tahani Sabri. Paris: J. Vrin.

(1992) *Obras Filosófico-políticas*. (Edição bilíngue árabe-espanhol). Edição, tradução, introdução e notas de Rafael Ramón Guerrero. Madrid: Debate-CSIC.

(1995) *Kitāb Taḥṣīl al-Saᶜāda* (*Livro da Obtenção da Felicidade*). Introdução, comentário e explicação por Dr. ᶜAlī bu-Milhem. Beirut: Dār wa Maktabat al-Hilāl. (Texto árabe).

(1996) *La città virtuosa*. (Edição bilíngue árabe-italiano). Introdução, tradução e notas de Massimo Campanini. Milano: Biblioteca Universale Rizzoli.

(1998²) *On the Perfect State (Mabādi' Ārā' Ahl al-Madīnat al-Faḍilah)*. (1985¹). (Edição bilíngue árabe-inglês). Revised text with Introduction, Translation, and Commentary by Richard Walzer. Oxford: Oxford University Press.

(2001³a) *Alfarabi. Philosophy of Plato and Aristotle*. (1962¹). Translated with an Introduction by Muhsin Mahdi. Revised Edition: Ithaca: Cornell University Press.

(2001³b) *The Attainment of Happiness* (*Taḥṣīl al-Saᶜāda*). Tradução (inglesa) de Muhsin Mahdi. In: *Alfarabi. Philosophy of Plato and Aristotle*. (1962¹). Translated with an Introduction by Muhsin Mahdi. Revised Edition: Foreword by Charles E. Butterworth & Thomas L. Pangle. Ithaca (NY): Cornell University Press.

(2002) *El camino de la felicidad* (*Kitāb al-tanbīh ᶜalà sabīl al-saᶜāda*). Tradução (espanhola), introdução e notas de Rafael Ramón Guerrero. Madrid: Editorial Trotta.

(2003) *Aphorismes choisis*. Tradução (francesa) de Soumaya Mestiri; Guillaume Dye. Paris: Fayard.

(2004²a) *The Political Writings*. "Selected Aphorisms" and Other Texts. (2001¹). Translated and Annotated by Charles E. Butterworth. Ithaca; London: Cornell University Press.

(2004²b) *The Harmonization of the Two Opinions of the Two Sages*: Plato the Divine and Aristotle. In: AL-FĀRĀBĪ. *The Political Writings*. "Selected Aphorisms" and Other Texts. (2001¹). Tradução (inglesa) e notas de Charles E. Butterworth. Ithaca; London: Cornell University Press.

(2005a) *De l'obtention du bonheur* (*Taḥṣil al-Saᶜāda*). Tradução (francesa) do árabe de Olivier Sedeyn; Nassim Lévy. Paris: Éditions Allia.

(2005b) *Epístola sobre el Intelecto*. Tradução (espanhola) de Rafael Ramón Guerrero. In: STEIN, Ernildo (Org.). *A Cidade de Deus e a Cidade dos Homens*. De Agostinho a Vico. Festschrift para Luis Alberto De Boni. Porto Alegre: Edipucrs.

(2005c) *Respostas a questões sobre as quais foi questionado*. Tradução (portuguesa) de Jamil Ibrahim Iskandar. *Tiraz. Revista de Estudos Árabes e das Culturas do Oriente Médio*, n. 2, p. 149-177.

Al-Ġazālī

(1964) *Ghazâlî's Book of Counsel for Kings* (*Al-tibr al-masbūk fī naṣīḥat al-muluk*). Tradução e introdução de F. R. C. Bagley. Oxford: Oxford University Press.

(2000) *The Incoherence of the Philosophers* (*Tahāfut al-Falāsifa*). (Edição bilíngue árabe-inglês). Trad. (inglesa), introdução e notas de Michael E. Marmura. Provo (Utah): Brigham Young University Press.

Al-Māwardī (Mawerdi)

(1982) *Les Status Gouvernementaux ou les règles de droit public et administratif*. Tradução (francesa) e notas de E. Fagnan. Paris: Le Sycomore.

(1996) *The Ordinances of Government* (*Al-Aḥkām al-Sulṭāniyya w'al-Wilāyāt al-Dīniyya*). Tradução (inglesa) e introdução de Wafaa H. Wahba. UK: Center for Muslim Contribution to Civilization; Garnet Publishing Limited.

Aristóteles

(1958-1959) *L'Éthique a Nicomaque*. Introduction, Traduction et Commentaire par René Antoine Gauthier, O.P.; Jean Yves Jolif, O.P. Louvain; Paris: Publications Universitaires de Louvain; Béatrice-Nauwelaerts. Tome I: Introduction et Traduction; Tome II (2 v.): Commentaire.

(1973) *Aristotle on Education*. (1903[1]). Extracts from the *Ethics* and *Politics*, translated and edited by John Burnet. Cambridge: At the University Press.

(1986) *Elencos Sofísticos*. Tradução (portuguesa) de Pinharanda Gomes. *Organon*. v. VI. Lisboa: Guimarães Editores.

(1987) *Organon*. v. IV: *Les Seconds Analytiques*. Traduction nouvelle et notes par J. Tricot. Paris: J. Vrin.

(1991) *Rhétorique*. Livre II. (Edição bilíngue greco-francesa). Texto estabelecido e tradução (francesa) por Médéric Dufour. Paris: Les Belles Lettres. (1931[1]).

(1992) *Ética a Nicômacos*. Tradução (portuguesa) do grego, introdução e notas de Mário da Gama Kury. Brasília: Edunb.

(1998) *The Nicomachean Ethics*. (1925[1]). Tradução (inglesa) e introdução de David Ross. Edição revista por J. L. Ackrill; J. O. Urmson. Oxford: Oxford University Press.

(1999[2]) *Nicomachean Ethics*. Tradução (inglesa), Introdução, Notas e Glossário de Terence Irwin. Indianapolis (Cambridge): Hackett Publishing Company, Inc.

(2001) *De Anima*. A cura di Giancarlo Movia. Milano: Bompiani (Testi a fronte).

(2002a) *Metafísica*. Edição bilíngue greco-portuguesa. 3 v. Tradução de Marcelo Perini da edição greco-italiana de Giovanni Reale. São Paulo: Edições Loyola, 2002. v. I: Ensaio Introdutório (de Giovanni Reale); v. II: Texto com tradução ao lado; v. III: Sumário e Comentários (de Giovanni Reale).

(2002b) *Nicomachean Ethics*. Translation, Introduction and Commentary: BROADIE, Sarah; ROWE, Christopher. Oxford: University Press.

(2003). *Rhétorique*. Livre I. (Edição bilíngue greco-francesa). (1931[1]). Texto estabelecido e tradução (francesa) por Médéric Dufour. Paris: Les Belles Lettres.

(2004a) *Éthique à Nicomaque*. Tradução (francesa), apresentação, notas e bibliografia por Richard Bodéüs. Paris: Flammarion.

(2004b) *Segundos Analíticos*, Livro I. Tradução (portuguesa), introdução e notas de Lucas Angioni. *Clássicos de Filosofia: Cadernos de Tradução*, n. 7. Unicamp: IFCH.

(2005) *Etica Nicomachea*. (Edição bilíngue greco-italiana). (1999[1]). Traduzione, introduzione e note di Carlo Natali. Roma; Bari: Editori Laterza. (O texto grego reproduzido corresponde ao da edição crítica de Apelt de 1912).

(2006[3]) *Retórica*. In: ARISTÓTELES. *Obras Completas*. Tradução e notas de Manuel Alexandre Júnior; Paulo Farmhouse Alberto; Abel do Nascimento Pena. Lisboa: Centro de Filosofia da Universidade de Lisboa; Imprensa Nacional-Casa da Moeda.

(2007) *Tópicos*. Tradução (portuguesa), introdução e notas de J. A. Segurado e Campos. Lisboa: Centro de Filosofia da Universidade de Lisboa; Imprensa Nacional-Casa da Moeda.

(2008a) *Ethica Nicomachea* I 13 - III 8. Tratado da Virtude Moral. Tradução, notas e comentário de Marco Zingano. São Paulo: Odysseus; FAPESP.

(2008b) *Météorologiques*. Tradução (francesa), notas e introdução de Pierre Thillet. Paris: Gallimard, 2008.

Avempace (Ibn Bājjah)

(1997) *El régimen del solitario* (*Tadbīr al-mutawaḥḥid*). Introdução, tradução e notas de Joaquín Lomba. Madrid: Editorial Trotta.

Avicena (Ibn Sīnā)

(1951) *Livre des Directives et Remarques* (*Kitāb al-Išārāt wa-al-Tanbīhāt*). Traduction avec introduction et notes par A.-M. Goichon. Paris; Beyrouth: J. Vrin; Commission Internationale pour la Traduction des Chefs-d'oeuvre.

(1986). *Le Livre de Science* (*Dānèsh-Nāma*). Tradução (francesa) de Mohammad Achena; Henri Massé. I: Logique, Métaphysique; II: Science Naturelle, Matématiques. Paris: Les Belles Lettres-UNESCO.

Ibn al-Nadīm

(1998[2]) *The Fihrist*. A 10th Century AD Survey of Islamic Culture. Edited and Translated by Bayard Dodge. (1970[1]). Columbia University Press.

Ibn Ḫaldūn (Ibn Khaldun)

(1958/1959/1960) *Os Prolegômenos ou Filosofia Social* (*Muqaddima*). Tradução (portuguesa) de José Khoury; Angelina Bierrenbach Khoury. 3 v. São Paulo: Editora Comercial Safady Ltda., v. I: 1958; v. II, 1959, v. III, 1960.

(2002) *Le Livre des Exemples*. v. I: Autobiographie. Muqaddima. Tradução (francesa), apresentação e notas de Abdelsselam Cheddadi. Paris: Gallimard.

Ibn Taimīya

(1948) *Le Traité de Droit Public d'Ibn Taimīya*. Traduction annoté par Henri Laoust de la *Siyāsa al-Šarʿīa*. Beyrouth: Institut Français de Damas.

Ibn Ṭufayl

(1936[2]) *Hayy ibn Yaqdhân. Roman philosophique d'Ibn Thofaïl*. Texte arabe avec les variantes des manuscrits et de plusieurs éditions, et traduction française. Argel, 1900[1]; 2. ed. Beirut: Imprimerie Catholique.

(1983) *Epistola di Ḥayy ibn Yaqẓān*: I segreti della filosofia orientale. Introdução, tradução (italiana) e notas de Paola Carusi. Apresentação de Alessandro Bausani. Milano: Rusconi.

(1995) *El filósofo autodidacto* (*Risāla Ḥayy ibn Yaqẓān*). Tradução (espanhola) de Angel González Palencia. Edição de Emilio Tornero. Madrid: Editorial Trotta.

Marco Aurélio

(1993) *A se stesso (Pensieri)*. Edição bilíngue greco-italiana. Tradução, introdução e notas de Enrico V. Maltese. Itália: Garzanti Editore.

Miskawayh

(1969) *Traité d'Éthique* (*Tahḏīb al-'Aḫlāq wa Taṭhīr al-'acrāq*). Traduction française avec introduction et notes par Mohammed Arkoun. Damasco: Institut Français de Damas.

Niẓām al-Mulk

(1984) *Traité de gouvernement* (*Siyāsat-nāma*). Traduit du persan et annoté par Charles Schefer. Paris: Sinbad.

Platão

(1950) *Lettre VII*. In: PLATON. *Oeuvres Complètes*. Tome VIII. Trad. nouvelle de E. Chambry. Paris: Librairie Garnier et Frères (Classiques Garnier), p. 315-354.

(2003/2006) *The Republic*. (Edição bilíngue greco-inglesa). Tradução de Paul Shorey. Cambridge (Mass.); London (England): Harvard University Press (The Loeb Classical Library). Livros I-V (2003); Livros VI-X (2006).

(2004²) *La République*. Tradução (francesa), introdução e notas de Georges Leroux. Paris: Flammarion (2002¹); edição aumentada e corrigida.

(2006) *A República*. Tradução (portuguesa) direta do grego de Anna Lia Amaral de Almeida Prado. Revisão técnica e introdução de Roberto Bolzani Filho. São Paulo: Martins Fontes.

Šahrastānī (Shahrastani)

(1986) *Livre des Religions et des Sectes* (*Kitāb al-Milal wa-al-Niḥal*). 2 v. Traduction avec introduction et notes par Daniel Gimaret; Guy Monnot. Peeters; UNESCO.

Estudos Gerais

(1978) AA.VV. *Multiple Averroès: Actes du Colloque International organisé à l'occasion du 850e anniversaire de la naissance d'Averroès. 20-23 septembre 1976*. Paris: Les Belles Lettres.

(1978) ABUL QUASEM, Muhammad. *The Ethics of Al-Ghazali*. Delmar (New York): Caravan Books.

(2004) ADAMSON, Peter; TAYLOR, Richard C. (Org.). *The Cambridge Companion to Arabic Philosophy*. Cambridge: Cambridge University Press.

(1997) AL-JABRĪ, Mohammed cAbed. *Introdução à Crítica da Razão Árabe*. São Paulo: UNESP.

(2007) _____. *La raison politique en islam.* (*Al-ᶜaql as-siyāsī al-ᶜarabī. Muhaddidātuh wa tajalliyātuh.* Beyrouth, 1990¹; Casablanca, 2003). Paris: Éditions La Découverte.

(1982) AL-SAYED, Abdul Malik A. *Social Ethics of Islam.* Classical Islamic-Arabic Political Theory and Practice. USA: Vantage Press.

(1947) ALONSO ALONSO, Manuel. *Teología de Averroes.* Estudios y documentos. Madrid; Granada: CSIC.

(1981) ALTMANN, Alexander. Maimonides's "Four Perfections". In: _____. *Essays in Jewish Intellectual History.* Hanover; New Hampshire; London: University Press of New England.

(1978) ANAWĀTĪ, Georges. *Mu'allafāt Ibn Rušd.* (Bibliografia de Averróis). Argel: Organisation Arabe pour l'Éducation, la Culture et les Sciences.

(1955) ARBERRY, A. J. The *Nicomachean Ethics* in Arabic. *Bulletin of the School of Oriental and African Studies.* University of London, v. 17, n. 1, p. 1-9.

(1971a) ARNALDEZ, Roger. Ibn Rušd. *The Encyclopaedia of Islam* (EI²). New Edition. Leiden; London: E. J. Brill; Luzac & Co., v. III, p. 909-920.

(1971b) _____. Ibn Ḥazm. *The Encyclopaedia of Islam* (EI²). New Edition. Leiden; London: E. J. Brill; Luzac & Co., v. III, p. 790-799.

(1987) _____. *Aspects de la pensée musulmane.* Paris: Vrin (Reprise).

(1998) _____. *Averroès:* Un Rationaliste en Islam. Paris: Éditions Balland.

(2002) _____. *L'homme selon le Coran.* Paris: Hachette Littératures.

(2005) _____. *Les sciences coraniques.* Grammaire, droit, théologie et mystique. Paris: Vrin.

(1973) ARKOUN, Mohammed. *Essais sur la pensée islamique.* Paris: Maisonneuve & Larose.

(1982) _____. *L'Humanisme Arabe au IVe/Xe siècle:* Miskawayh Philosophe et Historien. Paris: J. Vrin.

(1993) _____. Miskawayh. *The Encyclopaedia of Islam* (EI²). New Edition. Leiden; New York: E. J. Brill, v. VII, p. 143-144.

(1982) ASÍN PALACIOS, Miguel. *L'Islam christianisé*: Étude sur le Soufisme d'Ibn ᶜArabī de Murcie. Traduit de l'Espagnol par B. Dubant. Paris: Guy Trédaniel; Éditions de la Maisnie.

(2001) ASSAD, Muhammad. (= Leopold Weiss). *The Principles of State and Government in Islam.* University of California, 1961; reprint Kuala Lumpur: Islamic Book Trust.

(2004) ATTALI, Jacques. *Raison et foi*: Averroès, Maïmonide, Thomas d'Aquin. Paris: Bibliothèque Nationale de France.

(1976²) AUBENQUE, Pierre. *La prudence chez Aristote.* (1963¹) Paris: PUF.

(1998²) AYUBI, Nazih N. *Political Islam*: Religion and Politics in the Arab World. (1991¹). London; New York: Routledge.

(1993) ᶜALĪ MAKKĪ, Maḥmūd. Contribución de Averroes a la ciencia jurídica musulmana. In: MARTÍNEZ LORCA, Andrés (Org.). *Al encuentro de Averroes.* Madrid: Editorial Trotta, p. 15-38.

(1972) BADAWI, ᶜAbdurraḥmān. *Histoire de la philosophie en Islam.* 2 v.; v. I: Les philosophes théologiques; v. II: Les philosophes purs. Paris: J. Vrin.

(1987²) _____. *La Transmission de la Philosophie Grecque au Monde Arabe.* (1968¹). Paris: J. Vrin.

(1998) _____. *Averroès (Ibn Rušd).* Paris: J. Vrin.

(1991) BAFFIONI, Carmela. *Storia della Filosofia Islamica.* Introduzione di Sergio Noja. Milano: Mondadori.

(2009) BELO, Catarina. Some considerations on Averroes's views regarding women and their role in society. *Journal of Islamic Studies*, n. 20, v. 1. Oxford University Press; Oxford Centre for Islamic Studies, p. 1-20.

(2003²) BENMAKHLOUF, Ali. *Averroès.* (1998¹). Paris: Les Belles Lettres. [Tradução (portuguesa): *Averróis.* São Paulo: Estação Liberdade, 2006].

(1967) BERMAN, Lawrence V. Excerpts from the lost Arabic original of Ibn Rušd's "Middle Commentary on the Nicomachean Ethics". *Oriens*, v. 20, p. 31-59.

(1971) _____. Review of Rosenthal's Edition, Translation and Notes of *Averroes' Commentary on Plato's 'Republic'*. *Oriens*, v. XXI-XXII (1968-1969). Leiden: Brill, p. 436-439.

(1978) _____. Ibn Rušd's *Middle Commentary in the Nicomachean Ethics* in Medieval Hebrew Literature. In: AA.VV. *Multiple Averroes*: *Actes du Colloque International organisé à l'occasion du 850e anniversaire de la naissance d'Averroès. (Paris 20-23 septembre 1976)*. Paris: Les Belles Lettres, p. 287-321.

(1988a) _____. Maimonides, the Disciple of Alfārābī. *Israel Oriental Studies*, n. 4 (1974), p. 154-178. Reprint in: BUIJS, Joseph A. (Org.). *Maimonides*: A Collection of Critical Essays. Notre Dame (Indiana): University of Notre Dame Press, p. 195-214.

(1988b) _____. The Ideal State of the Philosophers and Prophetic Laws. In: LINK-SALINGER, Ruth et ali. (Org.). *A Straight Path*: Studies in Medieval Philosophy and Culture. Essays in Honor of Arthur Hyman. Washington, D. C.: The Catholic University of America Press, p. 10-22.

(1971) BERNAND, M. Idjmā[c]. *The Encyclopaedia of Islam* (EI²). New Edition. Leiden; London: E. J. Brill; Luzac & Co., v. III, p. 1023-1026.

(1986) _____. Ḳiyās. *The Encyclopaedia of Islam* (EI²). New Edition. Leiden: E. J. Brill, v. V, p. 238-242.

(1993) BERTI, Enrico. *Phrónēsis* et science politique. In: AUBENQUE, Pierre (Org.). *Aristote Politique*: Essais sur la politique d'Aristote. Paris: PUF, p. 435-459.

(s/d) _____. La Prudenza. Bollettino n. 159. Disponível em <http://lgxserver.uniba.it/lei/sfi/bollettino/159_berti.htm>. (Acesso em: agosto de 2007).

(1971) BERTMAN. Martin. Practical, Theoretical and Moral Superiority in Averroes. *International Studies in Philosophy*: A Yearbook of General Philosophical Inquiry, n. 3. Torino, p. 47-54.

(1971b) _____. Philosophical Elitism: the Example of Averroes. *Philsophical Journal*, n. 8, p. 115-121.

(1996) BESNIER, Bernard. A distinção entre praxis e poiesis em Aristóteles. (Tradução portuguesa). *Analytica*, v. I, n. 3, p. 127-163.

(2001) BLACK, Antony. *The History of Islamic Political Thought*: From the Prophet to the Present. New York: Routledge.

(1992) BLAUSTEIN, Michael. The Scope and Methods of Rhetoric in Averroes' *Middle Commentary on Aristotle's Rhetoric*. In: BUTTERWORTH, Charles E. (Org.). *The Political Aspects of Islamic Philosophy*: Essays in Honor of Muhsin S. Mahdi. Cambridge (Mass.): Harvard University Press, p. 262-303.

(1982) BODÉÜS, Richard. *Le Philosophe et la Cité*: Recherches sur les rapports entre morale et politique dans la pensée d'Aristote. Paris: Les Belles Lettres.

(2002) _____. *Aristote*. Paris: J. Vrin.

(2003) _____. Aristote: La Justice et la Cité. In: JAULIN, Annick et ali.(Org.). *La philosophie d'Aristote*. Paris: PUF, p. 317- 414.

(2004) _____. *Le véritable politique et ses vertus selon Aristote*: Recueil d'Études. Louvain-la-Neuve: Éditions Peeters.

(1997a) BOSWORTH, C. E.; NETTON, I. R.; VOGEL, F. E. Siyāsa. (BOSWORTH, C. E. 1. In the sens of statecraft, the management of affairs of sate and, eventually, that of politics and political policy). *The Encyclopaedia of Islam* (EI²). New Edition. Leiden: Brill, v. IX, p. 693-696.

(1997b) BOSWORTH, C. E.; Shūrā. 1. In early Islamic history. *The Encyclopaedia of Islam* (EI²). New Edition. Leiden: Brill, v. IX, p. 504-505.

(1935) BOUSQUET, G.-H. *Précis élémentaire de Droit musulman (Mâlékite et Algérien)*. Alger; Paris: P. & G. Soubiron; Librairie Orientaliste Paul Geuthner.

(1964) _____. *El-Bokhârî: L'authentique Tradition musulmane*. Choix de *ḥadīths* traduits et présentés par G.-H. Bousquet. Paris: Sinbad.

(1922) BOUYGES, Maurice. Notes sur les philosophes arabes connus des latins au Moyen Âge. V: Inventaire des textes arabes d'Averroès. In: *Mélanges de l'Université Saint-Joseph* (Beirut). v. 8, n. 1, p. 3-54.

(1993) BRAGUE, Rémi. Note sur la traduction arabe de la *Politique*, derechef, qu'elle n'existe pas. In: AUBENQUE, Pierre (Org.). *Aristote Politique*. Études sur la *Politique* d'Aristote. Paris: PUF-CNRS, p. 423-433.

(1997) _____. Averroès et la *Republique*. In: NESCHKE-HENTSCHKE, Ada (Org.). *Images de Platon et lectures de ses oeuvres*: Les interprétations de Platon à travers les siècles. Série: Bibliothèque Philosophique de Louvain, n. 48. Louvain-Paris: Éditions de l'Institut Supérieur de Philosophie, Louvain-la-Neuve, p. 99-114.

(1999) _____. *Europe, la voie romaine*. (1992[1]). Paris: Gallimard (Folios Essais), edição revista e ampliada.

(2005) _____. *La Loi de Dieu*. Paris: Gallimard.

(1991) BROADIE, Sarah. *Ethics with Aristotle*. New York; Oxford: Oxford University Press.

(1984) BROWN, Robert. *The nature of social laws*: Machiavelli to Mill. Cambridge: Cambridge University Press.

(1962) BRUNSCHVIG, R. Averroès juriste. In: BRUNSCHVIG, R. et ali. (Org.). *Études d'Orientalisme dédiées à la mémoire de Lévi-Provençal*. 2 v. Paris: G.-P. Maisonneuve et Larose, v. I, p. 35-68.

(1972a) BUTTERWORTH, Charles E. Rhetoric and Islamic Political Philosophy. *International Journal of Middle East Studies*, n. 3, p. 187-198.

(1972b) _____. Averroes: Politics and Opinion. *American Political Science Review*, n. 66, p. 894-901.

(1975) _____. New Light on the Political Philosophy of Averroes. In: HOURANI, G. F. (Org.). *Essays on Islamic Philosophy and Science*. New York: State University of New York Press (SUNY), p. 118-127.

(1978) _____. La valeur philosophique des commentaires d'Averroès sur Aristote. In: AA.VV. *Multiple Averroès: Actes du Colloque International 20-23 sept. 1976*. Paris: Les Belles Lettres, p. 117-126.

(1983) _____. Ethics in Medieval Islamic Philosophy. (Islamic Philosophy and Religious Ethics). *The Journal of Religious Ethics*, v. 11, n. 2, p. 224- 239.

(1984) _____. The Rhetorician and His Relationship to the Community: Three Accounts of Aristotle's *Rhetoric*. In: MARMURA, Michael E. (Org.). *Islamic Theology and Philosophy*: Studies in Honor of George F. Hourani. Albany: SUNY, p. 111-136.

(1985) _____. Ethics and Classical Islamic Philosophy: A Study of Averroes' *Commentary on Plato's Republic*. In: HOVANNISIAN, Richard G. (Org.). *Ethics in Islam*. Ninth Giorgio Levi Della Vida Biennial Conference. Malibu (California): Undena Publications, p. 17-45.

(1986) _____. Philosophy, Ethics and Virtuous Rule: A Study of Averroes' Commentary on Platos's "Republic". *Cairo Papers in Social Science*, v. 9, Monograph 1, Spring 1986. Cairo: The American University in Cairo Press, p. 1-90. [Contém uma Apresentação do autor, p. i-iii].

(1987) _____. Medieval Islamic Philosophy and the Virtue of Ethics. *Arabica*, n. 34, p. 221-250.

(1991a) _____. L'Éducation Aristotélicienne des philosophes-rois de Platon dans le *Commentaire sur la République* d'Averroès. *Internationale de L'Imaginaire*. Número especial: *Le Choc Averroès*: Comment les philosophes arabes on fait l'Europe. Travaux de l'Université Européene de la Recherche. *Actes du Colloque Averroès (6-8 février 1991), 17-18 (Summer-Fall)*, p. 147-152.

(1991b) _____. Comment Averroès lit les *Topiques* d'Aristote. In: SINACEUR, M. A. (Org.). *Penser avec Aristote*. Toulouse: Editions Erès-UNESCO, p. 701-724.
(1992a) _____. (Org.). *The Political Aspects of Islamic Philosophy*: Essays in Honor of Muhsin S. Mahdi. Cambridge (Mass.): Harvard University Press.
(1992b) _____. The Political Teaching of Averroes. *Arabic Sciences and Philosophy*. Cambridge University Press, v. II, n. 2 (september), p. 187-202.
(1992c) _____. Political Islam: The Origins. In: *Political Islam. The Annals of The American Academy of Political and Social Science* (Número especial), v. 524, (november), p. 26-37.
(1994) _____. Translation and Philosophy: The case of Averroes' Commentaries. *International Journal of Middle East Studies*, v. 26, n. 1 (february), p. 19-35.
(1995) _____. The Greek Tradition in Ethics and its Encounter with Moral Wisdom in Islam. In: BAZÁN, B. Carlos et ali. (Org.). *Moral and Political Philosophies in the Middle Ages*: *Proceedings of the Ninth International Congress of Medieval Philosophy*. Ottawa, 17-22 August, 1992. Ottawa: Legas, v. I, p. 125-135.
(1997a) _____. Twelve Treatises in Search of a Title. Averroes' *Short Commentaries on Aristotle's Logic*. In: DE LIBERA, Alain; ELAMRANI-JAMAL, A.; GALONNIER, A. (Org.). *Langages et Philosophie*: Hommage à Jean Jolivet. Paris: J. Vrin, p. 99-108.
(1997b) _____. Opinion, point de vue, croyance et supposition. In: HASNAWI, Ahmad; ELAMRANI-JAMAL, Abdelali; MAROUN, Aouad (Org.). *Perspectives arabes et médiévales sur la tradition scientifique et philosophique grecque*. Paris; Leuven: Institut du Monde Arabe; Peeters, p. 453-464.
(1998) _____. Averroes' Platonization of Aristotle's *Art of Rhetoric*. In: DAHAN, Gilbert; ROSIER--CATACH, Irene. (Org.). *La* Rhétorique *d'Aristote*. Traditions et Commentaires de l'Antiquité au XVIIe siècle. Paris: J. Vrin, p. 227-240.
(2001[2]) _____. Forward (Introdução). In: AL-FĀRĀBĪ. *Philosophy of Plato and Aristotle*. (1962[1]). Translated with and Introduction by Muhsin Mahdi. Revised Edition: Ithaca: Cornell University Press, p. xi-xvii.
(2005) _____. Ethical and political philosophy. In: ADAMSON, Peter; TAYLOR, Richard C. (Orgs.). *The Cambridge Companion to Arabic Philosophy*. Cambridge: Cambridge University Press, p. 266-286.
(2006) _____. Averroes on Law and Political Well-Being. In: MINKOV, Svetozar; DROUARD, Stéphane (Org.). *Enlightenings Revolutions*: Essays in Honor of Ralph Lerner. New York; Oxford et ali.: Lexington Books, p. 23-30.
(2007a) _____. Averroes e as opiniões comuns a toda investigação filosófica ou o que não se pode ignorar. In: PEREIRA, Rosalie H. de S. (Org.). *Busca do Conhecimento*: Ensaios de Filosofia Medieval no Islã. São Paulo: Paulus.
(2007b) _____. Philosophy of Law in Medieval Judaism and Islam. In: *A Treatise of Legal Philosophy and General Jurisprudence*. v. VI: MILLER, Fred J.; BIONDI, Carrie-Ann. (Org.). *A History of the Philosophy of Law from the Ancient Greeks to the Scholastics*. Dordrecht: Springer, p. 219-250.
(1997) CALDER, N. Sharīʿa. *The Encyclopaedia of Islam* (EI[2]). New Edition. Leiden: Brill, v. IX, p. 321-326.
(2000) _____. Uṣūl al-Fiḳh. *The Encyclopaedia of Islam* (EI[2]). New Edition. Leiden: Brill, v. X, p. 931-934.
(1999) CAMPANINI, Massimo. *Islam e politica*. Bologna: Il Mulino.
(2004) _____. *Introduzione alla filosofia islamica*. Roma-Bari: Editori Laterza.
(2007a) _____. *Averroè*. Bologna: Il Mulino.
(2007b) _____. O Pensamento Político Islâmico Medieval. In: PEREIRA, Rosalie H. de S. (Org.). *O Islã Clássico*: Itinerários de uma Cultura. São Paulo: Perspectiva, p. 247-283.

(2007c) _____. A dialética utopia - antiutopia no pensamento político islâmico medieval. In: PEREIRA, Rosalie H. de S. (Org.). *Busca do Conhecimento*: Ensaios de Filosofia Medieval no Islã. São Paulo: Editora Paulus.

(1975) CHALLITA, Mansour. Apresentação. A Conquista do Sucesso pelo Culto da Inteligência. In: IBN MUKAFA. *Calila e Dimna*. Tradução e Apresentação de Mansour Challita. Rio de Janeiro: Associação Cultural Internacional Gibran.

(1984) CHAMBERLAIN, Charles. The Meaning of *Prohairesis* in Aristotle's Ethics. *Transactions of the American Philological Association*, n. 114, p. 147-157.

(1984) CHARLES, David. *Aristotle's Philosophy of Action*. London: Duckworth.

(1997) CHATEAU, Jean-Yves. L'objet de la *phronèsis* et la vérité pratique. In: CHATEAU, Jean-Yves (Org.). *La vérité pratique*. Aristote: *Étique à Nicomaque*, Livre VI. Paris: J. Vrin, p. 185-261.

(1992) COLMO, Christopher. Theory and Practice: Alfarabi's *Plato* revisited. *American Political Science Review*, v. 86, n. 4 (december), p. 966-976.

(2005) _____. *Breaking with Athens*. Alfarabi as founder. New York; Toronto: Lexington Books.

(2003) COOK, Michael. *Forbidding Wrong in Islam*. Cambridge: Cambridge University Press.

(2004[3]) _____. *Commanding Right and Forbidding Wrong in Islamic Thought*. Cambridge: Cambridge University Press (2000[1]; 2002[2]).

(1977[2]) CORBIN, Henry. *L'Imagination créatrice dans le soufisme d'Ibn ᶜArabī*. Paris: Flammarion, 1958[1].

(1991) CORRIENTE, F. *Diccionario Arabe-Español*. Barcelona: Editorial Herder.

(1996) CORTÉS, Julio. *Diccionário de árabe culto moderno*. Madrid: Ed. Gredos.

(1991) COTTART, N. Mālikkiyya. *The Encyclopaedia of Islam* (EI[2]). New Edition. Leiden: E. J. Brill, v. VI, p. 278-283.

(1986) COULOUBARITSIS, Lambros. Dialectique, rhétorique et critique chez Aristote. In: MEYER, Michel (Org.). *De la Métaphysique à la Rhétorique*: Essais à la mémoire de Chaïm Perelman avec un inédit sur la logique. Bruxelles: Editions de l'Université de Bruxelles; Faculté de Philosophie et Lettres, p. 103-118.

(1995) COULSON, Noël J. *Histoire du Droit islamique*. [1. ed. (inglesa) Edinburgh: Edinburgh University Press, 1964]. Paris: PUF - Presses Universitaires de France.

(1987) CRONE, Patricia. *Roman, provincial and Islamic law.* The origins of the Islamic patronate. Cambridge: Cambridge University Press.

(1990[2]) _____; HINDS, Martin. *God's Caliph*: Religious authority in the first centuries of Islam. (1985[1]). Cambridge: Cambridge University Press.

(2004) _____. *God's Rule*: Government and Islam. Six Centuries of Medieval Islamic Political Thought. New York: Columbia University Press.

(2005) _____. *Medieval Islamic Political Thought*. Edinburgh: Edinburgh University Press.

(1981) CRUZ HERNÁNDEZ, Miguel. *Historia del pensamiento en el mundo islâmico*. 3 v. v. II: Desde el Islam andalusí hasta el socialismo árabe. Madrid: Alianza Editorial.

(1985) _____. *Historia del pensamiento en Al-Andalus*. 2 v. Sevilla: Editoriales Andaluzas Unidas, S. A.

(1993) _____. La crítica de Averroes al despotismo oligárquico andalusí. In: MARTÍNEZ LORCA, Andrés (Org.). *Al encuentro de Averroes*. Madrid: Editorial Trotta, p. 105-118.

(1997) _____. *Abū-l-walīd Muhammad ibn Rušd (Averroes)*. Vida, Obra, Pensamiento, Influencia. (1986[1]). Córdoba: CajaSur.

(1998) _____. *Averroes*: Antología. Sevilla: El Monte.

(2000) CURREN, Randall R. *Aristote on the Necessity of Public Education*. New York; Oxford: Rowman & Littlefield Publishers, Inc.

(1986) DAIBER, Hans. *The Ruler as Philosopher*: A New Interpretation of Al-Fārābī's View. Nieuwe reeks, deel 49, n. 4. Amsterdam; Oxford; New York: North Holland Publishing Company.

(2001) _____. Political philosophy. In: NASR, Seyyed Hossein; LEAMAN, Oliver (Orgs.). *History of Islamic Philosophy*. (1996[1]). London: Routledge, p. 841-885.

(2005) d'ANCONA, Cristina (Org.). *Storia della filosofia nell'Islam medievale*. 2 v. Torino: Einaudi.

(1988) DAVIDSON, Herbert A. Averrois *Tractatus de Animae Beatitudine*. In: LINK-SALINGER, Ruth et ali. (Org.). *A Straight Path*: Studies in Medieval Philosophy and Culture. Essays in Honor of Arthur Hyman. Washington, D.C.: The Catholic University of America Press.

(1990) DRUART, Thérèse-Ann; MARMURA, Michael (Org.). Medieval Islamic Philosophy and Theology: Bibliographical Guide (1986-1989). *Bulletin de philosophie médiévale*, n. 32, p. 106-111.

(1987) DRURY, S. B. Leo Strauss's Classic Natural Right Teaching. *Political Theory*, v. 15, n. 3, August, p. 299-315.

(2002[2]) DUTTON, Yasin. *The Origins of Islamic Law*: The Qur'an, the *Muwaṭṭa'* and *Madinan ᶜAmal*. (1999[1]). London: Curzon Press.

(1962) DUNLOP, D. M. The *Nicomachean Ethics* in Arabic. Books I-VI. *Oriens*, n. 15, p. 18-34.

(1969) _____. Observations on the Medieval Arabic Version of Aristotle's *Nicomachean Ethics*. Convegno Internazionale 9-15 Aprile 1969. Accademia Nazionale dei Lincei, Roma, p. 235-237.

(1991) EDMOND, Michel-Pierre. *Le philosophe-roi*: Platon et la politique. Paris: Éditions Payot.

(1991) ELAMRANI-JAMAL, Abdelali. Averroès, le *Commentateur* d'Aristote? In: SINACEUR, M. A. (Org.). *Penser avec Aristote*. Toulouse: Érès; UNESCO, p. 643-651.

(1997) _____. Averroès: La doctrine de l'intellect matériel dans le *Commentaire moyen* au *De Anima* d'Aristote. In: DE LIBERA, A.; ELAMRANI-JAMAL, A.; GALONNIER, A. (Org.). *Langages et Philosophie*. Hommage à Jean Jolivet. Paris: J. Vrin, p. 281-307.

(2005) EMON, Anver M. Natural Law and Natural Rights in Islamic Law. *Journal of Law and Religion*, v. XX, p. 351-395.

(1999a) ENDRESS, Gerhard; AERTSEN, Jan A. (Org.). *Averroes and the Aristotelian Tradition*: Sources, Conditions and Reception of the Philosophy of Ibn Rušd (1126-1198). *Proceedings of the Fourth Symposium Averroicum, Cologne (1996)*. Leiden; Boston; Köln: Brill.

(1999b) _____. Le projet d'Averroès: Constitution, Reception et Edition du Corpus des Oeuvres d'Ibn Rušd. In: ENDRESS, G.; AERTSEN, Jan A. (Org.). *Averroes and the Aristotelian Tradition*. Leiden; Boston; Köln: Brill, p. 3-31.

(1999c) _____. Averroes Opera: A Bibliography of Editions and Contributions to the Text. In: ENDRESS, G.; AERTSEN, Jan A. (Org.). *Averroes and the Aristotelian Tradition*. Leiden; Boston; Köln: Brill, p. 339-381.

(1989) FAKHRY, Majid. *Histoire de la philosophie islamique*. Paris: Les Éditions du Cerf.

(1994a) _____. *Ethical Theories in Islam*. Leiden: E. J. Brill.

(1994b) _____. Philosophy and Scripture in the Theology of Averroes. *Medieval Studies*, n. 30, 1968, p. 78-89. Reprint in: *Philosophy, Dogma and the Impact of Greek Thought in Islam*. Great Britain: Variorum, cap. XVI.

(1994c) _____. The devolution of the perfect state: Plato, Ibn Rušd, and Ibn Khaldun. In: *Philosophy, Dogma and the Impact of Greek Thought in Islam*. Great Britain: Variorum, cap. X.

(1994d) _____. The liberal arts in the medieval Arabic tradition from the seventh to the twelfth centuries. In: *Philosophy, Dogma and the Impact of Greek Thought in Islam*. Great Britain: Variorum, cap. XVIII.

(1994e) _____. Justice in Islamic philosophical ethics: Miskawayh's mediating contribution. In: *Philosophy, Dogma and the Impact of Greek Thought in Islam*. Great Britain: Variorum, cap. XX.

(2000) _____. *Islamic Philosophy, Theology and Mysticism*: A Short Introduction. (1997[1]). Oxford, Oneworld Publications.

(2001) _____. *Averroes (Ibn Rušd)*: His Life, Works and Influence. Oxford: Oneworld Publications.

(2002) _____. *Al-Fārābi, Founder of Islamic Neoplatonism*: His Life, Works and Influence. Oxford: Oneworld.

(1993) FARÈS, B. Murū'a (muruwwa). *The Encyclopaedia of Islam* (EI²). New Edition. Leiden; New York: E. J. Brill, v. VII, p. 636-638.

(2002) FLORI, Jean. *Guerre sainte, jihad, croisade*: Violence et religion dans le christianisme et l'islam. Paris: Éditions du Seuil.

(1999) FORCADA NOGUÉS, Miquel. La Ciencia en Averroes. *Actas del III Congreso Nacional de Filosofía Medieval (1998)*, Zaragoza.

(2001²) FRANK, Daniel H. Ethics. In: NASR, Seyyed Hossein; LEAMAN, Oliver (Org.). *History of Islamic Philosophy*. (1996[1]). London: Routledge, cap. 55, p. 959-968.

(1983) FRANK, Richard. Moral Obligation in Classical Muslim Theology. *The Journal of Religious Ethics*, v. II, n. 2, p. 204-223.

(1992) _____. The Science of *Kalām*. *Arabic Science and Philosophy*. Cambridge University Press, v. II, n. 1 (march), p. 7-37.

(1994) FURLEY, David J.; NEHAMAS, Alexander (Org.). *Aristotle's Rhetoric*: Philosophical Essays. Princeton (New Jersey): Princeton University Press.

(1971) GABRIELI, F. Ibn Muḳaffaᶜ. *The Encyclopaedia of Islam* (EI²). New Edition. Leiden; London: E. J. Brill; Luzac & Co., v. III, p. 883-885.

(1994) GADAMER, Hans-Georg. *L'Idée du Bien comme enjeu platonico-aristotélicien*: Le Savoir Pratique. Paris: Librairie Philosophique J. Vrin.

(1990) GALSTON, Miriam. *Politics and Excellence*: The Political Philosophy of Alfarabi. Princeton (New Jersey): Princeton University Press.

(1951) GARDET, Louis. *La pensée religieuse d'Avicenne* (*Ibn Sīnā*). Paris: J. Vrin.

(1965) _____. Fitna. *The Encyclopaedia of Islam* (EI²). New Edition. Leiden; London: E. J. Brill; Luzac & Co., v. II, p. 930-931.

(1971). _____. ᶜIlm al-Kalām. *The Encyclopaedia of Islam* (EI²). New Edition. Leiden; London: E. J. Brill; Luzac & Co. v. III, p. 1141-1150.

(1981) _____. *La Cité musulmane*: Vie sociale et politique. Paris: J. Vrin.

(1980) GÄTJE, Helmut. Probleme der *Colliget* - Forschung. *Zeitschrift der Deutschen Morgenländischen Gesellschaft*, v. 130, p. 279-303.

_____. Zur Lehre von den Temperamenten bei Averroes. *Zeitschrift der Deutschen Morgenländischen Gesellschaft*, v. 132, p. 243-268.

(1909) GAUTHIER, Léon. *Théorie d'Ibn Rochd*: Sur les rapports de la religion et de la philosophie. Paris: Vrin-reprise: Ernest Leroux, Éditeur.

(1958) GAUTHIER, R. A. *La Morale d'Aristote*. Paris: PUF.

(1958-1959) _____; JOLIF, Jean Yves. *L'Éthique a Nicomaque*. Tome I: Introduction et Traduction (1958); Tome II: Commentaire. Première Partie (1959); Deuxième Partie (1959). Louvain: Publications Universitaires de Louvain; Paris: Béatrice-Nauwelaerts.

(1994) GAZOLLA DE ANDRADE, Rachel. *Platão. O Cosmo, o Homem e a Cidade*: Um Estudo sobre a Alma. Petrópolis: Vozes.

(1973-1974) GEFFEN, David. Insights into the Life and Thought of Elijah Medigo Based on His Published and Unpublished Works. *Proceedings of the American Academy for Jewish Research*, v. 41, p. 69-86.

(1996/2005a) GEOFFROY, Marc. Ibn Tūmart et l'idéologie almohade. In: AVERRÓIS (IBN RUŠD). *Discours décisif.* (Edição bilíngue árabe-francesa). (1996). Tradução (francesa) de Marc Geoffroy. Introdução de Alain de Libera, Paris: Flammarion, Annexe, p. 87-96; id., tradução (portuguesa): Ibn Tūmart e a ideologia almôada. In: AVERRÓIS (IBN RUŠD). *Discurso decisivo.* (Edição bilíngue árabe-português). Tradução (portuguesa) de Aida Ramezá Hanania. São Paulo: Martins Fontes (2005a), p. lxxxix-xcviii

(2005b) _____. Averroè. In: d'ANCONA, Cristina (Org.). *Storia della filosofia nell'Islam medievale.* 2 v. Torino: Einaudi, v. II, p. 723-782.

(2003) GERBIER, Laurent. La politique et la medecine: une figure platonicienne et sa relecture averroïste. *Astérion*: Revue de philosophie, histoire des idées, pensée politique, n. 1, p. 5-19.

(1972) GHORAB, A. A. The Greek Commentators on Aristotle quoted in Al-ᶜĀmirī's "*As-Saᶜāda wa'l-isᶜād*". In: STERN, S. M.; HOURANI, A.; BROWN, V. (Org.). *Islamic Philosophy and the Classic Tradition*: Essays presented by his friends and pupils to Richard Walzer on his seventieth birthday. Oxford: Bruno Cassirer (Publishers) Ltd., p. 77-88.

(1954³) GIBB, H. A. R. *Mohammedanism.* (1949¹). London; New York; Toronto: Oxford University Press, 1953², reprint 1954.

(1990). GIMARET, Daniel. *La doctrine d'Al-Ashᶜari.* Paris: Les Éditions du Cerf.

(1993) _____. Muᶜtazila. *The Encyclopaedia of Islam* (EI²). New Edition. Leiden; New York: E. J. Brill. v. VII, p. 783-793.

(1938) GOICHON, A.-M. *Lexique de la langue philosophique d'Ibn Sīnā.* Paris: Desclée, de Brouwer.

(1939) _____. *Vocabulaires comparés d'Aristote et d'Ibn Sīnā: Supplément au Lexique de la langue philosophique d'Ibn Sīnā.* Paris: Desclée, de Brouwer.

(1966) GOITEN, S. D. *Studies in Islamic History and Institutions.* Leiden: E. J. Brill.

(1981) GOLDZIHER, Ignaz. *Introduction to Islamic Theology and Law* (*Vorlesung über den Islam*, 1910¹). Trad. (inglesa) de Andras e Ruth Hamori com introdução e notas adicionais de Bernard Lewis. New Jersey: Princeton University Press.

(1978) GÓMEZ NOGALES, Salvador. Bibliografia sobre las obras de Averroes. In: AA.VV. *Multile Averroès: Actes... 1976.* Paris: Les Belles Lettres, p. 351-387.

(1965) _____; SCHACHT, J. Fiḳh. *The Encyclopaedia of Islam* (EI²). New Edition. Leiden; London: E. J. Brill; Luzac & Co., v. II, p. 886-887.

(1996) GRACIA, Jorge J. E. The Philosopher and the Understanding of Law. In: WAHBA, Mourad; MONA, Abousenna (Org.). *Averroës and the Elightenment.* Amherst (New York): Prometheus Books, p. 243-251.

(1984) GREEN, A. H. (Org.). *In Quest of an Islamic Humanism*: Arabic and Islamic Studies in Memory of Mohamed al-Nowaihi. Cairo: The American University in Cairo Press.

(1998) GRIFFEL, Frank. Kommentar des Averroes zu Platons Politeia, übersetzt von Simon Lauer und kommentiert von E. I. J. Rosenthal, mit einer Einleitung von Friedrich Niewöhner. Spur Verlag Zürich, 1996, 165 s; NIEWÖHNER, Friedrich; STURLESE, Loris (Org.). *Averroismus im Mittlealter und in der Renaissance.* Spur Verlag Zürich, 1994, 380 s; = *Die Welt des Islams*, n. 38 (2). Leiden: Brill, p. 254-260.

(1977) GRIGNASCHI, Mario. L'Origine et les métamorphoses du "Sirr al-as'rār" (*Secretum secretorum*). *Archives d'Histoire doctrinale et littéraire du Moyen Âge.* Paris: J. Vrin, p. 7-112.

(1992) GUERRERO, Rafael Ramón. *Al-Fārābī. Obras Filosófico-políticas.* Edição bilíngue árabe-espanhola. Introdução, tradução e notas de Rafael Ramón Guerrero. Madrid: Debate-CSIC.

(1994) _____. Filósofos Hispano-Musulmanes y Spinoza: Avempace y Abentofail. *Spinoza y España. Actas del Congreso Internacional, Almagro (5-7 noviembre 1992).* Cuenca: Ediciones de la Universidad de Castilla – La Mancha, p. 125-132.

(1996a) _____. La *Ética Nicomaquea* en el mundo árabe: El *Kitāb al-Tanbīh ᶜalà sabīl al-saᶜāda* de Al-Fārābī. *Actas del II Congreso Nacional de Filosofia Medieval*. Zaragoza: Sociedad de Filosofia Medieval, p. 417-430.

(1996b) _____. Averroes: el "Proemio" de su Comentário al Libro Lambda de la "Metafísica". *Anales del Seminario de Historia de la Filosofía*. Número extraordinário. Madrid: Servicio de Publicaciones, Universidad Complutense, p. 280-281.

(1998) _____. *Averroes. Sobre filosofia y religión*. Pamplona: Servicio de Publicaciones de la Universidad de Navarra. S. A.

(2002) _____. Introdução. In: AL-FĀRĀBĪ. *El camino de la felicidad (Kitāb al-tanbīh ᶜalà sabīl al-saᶜāda)*. Tradução, introdução e notas de Rafael Ramón Guerrero. Madrid: Editorial Trotta.

(2007) _____. Al-Ġazālī. A defesa do Islã sunita. In: PEREIRA, R. H. S. (Org.). *O Islã Clássico*: Itinerários de uma Cultura. São Paulo: Perspectiva.

(1988) GUTAS, Dimitri. *Avicenna and the Aristotelian Tradition*: Introduction to reading Avicenna's philosophical works. Leiden: E. J. Brill.

(1999) _____. *Greek Thought, Arabic Culture*: The Graeco-Arabic Translation Movement in Baghdad and Early 'Abbāsid Society (2nd–4th / 8th–10th centuries). (1998[1]). London: Routledge.

(1971) GYEKYE, Kwame. The terms *Prima intentio* and *Secunda intentio* in Arabic logic. *Speculum*: A Journal of Mediaeval Studies. Cambridge (Mass.), v. 46, n. 1, January, p. 32-38.

(1979). _____. *Arabic Logic*. Ibn al-Ṭayyib's Commentary on Porphyry's *Eisagoge*. Albany: State University of New York Press.

(1988) HACKETT, Jeremiah. Averroes and Roger Bacon on the Harmony of Religion and Philosophy. In: LINK-SALINGER, Ruth et ali. (Org.). *A Straight Path*: Studies in Medieval Philosophy and Culture. Essays in Honor of Arthur Hyman. Washington, D.C.: The Catholic University of America Press, p. 98-112.

(s/d.) HADDAD, Jamil Almansur. Introdução ao Conto Árabe. In: _____. *Contos Árabes*. Introdução, seleção e notas. São Paulo: Edições de Ouro.

(1994a) HALLAQ, Wael B. *Law and Legal Theory in Classical and Medieval Islam*. Aldershot: Variorum.

(1994b) _____. The Logic of Legal Reasoning in Religious and Non-Religious Culture: the Case of Islamic Law and the Common law. (*Cleveland State Law Review*, n. 34. New York, 1985-1986). Reprint in: *Law and Legal Theory in Classical and Medieval Islam*. Aldershot: Variorum, p. I/79-96.

(1994c) _____. Non-Analogical Arguments in Sunni Juridical *Qiyās*. (*Arabica* n. 36. Leiden, 1990). Reprint in: *Law and Legal Theory in Classical and Medieval Islam*. Aldershot: Variorum, p. II/286-306.

(1994d) _____. Logic, Formal Arguments and Formalization of Arguments in Sunnī Jurisprudence. (*Arabica* n. 37. Leiden, 1990). Reprint in: *Law and Legal Theory in Classical and Medieval Islam*. Aldershot: Variorum, p. III/315-358.

(1994e) _____. On Inductive Corroboration, Probability and Certainty in Sunnī Legal Thought. In: HEER, N. L. (Org.). *Islamic Law and Jurisprudence*. Seattle; London, 1990. Reprint in *Law and Legal Theory in Classical and Medieval Islam*. Aldershot: Variorum, p. IV/3-31.

(2005[2]a) _____. *A History of Islamic Legal Theories*: An introduction to Sunnī *uṣūl al-fiqh*. (1997[1]). Cambridge: Cambridge University Press.

(2005b) _____. *The Origins and Evolution of Islamic Law*. Cambridge: Cambridge University Press.

(1968) HARDIE, W. F. Ross. *Aristotle's Ethical Theory*. Oxford: Oxford University Press.

(2005) HAYOUN, Maurice-Ruben; DE LIBERA, Alain. *Averroè e l'Averroismo*. Milano: Editoriale Jaca Book.

(1971) HOFFMAN, Robert. Aristotle on Moral Virtues. *Philosophia*, v. 1, n. 3-4 (July), p. 191-195.

(1971) HOPKINS, J. F. P. Ibn Tūmart. *The Encyclopaedia of Islam* (EI²). New Edition. Leiden; London: E. J. Brill; Luzac & Co., v. III, p. 958-960.

(1975a) HOURANI, George Fadlo (Org.). *Essays on Islamic Philosophy and Science.* Albany: State University Press.

(1975b) _____. Ethics in Medieval Islam: A Conspectus. In: _____. *Essays on Islamic Philosophy and Science.* Albany: State University Press, p. 128-135.

(1978) _____. Averroes Musulman. In: AA.VV. *Multiple Averroes: Actes du Colloque International organisé à l'occasion du 850e anniversaire de la naissance d'Averroès (Paris 20-23 septembre 1976).* Paris: Les Belles Lettres, p. 21-30.

(1985) _____. *Reason & Tradition in Islamic Ethics.* Cambridge: Cambridge University Press.

(1985a) _____. Two Theories of Value in Early Islam. In: _____. *Reason & Tradition in Islamic Ethics.* Cambridge: Cambridge University Press, p. 57-66.

(1985b) _____. Ethical Presupposition of the Qur'ān. In: _____. *Reason & Tradition in Islamic Ethics.* Cambridge: Cambridge University Press, p. 23-48.

(1985c) _____. Averroes on good and evil. In: _____. *Reason & Tradition in Islamic Ethics.* Cambridge: Cambridge University Press, p. 249-269.

(1998) HOURDAKIS, Antoine. *Aristote et l'éducation.* Paris: PUF.

(2004) HOYLAND, Robert (Org.). *Muslims and Others in Early Islamic Society* (The Formation of the Classical Islamic World, v. 18). Ashgate: Variorum.

(1956-1959) HUIC MIRANDA, Ambrosio. *Historia Política del Imperio Almohade.* 2 v. Tetuán.

(1986) HUTCHINSON, D. S. *The Virtues of Aristotle.* London; New York: Routledge & Kegan Paul.

(1991) HYMAN, Arthur. Les types d'arguments dans les écrits théologico-politiques et polémiques d'Averroès. In: SINACEUR, M. A. (Org.). *Penser avec Aristote.* Toulouse: Érès; UNESCO, p. 653-665.

(1996) ILLUMINATI, Augusto. Ibn Rušd: unità dell'intelletto e competenza comunicativa. In: ILLUMINATI, Augusto (Org.). *Averroè e l'intelletto pubblico.* Antologia di scritti di Ibn Rušd sull'anima. Roma: Orme - Manifesto libri.

(1988) IVRY, Alfred L. Averroes and the West: The First Encounter / Nonencounter. In: LINK-SALINGER, Ruth et ali. (Org.). *A Straight Path:* Studies in Medieval Philosophy and Culture. Essays in Honor of Arthur Hyman. Washington, D.C.: The Catholic University of America Press, p. 142-158.

(1995) _____. Averroes' *Middle* and *Long Commentaries on the De Anima. Arabic Sciences and Philosophy*, v. 5, n. 1, p. 75-92.

(1998) _____. Averroes. In: MARENBON, John (Org.). *Medieval Philosophy.* London; New York: Routledge, p. 49-64.

(2002) JAINZIK, Michael. Zwischen *nomos* und *sharīʿa*. Staatsverständnis und Staatsvision bei Averroës anhand seines Kommentars zu Platons Staat. In: HÄUSSLING, Josef M. (Org.). *Al-Andalus. Die Genese von Europas Kultur im Dialog von muslimischen Arabern mit Christen und Juden in Spanien.* Lit.; Auflage, 2005. In: *Concilium medii aevi*, n. 5, p. 143-186.

(2000) JANSSENS, Jules. Averroïstica. *MIDEO*, n. 24, Louvain; Paris: Editions Peeters, p. 415-422.

(2003) JAULIN, Annick et ali. *La philosophie d'Aristote.* Paris: PUF.

(1999) JÉHAMY, Gérard. D'Aristote à Averroès: Genèse et évolution d'une terminologie. In: ENDRESS, Gerhard; AERTSEN, Jan A. (Org.). *Averroes and the Aristotelian Tradition.* Sources, Conditions and Reception of the Philosophy of Ibn Rušd (1126-1198). *Proceedings of the Fourth Symposium Averroicum, Cologne (1996).* Leiden; Boston; Köln: Brill, p. 50-72.

(1991) JOLIVET, Jean. L'idée de la sagesse et sa fonction dans la philosophie des 4e et 5e siècles. *Arabic Sciences and Philosophy.* Cambridge University Press, v. I, n. 1 (March), p. 31-65.

(1995) _____. *Philosophie Médiévale Arabe et Latine.* Paris: J. Vrin.

(1997) JOYNBOLL, G. H. A. Sunna. *The Encyclopaedia of Islam* (EI²). New Edition. Leiden: Brill, v. IX, p. 878-881.

(1991) KELSEY, John; JOHNSON, James Turner (Org.). *Just War and Jihad*. New York; Westport (Conn.); London: Greenwood Press.

(1963) KENNEDY, George. *The Art of Persuasion in Greece*. London: Routledge and Kegan Paul.

(1999) KENNEDY, Hugh. *Os Muçulmanos na Península Ibérica*. História Política do al-Andalus. Portugal: Publicações Europa-América.

(1955) KHADDURI, Majid; LIEBESNY, Herbert J. (Org.). *Law in the Middle East*. v. I: *Origin and Development of Islamic Law*. Washington, D.C.: The Middle East Institute.

(1992) KRAEMER, Joel L. *Humanism in the Renaissance of Islam*. The cultural revival during the Buyid Age. Leiden; New York; Köln: E. J. Brill.

(1989) KRAUT, Richard. *Aristotle on the Human Good*. Princeton (New Jersey): Princeton University Press.

(2002) _____. *Aristotle. Founders of Modern and Political Thought*. Oxford: Oxford University Press.

(1990) LAMBTON, Ann K. S. Khalīfa. [(ii) Political Theory]. *The Encyclopaedia of Islam* (EI²). New Edition. Leiden: E. J. Brill, v. IV, p. 947-950.

(1991³) _____. *State and Government in Medieval Islam*. An introduction to the study of Islamic political theory: the jurists. (1981¹). Oxford: Oxford University Press.

(1997) LAMEER, Joep. The Philosopher and the Prophet: Greek Parallels to al-Fārābī's Theory of Religion and Philosophy in the State. In: HASNAWI, A.; ELAMRANI-JAMAL, A.; ALUAD, M. (Org.). *Perspectives arabes et médiévales sur la tradition scientifique et philosophique grecque*. Leuven; Paris: Peeters; Institut du Monde Arabe, p. 609-622.

(1994) LANGHADE, Jacques. *Du Coran a la Philosophie*. Préface de Jean Jolivet. Damasco: IFEAD.

(1965) LAOUST, Henri. *Les shismes dans l'islam*. Paris: Payot.

(1992) LAPIDUS, Ira M. The Golden Age: The Political Concepts of Islam. *The Annals of The American Academy of Political and Social Science*, v. 524 (november), p. 13-25.

(1971) _____. *La Politique de Ġazālī*. Alger; Oran: Société Nationale d'Édition et de Diffusion; Librairie Orientaliste Paul Geuthner.

(1986) _____. *Le califat dans la doctrine de Rašīd Riḍa*. Traduction annoté d'*al-Ḫilāfa au al-Imāma al-ᶜuẓmā* (*Le Califat ou l'Imāma suprême*). [In: *Mémoires de l'Institut Français de Damas*, tome VI, Beirut, 1938¹]. Paris: Librairie d'Amérique et d'Orient; Adrien Maisonneuve.

(1980) LAZAR, L. L'éducation politique selon Ibn Rušd. *Studia Islamica*, n. 52, p. 135-166.

(1980) LEAMAN, Oliver. Ibn Rušd on Happiness and Philosophy. *Studia Islamica*, n. 52, p. 167-181.

(1997) _____. Averroes' *Commentary on Plato's Republic*, and the Missing *Politics*. In: AGIUS, Dionisius A.; NETTON, Richard (Org.). *Across the Mediterranean Frontiers: Trade, Politics and Religion, (650-1450)*. International Medieval Research, I. International Medieval Congress, University of Leeds (10-13 July; 8-11 July 1996). Turnhout, Brepols, p. 195-203.

(1998) _____. *Averroes and his Philosophy*. (1988¹). Revised Edition. Great Britain: Curzon Press.

(1999²) _____. *An Introduction to Medieval Philosophy*. (1985¹). Cambridge University Press.

(2006) LEAR, Jonathan. *Aristóteles: o desejo de entender*. São Paulo: Discurso Editorial.

(1972²) LERNER, Ralph; MAHDI, Muhsin (Org.). *Medieval Political Philosophy*. A Sourcebook. New York: The Free Press (1963¹); reedição Ithaca: Cornell University Press.

(1984) LEWIS, Bernard. Siyāsa. In: GREEN, A. H. (Org.). *In Quest of an Islamic Humanism*. Arabic and Islamic Studies in Memory of Mohamed al-Nowaihi. Cairo: The American University in Cairo Press, p. 3-14.

(2001) _____. *A linguagem política do Islão*. Lisboa: Edições Colibri.

(1996) LIDDELL & SCOTT. *Greek-English Lexicon*. With a revised supplement. Oxford: Clarendon Press.

(1988) LINK-SALINGER, Ruth et ali. (Org.). *A Straight Path*. Studies in Medieval Philosophy and Culture. Essays in Honor of Arthur Hyman. Washington, D.C.: The Catholic University of America Press.

(1993) LOMBA FUENTES, Joaquín. Lectura de la ética griega por el pensamiento de Ibn Bājjah. *Al-Qantara*, n. 14, p. 3-46.

(2007) _____. Avempace, primeiro comentador de Aristóteles no Ocidente. In: PEREIRA, Rosalie H. de S. (Org.). *O Islã Clássico*. Itinerários de uma Cultura. São Paulo: Perspectiva, 2007, p. 411-453.

(1994) LOMBARD, Jean. *Aristote. Politique et Éducation*. Paris: Éditions l'Harmattan.

(1971) MACDONALD, D. B. Idjtihād. *The Encyclopaedia of Islam* (EI²). New Edition. Leiden; London: E. J. Brill; Luzac & Co., v. III, p. 1026-1027.

(1984²) MACINTYRE, Alaisdair. *After Virtue*. (1981¹). Notre Dame (Indiana): University of Notre Dame Press.

(2002²) _____. *A Short History of Ethics*. (1996¹). Notre Dame (Indiana): University of Notre Dame Press.

(1971) MADELUNG, W. Imāma. *The Encyclopaedia of Islam* (EI²). New Edition. Leiden; London: E. J. Brill; Luzac & Co., v. III, p. 1163-1169.

(1996) MADIGAN, Timothy J. Averroës and Inquiry. The Need for an Enlightened Community. In WAHBA, Mourad; MONA, Abousenna (Org.). *Averroës and the Elightenment*. Amherst (New York): Prometheus Books, p. 69-77.

(1934) MADKOUR, Ibrahim. *La Place d'al-Fārābī dans l'école philosophique musulmane*. Paris: Librairie d'Amérique et d'Orient.

(1969²) _____. *L'Organon d'Aristote dans le monde arabe*. (1934¹). Paris: J. Vrin.

(1964) MAHDI, Muhsin. Averroës on Divine Law and Human Wisdom. In: CROPSEY, Joseph (Org.). *Ancients and Moderns*. Essays on the Tradition of Political Philosophy in Honor of Leo Strauss. New York; London: Basic Books, Inc., Publishers, p. 114-131.

(1972) _____. Alfarabi on Philosophy and Religion. *Philosophic Forum*, 4, n. 1, p. 5-25.

(1975) _____. Science, Philosophy, and Religion in Alfarabi's *Enumeration of the Sciences*. In: MURDOCH, John Emery; SYLLA, Edith Dudley (Org.). *The Cultural Context of Medieval Learning*. Boston: Reidel, p. 113-147.

(1981) _____.Alfarabi and the Foundation of Islamic Philosophy. In: MOREWEDGE, Parviz (Org.). *Islamic Philosophy and Mysticism*. (Studies in Islamic Philosophy and Science). Delmar (NY): Caravan Books, p. 3-21.

(1984a) _____. Remarks on Averroes' *Decisive Treatise*. In: MARMURA, Michael (Org.). *Islamic Theology and Philosophy*. Studies in Honor of George F. Hourani. New York: State University of New York (SUNY), p. 188-202.

(1991) _____. Philosophy and Political Thought: Reflections and Comparisons. *Arabic Sciences and Philosophy*. Cambridge University Press, v. I, n. 1 (March), p. 9-29.

(2000) _____. *La cité vertueuse d'Alfarabi*. La fondation de la philosophie politique en Islam. Paris: Albin Michel-Idées.

(2005²) _____. Remarks on Alfarabi's *Attainment of Happiness*. In: HOURANI, George Fadlo. *Essays on Islamic Philosophy and Science*. (1975¹). Albany: State University of New York Press, p. 47-66.

(1993) MAKKĪ, Maḥmūd ᶜAlī. Contribución de Averroes a la ciencia jurídica musulmana. In: MARTÍNEZ LORCA, Andrés (Org.). *Al encuentro de Averroes*. Madrid: Editorial Trotta, p. 15-52.

(1984) MARMURA, Michael (Org.). *Islamic Theology and Philosophy*: Studies in Honor of George F. Hourani. New York: State University of New York.

(1990) MARTÍNEZ LORCA, Andrés (Org.). *Ensayos sobre la filosofia en al-Andalus*. Barcelona: Editorial Anthropos.

(1993) _____. (Org.). *Al encuentro de Averroes*. Madrid: Editorial Trotta.

(1999) MAWDŪDĪ, Sayyid Abū al-ᶜAlā'. Political Thought in Early Islam. In: SHARIF M. M. (Org.). *A History of Muslim Philosophy*. 2 v. (1961[1]). Delhi: Low Price Publications, v. I, cap. XXXIII, p. 656-672.

(2004) MAZLIAK, Paul. *Avicenne & Averroès. Médecine et Biologie dans la Civilisation de l'Islam*. Paris: Vuibert / Adapt.

(2003) MELAMED. Abraham. *The Philosopher-King in Medieval and Renaissance Jewish Political Thought*. New York: State University of New York Press.

(1992) MORRIS, James W. *The Philosopher-Prophet in Avicenna's Political Philosophy*. In: BUTTERWORTH, Charles E. (Org.). *The Political Islamic Philosophy*: Essays in Honor of Muhsin S. Mahdi. Cambridge (Mass.): Harvard University Press, p. 152-198.

(1988) MUNK, Salomon. *Mélanges de philosophie juive et arabe* (1859[1]). Reprint: Paris: J. Vrin, 1927[2]; 1955[3].

(2002) MUÑOZ, Alberto Alonso. *Liberdade e Causalidade*: Ação, Responsabilidade e Metafísica em Aristóteles. São Paulo: Discurso Editorial; Fapesp.

(1984) NADER, Albert N. *Le Système des Muᶜtazila*: Premiers penseurs de l'Islam. Beyrouth: Dār el-Machreq Sarl.

(1958) NAJJAR, Fauzi M. Al-Fārābī on Political Science. *The Muslim World*, v. 48 (2), p. 94-103.

(1984) _____. *Siyasa* in Islamic Political Philosophy. In: MARMURA, Michael E. (Org.). *Islamic Theology and Philosophy*: Studies in Honor of George F. Hourani. Albany: SUNY, p. 92-110.

(1994) NASCIMENTO, Carlos Arthur R. do. O Comentário de Tomás de Aquino à *Política* de Aristóteles e os inícios do uso do termo "Estado" para designar a forma do poder político. *Anais do V Encontro da ANPOF*, Diamantina (MG), p. 134-142.

(2005) NASR, Helmi I. *Tradução do sentido do Nobre Alcorão para a língua portuguesa*. Medina (Arábia Saudita): Complexo do Rei Fahd para imprimir o *Alcorão Nobre*.

(2001) NASR, Seyyed Hossein; LEAMAN, Oliver (Org.). *History of Islamic Philosophy*. (1996[1]). London; New York: Routledge.

(1989) NATALI, Carlo. *La sagezza di Aristotele*. Napoli: CNR; Bibliopolis.

(1995) NESCHKE-HENTSCHKE, Ada. *Platonisme politique et théorie du Droit Naturel*. Louvain; Paris: Éditions Peeters.

(1992) NETTON, Richard Ian. *Al-Farabi and His School*. London; New York: Routledge.

(2001) OZCOIDI, Idoia Maiza. *La concepción de la filosofia en Averroes*: Análisis crítico del *Tahāfut al-Tahāfut*. Madrid: Editorial Trotta.

(2005) PAKALUK, Michael. *Aristotle's Nichomachean Ethics*: An Introduction. Cambridge; New York; Melbourne; Madrid; Cape Town; Singapore; São Paulo: Cambridge University Press, (= eBook: Adobe Reader).

(1992) PANGLE, Thomas L. Introduction. In: STRAUSS, Leo. *Études de Philosophie Politique Platonicienne*. Tradução (francesa) do inglês de Olivier Sedeyn. Paris: Berlin.

(1995) PARENS, Joshua. *Metaphysics as Rhetoric*: Alfarabi's *Summary of Plato's "Laws"*. Albany: State University of New York Press.

(2006) _____. *An Islamic Philosophy of Virtuous Religions*: Introducing Alfarabi. Albany: State University of New York Press.

(s/d) PEFFLEY, Carrie. A Modified al-Farabian Interpretation of Aristotle's Ethics. ISSN 1750-4953. In: Marginalia - The Website of the MRG: <http://www.marginalia.co.uk/journal/06illumination/peffley.php> (Acesso em: 28 out. 2007).

(1965) PELLAT, Charles. Al-Djāḥiẓ. *The Encyclopaedia of Islam* (EI^2). New Edition. Leiden; London: E. J. Brill; Luzac & Co., v. II, p. 385-387.

(2007a) PEREIRA, Rosalie H. de S. *Bayt al-Ḥikma* e a transmissão da filosofia grega para o mundo islâmico. In: _____. (Org.). *Busca do Conhecimento*: Ensaios de filosofia medieval no Islã. São Paulo: Paulus, p. 7-62.

(2007b) _____. A concepção de profecia em Avicena (Ibn Sīnā). In: _____. *O Islã Clássico*: Itinerários de uma Cultura. São Paulo: Editora Perspectiva, p. 329-377.

(2007c) _____. L'universalità della *Šarīʿa* e le leggi particolari (*nómoi*) nel pensiero politico di Averroè. Comunicação apresentada no *XII Congresso Internacional de Filosofia Medieval (SIEPM)*. Palermo, Itália.

(2007d) _____. Eternidade e tempo em Averróis: Da Palavra eterna de Deus ao discurso racional dos filósofos. In: REEGEN, Jan G. J.; DE BONI, Luis A.; COSTA, Marcos Roberto N. *Tempo e Eternidade na Idade Média*. Porto Alegre: Edições EST, p. 52-60.

(2007e) _____. A arte médica de Avicena e a teoria hipocrática dos humores. In: _____. *O Islã Clássico*: Itinerários de uma Cultura. São Paulo: Perspectiva, p. 379-410.

(2011). _____. Platão, Al-Fārābī e Averróis: As qualidades essenciais ao governante. *Revista de Filosofia Trans/Form/Ação*, v. 34, n. 1, p. 1-20.

(1994) PÉREZ RUIZ, Francisco. Averroes y la *República* de Platón. *Pensamiento*, v. 50, n. 196, p. 25-46.

(1994) PETERS, Francis E. *A Reader on Classical Islam*. New Jersey: Princeton University Press.

(2003^2) _____. *Aristoteles Arabus*: The Oriental Translations and Commentaries of the Aristotelian Corpus. Leiden: E. J. Brill (1968^1); UMI Books on Demand (facsimile).

(1963) PINES, Shlomo. The Philosophic Sources of *The Guide of the Perplexed* (Translator's Introduction). In: MAIMONIDES. *The Guide of the Perplexed*. 2 v. Translated and with Introduction and Notes by Shlomo Pines; Introductory Essay by Leo Strauss. Chicago; London: The University of Chicago Press, v. I, p. lvii-cxxxiv.

(1970) _____. The Limitations of Human Knowledge according to Al-Farabi, Ibn Bajja, and Maimonides. In: TWERSKY, Isadore (Org.). *Studies in Medieval Jewish History and Literature*. Cambridge (Mass.): Harvard University Press, p. 82-109. [Reprint in: BUIJS, Joseph A. (Org.). *Maimonides*: A Collection of Critical Essays. Notre Dame (Indiana): University of Notre Dame Press, 1988, p. 91-121].

(1978) _____. La philosophie dans l'économie du genre humain selon Averroès: une réponse à al-Fārābī? In: AA. VV. *Multiple Averroès*: *Actes du Colloque International 20-23 sept. 1976*. Paris: Les Belles Lettres, p. 189-207. [Reprint in: STROUMSA, Sarah (Org.). *Studies in the History of Arabic Philosophy*. The Collected Works of Shlomo Pines. v. III. Jerusalem: The Magnes Press-The Hebrew University, 1996, p. 357-375].

(1996a) _____. Islamic Philosophy. In: STROUMSA Sarah (Org.). *Studies in the History of Arabic Philosophy*. The Collected Works of Shlomo Pines. v. III. Jerusalem: The Magnes Press-The Hebrew University, p. 3-46.

(1996b) _____. Some Problems of Islamic Philosophy. *Islamic Culture*, v. II (1937), p. 66-80; reprint in: STROUMSA Sarah (Org.). *Studies in the History of Arabic Philosophy*. The Collected Works of Shlomo Pines. v. III. Jerusalem: The Magnes Press; The Hebrew University, p. 47-61.

(1996c/2000^{2}a) _____. Aristotle's *Politics* in Arabic Philosophy. In: _____. *Studies in Arabic Versions of Greek Texts and in Mediaeval Science*. The Collected Works of Shlomo Pines. (1986^1). v. II.

Jerusalem: The Magnes Press-The Hebrew University, (2000²a), p. 146-156; reprint in: STROUMSA Sarah (Org.). *Studies in the History of Arabic Philosophy*. The Collected Works of Shlomo Pines. v. III. Jerusalem: The Magnes Press; The Hebrew University, (1996c), p. 251-261.

(2000²b) _____. Un texte inconnu d'Aristote en version arabe. *Archives d'Histoire doctrinale et littéraire du Moyen Âge*, 23 (1956), p. 5-43; reprint in: _____. *Studies in Arabic Versions of Greek Texts and in Mediaeval Science*. The Collected Works of Shlomo Pines. (1986¹). v. II. Jerusalem: Magnes Press/Hebrew University, p.157-195.

(2001) PUENTE, Fernando Rey. *Os sentidos do tempo em Aristóteles*. São Paulo: Loyola.

(1989-1990) PUIG MONTADA, Josep. El pensamiento de Averroes en su contexto personal y social. *Miscelanea de Estudios Arabes y Hebraicos*, XXXVIII, 1, p. 307-324.

(1992) _____. Materials on Averroes's Circle. *Journal of Near Eastern Studies*, v. 51, n. 4 (October), p. 241-260.

(1998) _____. *Averroes, juez, médico y filósofo andalusi*. Sevilha: Junta de Andalucia.

(2002) _____. El proyecto vital de Averroes: explicar e interpretar a Aristóteles. *Al-Qantara*, v. 23 (1), p. 11-52. Madrid: CSIC.

(2006a) _____. La doctrina de la dinastía almohade y Averroes. In: SOUZA, José A. C. T. de (Org.). *Idade Média*: *Tempo do Mundo, Tempo dos Homens, Tempo de Deus*. Porto Alegre: Edições EST, p. 362-373.

(2006b) _____. Ética y política en Averroes. In: MEIRINHOS, J. F. (Org.). *Itinéraires de la Raison*: Études de philosophie offerts à Maria Cândida Pacheco. Louvain-la-Neuve: Fédération Internationales des Instituts d'Études Médiévales. (Col. Textes et études du Moyen Âge, v. 32).

(2007a) _____. Ibn Ṭufayl. A aventura da humanidade. In: PEREIRA, Rosalie H. de S. (Org.). *Busca do Conhecimento*: Ensaios de filosofia medieval no Islã. São Paulo: Editora Paulus, p. 145-177.

(2007b) _____. Averróis (Ibn Rušd). In: PEREIRA, Rosalie Helena de Souza (Org.). *O Islã Clássico*: Itinerários de uma Cultura. São Paulo: Perspectiva, p. 455-513.

(1999) QAMARUDDIN KHAN, Muhammad. Al-Māwardī. In: SHARIF, M. M. (Org.). *A History of Muslim Philosophy*. (1961¹). 2 v. Delhi: Low Price Publications, v. I, cap. XXXVI, p. 717-731.

(2006) RABIEH, Linda R. *Plato and the Virtue of Courage*. Baltimore: The Johns Hopkins University Press.

(1979²) RAHMAN, Fazlur. *Prophecy in Islam*: Philosophy and Orthodoxy. Chicago; Londres: The University of Chicago Press (1958¹).

(1985) _____. Law and Ethics in Islam. In: HOVANNISIAN, Richard G. (Org.). *Ethics in Islam*. Malibu (California): Undena Publications.

(1985²) RAŠĪD RIḌĀ, Muḥammad. *Le Califat ou l'Imāma suprême* (*Al-Ḫilāfa au al-Imāma al-ᶜuẓma*). Tradução (francesa) Henri Laoust. (*Mémoires de l'Institut Français de Damas*, t. VI, Beyrouth, 1938¹). Paris: Librairie d'Amérique et d'Orient; Adrien Maisonneuve.

(1983) _____. Some Key Ethical Concepts of the Qur'ān. *The Journal of Religious Ethics*, v. II, n. 2, p. 170-185.

(1998) REDISSI, Hamadi. *Les politiques en Islam*: Le Prophète, le Roi et le Savant. Paris; Montréal: L'Harmattan.

(1988) REEVE, C. D. C. *Philosopher-Kings*: The Arguments of Platos's *Republic*. Princeton (New Jersey): Princeton University Press.

(1983) REINHART, Kevin. Islamic Law as Islamic Ethics. *The Journal of Religious Ethics*. v. II, n. 2, p. 186-203.

(2004) REISMAN, D. Plato's *Republic* in Arabic. A Newly Discovered Passage. *Arabic Sciences and Philosophy*, n. 14, p. 263-300.

(1992) RENAN, Ernest. *Averroes y el averroísmo*: Ensayo histórico. Tradução (espanhola) de Héctor Pacheco Pringles. Prólogo de Gabriel Albiac. Madrid: Hiperión.

(2002) _____. *Averroès et l'averroïsme*. (1852[1]; 1866[2]). Préface de Alain de Libera. Paris: Maisonneuve et Larose.

(1993) RIOSALIDO, Jesús. Introducción histórica. In: AL-QAYRAWĀNĪ, Ibn Abī Zayd. *Compendio de Derecho islámico* (*Risāla fī-l-Fiqh*). Tradução, introdução e notas de Jesús Riosalido. Madrid: Ed. Trotta, p. 15-50.

(1971a) ROBSON, J. Ḥadīth. *The Encyclopaedia of Islam* (EI[2]). New Edition. Leiden; London: E. J. Brill; Luzac & Co., v. III, p. 23-28.

(1971b) _____. Ḥadīth Ḳudsī. *The Encyclopaedia of Islam* (EI[2]). New Edition. Leiden; London: E. J. Brill; Luzac & Co., v. III, p. 28-29.

(2006) RODRIGO, Pierre. *Aristote. Une philosophie pratique*: Praxis, Politique et Bonheur. Paris: Vrin.

(1996) RORTY, Amélie O. (Org.). *Essays on Aristotle's Rhetoric*. Berkeley (USA): University of California Press.

(1966) ROSENTHAL. Erwin I. J. *Averroes, Commentary on Plato's "Republic"*. (1956[1]). Introdução, Tradução e Notas. Cambridge: Cambridge University Press, reprint with corrections.

(1971a) _____. *Studia Semitica*. v. II: Islamic Themes. Cambridge: Cambridge University Press.

(1971b) _____. Some aspects of Islamic political thought. *Islamic Culture*, v. XXII, n. 1, Jan. 1948, p. 1-17. Reprint in: *Studia Semitica*. v. II: Islamic Themes. Cambridge: Cambridge University Press, p. 17-33.

(1971c) _____. The place of politics in the philosophy of Al-Farabi. *Islamic Culture*, v. XXIX, n. 3, Jul. 1955, p. 147-178. Reprint in: *Studia Semitica*. v. II: Islamic Themes. Cambridge: Cambridge University Press, p. 93-114.

(1971d) _____. The place of politics in the philosophy of Ibn Rušd. *Bulletin, School of Oriental and African Studies*, v. XV, n. 2, 1953, p. 246-278. Reprint in: *Studia Semitica*. v. II: Islamic Themes. Cambridge: Cambridge University Press, p. 60-92.

(1971e) _____. The concept of *eudaimonia* in medieval Islamic and Jewish philosophy. *Storia della Filosofia Antica e Medievale*. Firenze, 1960 (*Atti del XII Congresso Internazionale di Filosofia, 1958*), p. 145-152. Reprint in: *Studia Semitica*. v. II: Islamic Themes. Cambridge: Cambridge University Press, p. 127-134.

(1971f) _____. Some Observations on the philosophical theory of prophecy in Islam. *Mélanges ..... Henri Massé*. Ed. Ali-Akar Siassi. Teheran: Teheran University, 1963, p. 343-352. Reprint in: *Studia Semitica*. v. II: Islamic Themes. Cambridge: Cambridge University Press, p. 135-144.

(1985) _____. *Political Thought in Medieval Islam*: An Introductory Outline. (Cambridge University Press, 1958[1]). Reprint: Westport (Connecticut): Greenwood Press, Publishers.

(1990) ROSENTHAL, Franz. On the knowledge of Plato's philosophy in the Islamic world. *Islamic Culture*, n. 14, 1940. Reprint in: *Greek Philosophy in the Arab World*. Great Britain; USA: Variorum, p. II/387-II/422.

(1994) _____. *The Classical Heritage in Islam*. (Tradução do alemão *Das Fortleben der Antike im Islam*). London; New York: Routledge, 1975[1].

(1988) ROSEMANN, Philipp. Averroës: A Catalogue of Editions and Scholarly Writings from 1821 Onwards. *Bulletin de philosophie médiévale*, n. 30, p. 154-221.

(2001) SANTAS, Gerasimos. *Goodness and Justice*: Plato, Aristotle, and the Moderns. Massachusetts (USA): Blackwell Publishers.

(1950) SCHACHT, Joseph. *The Origins of Muhammadan Jurisprudence*. Oxford: Clarendon Press.

(1960a) _____. Aḥkām. *The Encyclopaedia of Islam* (EI²). New Edition. Leiden; London: E. J. Brill; Luzac & Co., v. I, p. 257.

(1960b) _____. Ahl al-Ḥadīth. *The Encyclopaedia of Islam* (EI²). New Edition. Leiden; London: E. J. Brill; Luzac & Co., v. I. p. 258-259.

(1965) _____. Fiḳh. *The Encyclopaedia of Islam* (EI²). New Edition. Leiden; London: E. J. Brill; Luzac & Co., v. II, p. 887-891.

(1971) _____. Idjtihād. *The Encyclopaedia of Islam* (EI²). New Edition. Leiden; London: E. J. Brill; Luzac & Co., v. III, p. 1026-1027.

(1982). _____. *An Introduction to Islamic Law*. Oxford: Clarendon Press.

(1991) _____. Mālik b. Anas. *The Encyclopaedia of Islam* (EI²). New Edition. Leiden: E. J. Brill, v. VI, p. 262-265.

(1999) SHARIF, M. M. (Org.). *A History of Muslim Philosophy*. (1961¹). 2 v. Delhi: Low Price Publications.

(1975) SHERIF, Mohamed Ahmed. *Ghazali's Theory of Virtue*. Albany: State University of New York Press.

(1989) SHERMAN, N. *The fabric of carather*: Aristotle's Theory of Virtue. Oxford: Oxford University Press.

(1991) SINACEUR, M. A. (Org.). *Penser avec Aristote*. Toulouse: UNESCO; Editions Érès.

(2005) SIRAT, C.; GEOFFROY, M. *L'original du* Grand Commentaire *d'Averroès au* De Anima *d'Aristote*: Prémices de l'édition. Paris: J. Vrin.

(1992) SISON, Alejo G. *La virtud: Síntesis de Tiempo y Eternidad*. La ética en la Escuela de Atenas. Pamplona: Ediciones Universidad de Navarra, S. A.

(1995) SMOES, Étienne. *Le Courage chez les Grecs d'Homère à Aristote*. Bruxelles: Éditions Ousia.

(1990) SOURDEL, Dominique. Khalīfa. [(i) The History of the Institution of the Caliphate]. *The Encyclopaedia of Islam* (EI²). New Edition. Leiden: E. J. Brill, v. IV, p. 937-947.

(1945) STRAUSS, Leo. Farabi's Plato. In: THE AMERICAN ACADEMY FOR JEWISH RESEARCH (Org.). *Louis Ginzberg jubilee volume*. New York: The American Academy for Jewish Research, p. 357-393.

(1988²a) _____. *Persecution and the Art of Writing*. (1952¹). Chicago; London: The University of Chicago Press.

(1988b) _____. *Maïmonide*. Paris: PUF.

(1988c) _____. Quelques remarques sur la science politique de Maïmonide et de Fârâbî. *Revue des Etudes juives*, 100 *bis*, 1937, p. 1-37. Reprint in: _____. *Maïmonide*. Paris: PUF, p. 143-182.

(1990) _____. *Argument et Action des* Lois *de Platon*. Paris: J. Vrin.

(1992) _____. *Natural Right and History*. (1950¹). Chicago: The Chicago University Press.

(1995) _____; CROPSEY, Joseph (Org.). *Storia della filosofia politica*. 2 v. Genova: Il Melangolo.

(2000) TAYLOR, Richard C. "Truth Does Not Contradict Truth": Averroes and the Unity of Truth. *Topoi*, v. 19, n. 1 (January). Netherlands: Kluwer Academic Publishers, p. 3-16.

(2005) _____. Averroes: religious dialectic and Aristotelian philosophical thought. In: ADAMSON, Peter; TAYLOR, Richard C. (Org.). *The Cambridge Companion to Arabic Philosophy*. Cambridge: Cambridge University Press, p. 180-200.

(1960) TEICHER, J.-L. Review (E. I. J. Rosenthal's Edition: *Averroes' Commentary on Plato's "Republic"*). *Journal of Semitic Studies*, n. V, p. 176-195.

(1978) TURKI, Abdel Magid. La place d'Averroès juriste dans l'histoire du malikisme et de l'Espagne musulmane. In AA.VV. *Multiple Averroès*: *Actes du Colloque International (20-23 septembre 1976)*. Paris: Les Belles Lettres, p. 33-41.

(1954/1956) TYAN, Émile. *Institutions du Droit public musulman*. 2 v. t. I: *Le Califat*. Paris: Recueil Sirey (1954); t. II: *Sultanat et Califat*. Paris: Recueil Sirey (1956).

(1995) ULLMANN, Manfred. *La médecine islamique*. Paris: PUF.

(1996) URVOY, Dominique. *Ibn Rušd (Averroès)*. [1ª ed. (inglesa): London; New York: Routledge, 1991]. Paris: Cariscript.

(1998) _____. *Averroès. Les ambitions d'un intellectuel musulman*. Paris: Flammarion.

(1958) VAN DEN BERGH, Simon. Review (E. I. J. Rosenthal's *Averroes' Commentary on Plato's "Republic")*. *Bulletin of the School of Oriental and African Studies* (*BSOAS*), v. XXI, p. 409-410.

(1997) VAN DOOREN, Wim. Ibn Rušd's Attitude towards Authority. In: HASNAWI, A.; ELAMRANI-JAMAL, A.; AOUAD, M. (Org.). *Perspectives arabes et médiévales sur la tradition scientifique et philosophique grecque*. Leuven; Paris: Peeters; Institut du Monde Arabe (IMA), p. 623-633.

(1978) VAN RIET, Simone. Averroès et le problème de l'imagination prophétique. In: AA.VV. *Multiple Averroès: Actes du Colloque International 20-23 septembre 1976*. Paris: Les Belles Lettres, p. 167-170.

(1990) VÁZQUEZ DE BENITO, María Concepción. Sobre unos textos médicos inéditos de Ibn Rušd. In: MARTÍNEZ LORCA, Andrés (Org.). *Ensayos sobre la filosofia en al-Andalus*. Barcelona: Editorial Anthropos, 1990, p. 93-104.

(1989) VEGETTI, Mario. *L'etica degli antichi*. Milano: Gius. Laterza & Figli. (Tradução espanhola: *La ética de los antiguos*. Madrid: Editorial Sintesis, 2005).

(2004) VELOSO, Claudio William. *Aristóteles Mimético*. São Paulo: Discurso Editorial.

(2005) _____. Critique du paradigme interprétatif "éthico-politique" de la *Poétique* d'Aristote. *Kentron*, n. 21, p. 11-46.

(s/d) _____. *Pour relire la* Poétique *d'Aristote. Pourquoi la* Poétique*?* (no prelo).

(1990) VERBEKE, Gerhard. *Moral Education in Aristotle*. Washington, D.C.: The Catholic University of America Press.

(1995) VERGNIÈRES, Solange. *Éthique et politique chez Aristote: phýsis, ethos, nomos*. Paris: PUF. (Tradução portuguesa: *Ética e Política em Aristóteles – phýsis, ethos, nomos*. São Paulo: Paulus, 1999[1]; 2003[2]).

(2004) VERZA, Tadeu Mazzola. *A Discussão (Mas'āla) acerca da Pré-Eternidade do Mundo no Tahāfut al-Tahāfut de Averróis*. Tese (Doutoramento) – IFCH-UNICAMP, Campinas.

(2007a) _____. *Kalām*: a Escolástica Islâmica. In: PEREIRA, Rosalie Helena de S. (Org.). *O Islã Clássico*: Itinerários de uma Cultura. São Paulo: Ed. Perspectiva.

(2007b) _____. Sobre a pré-eternidade do mundo no *Tahāfut al-Tahāfut*, de Averróis. Discussão I, primeira prova. In: PEREIRA, Rosalie Helena de S. (Org.). *Busca do Conhecimento*: Ensaios de filosofia medieval no Islã. São Paulo: Paulus.

(1996) WAHBA, Mourad; ABOUSENNA, Mona (Org.). *Averroës and the Enlightenment*. Prefácio do Secretário Geral das Nações Unidas Boutros Boutros-Ghali. New York: Prometheus Books.

(1996) WAHBA, Wafaa H. Translator's Introduction. In: AL-MAWARDĪ. *The Ordinances of Government* (*Al-Aḥkām al-Sulṭāniyya wa al-Wilāyāt al-Dīniyya*). Trad. Wafaa H. Wahba. UK; Líbano: Center for Muslim Contribution to Civilization; Garnet Publishing Lted., p.xiii-xvii.

(2004) WAKIN, J.; ZYSOW, A. Ra'y. *The Encyclopaedia of Islam* (EI²). New Edition. Leiden: Brill, v. XII (Supplement), p. 687-690.

(1955) WALZER, Richard. Some aspects of Platonism in Islamic Philosophy (tb. cit. como Platonism in Islamic Philosophy). In: FONDATION HARDT pour l'étude de l'Antiquité Classique. *Recherches sur la tradition platonicienne*. Genève: Vandoeuvres, p. 203-226. (Série: *Entretiens sur l'Antiquité Classique*, t. III).

(1957) _____. Al-Fārābī's Theory of Prophecy and Divination. *The Journal of Hellenic Studies*, v. LXXVII. Great Britain, p. 142-148.

(1960a) _____. Aflāṭūn. *The Encyclopaedia of Islam* (EI²). New Edition. Leiden; London: E. J. Brill; Luzac & Co., v. I, p. 234-236.

(1960b) _____. Arisṭūṭālīs or Arisṭū. *The Encyclopaedia of Islam* (EI²). New Edition. Leiden; London: E. J. Brill; Luzac & Co., v. I, p. 630-633.

(1960c) _____; GIBB, H. A. R.; Akhlāḳ. (i) Survey of Ethics in Islam. _____. (ii) Philosophical Ethics. *Encyclopaedia of Islam* (EI²). New Edition. Leiden; London: E. J. Brill; Luzac & Co., v. I, p. 325-329.

(1966) _____. Porphyry and the Arabic Tradition. In: DÖRRIE, Heinrich et ali. (Org.). *Porphyry the philosopher.* 8 Exposés suivis de discussion. Genève: Vandoeuvres, p. 273-297. (Séries: FONDATION HARDT. *Entretiens sur l'Antiquité classique*, t. XII).

(1970²) _____. New Light on the Arabic translations of Aristotle. *Oriens*, n. 6 (1953), p. 91-141. Reprint in *Greek into Arabic*. Essays on Islamic Philosophy. (Oxford, 1962¹). Columbia University of South Caroline Press.

(1971) _____. L'éveil de la philosophie islamique. Paris: Librairie Orientaliste Paul Geuthner, Rei – Hors Série I, p. 26 (= *Revue des Études islamiques*, t. XXXVIII/v. 1; v. 2; 1970, v. 1, p. 28).

(1991) _____. Fārābī. *The Encyclopaedia of Islam* (EI²), 4ª impressão, v. II, p. 778-781.

(1995²) _____. Early Islamic Philosophy. In: ARMSTRONG, A. H. (Org.). *The Cambridge History of Later and Early Medieval Philosophy*. (1967¹). Cambridge University Press.

(1960a) WATT, W. Montgomery. Al-Ashᶜarī, Abu'l-Ḥasan. *The Encyclopaedia of Islam* (EI²). New Edition. Leiden; London: E. J. Brill; Luzac & Co., v. I, p. 694-695.

(1960b) _____. Ashᶜariyya. *The Encyclopaedia of Islam* (EI²). New Edition. Leiden; London: E. J. Brill; Luzac & Co., v. I, p. 696.

(1965) _____. Al-Ghazālī. *The Encyclopaedia of Islam* (EI²). New Edition. Leiden; London: E. J. Brill; Luzac & Co., v. II, p. 1038-1041.

(1970) _____; BELL, R. *Introduction to the Qur'an*. Edinburgh: Edinburgh University Press.

(1974) _____. *Muhammad*: Prophet and Statesman. (1961¹). London; Oxford; New York: Oxford University Press.

(1985) _____. *Islamic Philosophy and Theology*. (1962¹). Edinburgh: Edinburgh University Press.

(1995) _____. *Historia de la España islámica*. (*A History of Islamic Spain*. Edinburgh University Press, 1965¹). Madrid: Alianza Editorial, 1. ed. 1970; 10ª reimpressão 1995.

(1994) WILLIAMS, John Alden. *The Word of Islam*. London: Thames and Hudson.

(2003) WOLFF, Francis. Aristote et la politique. In: JAULIN, Annick et ali. (Org.). *La philosophie d'Aristote*. Paris: PUF, p. 217-316.

(1976) WOLFSON, Harry Austryn. *The Philosophy of the Kalam*. Cambridge (Mass.); London (England): Harvard University Press.

(1979²a) _____. Revised Plan for the Publication of a *Corpus Commentariorum Averrois in Aristotelem*. In: TWERSKY, Isadore; WILLIAMS, George H. (Org.). *Studies in the History of Philosophy and Religion*. (1973¹). Cambridge (Mass.): Harvard University Press.

(1979²b) _____. The Classification of Sciences in Mediaeval Jewish Philosophy. *Hebrew Union College Jubilee Volume*, 1925, p. 263-315; reprint in: TWERSKY, Isadore; WILLIAMS, George H. (Org.). *Studies in the History of Philosophy and Religion*. (1973¹). Cambridge (Mass.); London (England): Harvard University Press, v. I, p. 493-545.

(1979²c) _____. The Amphibolous Terms in Aristotle, Arabic Philosophy and Maimonides. *Harvard Theological Review*, n. 31, 1938, p. 151-173; reprint in: TWERSKY, Isadore; WILLIAMS, George H. (Org.). *Studies in the History of Philosophy and Religion*. (1973¹). Cambridge (Mass.); London (England): Harvard University Press, v. I, p. 455-477.

(1979²d) _____. The Terms *Taṣawwur* and *Taṣdīq* in Arabic Philosophy and Their Greek, Latin and Hebrew Equivalents. *The Moslem World*, n. 33, 1943, p. 1-15; reprint in: TWERSKY, Isadore; WILLIAMS, George H. (Org.). *Studies in the History of Philosophy and Religion*. (1973¹). Cambridge (Mass.); London (England): Harvard University Press, v. I, p. 478-492.

(1979²e) _____. The Double Faith Theory in Saadia, Averroes and St. Thomas. *Jewish Quarterly Review*, n. 33, 1942, p. 231-264; reprint in: TWERSKY, Isadore; WILLIAMS, George H. (Org.). *Studies in the History of Philosophy and Religion*. (1973¹). Cambridge (Mass.); London (England): Harvard University Press, v. I, p. 583-618.

(1990) YACK, Bernard. Natural Right and Aristotle's Understanding of Justice. *Political Theory*, v. 18, n. 2 (May), p. 216-237.

(2007) ZINGANO, Marco. *Estudos de Ética Antiga*. São Paulo: Discurso Editorial.

(2010) _____. (Org.). *Sobre a Ética Nicomaqueia de Aristóteles*: Textos selecionados. São Paulo: Odysseus.

(2004) ZURGHANI, Hussein O. M. al-Ŷābirī y el debate sobre la razón árabe. *Anaquel de Estudios Árabes*, v. 15, p. 191-206.

Índice

abássidas 57; 81; 86; 109; 188; 189; 191; 246 n.18
ᶜAbd al-Mu'min 22-25; 31; 119; 268 n.83
Abū Yaᶜqūb Yūsuf 25; 31-32; 50; 98; 101; 102; 119; 247 n.36; 268 n.87
adab 188
Al-Anṣarī 28; 32; 248 n.54 e 56; 248 n.7
Al-Ašᶜarī 59; 61; 62; 246 n.19; 255 n.139
alegoria da caverna 106; 137-139; 140; 142; 297 n.44
al-fāḍilat al-fikriyya 143; 165; 178-179; 180; 277 n.5
Al-Ġazālī 49; 59; 61; 88; 116; 254 n.104; 301 n.97
Al-Jāḥiẓ 112; 113; 189; 266 n.58
ᶜAlī ibn Yūsuf 23; 268 n.80
Al-Kindī 66; 98
Al-Manṣūr 27; 101; 119; 268 n.87
Al-Marrākušī 23; 25; 26; 31; 98; 247 n. 28, 37 e 40; 248 n.2 e 7
Al-Māwardī 193-195; 201; 207; 296 n.22, 23 e 24; 297 n.30
Al-Mawdūdī 190
Al-Nadīm (*Fihrist*) 85; 87; 258 n.6; 259 n.40
Al-Rāzī 66; 98
Al-Zahrawī (Albucasis) 64
Amīr 23; 81; 247 n.36
arte real 88; 91; 92; 94; 96; 126; 180; 261 n.81 e 82; 272 n.34
artes práticas 13; 67; 92; 106; 133; 143; 144; 148; 150-155; 183; 185; 220; 221; 264 n.35; 274 n.55; 277 n.2
ᶜaql 52; 290 n.243
ašᶜarita(s) 22; 23; 24; 49; 58; 60; 61; 62; 63; 64; 88; 116; 192; 254 n.111
bāṭin 54; 61; 79; 103
bidᶜa 23; 53; 54; 55
boúlesis 157-160; 165; 279 n. 32, 35 e 37; 280 n.49; 281 n.74; 284 n.110 e 113; 285 n.131; 287 n.157
bouleúsis 165; 173; 174; 221; 223; 277 n.5; 279 n.35; 287 n.160; 291 n.255
bouleutôn 141; 165; 170; 279 n.35
bouleutikón 159; 278 n.23; 279 n.35
burhān 52; 253 n.92
diánoia praktiké 147; 177; 280 n.52
dikaiosýne 277 n. 7; 298 n.47
dyskrasía 68; 273 n. 50
epithymetikón 147; 197; 284 n.108 e 117; 297 n.37
epithymía 156; 157-161; 163; 164; 172; 279 n.32 e 37; 280 n.49; 283 n.100 e 105; 284 n.108, 110, 112 e 113; 285 n.118 e 131; 287 n.157
epistéme 145-146; 151; 167; 175; 177; 184; 278 n.12, 15, 17 e 18; 290 n.249; 292 n.277; 294 n.293
epistemonikón 147; 177; 280 n.52
eudaimonía 273 n.42; 274 n.56
eukrasía 68; 132; 273 n.50
faculdades da alma (Al-Fārābī) 149; 165; 280 n.48; 285 n.125
falāsifa (*faylasuf*) 57; 81; 82; 83; 85; 93; 94; 104; 105; 255 n.119
falsafa 22; 79; 82-96; 98; 101; 102; 104; 120; 149; 246 n. 21; 270 n.113;
fatwà 20; 49; 50; 110; 115; 245 n.8 e 9
fikr 160; 161; 162
Fiqh (Direito islâmico) 19; 22; 42-49; 57; 59; 81; 105; 114; 116; 189; 191; 210; 211; 245 n.10; 251 n.64; 254 n.100; 268 n.75; 296 n.30
fitna 117; 263 n.23; 264 n.24; 268 n.90
fuqahā / *faqīh* 27; 37; 48; 81; 110; 247 n.48; 251 n.60
furūᶜ 23; 24; 25; 246 n.27; 251 n.64
Galeno 36; 37; 64; 66; 68; 70; 74; 75; 86-87; 99; 106; 259 n.33, 36 e 37; 273 n.50
Ḥadīṯ / *ḥadīṯs* 11; 19; 22; 25; 27; 29; 42-44; 47; 48; 51; 52; 58-60; 62; 80; 87; 103; 105; 189; 192; 209; 250 n.42 e 44; 251 n.60 e 64; 252 n.72; 253 n. 89; 255 n. 132; 263 n. 5; 264 n. 24; 276 n. 90 e 104; 295 n. 12, 15 e 16; 296 n. 17 e 19; 298 n. 55; 300 n.82; 301 n.102
ḥanbalita 48; 58; 59; 211; 245 n.10; 296 n.20 e 24

ḥanīfita 48; 211; 245 n. 10; 296 n.20
ḫārijitas 22; 245 n. 10
héxis 83; 146; 147; 167; 173; 186; 278 n.14; 291 n.258; 293 n.290
ḫulafā rāšidūn 103; 117; 264 n.24
ḥukm / aḥkām 44; 48; 53; 54; 192; 251 n.70; 254 n.101;
Ḥunayn ibn Isḥāq 85; 86; 87; 163; 285 n.127
ᶜibādāt 44; 211
Ibn Abī Uṣaybiᶜa 32
Ibn ᶜArabī 29; 248 n.59
Ibn Bājjah (Avempace) 24; 64; 83; 87; 98; 99; 247 n.30 e 33; 247 n. 43; 270 n.113; 277 n.5
Ibn Ḫaldūn 22; 57; 83; 195; 196; 255 n.115 e 116; 258 n.19; 297 n.31 e 33
Ibn Ḥazm 29; 60; 255 n.134
Ibn Maymūn (Maimônides) 26; 84; 187; 247 n.43; 266 n.62; 277 n.5
Ibn Muqaffaᶜ 188; 258 n.9
Ibn Sīnā (Avicena) 34; 38; 41; 64; 66; 81; 82; 83; 87; 98; 104;133; 205; 212; 213; 249 n.15 e 17; 273 n.50; 285 n.127; 299 n.61 e 76; 300 n.86; 302 n.122; 123 e 127
Ibn al-Qifṭī 87; 259 n.41
Ibn Taymīya 81
Ibn Ṭufayl (Abubacer) 15; 24; 25; 26; 31; 32; 64; 83; 98; 99; 247 n.34; 274 n.58
Ibn Tūmart 21; 22; 23; 24; 115; 116; 246 n.11; 267 n.68; 268 n.83; 300 n.87
Ibn Zuhr (Avenzoar) 64; 66
ijtihād 46; 47; 48; 53; 114; 251 ns.60 e 61; 296 n. 29
iḫtilāf 46
iḫtiyār 62; 160; 164; 165; 286 n.155
ijmāᶜ 48; 53; 59; 60; 62; 190; 192; 194; 250 n.42; 251 n.60; 255 n.132
ᶜilla 53; 254 n.101
imām 81; 93; 94; 112; 113; 191; 203; 204; 205; 211; 247 n.36; 261 n.79; 266 n.60; 268 n.90; 296 n.19 e 23; 299 n.79; 300 n.87 e 89
inclinatio 156
irāda 164; 165; 279 n.35
Isḥāq ibn Ḥunayn 87
islām 45
isnād 43
iᶜtibār 51; 54
jawāmiᶜ 34; 35; 36; 38; 46; 249 n. 20 e 27
jihād 25; 44; 195; 267 n.69 e 73; 268 n.75
ḵalām 27; 56; 57; 58; 254 n.112; 255 n. 116 e 121
labīb 181
logistikón 147; 177; 179; 197; 279 n.30; 280 n.49 e 52; 290 n.255; 297 n.38 e 39
lubb 181; 292 n.274
maḏhab (*maḏhāhib*) 46; 115; 191; 245 n.10; 251 n.63 e 64
Mālik ibn Anās 50; 245 n.10; 251 n.64
mālikita(s) 20; 23; 24; 48; 50; 100; 110; 211; 245 n.10; 251 n.64; 296 n.20 e 24
maᶜnà 35; 212; 213; 302 n.119
mawjūdāt 51
Miskawayh 87; 98
mito de Er 137; 138; 142
mito dos metais 107; 138; 140; 142
Muᶜāwiya 117; 118; 264 n.24; 268 n. 86 e 90
mujāhid 115; 267 n.73
mujtahid 46; 47; 48; 114; 115; 251 n. 60 e 61; 296 n.25 e 29
Muḥammad (Profeta) 40; 42; 43; 45; 52; 59; 84; 98; 105; 108;113; 117; 138; 142; 186; 189; 190; 203; 205; 223; 245 n.3 e 10; 250 n.49; 252 n.72; 253 n.89; 261 n.77; 263 n.5 e 23; 264 n.24; 267 n.68; 269 n.93; 276 n.90 e 104; 295 n.9 e 11; 298 n.50, 54 e 55; 300 n.79, 82 e 87; 301 n.102 e 103
murābiṭūn (almorávidas) 19; 20; 21; 22; 24; 27; 103; 115; 116; 117; 118; 119; 120; 245 n.3 e 5; 268 n.76 e 78; 269 n.96
mutakallimūn 56; 57; 88; 102; 103; 254 n.111; 255 n.116; 301 n.97
muᶜtazilita(s) 57; 58; 59; 60; 189; 246 n.18 e 19; 255 n.118, 121 e 122
muwaḥḥidūn (almôadas) 21; 23; 24; 25; 27; 50; 102; 103; 109; 111; 115; 116; 117; 118; 119; 246 n.11 e 26; 267 n.68; 268 n.82, 83 e 87; 269 n.102
naẓar 51
noûs 145; 146; 147; 151; 157; 159; 160; 167; 171; 176; 181; 217; 274 n.56; 278 n.12 e 18; 279 n.37; 283 n.98; 284 n.110; 294 n.293
objetivismo (ética) 59; 60
omíadas 112; 117; 264 n.24; 268 n.86
orektikón 147; 157; 158; 160; 162; 278 n.23; 280 n.37; 283 n.99 e 100; 284 n.110 e 117; 285 n.124; 287 n.157 e 158
orektón 157; 160; 283 n.99
órexis 147; 156; 157; 158; 159; 160; 162; 163; 164; 165; 279 n.32; 35 e 37; 283 n.95, 96 e 98; 284 ns.108, 110, 112 e 113; 285 n.118 e 131; 286 n.137
phrónesis 15; 107; 137; 145; 146; 151; 155; 165-170; 174; 175; 176; 177; 178; 181; 183; 185; 186; 217; 219; 221; 222; 223; 275 n.82; 277 n.4; 5 e 7; 278 n.11, 12 e 16; 287 n.167, 169 e 170; 288 n.180; 289 n.227 e 234; 290 n.240, 243, 247 e 249; 291 n.255, 258 e 261; 292 n.277 e 278; 293 n.281, 284, 287, 289, 290 e 291;294 n. 293 e 295; 300 n.82
phrónimos 15; 107; 108; 167; 168; 170; 171; 172; 174; 175; 176; 178; 179; 181; 185; 186; 217; 219; 222;292 n.278; 294 n.293; 300 n.82
poíesis 146; 168; 278 n.21
prâxis 146; 168; 278 n.21; 288 n.177 e 182
proaíresis 172-174; 221; 222; 223; 279 n.33; 286 n.155; 288 n.177; 289 n.215 e 216; 291 n.255
qiyās 48; 53; 54; 57; 60; 192; 246 n.27; 250 n.42; 254 n.100 e 101; 296 n.30
ra'y 53; 162; 177; 191; 251 n.62; 269 n.30; 286 n.139; 296 n.30; 298 n.51

rawiyya 162; 165; 178; 262 n.82; 277 n.5; 287 n.163
Šāfiᶜī 43; 58; 61; 191; 245 n.10; 296 n.30; 297 n.30
šāfiᶜita(s) 48; 59; 191; 211; 245 n.10; 296 n.24; 297 n.30
Šahrastānī 57
šahwa 158; 159; 160; 161; 162; 163; 284 n.108 e 112
šarḥ 33-37; 64
Šarīᶜa / Šarᶜ 42; 43; 45; 46; 48; 49; 51; 56; 62; 80; 81; 84; 89; 98; 101; 103; 104; 111; 115; 116; 117; 119; 138; 139; 142; 190; 191; 192; 193; 194; 195; 209; 210; 211; 247 n.48; 250 n.42; 252 n.70; 269 n.96; 276 n.104
šawq 158; 159; 160; 162; 163; 164; 165; 284 n.108, 109, 112 e 116
siyāsa 79; 80; 81; 82; 191; 200; 257 n.1; 281 n.53
sophía 145; 146; 151; 165; 167; 169; 175; 176; 177; 181; 184; 222; 274 n.56; 277 n.4 e 7; 278 n. 11 e 17
sophrosýne 159; 168; 277 n. 4 e 7; 288 n.190; 298 n.47
subjetivismo (ética) 59; 64
sulṭān 81
sunan 209; 210; 211
sunna 42; 43; 44; 46; 47; 50; 53; 54; 98; 113; 186; 189; 190; 200; 209; 245 n.10; 250 n.42; 254 n.100; 264 n.24; 276 n.104; 296 n.29; 298 n.55; 299 n.79; 300 n.82
šūrà 21; 190; 194; 295 n.14
taᶜaqqul 176; 177; 178; 181; 290 n.243
tafsīr (*tafsīrāt*) 34; 35; 36; 47
Taifas (reinos de; reis de) 19; 20; 116; 118; 119; 245 n.5; 265 n.52
talḫis (*talḫiṣāt*) 26; 34-36; 88
taqlīd 46; 49; 261 n.63
ta'wīl 54; 264 n.23
tékhne 145; 146; 151; 167; 219; 278 n.12 e 14; 281 n.53; 288 n.177; 291 n.269; 292 n.277; 293 n.280 e 287; 294 n.293
thymós 157; 158; 159; 160; 161; 163; 164; 279 n.32; 280 n.49; 283 n.105; 284 n.111, 113 e 116; 285 n.131; 287 n.157
ᶜulamā 27; 110
umma 104; 108; 118; 142; 191; 223; 295 n.15
uṣūl / uṣūl al-Fiqh 22; 48; 54; 59; 254 n.100
voluntarismo ético 59; 61
wālī 81
ẓāhir 61
ẓāhirita(s) 29; 48; 61; 255 n.134

Este livro foi impresso em São Paulo,
nas oficinas da Prol Gráfica e Editora Ltda., em janeiro de 2012,
para a Editora Perspectiva S.A.